《民事程序法研究》编委会

（以姓氏拼音为序）

蔡　虹　　蔡彦敏　　姜建初　　景汉朝　　李　浩　　李仕春　　刘荣军
潘剑锋　　齐树洁　　宋朝武　　谭　兵　　汤维建　　田平安　　姚　红
张晋红　　张卫平　　章武生　　赵　钢

编委会召集人

张卫平　李　浩

【第十一辑】

民事程序法研究

中国民事诉讼法学研究会会刊

ON CIVIL PROCEDURE

- 中国民事诉讼法学研究会 主办
- 执行主编 任 重

- 2014年6月

刊 首 语
为第三人撤销之诉呐喊

■ 田平安*

前不久,中国民事诉讼法学研究会 2013 年年会在海南大学召开。年会的主题是:新民事诉讼法的理解与适用。在小组讨论时,我主持了一节。主题是关于第三人撤销之诉问题。会上座无虚席,发言热烈,感触良多。

众所周知,我们的国家正在构筑社会主义市场经济的大框架,经济的发展已超过世人的预想。伴随着社会经济大潮的狂奔,社会关系主体正日趋复杂。主体的多样性加速了社会交往的频繁与纷繁,种种迹象表明,社会关系正朝多元化、多样化方向发展。细心的人士可以观察到,在市场经济体制下的各种主体对利益的追求显得比以往任何时候都更为强烈与迫切。形势的变迁与权利意识的迅速提高,形形色色的纠纷风起云涌,纠纷人都要求国家提供更周到、更便捷、多层面的保护,其中自然包括诉讼法律层面的保护。

毋庸讳言,在 2012 年民事诉讼法(以下简称"民诉法")第二修正稿面世之前,立法者的视野并未完全顾及所有纠纷主体的利益的维护。比如,在民事程序的运行过程中,民事诉讼的主体不仅仅包括当事人双方,有时还会扩及原被告之外的第三方,有的时候,第三方知晓诉讼已经启动,于是主动申请加入。法律上设计了第三人参加诉讼的制度。但在有的时候,第三方不知晓诉讼已经发生,直到该诉讼完结,判决生效时,第三方才恍然大悟。试问,在此种状态下,该第三方如何实施司法救济呢?法律应不应当为之设计一个救济制度呢?如果可以,那么又如何来实施这种救济呢?我们还注意到,在司法实践中,生效裁判侵害第三方的利益的事无论是类型上或是数量上都呈递增状态。

针对此种情状,理论界不少有识之士著文力陈己见;法官们苦苦思索寻求对策;立法者也在听取各方高论。正是在此种背景下,非常庆幸,2012 年民诉法第

---

* 田平安,西南政法大学教授、博士生导师,中国民事诉讼法学研究会副会长。

二修正稿终于弥补了这个缺陷。该法第56条中明文规定：

对当事人双方的诉讼标的,第三人认为有独立请求权的,有权提起诉讼。

对当事人双方的诉讼标的,第三人虽然没有独立请求权,但案件处理结果同他有法律上的利害关系的,可以申请参加诉讼,或者由人民法院通知他参加诉讼。人民法院判决承担民事责任的第三人,有当事人的诉讼权利义务。

前两款规定的第三人,因不能归责于本人的事由未参加诉讼,但有证据证明发生法律效力的判决、裁定、调解书的部分或者全部内容错误,损害其民事权益的,可以自知道或者应当知道其民事权益受到损害之日起六个月内,向作出该判决、裁定、调解书的人民法院提起诉讼。人民法院经审理,诉讼请求成立的,应当改变或者撤销原判决、裁定、调解书;诉讼请求不成立的,驳回诉讼请求。

该条第3款就是前文所说的情状并专为案外第三方提供的司法救济途径。有人称为案外人提起之诉,有人称为案外人异议之诉,还有人称为第三人撤销之诉。笔者赞同后一种说法。无论怎么称呼,应当说都是一个立法的大进步。言其进步,主要表现有二:一是对那些需要提供司法保护的人法律开始着手提供司法保护,从无到有,岂不是进步? 二是勾画了对第三人司法保护的主要方向,比如说限定了主体——前两款规定的第三人即俗称的有独立请求权的第三人和无独立请求权的第三人;又比如说规定了提起诉讼的时间——自知道民事权益受到侵害之日起6个月内;还比如说指出了受理第三人之诉的法院——作出原判决、裁定、调解书的人民法院等。

在小组讨论中,我听到不少真知灼见,同时也听出了部分学者的疑问。有人问:该第三人提出的撤销诉讼的理论基础是什么? 有人质疑:如何看待原判决的既判力? 还有人提到:具体适用什么程序,是再审或是一审或是二审? 等等。愚意以为,民诉法第二修正稿的立法意图是值得赞许的。在正确理解和适用民诉法第二修正稿之际,首先须得充分肯定第三人撤销之诉的进步意义。千万不能攻其一点而否定全局。法律走出这一步是不容易的,因为在当今的中国,周密的保护当事人的诉权始终是一个严肃而繁重的任务。诉权是公民人权的重要内容,是公民获得司法救济、实现权利的前提和基础。民事诉权是当事人享有提起诉讼或者应诉并要求法院作出公正裁判以保护其民事权益的权利,它包括起诉权、应诉权、反诉权、上诉权和再审诉权。民事诉权的性质是程序性人权。民事诉权渗透着民事实体权益的因素,是一种潜在和动态的权利,贯穿于诉讼的全过程。民事诉权是诉讼权利的权源,是当事人实施攻击防御方法的根据。当事人享有启动和参与非讼程序或执行程序并要求法院依法行使审判权或执行权的权利,其通常表现形式是申请权。督促程序、破产程序、执行程序中的异议权,此为准诉权。凡为维护当事人的诉权而设计的制度、程序,我们都应当为之欢欣,为之呐喊。

当然,由于种种原因,我们的立法还不够详尽、细化,由此也给审判者带来诸多的不便,给理论研究造成一定的迷茫。比如说第三人撤销之诉适用的程序、当事人的罗列、无独立请求权的第三人是否也可以提起诉讼等,法律尚未明确。不过不要紧,听说细化的司法解释和完备的立法补充即将出台,加之系统而深入的理论研究和实践经验的慢慢积累,第三人撤销之诉制度一定会逐渐完善。

令人高兴的是,前不久,中国共产党的十八届三中全会在北京胜利召开,会议通过的决定标志着中国的改革开放事业将向前推进一大步,也标志着中国的民主法治建设将向前迈进一步。三中全会形成的决定指出:"发展社会主义民主政治,必须以保证人民当家作主为根本……建设法治中国,必须坚持依法治国、依法执政、依法行政共同推进,坚持法治国家、法治政府、法治社会一体建设。深化司法体制改革,加快建设公正高效权威的社会主义司法制度,维护人民权益,让人民群众在每一个司法案件中都感受到公平正义。"笔者以为,三中全会后中国的民主政治、法治建设一定会出现更新的景象,立法、司法、守法诸环节将会有不少新动作,作为民事诉讼中的第三人撤销之诉制度也一定会在这个大背景下得到完善。我们的理论研究会更加深入,我们的研究视野也会不断拓宽。

中国民事诉讼法研究会主办的理论刊物《民事程序法研究》第11辑是汇聚了各方志士的研究成果的专集。相信它会为有关部门即将出台的有关第三人撤销之诉的司法解释增加新的理论视角和论证资料。

2013 年 12 月 8 日

目 录

■ 刊首语

001 田平安　　　　为第三人撤销之诉呐喊

■ 第三人撤销之诉制度与实施

001 田平安　张　妮　试论第三人撤销之诉的完善
012 王亚新　刘君博　有关第三人撤销之诉的另一种思考
021 唐　力　谷佳杰　论第三人撤销之诉制度的系统定位
031 肖建国　黄忠顺　论第三人撤销之诉的法理基础
049 董少谋　　　　　借鉴与反思：依托再审程序解决案外人救济
　　　　　　　　　　　——第三人撤销之诉的冷思考
056 张永泉　　　　　我国第三人撤销之诉的价值基础与功能定位
065 刘学在　　　　　第三人撤销之诉的几点思考
075 陈娴灵　　　　　民事诉讼程序中的第三人：权利保护及其制度整合
084 许　可　　　　　关于第三人撤销诉讼制度若干问题的思考
098 辛国清　　　　　第三人撤销之诉的未来
108 任　重　　　　　案外第三人权益保护：德国制度与理论
　　　　　　　　　　　——兼论我国第三人撤销诉讼

■ 学理研析

127 范智欣　　　　　裁判文书公开制度目的再探
　　　　　　　　　　　——兼评《民事诉讼法》第156条
139 周洪江　　　　　论我国民事诉讼中的证据裁判
150 曹云吉　　　　　间接反证论
　　　　　　　　　　　——罗森贝克间接反证理论解析

■ 制度探究

177 陈杭平　实践与制度：民诉法修改前后的环境公益诉讼

190 赵 蕾　我国督促程序的再完善
　　　　——以新《民事诉讼法》第 133 条第 1 款与第 217 条为主线的分析

202 曹志勋　我国商事正式程序论纲

218 刘金瑞　论合同继续履行判决的强制执行
　　　　——以建设用地使用权转让纠纷为例

■ 实务探微

231 段思明　胡立峰　新民事诉讼法小额诉讼程序规定对民事司法的影响

240 姜远斌　曲晓棠　张 晶　修改后民诉法实施以来民行检察工作面临的新情况新问题及对策建议

255 胡思博　论对民事裁定的执行

272 韩 宝　基层人民法院裁判过程的法社会学分析
　　　　——以离婚案件中的子女抚养问题切入

■ 讲座实录

309 徐 昕　中国公益诉讼发展的障碍与应对

第三人撤销之诉制度与实施

试论第三人撤销之诉的完善

■田平安　张　妮*

摘　要　第三人撤销之诉既是民诉法第二修正稿的亮点,又有诸多问题需要探讨。设置第三人撤销之诉是现实生活的需要,是程序价值的要求,同时也是权利人利益保障的全方位体现。基于此,民诉法第二修正稿在第56条第3款设置了第三人撤销之诉。法律的出台,与理论、实践之间出现了诸多的问题。在充分研究台湾第三人撤销之诉的基础上,文章从立法模式以及设置程序两方面提出了更为详尽的完善制度。

关键词　第三人　撤销之诉　程序诉权

2012年出台的《民事诉讼法》第二修正稿的诸多亮点,值得我们认真领会、宣传与研究。

第三人撤销之诉即其亮点之一。《民事诉讼法》第56条第3款规定:"前两款规定的第三人,因不能归责于本人的事由未参加诉讼,但有证据证明发生法律效力的判决、裁定、调解书的部分或者全部内容错误,损害其民事权益的,可以自知道或者应当知道其民事权益受到损害之日起6个月内,向作出该判决、裁定、

＊　田平安,西南政法大学教授,博士生导师,中国法学会民事诉讼法学研究会副会长;张妮,法学博士,西安财经学院法学院讲师,法学院团工委书记。

调解书的人民法院提起诉讼。人民法院经审理,诉讼请求成立的,应当改变或者撤销原判决、裁定、调解书;诉讼请求不成立的,驳回诉讼请求。"

我们之所以称第三人撤销之诉为亮点,是它在过去的民诉法中从未规定过,而现实生活中又十分需要它的缘故。作为民诉法的亮点,应该宣传令人欣喜。但在欣喜之余往深处想,第三人撤销之诉无论在理论层面或是实践层面,均存在诸多问题,有必要详加考究。

一、设置第三人撤销之诉的必要性

(一)它是现实生活的需要

在简单的经济生活条件下,纠纷的发生通常只局限在一对一的形式上,对当事人之外的第三人的利益一般不会涉及。但是,随着市场经济的构建和日趋成熟,多元化的利益关系,复杂化的利益主体,致使纠纷的发生往往会涉及当事人之外的第三人的利益。例如,在产权形式重组的情况下,同一物中的利益主体并非只有一个,而是关涉多个主体:所有人、占有人、管理人、使用人等。所以,在诉讼中,应当尽可能允许与案件有密切联系的主体起诉,但同时也不能排除其他与案件并非密切关联的主体的诉权。①

为了维护公民的合法权益,保障公民权益的有效实现,我们对于人们追求权益自主性的权利既要通过法律规范的方式进行赋予,同时对于人们参与市场的行为也要通过法律规范的方式进行维护。与此同时,法律还应协调好公民个人利益、权利与国家权力的关系,即使少数人的权利和利益也应得到法律的保护。② 第三人撤销之诉的规定,呼应了现实生活的需要。

(二)它是程序价值的要求

诉讼程序具有其自身独立的价值在今天已是不争的共识。国家设立诉讼程序,一方面,是为了当事人平等地享有获得救济的机会,另一方面,是为了确保当事人在程序运行中的法律地位保持平等。③ 法院审理案件的程序并不仅仅是判决或和解的必经阶段,而应该是诉讼与生俱来的目的。经过这样的正当程序,判决或者和解的作出才会是正当的。④

告知第三人涉及其利益的裁判正在进行,是最基本之程序保障。当事人知悉后才会进行自己的权衡,是以事前的程序保障程序进行权益的维护还是以其

---

① 肖建华:《民事诉讼当事人研究》,中国政法大学出版社2002年版,第169页。
② 毕可志:《法律、利益与权利》,载《烟台大学学报》(哲学社会科学版)2005年4月第18卷第2期。
③ 常怡主编:《比较民事诉讼法论丛》,中国政法大学出版社2002年版,第48页。
④ 江伟主编:《民事诉讼法专论》,中国人民大学出版社2005年版,第32页。

他方式进行权益维护,属于第三人自己处分的事项。同时,在第三人非因主观原因而未以事前程序保障的手段维护自身权益时,法律提供必要的事后程序保障手段来救济第三人受侵害的权益,才显现出针对第三人所提供的程序保障的整体性,否则,如果缺失事后的救济程序,将出现两方面的结果,一方面,是造成程序本身的漏洞,另一方面,是合法权利遭到法律的不救济,这样的结果将使得法律正义受到践踏。

由此看来,对于第三人的程序保障,除了诉讼中的第三人制度外,的确有必要设立事后程序保障,即第三人撤销之诉。有了第三人撤销之诉可以充分体现诉讼程序的完整性,第三人可以通过参加事后的保障程序进行阐述、举证等诉讼行为,平等地与其他人使用诉讼中的攻防武器,使得裁判获得正当性的源泉,同时也从保障阶段方面更进一步阐明了程序保障的意义,突显了程序独立和程序正义的价值。

(三)它是权利人利益保障的全方位体现

《中华人民共和国宪法》赋予了公民自由权、生存权和诉权等基本权利。为了基本权利的实现,国家设立了专门的司法机关,使公民有通过向法院提起诉讼的途径,依法确保公民的物质利益和精神利益。[①] 另外,民事诉讼制度与程序的设立、运作和适用,不仅强调的是维护当事人争议的实体利益,而且还强调维护当事人的程序利益。[②] 否则,如果仅仅单纯地保障实体利益,那么将使得程序的运行存在某种缺失,体现不出程序的公正,同时也会片面地实现实体利益的保护,限制其他的程序利益或者损害其他利益,那么,这将严重背离宪法的宗旨——致力于保护公民基本权利,也不符合法治国家基本原理以及尊重人的尊严的要求。

第三人撤销之诉程序的设置,是对宪法所赋予的公民诉权的尊重。诉权为任何人当自己权利或利益受到不法侵害时,得请求法院就其主张之当否为判断,以为救济之权利。[③] 在人权这样一个高度概括的集合中,诉权作为人权的一种表现形式,是抽象的,是对于众多不同的诉权形态的共性的概括,与其他人权表现形式平等存在。[④] 第三人拥有诉权,任何人如若侵害其实体利益或是程序利益,第三人均可通过诉权进行利益维护。第三人作为纠纷裁判后受到不利益影

[①] 常怡主编:《比较民事诉讼法》,中国政法大学出版社2002年版,第71页。

[②] 李祖军:《关于民事诉讼目的的几个问题》,载《诉讼法论丛》(第5卷),法律出版社2000年版,第285页。

[③] 魏大晓:《诉讼基本权在民事诉讼法之实现》,载《月旦法学杂志》(台湾)2004年2月第105期。

[④] 张妮:《第三人程序保障机制研究》,载《前沿》2011年第14期。

响的当事人之一,其有权以诉讼的方式维护自身利益,任何人或国家机关都不能剥夺其诉权。

在受到生效裁判侵害的第三人利益受到威胁或损害时,这种利益可以看作是实体利益,同时也可以看作是程序利益,因为从宪法赋予的诉权的角度上来讲,诉权也是宪法赋予公民进行诉讼的一种机会的表现。这种机会是每个公民都享有的,不能被任意剥夺。一旦被剥夺,将使得主体的程序权受到侵害。针对受到生效裁判影响的第三人而言,其实体利益还是程序利益都受到了侵害,其享有诉权,并且需要得到民事诉讼的利益保障。

二、第三人撤销之诉理论与实践所遭遇到的问题

在我国的诉讼法学理论研究中,对于第三人的利益的救济程序问题的观点是不尽一致的。有的主张通过另行起诉的方式,有的主张通过再审的方式,也有人主张建立第三人撤销之诉。经过比较权衡,立法者采用了最后一种模式。但理论界对于第三人撤销之诉中的"第三人"名称叫法不一,有学者称为"第三人撤销之诉"[1],也有学者称为"第三人异议制度"[2],还有学者称为"案外第三人撤销之诉"[3]。就如何设置事后救济程序,学者们观点也不完全相同,有学者将其与执行程序中第三人异议之诉未加区分地一起进行研究,有学者单独对其进行研究,还有学者对于是单独构建第三人撤销之诉还是将依托再审程序构建第三人撤销之诉进行研究。这种救济的程序称谓也相对较混乱,未有人对于第三人撤销之诉的原告适格问题以及诉讼中的证明责任问题进行具体探讨。再者,鉴于既判力理论在我国民事诉讼理论中不甚发达,使得第三人撤销之诉存在的理论依据研究也相较其他制度的理论依据研究而言较弱。

---

[1] "因诉讼当事人进行诉讼诈害或因受确定判决效力影响而受到不利的原诉讼当事人以外的第三人,因不可归责于己的原因未能参加原诉讼,以致不能提出有利于自己并影响判决结果的事实或法律主张,从而向法院提起要求撤销原确定判决的再审之诉。"肖建华、杨兵:《论第三人撤销之诉——兼论民事诉讼再审制度的改造》,载《云南大学学报》(法学版)2006年第4期。

[2] "指案件当事人以外的第三人,为了维护本人的利益,对人民法院生效的判决书、裁定书或调解书提出异议,认为该生效的裁判文书确有错误且损害了自己的合法权益,要求撤销该生效的判决、裁定或调解的全部或部分,重新作出处理。"潘胜礼:《再审程序中应建立第三人异议制度》,载《法律适用》2003年第6期。

[3] "在法律上有利害关系的案外第三人,因不可归责于己的事由而未参加原案审理,但原案生效判决使其权利受到损害或者损害威胁且无其他救济手段,可以请求法院撤销或改变原案生效判决中对其不利部分的诉讼程序。"胡军辉、廖永安:《论案外第三人撤销之诉》,载《政治与法律》2007年第5期。

在实践中,基于对调解的情有独钟,"调解为主"、"调解是高水平的审判"的口号频频出现在文件与媒体间。不少法院调解结案率逐年攀升,调解率成为法院案结事了的标准,成为法官考评的重要指标。致使第三人的利益受害事例经常出现:有的是当事人双方在诉讼调解中恶意串通,非法处分第三人的财产;有的是一方当事人在诉讼调解中非法处分自己的财产,造成第三人可得利益的减损;还有的是部分共有人在诉讼调解中擅自不当处分财产,造成其他共有人的损失①。

此外,逃避债务型诈害诉讼②以及转移财产型诈害诉讼③会使法院作出错误判决,损害第三人的正当权益。④

上述现象表明,不能因为民诉法中有一款第三人撤销之诉的文字规定便万事大吉。它急需借鉴域外的经验和加以深入的理论研究。

三、域外经验

第三人撤销之诉程序主要设立在大陆法系国家(地区),其中以法国和我国台湾地区的法律规定更为详尽。其他大陆法系国家(地区)虽然也有类似程序,但并未统一称之为第三人撤销之诉。

我国台湾地区"新民事诉讼法"⑤关于第三人撤销之诉程序规定在第5编的次编,而第5编是"再审程序",第5编之一是"第三人撤销之诉程序"。在该编中只用了4个条文来规定,另加1个准用性条款,一共5个法律条文。其中的准用性条款规定可以准用再审通则的6个条文,包括再审期间、再审诉状记载事项、再审之诉的驳回、再审准用各级诉讼程序等事项。由此可见,我国台湾地区的第三人撤销诉讼程序虽然是再审程序的一个子程序,但其同时也是相对独立于再审程序的一种特殊程序。

---

① 宗玲、张玮:《诉讼调解中案外人的利益保护问题》,载《学海》2007年第1期。
② 例如:夫妻中丈夫一方对外欠有债务无力偿还,为了损害债权人的利益,夫妻双方通过诉讼,请求法院判决解除婚姻关系,夫妻共同财产全部归女方所有,但是债权人却因为不知道他们之间进行的诉讼,而无法以有独立请求权的第三人的名义参加诉讼,在诉讼程序结束后,无法通过有效程序进行债权的救济。
③ 例如:夫妻一方为了在以后的离婚诉讼中多获得财产,与他人串通虚构债务,由他人对夫妻这一方提起诉讼,或者对夫妻这一方所有的企业等经济组织提起诉讼,要求偿还债务。诉讼中,夫妻的另一方无法以有独立请求权的第三人的身份进入诉讼。诉讼程序结束后,因为权益受损而无法通过其他途径进行合法救济。
④ 刘平立:《诉讼欺诈问题探析》,载《人民法院报》2002年2月23日。
⑤ 本文关于我国台湾地区第三人撤销诉讼程序所引法律条文参见樊崇义主编:《中国台湾地区"民事诉讼法"》,载《诉讼法学研究》(第6卷)2003年版。

(一) 构成要件

第三人提起撤销之诉的前提必须是他人之间的诉讼的判决已宣告确定。第三人撤销之诉，是第三人否认他人之间的确定判决对其不利部分效力的诉讼，他人之间的诉讼必须已因判决而确定，第三人才能提起。如果他人之间的诉讼尚在审理之中或者即将审理，将来确定终局判决的结果如何，不可预测，也有不经判决而终结诉讼的情形，那么在此种情况下自然不允许第三人对其提起撤销之诉。

第三人撤销诉讼的适格原告需要从实体和程序两个方面进行诠释。首先，就实体方面而言，该第三人必须是确定判决当事人以外的第三人，并且其与确定判决之间有法律上的利害关系。而这种法律上利害关系就是因确定判决而使第三人在私法上的地位受到直接或者间接的不利益，仅仅具有道义上、情感上或者其他事实上的利害关系不能成为适格原告。其次，就程序方面而言，一方面，该第三人因非可归责于己之事由而未参加诉讼，致其不能提出足以影响判决结果之攻击或防御方法，如果在他人间的诉讼系属中，经当事人告知或者法院通知其参加诉讼，但其不及时参加诉讼而使自身未提出攻击或防御方法，从而受到判决之不利影响，不能提起撤销之诉；另一方面，该第三人已经不能诉诸其他任何救济程序，第三人撤销之诉程序是属于例外的特别救济程序，就是说如果第三人有其他法定程序谋求救济，其就不能提起撤销之诉。

第三人提起撤销之诉的被告应该是他人之间的确定判决中的当事人双方；诉讼标的对于共同被告必须是合一确定的，按照《民事诉讼法》第54条[①]第2项规定同一法律上的理由，应该类推适用第56条[②]的规定。如果仅仅以他人间确定判决当事人一方为被告起诉，其当事人之适格可谓有所欠缺[③]。

第三人撤销诉讼程序的客体需要具体分析，他人之间诉讼的确定判决并非判决之全部对第三人有不利益，第三人提起撤销之诉，请求撤销的客体仅仅应该

---

① 第54条：就他人间之诉讼，有下列情形之一者，得于第一审或第二审本诉讼系属中，以其当事人两造为共同被告，向本诉讼系属之法院起诉：(一) 对其诉讼标的之全部或一部，为自己有所请求者。(二) 主张因其诉讼之结果，自己之权利将被侵害者。依前项规定起诉者，准用第56条各款之规定。

② 台湾"民事诉讼法"第56条：诉讼标的对于共同诉讼之各人必须合一确定者，适用下列各款之规定：(一) 共同诉讼人中一人之行为有利益于共同诉讼人者，其效力及于全体；不利益者，对于全体不生效力。(二) 他造对于共同诉讼人中一人之行为，其效力及于全体。(三) 共同诉讼人中之一人生有诉讼当然停止或裁定停止之原因者，其当然停止或裁定停止之效力及于全体。前项共同诉讼人中一人提起上诉，其他共同诉讼人为受辅助宣告之人时，准用第45条之一第2项之规定。

③ 吴明轩：《第三人撤销诉讼之程序》，载《法学协会》2004年6月第6卷第1期。

以该确定判决对自身不利部分为限。这个不利部分可以分为两种类型,第一,他人之间诉讼的确定判决中的部分判决对第三人不利,第三人提起撤销之诉请求撤销该确定判决中对于自身不利的部分判决;第二,如果第三人发现他人之间诉讼的确定判决的全部都对自身不利,那其应该请求撤销该判决全部对自身不利的部分。总之,第三人请求撤销的客体是对于自身不利部分的判决。

(二)具体规定

在管辖原则方面,依据我国台湾地区"民事诉讼法"第507条之2规定①,由原法院管辖。具体而言,他人之间的诉讼案件,无论由何法院判决确定,第三人撤销之诉的管辖法院即为专属确定判决审理的原法院管辖。对于审级不同的法院就同一诉讼案件所作出的确定判决合并提起第三人撤销之诉的管辖法院为第二审法院。

在适用程序方面,准用再审程序。这在台湾"民事诉讼法典"第507条之5②均有规定,即有关第三人撤销之诉的提起期间、提起的程式、诉讼的驳回、审理的范围、判决效力等均适用再审程序的规定。由于第三人撤销之诉程序是在再审程序中规定的,是属于再审程序的一个子程序,所以除法律有特殊规定,均准用再审程序。

在诉讼期间规定中,第三人撤销之诉,应于30日之不变期间内提起。期间的计算,自判决确定时起算;判决于送达前确定者,自送达时起算;其撤销理由发生或知悉在后的,均自知悉时起算。但自判决确定后已超过5年,则不得提起第三人撤销之诉。因提起撤销之诉的第三人并没有参加前诉讼程序,所以判决不会对其送达,所以第三人提起撤销之诉的计算时间通常应自知悉时起算撤销之诉之不变期间。

在审理范围方面,第三人提起撤销之诉,当事人双方在辩论过程以及法院在裁判过程中,均应以该诉原告提起声明不服的部分为限。

在效力方面,第三人撤销之诉提起后,并没有停止原确定判决执行的效力。但是也有例外情况,依照台湾"民事诉讼法"第507条之3③的规定可知,法院在

---

① 第507条之2规定:第三人撤销之诉,专属为判决之原法院管辖。对审级不同之法院就同一事件所为之判决合并提起第三人撤销之诉,或仅对上级法院所为之判决提起第三人撤销之诉者,专属原第二审法院管辖。其未经第二审法院判决者,专属原第一审法院管辖。

② 第507条之5规定:第500条第1项、第2项,第501条至503条,第505条,第506条之规定,于第三人撤销之诉准用之。

③ 台湾"民事诉讼法"第507条之3规定:第三人撤销之诉无停止原确定判决执行之效力。但法院因必要情形或依声请定相当并确实之担保,得于撤销之诉声明之范围内对第三人不利部分以裁定停止原确定判决之效力。关于前项裁定,得为抗告。

必要时候依照职权或者依照当事人的申请并且当事人提供一定的担保,在撤销之诉声明的范围内对第三人不利的部分,以裁定停止原确定判决的效力。当然,对于该项裁定,当事人可以提出抗告。第三人撤销之诉经过审理后,法院认第三人提起撤销之诉有理由,仅撤销原确定终局判决内对该第三人不利部分即可,并依第三人的声明,在必要时,在撤销的范围内变更原判决,并非对原判决的全部均予以撤销而是在于除去原确定判决对该第三人不利部分的效力,而非全面否定原确定判决之效力。为维持原确定判决的安定性,原判决即使经撤销或变更,在原当事人间仍不失其效力。例外情况是,当诉讼标的对于原判决当事人及提起撤销之诉之第三人必须合一确定时,原确定判决在原当事人间也失去其效力。

对于善意第三人的效力规定中,第507条之5规定准用第506条,即第三人撤销之诉的判决也不影响"第三人"以善意取得的权利(注意区分这里的两个第三人的不同含义)。这一条的规定体现了立法者平衡利益的立法理念,即立法者对于所有利害相关者之间利益的一种平衡,既是对善良第三人合理信赖的一种保护,又彰显了法律对程序安定价值的一种追求。

四、我们的任务——完善第三人撤销之诉制度

笔者认为,根据我国的国情,借鉴域外的经验,对于第三人撤销之诉这一重要的法律制度,立法层面有必要加以完善,司法层面应规范动作。

(一)应该在司法解释中规定为独立型的立法模式

民诉法刚刚修正公布,不可能希望立法机关在短时间内又对第三人撤销之诉的未竟事宜作出补充完善。目前可行的补救之法是用司法解释的方法变通完善。综观大陆法系国家设立的不同类型的第三人撤销之诉程序,有再审型、独立型以及特别法规定型几种。而再审型的第三人撤销之诉又分为再审独立型与再审混合型。我国的司法表明,民事再审问题重重,第三人撤销之诉不宜放置其间。特别法规定的模式在我也不现实。因此,确立独立型的程序模式似更实际些。独立型模式的建立,可以全方位为第三人进行诉讼提供完整的程序保障。单独设立第三人撤销之诉程序使第三人的救济在更为纯粹的环境中运行,而且在民事诉讼中形成针对当事人的救济程序与针对第三人的救济程序,让法律面前人人平等的原则得到很好的落实。因此独立型的第三人撤销之诉的建构,将使得民事诉讼程序从整体上来讲,无论是针对当事人还是第三人,在权利维护和程序运行中会更加趋于完整性。

(二)为第三人撤销之诉设立相应的程序

既然是一种独立的程序,在司法解释中应明确以下问题:

1. 应明确主体条件

主体条件即提起撤销之诉的原告必须符合构成要件。我们认为,第一,必须

是当事人以外的人。因为如果当事人受到了不利的裁判,其可以通过上诉或者再审的程序进行救济。只有那些未参加诉讼的人才需要程序救济。第二,必须具有提起撤销之诉的利益①。提起诉讼的主体需要与原生效裁判有一定的法律上的利害关系,具体而言,这种利害关系是指第三人与原裁判中所确定的权利义务内容或诉讼标的具有利益关联,这种关联在经过法律的影射后会使得第三人的权益已经受到侵害或者受到侵害的威胁。第三,因不可归责于己之原因而没有获得适当的程序保障。如果第三人因为自己主观原因没有参加前诉案件的诉讼程序或者在其他纷争解决机制中未主张权利,根据自我责任机制原理,其行为应该承担相应的后果,第三人受到裁判效力的约束即为正当有效。第四,应有相应的证据材料支撑第三人的主张。

2. 应明确参加诉讼的方式

第三人可以采取两种方式提起撤销之诉。第一,以独立提起诉讼的方式单独提起第三人撤销之诉。第二,第三人可以在后诉中以附带中间请求的方式提起第三人撤销之诉。这种方式主要是针对法规规定的免证事由而言。具体来说,当出现已经被法院或仲裁庭所确认的事实时,当时是不要举证的,针对这种情形,如果第三人在本诉的进行过程中,另一方当事人若有对相关裁判所确认事实的援引,而第三人对该援引提出异议时,其就可以在本诉进行中附带提出撤销之诉,请求法院排除这种不利益对自己的影响,达到保护自身权益的目的。所以,第三人可以独立的方式提起第三人撤销之诉,也可以在其他诉讼中以附带的方式提起撤销之诉。

3. 应明确撤销对象

众所周知,我国的纠纷解决机制有诉讼内和诉讼外的方式。诉讼内主要是民事诉讼,诉讼外的还有仲裁方式。从法律文书来看,有民事判决书、调解书和仲裁裁决书。这些生效的民事判决书、民事调解书和仲裁裁决书所确定的内容中极有可能会牵涉未参加之第三人的权益问题或者其法律地位问题,而现实中当事人双方串通共谋第三人合法权益的现象并非少数,所以有必要将民事判决书、法院调解书和仲裁裁决书划入第三人撤销之诉撤销对象的范围内。

从内容上来说,这些生效的法律文书中记载了主文以及理由等事项,可以撤销的只能是主文内容,对于理由事项,不能提出撤销。因为,只有主文中的确定内容会对原案件当事人间的纷争进行最终确定的裁决,而这一裁决将直接影响

---

① 所谓诉的利益是为了考量具体请求的内容是否具有进行本案判决之必要性以及实际上的效果而设置的一个要件。诉的利益是一个以通过本案判决使纠纷得以实效性的解决为内容,当事人欠缺此种利益时,起诉则会遭到法院驳回的诉讼要件。[日]高桥宏志:《民事诉讼法——制度与理论的深层分析》,林剑锋译,法律出版社 2003 年版,第 281 页。

到第三人的法律地位或者第三人的权益。但是裁判文书中的理由仅仅是作出确定裁判的依据,对裁判的作出起到辅助的作用,故其不能产生直接对第三人的法律地位或者权益产生影响。另外,在主文中,有可能是主文全部对第三人有不利影响或者侵害,也有可能是主文中的一部分对第三人有不利影响或侵害,所以进行撤销的只能是上述裁判文书对第三人有不利益的部分。

4.应明确管辖法院

由于第三人撤销之诉针对的是侵害第三人权益的已经发生效力的法律文书,管辖法院应该因不同的法律文书而异:判决书和调解书是法院作出的,而该法院有可能是一审法院,也有可能是二审法院,所以不能一概地规定法院的级别。又因为原审诉讼活动和撤销之诉之间的存在某种牵连关系,作出原裁判的法院相对于其他法院而言,其对案情比较了解与熟悉,遵循诉讼经济的要求,以及快速解决纷争的目的,有管辖权的法院应该为作出原裁判的法院。当仲裁庭作出仲裁裁决书时,可以由该仲裁委员会所在地的中级人民法院或者仲裁地的中级人民法院进行管辖。

此外,如果第三人在其他诉讼案件中同时提出撤销之诉,如果审理其他诉讼案件的法院级别不低于作出原裁判的法院,则可以由其进行管辖。反之亦然。

5.应明确审理程序

在适用程序中应该适用一审程序进行审理,针对判决而言,因为第三人提起撤销之诉所撤销的对象有可能是一审判决,也有可能是二审判决,倘若依二审程序进行,则作出的裁判就是发生效力的裁判,不能再进行救济,无疑剥夺了第三人的上诉权,也违背了二审终审的原则。所以审理程序应该适用一审程序进行。

法院在对案件进行审理中,应该主要针对该诉原告提起的原裁判文书中确定的内容中对自己有不利益的部分进行审理,必要时对原告的其他诉讼请求认为能够合并审理时也可进行。这样既可以保障当事人合法权利,又可以提高诉讼效率。

法院认为第三人提起撤销之诉不符合法律规定的构成要件,可以裁定驳回第三人提起撤销之诉;如果法院认为第三人提起撤销之诉理由不成立时,可以判决驳回第三人提起撤销之诉。

法院认为第三人提起撤销之诉符合法律规定,并且有理由时,针对第三人的诉讼请求,如果其仅要求撤销裁判文书对自己的不利益,则法院仅需判决撤销这种不利益。如果第三人不仅要求法院撤销裁判文书对自己的不利益,而且请求对权利义务或者法律地位作出新的裁判,则法院可以判决撤销裁判文书对第三人的不利益之后,再依照不同的情况进行处理,如果原裁判的诉讼标的与第三人的诉讼标的合一的,则可以一并作出裁判,若不合一,则告知第三人另行提起诉讼。

法院作出的裁判,如果是针对原裁判文书的全部进行撤销,则在当事人之间以及第三人之间均产生效力。如果仅针对裁判文书中的部分进行撤销,则该部分对第三人不发生效力,但仍然在原当事人间产生效力。另外,善意取得具有阻却第三人撤销诉讼的判决的效力,即第三人撤销之诉的判决不影响善意第三人所取得的权利。

6. 应明确法定期间

民事诉讼法第二修正稿规定第三人提起撤销之诉的时间是"自知道或者应当知道其民事权益受到损害之日起6个月内"。应当说是较为合理的。现在的问题有二:一是应当知道判断的客观标准是什么?二是如果是很久很久才知道,比如10年、20年后,还允不允许提起撤销之诉?我们认为,从法律的立法意向分析,一方面,是要保护第三人的合法权益,另一方面,也要顾及诉讼的经济与便利。所以规定个"6个月"期限。拖得太久时过境迁,不利于纠纷的及时解决。从诉讼时效计,似可规定法院判决书、调解书以及仲裁书生效后2年之内第三人才知道自己的权益受损可以提起撤销之诉,如果超过2年,第三人不能提起撤销之诉。同时,司法解释还应明确,所谓"知道"或"应当知道",须有证据说明,如无证据,则依法官的自由推断而定。

有关第三人撤销之诉的另一种思考[*]

■ 王亚新 刘君博[**]

摘 要 本文采取与学界主流观点所持的"否定适用说"不同的立场和研究进路,立足于解释论和司法政策论的角度及方法,对第三人撤销之诉展开分析;依次就第三人撤销之诉的原告适格、起诉条件的加重、审理程序和裁判以及与案外人申请再审程序的关系等问题展开论述,力求促进第三人撤销之诉的适用以符合立法者所设定的规范目的。

关键词 第三人撤销之诉 适格原告 起诉条件 合并审理

关于新民诉法第 56 条第 3 款规定的第三人撤销之诉,目前在学界占据主流地位的观点认为其与民事诉讼之基本理论存在冲突,在司法实践中有可能无法适用或者适用的空间十分有限。我们不赞成这种观点,主张通过解释论尽可能活用第 56 条第 3 款以达到其立法宗旨。

在中国知网上以"第三人撤销之诉"或"第三人撤销诉讼"作为主题词进行检索,自民诉法通过后至 2013 年 8 月 27 日,共找到相关期刊文章 23 篇。再根据提交民诉法学研究会 2012 年年会的 9 篇同样主题的文章等资料可看出,以民诉法学界若干著名学者的论文为代表且在相关文献中占据了多数的观点均认为,《民事诉讼法》第 56 条第 3 款规定的第三人撤销之诉在司法实践中将难以适用。虽然这些观点之间存在种种微妙的区别,但为了突出争论之对立焦点,这里仅着眼于其共同的研究取向,暂且把结论相近的这些研究成果统称为"否定适用说"。与此相对,只有少数的学者和部分司法实务界人士认为应努力运用第三人撤销之诉以应对虚假诉讼等现实问题。

"否定适用说"的主要观点认为新法确立的第三人撤销之诉在现行制度框架

---

[*] 本文为北京市教育委员会"北京市支持中央在京高校共建项目""民事诉讼法修改与多元化争议解决机制的完善"课题的研究成果之一。

[**] 王亚新,清华大学法学院教授、博士生导师;刘君博,清华大学法学院诉讼法学专业民事诉讼法方向博士研究生。

下既无适用的必要性也无可能性,不能达到遏制虚假诉讼的立法目的。① 从保护第三人利益的角度出发,如果法院能够建立并坚持既判力的相对性原则,那么第三人撤销之诉的适用将受到限制,甚至是多余的。② 按照其中最为彻底的观点,我国的第三人撤销之诉并不存在适格的原告。对于有独立请求权第三人,如果其未参加原诉讼,按照既判力相对性原则,原诉讼的确定判决法律效力不及于该第三人;如原诉讼判决结果"损害其民事权益",其有权以本案当事人为被告另行提起独立的诉讼,并无推翻他人之间生效裁判的必要。而对于无独立请求权第三人,未受诉讼告知或"因不能归责于本人的事由未参加诉讼"且本案的诉讼结果"损害其民事权益"的法定适用条件在现行法上很难满足。按照上述主流学说的观点,立法者期待通过第三人撤销之诉遏制恶意诉讼和虚假诉讼等现象的立法目的将会落空,因为现有很多恶意诉讼、虚假诉讼现象侵害的往往并"不是对判决结果在法律上有利害关系的第三人,而是对判决结果有事实上利害关系的第三人",但对判决结果有事实上利害关系的第三人在现行制度条件下并不能成为提起第三人撤销之诉的适格原告。

仅有少数学者认为应当采用"目的性扩张解释"的方法,认可合法权益受到虚假诉讼侵害的被害人成为第三人撤销之诉的适格原告。③ 一些实务界人士则认为,对于第56条中第三人"有法律上的利害关系"的理解应当从宽把握,而扩大第三人撤销之诉的主体范围有利于实现打击虚假诉讼,保障案外人合法权益免受侵害的立法目的。④

看来,主流学说更多的是基于立法论的视角,从民事诉讼基本理论以及民事诉讼法典整体制度安排的应然层面,批评立法者在具体制度选择以及制度设计等方面的不足之处。毋庸讳言,有关第三人撤销之诉的现行立法确实存在诸多疑问,针对该制度的很多批评都显得有理有据,且大体能够做到逻辑上的自洽。但是,在立法者已经做出选择且短期内恐怕很难重启立法进程的前提下,上述主流学说所持的观点实际上相当于对第56条第3款在司法实践中的解释适用做出了一种相当悲观的断言或估计,其作为解释论的意义十分有限。针对这种观

---

① 陈刚:《第三人撤销判决诉讼的适用范围——兼论虚假诉讼的责任追究途径》,载《人民法院报》2012年10月31日。

② 张卫平:《第三人撤销判决制度的分析与评估》,载《比较法研究》2012年第5期;张卫平:《中国第三人撤销之诉的制度构成与适用》,载《中外法学》2013年第1期。

③ 王亚新:《第三人撤销诉讼的解释适用》,载《人民法院报》2012年9月26日;许可:《论第三人撤销诉讼制度》,载《当代法学》2013年第1期。

④ 高民智:《关于适用案外人撤销之诉制度的理解与适用》,载《人民法院报》2012年12月11日;吴兆祥、沈莉:《民事诉讼法修改后的第三人撤销之诉与诉讼代理制度》,载《人民司法》2012年第23期。

点,本文采取"应当尽可能促进对第三人撤销之诉的适用"这一司法政策论的研究进路,立足于解释论的角度及方法展开分析。以下,分别就第三人撤销之诉的原告适格、起诉条件的加重和审理程序及裁判等方面简述我们的见解。

一、第三人撤销之诉的适格原告

新民诉法将第三人参加诉讼制度与第三人撤销之诉"绑在一起"是学界主流学说否认第三人撤销之诉适用的直接原因。但到目前为止,我国学界仍然未就"有独立请求权第三人"和"无独立请求权第三人"的理论形成一致意见,司法实务中有关这些制度的适用也不统一。理论研究的"学说分立"和司法实践的"尺度不一"构成了我国第三人参加诉讼制度的现状。这种理论研究上的莫衷一是和司法实践中缺乏规则的纷繁复杂现状,恰恰构成了本文认为可通过解释论来适度扩张第三人撤销之诉中原告适格范围这一司法政策论立场的背景。

首先,适用第三人撤销之诉,应当站在"事后救济"的视角考虑案外人有无可能以有独立请求权或者无独立请求权第三人,甚至以共同诉讼主体的身份参加到原诉讼之中。能够提起第三人撤销之诉的适格原告必然没有参加到原诉讼之中。因此,从事后救济的角度判断当事人参加到原诉讼中的地位,其既可能作为有独立请求权第三人主动提起诉讼;也可能作为无独立请求权第三人被通知参加诉讼或者申请参加诉讼;甚至还有可能作为原诉讼的共同原告或者共同被告。因为根据我国目前的相关司法解释和诉讼实务,某些情形下的固有必要共同诉讼与许多类似必要共同诉讼中,在原、被告与第三人的诉讼地位之间存在着相互转换的余地。在此意义上,第三人撤销之诉的适格原告范围与第三人参加诉讼制度的主体范围不必非要做到严格对应。

其次,判断第三人与案件处理结果有无法律上的利害关系,还应当以实体法上的民事法律关系甚至法律事实作为判断基础,分析第三人与原诉讼当事人之间存在何种权利义务关系。

再次,从目的解释的角度出发,可考虑赋予诈害诉讼的被害人以未参加诉讼的有独立请求权第三人的身份提起第三人撤销之诉的权利。在现行制度框架内及司法实务中,诈害诉讼往往以双方串通等方式损害一般债权人的合法权益,但受害人另行起诉未必能够成为更加便捷的救济渠道。从遏制虚假诉讼、保护第三人利益的立法目的出发,通过法律解释赋予诈害诉讼的被害人以未参加诉讼的有独立请求权第三人的身份作为适格原告提起第三人撤销之诉,一些情况下更方便于保护其合法利益。

最后,提起第三人撤销之诉的原告利益(包括程序利益和实体利益)在原诉讼中是否被充分代表也是判断其能否寻求事后救济的标准之一。如果基于法律规定,第三人的诉讼实施权被赋予原诉讼中一方当事人行使,但该当事人却未能提出全部攻击、防御方法维护第三人的合法权益。在必要情形下,应当赋予此类第三人提起撤销之诉的权利。

综上所述,我们认为可把事后救济的必要性作为第三人撤销之诉解释适用的出发点,以原告与原诉讼当事人之间的实体法律关系作为类型化的基础,适度地扩大解释未参加诉讼的第三人范围,在支持立法者所设定的规范目的之前提下,对第三人撤销之诉的主体适格问题进行类型化的分析并做出具体判断。

1. 未参加诉讼的有独立请求权第三人作为适格原告

按照我国《民事诉讼法》及司法解释的相关规定,未参加诉讼的有独立请求权第三人作为适格原告主要包括以下情形:

(1) 第三人对诉讼的标的物享有民事实体权利

我国的民事诉讼法理论上往往将"诉讼标的"与"民事法律关系"直接对应,而在司法实践中以民法上的请求权作为判断第三人对诉讼标的或标的物是否具有独立请求权是最直接和普遍的操作方式。在民法的权利体系中,债权表现为请求特定人为特定给付的权利,具有相对性;而物权则表现为权利主体对标的物具有排他的支配性权利,具有对世效力。上述民事权利特点反映在诉讼领域中就表现为针对他人之间民事纠纷具有独立请求权的第三人往往在实体权利属性上对于诉讼标的物直接享有物上请求权或者基于债权债务关系对诉讼标的物享有债权请求权。在此情形下,第三人所享有的独立请求权一般是较为明确的,其有权作为第三人撤销之诉的适格原告。典型案例比如夫妻共同财产登记在一方名下时发生以损害另一共有人利益为目的的虚假诉讼。

(2) 诈害诉讼

在判决的效力体系中,判决的事实效力(证明效力)在我国的司法实践中发挥着重要作用。即法院在前诉判决中所认定的事实可能会影响法官对后诉事实的认定。最高人民法院《关于民事诉讼证据的若干规定》第9条将"已为人民法院发生法律效力的裁判所确认的事实"规定为当事人无需举证证明的事实。在司法实践中经常出现前案当事人相互串通制造虚假诉讼从而骗取判决对于某项事实的确认,随后即以此为由向第三人提起诉讼。如前文所述,受到诈害诉讼损害的被害人一定条件下能够成为提起第三人撤销之诉的适格原告。

2. 未参加诉讼的无独立请求权第三人作为适格原告

(1) 第三人与原诉讼当事人之间存在义务性法律关系

无独立请求权第三人与原诉讼当事人之间存在某种义务性法律关系是司法实践中最常见的情形。依据此类法律关系,原诉讼当事人一方败诉,无独立请求权第三人将承担民事义务或者赔偿责任。当然,并非所有存在义务性或负担性法律关系的无独立请求权第三人都会被作为"被告型第三人",由法院直接判决承担民事责任。但即使是这样的第三人仍可能于事后提起撤销之诉。夫妻一方为了在离婚中多获取裁判,与他人虚构巨额共同债务以及医院与患者串通、虚构医疗事故纠纷,向保险公司索赔等等均属于此类情形的典型案例。

(2)第三人与原诉讼当事人存在权利性法律关系或者权利义务性法律关系

无独立请求权第三人与原诉讼当事人之间存在某种权利性法律关系或者权利义务性法律关系在司法实践虽然不常见,但也存在一些案例。比如在原诉讼中当事人因为亲情等关系故意不提出某些关键证据而导致败诉,从而导致第三人失去原权利而只能获得经济赔偿。依据此类法律关系,由于原诉讼当事人一方败诉,无独立请求权第三人享有一定的权利或者在愿意履行一定义务的前提下享有一定权利,在某些特殊情形下应允许其提起第三人撤销之诉。

(3)"诉讼担当"致使第三人与原诉讼当事人之间产生民事法律关系

既判力相对性原则存在例外情形,如在诉讼实施权主体与民事实体权利主体相分离的情形下,即出现"诉讼担当"时,受到判决既判力不利所及的"被担当人"亦可以提起第三人撤销之诉。我国民事诉讼中的诉讼担当均为法定诉讼担当,主要体现在《著作权法》关于继承人保护著作权人相关权益的规定、《继承法》关于胎儿母亲诉讼实施权的规定以及《破产法》关于破产管理人享有诉讼实施权的规定。在法定诉讼担当的情形下,破产企业的管理人或者公司清算期间的清算组如果与对方当事人恶意串通,故意制造虚假诉讼损害破产企业或公司的利益,破产企业或解散公司作为法定诉讼担当的被担当人可以按照新《民事诉讼法》第56条提起第三人撤销之诉。

此外,在涉及公司法人的诉讼中也存在法定诉讼担当和判决的固有效力扩张。例如,某公司的控股股东为了逃避其侵害公司利益的责任,故意指使公司监事依据《公司法》第152条起诉控股股东本人侵犯公司合法权益;但双方在庭审过程中相互串通,公司监事故意为不利地自认或者主张较少的利益损失,从而使法院作出生效判决,认定控股股东不承担责任或仅承担较少责任。在此情形下,一方面,其他的股东诉讼实施权因为公司监事"履行起诉义务"而无法行使;另一方面,法院的生效裁判也阻碍了其他股东再提起诉讼的可能性。因此,应允许其他股东提起第三人撤销之诉。

二、诉的利益及起诉条件的加重

第三人撤销之诉作为改变和撤销发生法律效力的判决、裁定和调解书的特殊权利救济途径,为了维护生效裁判所确定的法律秩序安定性,在诉的利益以及起诉条件方面应当对其启动加以限制,防止诉权滥用行为的发生。

如果第三人可以就错误的生效裁判提起再审或者另行提起新的诉讼,抑或人民法院或者人民检察院已经对生效裁判启动审判监督或者抗诉程序时,是否还应当赋予第三人提起撤销之诉的权利?在原告可以通过民事诉讼制度框架内的一般救济程序获得充分的权利保护时,应认定其不具有提起第三人撤销之诉的利益。当然,从遏制虚假诉讼现象的立法目的角度出发,如果其他民事程序所提供权利救济不足以补偿或救济虚假诉讼给第三人造成利益损失时,第三人提起撤销之诉仍具有诉的利益。有关诉的利益之判断可以从反向限制第三人撤销之诉程序的启动。

除了诉的利益之外,第56条第3款还规定提起第三人撤销之诉需要满足"有证据证明发生法律效力的判决、裁定、调解书的部分或者全部内容错误,损害其民事权益"。在一般的民事诉讼中,原告依据《民事诉讼法》第119条向法院提起诉讼并不以提交证据为起诉条件。为了防止诉权滥用行为,笔者认为,第56条第3款关于提交证据证明生效裁判内容错误及损害民事权益的规定实际上加重了第三人撤销之诉的起诉条件。即原告在提起第三人撤销之诉时应当提交证据,初步证明原诉讼当事人因故意或过失致使发生法律效力的判决、裁定、调解书的部分或者全部内容错误,损害其民事权益。"初步证明"的状态并非要求原告在起诉阶段即要提出全部攻击防御方法以使所主张的要件事实达到证明标准,而是要求原告需要通过提交一定证据及证据线索,能够使法官对其所主张的事实形成"情况很有可能如此"的大致判断即可。其证明程度大致类似于大陆法系民事诉讼理论上所说的"疏明",与关于程序性事项如当事人申请回避或提出管辖权异议需要提出一定证据并达到大致的证明程度相似,而无需达到学理上一般称为"满足证明责任"的证明标准。

具体而言,原告在起诉时应当向法院提交一定证据及证据线索,能够初步证明以下事实可能存在:(1)原诉讼当事人存在恶意串通、伪造证据、虚构事实等故意或过失行为;(2)发生法律效力的判决、裁定认定事实错误或适用法律错误,且判决、裁定损害原告的民事权益;(3)调解书内容违反法律规定或者直接损害原告的利益。

三、第三人撤销之诉的审理程序及裁判

第三人撤销之诉的审理程序及裁判存在着一系列复杂的问题:与管辖的问题紧密相关,这种诉讼是否可以上诉?当事人在提起第三人撤销之诉的同时可否一并要求法院解决涉及自己的权属争议?怎样理解第56条第3款规定的"改变或者撤销原判决、裁定和调解书"?法院何种情形下应当"改变",何时又应当"撤销",两者的关系如何?

关于第三人撤销之诉的审理程序如何设计,目前存在两种方案。一种方案主张根据"特别救济程序"模式比照再审程序设置,即一审终审、除撤销原法律文书的形成之诉外不允许合并审理(撤销之后可另行起诉)。这种方案尽管存在诸多优点,但最大的问题在于与立法的相关规定很难相容。鉴于此我们认为,应当

承认第三人撤销之诉作为常规的诉讼程序（虽然理论上其确实带有"特别救济"的性质），可考虑适用普通程序，另行组成合议庭进行审理，针对一审判决当事人有权提起上诉。与此相关的是管辖问题，第 56 条第 3 款规定第三人撤销之诉由原来作出生效法律文书的法院管辖，如果该法院已经是终审法院，则撤销之诉案件的上诉法院至少为高级法院。这往往被视为一个难题。但只要前诉真是虚假诉讼，一般情形下当事人都极少上诉，不太可能经由第二审程序。即便出现少数需要由更高层次法院进行第二审审理的案件，也不会构成严重的案件负担。我们认为不必为此过于担心。

另一个重要问题是，第三人撤销之诉的当事人能否要求法院一并处理原诉讼所涉及的权属争议？或者法院是否可以把请求撤销的形成之诉与新提起的给付之诉等合并审理？对于虚假诉讼而言，多数情况下只需撤销原生效法律文书即可给予当事人合法权益充分的保护。但不排除某些案件中进行合并审理更有利于保护当事人合法权益或能够收到一次性解决纠纷的功效。我们认为，在这样的情况下为了节省司法资源和当事人的诉讼成本，应当允许第三人提起撤销之诉的同时，请求就被撤销的法律文书内容相关的民事纠纷进行审判，法院可决定对这种合并的诉讼请求予以一并审理。例如，第三人请求撤销夫妻虚假离婚诉讼中就财产分割达成的调解协议，可以同时起诉请求原诉讼当事人向其交付某一不动产或偿还债务。法院认为合并审理相关诉讼请求能够达到这一效果的，决定合并审理。在某些特殊情况下当事人还可以针对原审原被告通谋的诉讼欺诈行为，一并提起损害赔偿之诉。

但是，如果合并审理将使案件的调查和审理程序过于复杂，从而达不到上述目的的，人民法院应告知第三人另行起诉。例如，围绕第三人与原诉讼当事人之间的民事纠纷，可能还涉及未参加撤销之诉程序的案外人利益的；原诉讼存在有独立请求权第三人或被判决承担民事责任的无独立请求权第三人，相关主体间的权利义务关系有待进一步查清的。与此同时，如果相关诉讼请求涉及的民事纠纷不属于受理撤销之诉的法院管辖的，同样不能合并审理。例如，夫妻双方通过恶意离婚诉讼转移财产，损害第三人的不动产所有权的，根据《民事诉讼法》第 33 条的规定关于该不动产权属的纠纷应适用专属管辖，受理第三人撤销之诉的法院（即作出生效离婚判决或调解书的法院）未必会有管辖权。第三人与一方当事人就相关诉讼请求约定了管辖协议的，同样如此。如果根据级别管辖划分标准，相关诉讼请求应由受理撤销之诉的下级法院管辖的，除非当事人自愿达成调解协议，否则也不得合并审理。

最后，作为第三人撤销之诉的裁判，关于怎样理解撤销和"改变"原生效法律文书以及两者之间关系等问题，应当与上述合并审理的情形结合起来加以考虑。仅仅是将原生效法律文书全部予以撤销的裁判比较简单，可以忽略不论。对于

"改变"的裁判及其与撤销的关系,可设想两种情形。一种情形是法院只撤销原生效法律文书的部分内容,相当于在原审范围内"部分撤销＝部分改变"。例如对离婚判决中有关财产分割的部分予以撤销,确认其仍为共有财产,或者根据审理情况予以改变。另一种情形则为法院在合并审理形成之诉和给付之诉(或确认之诉)的前提下,在判决主文中先撤销原生效法律文书,再对各方当事人的权利义务关系做出重新安排,即"全部改变"或"撤销＋改变"原来的法律文书内容。后一种情形虽然可能很少出现,但我们认为只要承认第三人撤销之诉可以合并审理,就应允许法院把这种情形作为裁判的选项之一。

四、第三人撤销之诉与案外人申请再审的关系

新《民事诉讼法》公布之后,与第三人撤销之诉的诉的利益判断直接相关的一个现实问题是如何协调最高人民法院《关于适用〈中华人民共和国民事诉讼法〉审判监督程序若干问题的解释》所确立的"案外人申请再审"与第三人撤销之诉之间的关系。同为特殊救济程序,应当如何考量二者在法律适用上的地位?权威的实务界人士认为,在新民诉法现有规定下,案外第三人同时享有"案外人申请再审"和"第三人撤销之诉"两种程序权利,但二者只能选择其一行使,不能并用。[①]

有学者指出,在我国司法实践中,存在着两种类型的案外人申请再审:一是执行程序外的案外人申请再审;二是执行程序中的案外人申请再审。执行程序中的案外人申请再审以《民事诉讼法》第227条为依据,指的是在执行过程中,案外人对执行标的提出书面异议,人民法院经审查认为理由不成立而裁定驳回时,案外人对裁定不服可以按照审判监督程序的相关规定提起再审申请。[②]

就救济受错误判决、裁定损害的案外人,允许其通过撤销生效的裁判维护自己的民事权益而言,第三人撤销之诉与执行程序外的案外人申请再审程序具有相同的制度功能。我们认为,为避免体系解释及司法实践上的混乱,在《民事诉讼法》增加第56条第3款的前提下,应对最高人民法院《关于适用审判监督程序的解释》第5条和第42条作限缩解释。即案外人申请再审仅限于在执行程序中,对执行标的物主张权利且无法提起新的诉讼以及不服人民法院依据《民事诉讼法》第227条作出的驳回执行异议裁定等情形。据此,在救济受错误裁判损害

---

① 奚晓明主编:《〈中华人民共和国民事诉讼法〉修改条文理解与适用》,人民法院出版社2012年版,第110页。
② 肖建国:《论案外人申请再审的制度价值与程序设计》,载《法学杂志》2009年第9期;卢正敏:《论案外人申请再审制度中的适格案外人》,载《厦门大学学报》(哲学社会科学版)2012年第1期。

的案外人这一点上,形成"第三人撤销之诉"与"申请再审"的"一般条款"与"特别条款"结构关系。案外人选择提起第三人撤销之诉的,在理论上仍保留撤销之诉败诉后申请再审的资格;但如果选择直接申请再审的,则不得再依照第56条第3款提起第三人撤销之诉。从法的位阶出发,第三人撤销之诉作为《民事诉讼法》所规定的程序在适用上也应当优先于最高人民法院司法解释所规定的案外人申请再审。

论第三人撤销之诉制度的系统定位

■ 唐 力 谷佳杰*

摘 要 2012年《民事诉讼法》增加了第三人撤销之诉制度，其特征为事后的救济程序，其功能是为第三人提供充分的程序保障。第三人撤销之诉、案外人异议之诉和案外人申请再审之间均存在联系和区别。案外人异议之诉有特定的适用情况，其与第三人撤销之诉不存在重合的空间。鉴于效力程度和启动条件，第三人撤销之诉的适用应当优先于案外人申请再审。我国第三人权利保护体系的协调完善应当在事前预防上以第三人诉讼参加制度为主，在事后救济方面以第三人撤销之诉为主、以案外人执行异议之诉为特定和案外人申请再审为特殊。

关键词 第三人撤销之诉 制度功能 保障体系 协调定位

一、引 言

近年来，司法实践中出现了以恶意诉讼、虚假诉讼侵害案外第三人合法权益的现象，这种以"合法"形式达到"非法"目的的行为严重损害了我国的司法权威，于是要求增加对案外第三人保护的呼声越发强烈。立法应当对实践有所回应。2012年新修正的《民事诉讼法》第56条第3款规定："前两款规定的第三人，因不能归责于本人的事由未参加诉讼，但有证据证明发生法律效力的判决、裁定、调解书的部分或者全部内容错误，损害其民事权益的，可以自知道或者应当知道其民事权益受到损害之日起6个月内，向作出该判决、裁定、调解书的人民法院提起诉讼。人民法院经审理，诉讼请求成立的，应当改变或者撤销原判决、裁定、调解书；诉讼请求不成立的，驳回诉讼请求。"这即是我国新建构的第三人撤销之诉制度。

在讨论如何对案外第三人进行保护的立法过程中，另行起诉、通过再审之诉和建构第三人撤销之诉都是选择的方案。经过权衡利弊，第三人撤销之诉脱颖

---

* 唐力，西南政法大学法学院教授，法学博士；谷佳杰，西南政法大学法学院2012级诉讼法博士研究生。

而出,成为保护案外第三人权益的救济途径。① 尽管立法已经对案外第三人权利保护模式做出了选择,但一方面,学者对此的质疑之声并未停息,②另一方面,学界也开始了对其具体适用进行理论探讨。③ 然而需要明确的是,在程序制度已经在立法上确立的现实情况下,与其进行质疑而影响立法权威,不如展开合理的解读以规范实践。制度的具体实施诚然需要细致化和精确化的理论解释,尤其在立法规定略显粗糙之际。但一项新的制度建立后,首先应当考虑的是如何与已有的制度进行衔接和协调,以使新增制度成为积极因素而完善现有的制度格局,制度之间、程序之间的关系定位理应成为探讨的重要层面。

系统论认为,组成整体的各个部分之间应当具有各自的不同功能,部分之间的功能分化和联系衔接才能带来整体的稳定和完善。我国现有的保护第三人权利之制度构成,已存在第三人参加诉讼制度、案外人执行异议之诉和案外人申请再审制度,此次修法又建构了第三人撤销之诉制度。那么,第三人撤销之诉制度与现存的第三人权利保护制度是否存在功能重叠?第三人撤销之诉制度如何进行系统定位,如何与其他程序制度实现功能分化,如何与其他程序制度协调以完善第三人权利保护的制度格局?本文拟就这些问题进行解析,以求对制度的有效推行有所裨益。

二、第三人撤销之诉的制度功能

探讨第三人撤销之诉在民事诉讼法中的系统定位,首先应当明晰其自身的制度特征和作用功能。我国建构的第三人撤销之诉是借鉴法国和我国台湾地区相似制度的舶来品,因此对法国和我国台湾地区相似制度的检视显得尤为重要。

法国的第三人撤销之诉被称为"第三人取消判决之异议",是当第三人因其作为局外人的判决所产生之效果而受到损害时,或者仅仅是受到损害威胁时,为之设置的一种非常上诉途径。④ 事实上,这一制度的产生有其特定历史背景。法国第三人撤销之诉的设立初衷是为了防止诉讼欺诈或虚假诉讼不当侵害第三人利益。而当时的民事诉讼实际上并未完全从实体法体系中脱离开来,许多诉

---

① 王胜明主编:《中华人民共和国民事诉讼法释义》,法律出版社2012年版,第120~121页。

② 陈刚:《第三人撤销判决诉讼的适用范围——兼论虚假诉讼的责任追究途径》,载《人民法院报》2012年10月31日。

③ 张卫平:《中国第三人撤销之诉的制度构成与适用》,载《中外法学》2013年第1期;王亚新:《第三人撤销之诉的解释适用》,载《人民法院报》2012年9月26日;王福华:《第三人撤销之诉适用研究》,载《清华法学》2013年第4期。

④ 法国《新民事诉讼法典(附判例解释)》(上册),罗结珍译,法律出版社2008年版,第633~646页。

讼法上的问题都规定在民法典中。其中,构成"第三人取消判决之异议"形成基础之既判力理论也受实体法的影响。在当时,既判力被作为一种不可推翻的法律推定,具有既判力的判决即是对案件真实之反映。学说理论认为,原告和被告在诉讼中构成了契约关系,这种契约具有与法同样的性质,一旦法官作出判决,就对当事人产生拘束力,当事人不得对已经判决的事项再行提起诉讼。① 判决即具有了如同合同的"对抗效力"和"相对性"。根据"相对性"原则,法院判决仅在参加诉讼的人之间发挥效果,而法院运用司法权作出的能引起一定法律效果之判决作为一种法律行为,对所有人都具有"对抗效力"。此种对抗效力实质是指法院的判决,依其本身的存在,以其所包含的处罚事项,以其命令转移、宣告防御,可能直接或间接地对第三人产生的影响力。当未成为当事人或未被他人代表参与诉讼却受判决不利影响的情况下,为了消除此种不利益,法律规定第三人可以提起取消判决之诉,对其合法的权利加以救济。所以,法国的第三人撤销之诉旨在消除判决对利害关系第三人的不利影响,从而对第三人的实体权益加以救济。尤为重要的是,近年法国司法判例将第三人撤销之诉的适用范围不断扩大。②

  在程序保障理念的冲击下,我国台湾地区引入了第三人撤销之诉制度。依其"立法理由"中的说明,为扩大诉讼机制解决纠纷之功能,基于确保纷争解决之实效性、维持实体法秩序之调和及提高司法制度运作效率与经济性之必要,必须将判决效力扩张及于诉讼当事人以外的第三人以统一解决纠纷。然而在另一方面,站在宪法诉讼权、自由权及财产权保障之观点,使该第三人私法上的地位受特定判决的某种拘束力所及,必须在制度设计上赋予其某种形式的程序保障,充实判决效力扩张至正当性的基础。③ 当第三人因非归责于己的事由未参与诉讼程序却仍要受到判决效力之所及时,第三人在未受任何程序保障的情形下却要服从法院判决对其权利义务构成的不利判定,显然不符合民事诉讼法的程序保障原则。第三人撤销之诉则在事后提供第三人提出攻击防御方法的机会以影响判决之形成,即是通过事后赋予第三人之程序保障途径给予第三人救济自己合法权利的机会。所以,我国台湾地区的第三人撤销之诉旨在给予受到判决效力所及之第三人"事后之程序保障",特别是与其新"民事诉讼法"第 67 条之一所增

---

  ① 当时人们对既判力的认识仍受到实体法的局限,法国的民事诉讼法实际上并未完全从实体法体系中脱离开来,许多诉讼法上的问题都在民法典中规定。参见张卫平、陈刚:《法国民事诉讼法导论》,中国政法大学出版社 1997 年版,第 134 页。

  ② 巢志雄:《法国第三人撤销之诉研究——兼与我国新〈民事诉讼法〉第 56 条第 3 款比较》,载《现代法学》2013 年第 3 期。

  ③ 黄国昌:《民事诉讼理论之新展开》,北京大学出版社 2008 年版,第 308 页。

设的法院依职权为诉讼告知之制度相对接,共同形成"事前事后程序保障配套机制",以调和"纷争解决一次性"与"程序保障"之间的矛盾。

通过比较法上的考察,法国第三人撤销之诉缘起于防止诉讼欺诈但逐渐出现扩大适用的趋势以保护第三人的权益;我国台湾地区的第三人撤销之诉则定位于为第三人提供充分的事后程序保障。两者均属于一种事后的救济程序,虽然在设立的初始目的上有所差别,但是逐渐均定位于为未参加诉讼的案外第三人提供程序保障。由此可见,第三人撤销之诉的制度特征为事后的救济程序,作用功能在于为第三人提供充分的程序保障。

三、我国第三人权利保护体系的制度考察

在 2012 年《民事诉讼法》出台之前,我国第三人权利保护体系存在三种制度:第三人诉讼参加制度、案外人执行异议之诉制度和案外人申请再审制度。第三人诉讼参加制度和案外人执行异议之诉制度均为立法所规定,案外人申请再审制度则由立法和司法解释两个层面予以规范。

第三人诉讼参加是指第三人认为对诉讼案件当事人争议的诉讼标的有独立请求权或有法律上利害关系时可以参加诉讼。根据与诉讼标的的关系不同可以将参加诉讼的第三人分为有独立请求权第三人和无独立请求权第三人。《民事诉讼法》第 56 条第 1 款和第 2 款即对应着两种类型的参加诉讼第三人。从法律条文内容来看,这种第三人诉讼参加制度是一种事前预防程序。只要第三人能够在诉讼开始或者过程中参加诉讼,受到充分的程序保障,此种第三人保护模式无疑是最完备充分的。然而,由于第三人参加诉讼都有一个预设前提,即其知晓诉讼的发生和进行。但是实践中大多数情况下第三人均无法知晓诉讼的进行,因此极其容易出现无法参加诉讼的结果。由此导致该制度不能满足第三人因未能参加诉讼而利益受损的正当程序要求。此外,第三人诉讼参加制度的启动需要满足主体适格条件,即只有《民事诉讼法》第 56 条规定的有独立请求权第三人和无独立请求权第三人才能够进入诉讼之中。该制度开辟的通道只能让规范意义上的第三人通过,却对诉讼实践过程中的案外人关上了大门。

《民事诉讼法》第 227 条规定:"执行过程中,案外人对执行标的提出书面异议的,人民法院应当自收到书面异议之日起十五日内审查,理由成立的,裁定中止对该标的执行;理由不成立的,裁定驳回。案外人、第三人对裁定不服,认为原判决、裁定错误的,依照审判监督程序办理;与原判决、裁定无关的,可以自裁定送达之日起十五日内向人民法院提起诉讼。"这即是案外人执行异议制度。当法院驳回的案外人异议裁定与原生效法律文书无关的,案外人提起的诉讼就是案外人执行异议之诉。案外人执行异议之诉的目的在于排除对案外特定执行标

的的强制执行,以避免侵害第三人的合法权益。① 这种诉讼缘起于执行过程中执行行为指向对象的错误,由于其不涉及对原生效法律文书的效力评价,其结果并不会对原来的诉讼结果产生任何影响。由此可见,案外人执行异议之诉发生在执行过程中,是一种事后仅限于执行救济的有限救济制度。

《民事诉讼法》第 200 条第 8 款规定了"无诉讼行为能力人未经法定代理人代为诉讼或者应当参加诉讼的当事人,因不能归责于本人或者其诉讼代理人的事由,未参加诉讼的"作为当事人申请再审的事由。此条规定将应当参加诉讼而没有参加诉讼的"案外人"(法条表述为当事人)之救济途径导向了申请再审制度。然而,"案外人"申请再审从而使得程序启动后,"案外人"与原审当事人的地位如何列明和再审程序的处理方式在立法上却付之阙如。此外,最高人民法院《关于适用〈中华人民共和国民事诉讼法〉审判监督程序若干问题的解释》第 5 条规定:"案外人对原判决、裁定、调解书确定的执行标的物主张权利,且无法提起新的诉讼解决争议的,可以在判决、裁定、调解书发生法律效力后 2 年内,或者自知道或应当知道利益被损害之日起 3 个月内,向作出原判决、裁定、调解书的人民法院的上一级人民法院申请再审。在执行过程中,案外人对执行标的提出书面异议的,按照《民事诉讼法》第 204 条的规定处理。"此条司法解释的规定与《民事诉讼法》第 227 条的执行异议制度进行了衔接。总体而言,案外人申请再审制度是一种扩大再审诉讼原告适格的诉讼技术。我国案外人申请再审的立法规定和司法解释出台之目的是为了应对司法实践中出现的第三人权利受损的情况,暂时性地赋予案外人提起再审的主体适格条件。结合当时的社会背景,案外人得到了事后权利救济的渠道。但由于再审程序的严格性、特殊性和例外性,立法规定和司法解释对案外人申请再审的启动条件进行了严格限制。因此,案外人申请再审是一种事后的特殊救济制度。

从关系论的视角来看,我国第三人权益保障制度呈现出这样的格局:第三人诉讼参加制度作为事前救济程序发挥了预防功能,案外人执行异议之诉作为事后救济程序在执行阶段发挥了特定补救功能,案外人申请再审制度作为事后救济程序发挥着特殊救济功能。然而,现有的制度构成却均存在一定问题:第三人诉讼参加制度,作为事前救济程序可以提供最为完善的程序保障,却因诉讼告知制度的内在缺陷极易缺位,同时其准入条件受到主体资格限制;案外人执行异议之诉作为执行过程中的事后特定救济程序却受到诸多条件限制,例如功能发挥的对象范围和阶段期间,从而只能发挥特定条件下的有限功能;案外人申请再审的具体适用存在诸多尚未解决的问题,如案外人申请再审程序启动后的地位等,作为特殊性的事后救济程序,其同时受到再审之诉一般条件的限制,在司法实践

---

① 杨与龄:《强制执行法论》,中国政法大学出版社 2002 年版,第 200 页。

中也难以发挥预想作用。从协调论的角度出发,第三人撤销之诉制度作为事后救济程序,其设立建构在此意义上势必与同为事后救济程序的案外人执行异议之诉制度、案外人申请再审制度存在重合之处,三者之间的协调定位是完善我国第三人权利保护体系亟待解决的问题。

四、我国第三人撤销之诉制度的协调定位

(一)第三人撤销之诉与案外人执行异议之诉的分别定位

第三人撤销之诉与案外人执行异议之诉都是我国第三人权利保护体系的事后救济程序,但两者存在很大的区别。首先,案外人执行异议之诉的主要目的在于解决同原生效法律文书无关,仅仅是围绕被执行的具体财产权利归属而发生的争议,其进一步的具体运行过程因涉及再审程序而比较复杂;第三人撤销之诉由于定位于撤销前诉的错误之处,具有彻底性和终局性,适用起来更为便利。其次,案外人执行异议之诉仅仅能够在执行阶段对案外第三人进行救济;第三人撤销之诉则无此限制,其可以在诉讼结束后的任何阶段发挥功能。再次,就适用的诉讼类型而言,由于案外人执行异议发生于执行程序,其适用只能是具有权利义务给付内容的给付之诉,并且进入了执行程序;第三人撤销之诉则可以在任何诉讼类型中予以适用。最后,案外人执行异议之诉的主体适格条件没有第三人撤销之诉的严格,第三人撤销之诉的主体只能是《民事诉讼法》第56条规定的有独立请求权第三人和无独立请求权第三人。

从二者的制度目的和适用条件来看,第三人撤销之诉和案外人异议之诉在本质上没有必然的联系,二者在具体适用过程中也几乎难以出现重合之处。然而,就整个案外人执行异议制度而言,功能发挥重叠的空间似乎并非不存在。从立法条文内容上看,根据《民事诉讼法》第227条后半段规定,案外人提起异议后,如果发现原判决、裁定错误的,应当启动再审程序。在这种情况下的案外人如果同时也符合《民事诉讼法》第56条第3款规定的第三人撤销之诉的当事人条件,两种制度即存在功能发挥的交集之处。这种情景下的功能重叠即需要进一步制定完善规则。当然,此种情况下的重合实质上是第三人撤销之诉与案外人申请再审的协调问题。总之,第三人撤销之诉与案外人执行异议之诉没有直接必然的联系,二者分别定位于不同的领域。

(二)第三人撤销之诉与案外人申请再审的相互协调

第三人撤销之诉与案外人申请再审均属于第三人权益保障的事后救济程序。两者在不少方面都有相似之处。首先,两者在制度功能和设立目的上具有重合之处,都定位于撤销原有的生效法律文书以救济第三人权利;其次,两者在诉讼法理论上都会造成对既判力的突破,只是突破的程度不同;最后,两者在基础原理和适用法理上具有同质性,甚至第三人撤销之诉的程序规则在很多方面

都可以直接适用再审的程序规则。①

在对两者进行比较之前,首先需要厘清我国的案外人申请再审程序。我国的案外人申请再审程序由《民事诉讼法》和最高人民法院司法解释《关于适用〈中华人民共和国民事诉讼法〉审判监督程序若干问题的解释》两个部分组成,实际上存在两种申请再审程序的路径。从《民事诉讼法》立法规定来看,应当参加诉讼却因不能归责于己之事由而未参加诉讼的"案外人"可以申请再审程序;从司法解释来看,案外人申请再审的规定受到了执行异议前置程序的限制,其实质是衔接《民事诉讼法》执行异议制度中原生效法律文书存在错误情形的处理方式。一方面,两者均在程序启动后"案外人"之地位如何列明和后续程序处理方式上付之阙如;②另一方面,比较立法和司法解释的具体内容,两种申请再审方式在适格主体和启动条件上均存在较大的区别。由此可见,我国案外人申请再审程序的规定呈现出简单化和二元化的特点。

具体对第三人撤销之诉和案外人申请再审程序进行细化比较,两者在三个方面存在很大区别。第一,程序发动的主体不同。我国第三人撤销之诉的程序启动主体限定在了有独立请求权第三人和无独立请求权第三人两种类型。案外人申请再审程序之主体范围更为广泛。从原有的立法规定来看,应当参加诉讼而未能参加的当事人可以申请再审程序;从最新的司法解释来看,满足程序条件的案外人均可以申请再审。第二,程序发动的条件不同。第三人撤销之诉发动的条件是第三人由于不能归责于本人的事由未参加诉讼而导致权益受损。案外人申请再审发生的条件则较为复杂。从立法规定来看,因不能归责于己之原因而未能参加诉讼的规定与第三人撤销之诉类似;从司法解释来看,案外人申请再审程序存在着执行异议前置程序之限制和"无法提起新的诉讼解决争议"之约束。第三,制度产生的效果不同,第三人撤销之诉原则上仅要求撤销前诉判决对该第三人不利部分的效力,对原判决在前诉当事人之间的效力不产生影响。而案外人申请再审旨在全面推翻前诉判决的效力,其效果作用强烈得多。总体而言,具有全面推翻前诉判决效力作用的案外人申请再审,其启动根据更为严格,但其主体范围却更为宽广;对前诉判决推翻效力并非如此强烈的第三人撤销之诉,其启动根据更为宽松,但其提起主体范围却较为狭窄。由此可见,我国对第

---

① 法国和我国台湾地区的第三人撤销之诉在程序规则适用上可以参照或者准用再审的规则。陈计男:《民事诉讼法论(下)》,台湾三民书局2006年版,第409~420页。

② 案外人申请再审程序启动后,当事人地位如何列明和后续程序如何展开是一个理论和实践的双重难题。有学者主张可以进行调解,调解不成的撤销原生效法律文书而发回重审。第三人撤销之诉的建构本可以使案外人申请再审程序逐渐弱化甚至消解,奈何立法上明确限定了第三人撤销之诉的主体范围。仅就现行法律法规来看,二者还是应当同时存在,而案外人申请再审的双重难题依然难以解决。

三人撤销之诉和案外人申请再审的构建思路造成两者出现了交叉和重叠之处。一方面,两种制度的功能交叉使得双方均无法排除对方的存在,只有两种制度并存才能完全覆盖第三人权利保护体系;另一方面,两者适用的重叠造成制度的浪费、反复,唯有重新界定两者适用的不同范围才能带来功能的合理分化。

因此,基于案外人申请再审的制度特征是事后的特殊救济程序,而第三人撤销之诉的启动比案外人申请再审便利,第三人撤销之诉的效力影响不如案外人申请再审那么强烈从而严重影响法的安定性,加之司法解释规定的案外人申请再审的启动需要受"无法提起新的诉讼解决争议"之限制,当案外第三人既满足第三人撤销之诉的主体适格条件又符合案外人申请再审的主体适格条件时,第三人撤销之诉的适用应当优先于案外人申请再审。

(三)第三人权利保护体系的系统定位

通过上文的讨论,第三人权利保护体系的适用序位顺序基本明晰。事前预防以第三人诉讼参加制度为主,事后救济体系以第三人撤销之诉为主、以案外人执行异议之诉为特定和案外人申请再审为特殊。综合比较四种第三人权利保护制度的异同,可以列出下表:

制度模式	制度特征	启动主体	启动事由
第三人诉讼参加	事前预防	有独立请求权第三人 无独立请求权第三人	对诉讼标的有独立请求权 与案件结果有法律上利害关系
案外人执行异议之诉	事后特定救济	案外人	对执行标的主张权利
第三人撤销之诉	事后一般救济	有独立请求权第三人 无独立请求权第三人	不能归责于本人的事由未参加诉讼
案外人申请再审	事后特殊救济	案外人	应当参加诉讼因不能归责于己的事由未参加诉讼或对执行标的物主张权利,且无法提起新的诉讼解决争议

从表中可以看出,制度特征和启动主体的差别使得四种第三人权利保护制度可以并存,但在具体适用上会有重叠交叉之处。重叠交叉的情形容易出现制度适用的重复现象,从而造成制度的浪费、程序的拖沓甚至破坏法律的安定性,

因此不应当允许"一条路不行再走一条路"的选择。① 具体而言，按照主体差别、功能分化和效力强弱的原则，我国第三人权利保护体系应当遵循以下规则。（参见下图）

在诉讼进行过程中，认为对当事人双方诉讼标的有独立请求权的第三人有权提起诉讼；对当事人双方的诉讼标的，第三人虽然没有独立请求权，但是案件结果与其有法律上利害关系的，可以申请参加诉讼或者由人民法院通知其参加诉讼。这种情况下，第三人可以通过第三人诉讼参加制度而进入诉讼，行使法定的诉讼权利，维护法定利益。

在前诉终结后，根据诉讼类型分为两种情形：在诉讼类型为确认之诉或者形成之诉时，符合新《民事诉讼法》第56条适格条件的第三人，因不能归责于己的事由未参加诉讼，但有证据证明发生前诉法律文书的效力部分或者全部内容错误，损害其民事权益的，可以通过第三人撤销之诉对自己的权利进行救济，但同时丧失再次通过案外人申请再审救济权利的渠道。其他类型的案外人因不能归责于己的事由未参加诉讼，可以通过案外人申请再审予以救济。第三人撤销之诉的适用优先于案外人申请再审，但两者只能择其一而行使。

如果诉讼具有给付内容，又分为两种路径：前诉结果没有进入执行程序的，适格的第三人可以通过第三人撤销之诉来予以应对，其他的案外人则通过案外人申请再审来予以解决，此与确认之诉和形成之诉的情况类似；如果前诉进入执行程序的，案外人对执行标的提出书面异议的，法院应当在15日内审查，理由不成立的作出驳回裁定。与原判决、裁定无关的，案外人应当提起执行异议之诉来解决；认为原判决、裁定错误的，案外人在符合第三人撤销之诉主体条件的情况下可以通过第三人撤销之诉处理争议，其他案外人则通过案外人申请再审解决争端。

---

① 王亚新：《第三人撤销诉讼的解释适用》，载《人民法院报》2012年9月26日。

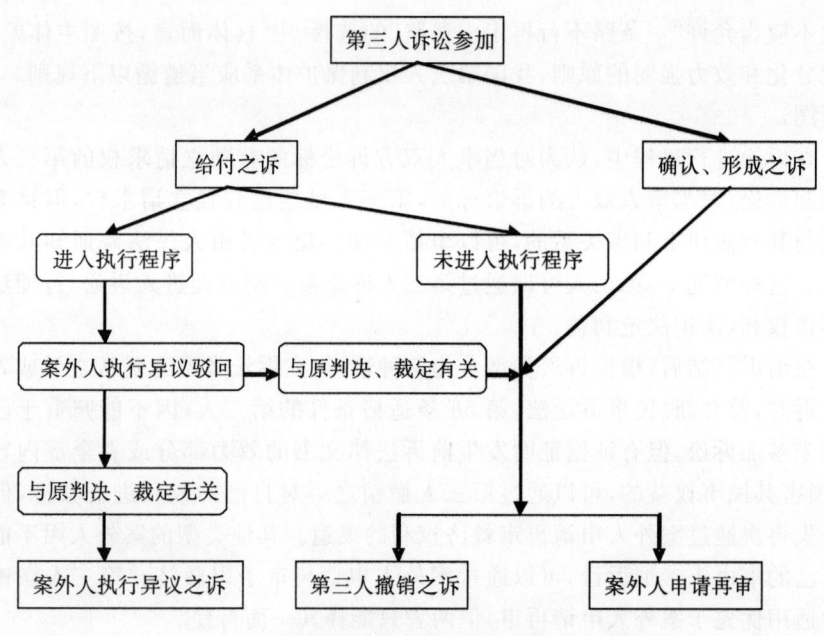

我国第三人权利保护体系

五、结 语

第三人撤销之诉是2012年《民事诉讼法》出现的一项重大制度变革。因为该制度属于我国第三人权利保护制度的部分,应当放在第三人权利保护体系的整体视角下进行考察检视。由于宜粗不宜细立法原则的指导,《民事诉讼法》并没有详细规定第三人撤销之诉与其他第三人权利保护制度的协调和衔接。在司法实务中,法院如何具体对第三人撤销之诉进行适用,第三人权利如何更好地进行预防和救济,均亟待展开理论解析和提供操作建议。若意图协调立法和相关司法解释的关系则需要进一步明确和细化相关规范。《民事诉讼法》颁布施行不久,相关司法解释尚未修订、协调和统一,对于制度运行,只能静观后效。在此期间,理论所能做的和应该做的,则是提供更为合理和可行的解读,以求对制度的有效推行有所裨益。

论第三人撤销之诉的法理基础*

■ 肖建国　黄忠顺**

摘　要　面对着虚假诉讼侵蚀司法公信力的猖獗形势，全国人大常委会在2012年《民事诉讼法》中仓促确立第三人撤销之诉制度，但程序规则的粗糙与多头救济的混乱局面导致第三人撤销之诉的适用面临着极大困难。确定裁判效力的绝对化趋势与第三人参加诉讼路径的壅塞使得作为事后非常救济途径的第三人撤销之诉的适用范围受到严格限制而难以实现立法预期目标。从实体法层面寻求受诉讼诈害人的"独立请求权"而将其作为第56条第1款规定的第三人并赋予其参加诉讼之机会当属解释论者所能努力之方向，也是从程序法层面厘清各种事后救济的关系、细化第三人撤销之诉的程序规则并逐步拓展其制度功能的关键所在。

关键词　第三人撤销之诉　案外人申请再审　虚假诉讼　裁判效力

按照传统民事诉讼法理论，基于第三人尚未参加到原审诉讼程序中，确定裁判的法律效力具有相对性，仅拘束双方当事人，而不能波及未受正当程序保障的第三人，其经典表现为"既判力的相对性"。① 但伴随着解纷需求增长与司法资源有限的矛盾日渐突出，人们开始注重纠纷解决的实效性而倾向于遵循纠纷一次性解决原理，其经典表现为"新诉讼标的理论"。② 在增强法院程序解纷实效方面，存在着截然不同的两个基本发展方向：其一是让非直接利害关系人享有参加诉讼程序的机会，并在此基础上根据"正当程序保障下的自我归责"原则而要求第三人受确定裁判拘束；另一个基本发展动态是将确定裁判效力向尚未参加

---

* 本文系国家社会科学基金项目"案外人权利救济的民事诉讼制度研究"（批准号13BFX077）的阶段性成果。

** 肖建国，中国人民大学法学院教授、博士生导师；黄忠顺，中国人民大学法学院博士研究生。

① 吴英姿：《判决效力相对性及其对外效力》，载《学海》2000年第4期。

② ［日］三月章：《日本民事诉讼法》，汪一凡译，黄荣坤校，台湾五南图书出版公司1997年版，第105～107页。

诉讼程序的第三人扩张,但以被扩张主体提供事后救济机制为前提。显而易见,诉讼第三人制度系在拓展案外人参加他人之诉讼的途径,采取前置性程序保障模式,而第三人撤销之诉则立足于解除确定裁判对第三人的非正当不利益影响,遵循后置性程序保障原理。由此可见,在传统民事诉讼法学理论系谱里,第三人撤销之诉的构建法理源自正当程序保障与纠纷解决实效、前置性程序保障与事后程序保障之间的微妙关系。然而,前述理论推演却不完全契合我国的实务逻辑,确定裁判效力在我国具有明显的绝对化趋势,这使得前置性程序保障机制对防止第三人遭受非正当不利益影响尤为重要,但是作为前置性程序保障机制的诉讼第三人制度基于防范地方保护主义的需要而受到严格限制。在亟须保护第三人不受他人确定裁判非正当不利益影响而前置性程序保障机制运行不畅的情形下,保护第三人合法权益的重任主要就落在后置性程序保障机制身上。然而,立法者将第三人撤销之诉制度依附于诉讼第三人制度而致使后置性程序保障机制实现功能受阻,也正因为如此,《民事诉讼法》并没有贸然废除案外人申请再审之诉,这从侧面也反映出立法机关并没有真正指望第三人撤销之诉完全发挥后置性程序保障的功能。然而,一方面,案外人申请再审之诉容易遭受诸如"案外人根本就没有参加一审、二审,何来'再审'"的质疑,①且仅适用于案外人对执行标的物主张权利的给付之诉,②另一方面,多头后置性程序保障也带来了第三人撤销之诉与案外人申请再审之诉之间的关系较为混乱,学者也纷纷提出替代说、③自由选择说、④限制选择说、⑤优先说等不同主张,⑥而厘清第三人撤销之诉与案外人申请再审之诉之间的关系,亦离不开对现行阐明第三人撤销之诉的

---

① 蔡虹:《民事再审程序立法的完善——以〈中华人民共和国民事诉讼法修正案(草案)〉为中心的考察》,载《法商研究》2012 年第 2 期。

② 肖建国:《论案外人申请再审的制度价值与程序设计》,载《法学杂志》2009 年第 9 期。

③ "以第三人撤销之诉和案外人执行异议之诉作为案外人权利救济的程序保障是正确的选择,但在规定第三人撤销之诉的同时不应并存案外人申请再审之诉"。陈凤贵、李木楠:《对新〈民事诉讼法〉案外人救济制度的思考》,载《沈阳师范大学学报(社会科学版)》2013 年第 1 期。

④ "两者之间只能选择其一行使,不得并用,亦不能一种程序达不到目的转而选择另一种程序。一旦选定,则不允许反悔,至于先选择哪种程序,由当事人自主选择。"袁巍、孙付:《第三人撤销之诉的法律适用与程序构建》,载《山东审判》2013 年第 1 期。

⑤ "即使保留这项制度,也应当对案外人或第三人的选择或其程度、方法、顺序等进行限制。"王亚新:《第三人撤销之诉的解释适用》,载《人民法院报》2012 年 9 月 26 日。

⑥ "第三人撤销之诉与案外人申请再审的适用对象是不尽相同的,不可能因为设立第三人撤销之诉后就排除案外人申请再审的适用。最合理的安排就是,如果案外人符合第三人撤销之诉的条件,就适用第三人撤销之诉,如果不符合就申请再审"。崔萌萌、易萍:《论第三人撤销之诉——以第三人撤销之诉的构建为中心》,载《法制博览(中旬刊)》2013 年第 2 期。

程序法基础。

一、正当程序保障抑或纠纷解决实效

对于典型的民事争讼案件而言,双方当事人在法院的组织下穷尽其攻击防御手段,基于解纷程序已为当事人提供足够充分的正当程序保障,作为程序运行结果的确定裁判当然具备拘束程序当事人的正当性基础。至于在某些特殊类型案件中,解纷当事人本人缺乏法律知识而难以进行诉讼或者双方当事人实际解纷能力悬殊,则借助法官的释明权与适度的职权干预主义补强当事人受确定裁判效力拘束的正当性基础。对于案外人而言,基于其尚未获得正当程序的保障,传统民事诉讼法学理论认为其不应当受到确定裁判效力的拘束。但是,"社会上所产生之纷争事件,往往涉及当事人以外之第三人之权益及地位,而非仅限于出现在诉讼程序上之两造当事人",①而相对于将原始纠纷拆分为若干诉讼标的并适用不同诉讼程序加以解决而言,将原始纠纷作为整体在一个解纷程序中解决有助于避免给纠纷当事人带来无益诉累,浪费社会解纷资源,迟延恢复已遭受破坏的法律秩序,②因而,传统大陆法系借鉴英美法系对当事人适格、既判力相对性等传统理论进行改造,并创立反射效、参加效、预决效、波动效等旨在扩大确定裁判效力主观范围的附带效力理论。③ 显而易见,过分注重正当程序之保障将无助于纠纷解决实效,而过分追求纠纷解决实效则与作为公民程序性基本权利的司法行为请求权格格不入。从本质上来看,第三人撤销之诉的创设涉及公正与效率之间关系的协调问题:如果严格遵循"正当程序保障下的自我归责原则",第三人不属于当事人不受确定裁判效力之拘束,自然不存在创设第三人撤销之诉的必要。相反,如果单纯追求解纷效率,则必然导致无限扩大确定裁判效力主观范围,并拒绝向第三人提供谋求事中防范、事后救济的机会。笔者认为,在正当程序供给与解纷实效确保之间寻得平衡是较为可取的做法,并将趋向效率价值的解纷机制的正当性基础建立在解纷需求多元化与当事人程序选择权的基础上,这就要求对第三人撤销之诉在程序正义供给采取必要的补强措施。

二、前置性程序保障抑或后置性程序保障

为了奠定将确定裁判效力的主观范围向第三人扩张的正当性基础,学术界

---

① 黄国昌:《民事诉讼理论之新开展》,台湾元照出版有限公司2005年版,第293页。
② 王惠奕:《美国民事诉讼的一次性解决纠纷原则》,载《广西政法管理干部学院学报》2001年第4期。
③ [日]中村英郎:《新民事诉讼法讲义》,陈刚、林剑锋、郭美松译,法律出版社2001年版,第239~240页。

必须探讨足以使正当程序保障与纠纷解决实效两种价值取向相互协调的具体制度设置。除了从诚实信用原则、纠纷一次性解决原理等宏观理念获得支撑以外，向第三人补强程序正义的方案主要有：赋予第三人参加解纷程序的机会、第三人的权益具有通过纠纷当事人获得充分代表之合理期待、法院依职权保护第三人合法权益或者公益代表人监督解纷程序的可能性及其强度、仅将有利于第三人的确定裁判向其扩张适用、授权第三人选择是否承受确定裁判效力拘束、赋予第三人排除确定裁判对其产生不利益影响的程序机制。其中，前三种发生在解纷续行中，系前置性程序保障，而后三种适用于裁判确定后，归入后置性程序保障范畴。以第三人最低限度程序正义之供给为考察对象，前置性程序保障与后置性程序保障之间存在着以下几方面的细微区别：首先，前者赋予第三人及时排除不利益影响生成的机会，而后者主要是授权第三人解除其所遭受的不利益影响；其次，前者使得诉讼程序复杂化，而后者则具有纯化诉讼程序的功效；再次，前者对确定裁判稳定性基本不造成威胁，而后者则以挑战确定裁判稳定性为前提；复次，前者不当然将确定裁判效力向第三人扩张，而后者则认可确定裁判效力主观范围直接向第三人扩张，只不过是赋予其选择适用或者解除不利益影响的机会；最后，前者往往以法院适度职权探知并负有将案件系属事项告知第三人的义务为前提，而典型的后置性程序救济则不以职权探知与告知为适用前提。由此可见，前置性程序保障与后置性程序保障的宗旨均在谋求公正与效率之间的协调，但前者更加倾向正当程序保障，而后者则更加兼顾纠纷解决实效。基于后置性程序保障对确定裁判稳定性破坏力较大，而我国司法权威尚未得以完全建立，培育司法公信力需要尽可能维护确定裁判的法律效力，因而，前置性程序保障模式较为符合我国的当前国情。然而，前置性程序保障以第三人知悉案件系属事项为前提，而司法实践中的虚假诉讼往往难以为第三人所知悉，在某些情形下也难以为法官所洞悉，甚至难以指望已经洞悉虚假诉讼的法官依职权告知第三人，因而，如果仅有前置性程序保障而不存在后置性程序保障，第三人合法权益的保护是不够周延。此外，尽管前置性程序保障存在将诉讼程序复杂化而增加诉讼成本的风险，但其因符合所谓"一次性解决纠纷原则"中的"全部当事人之合并规则"①，相对于不允许第三人参加诉讼程序但授权其通过独立的程序谋求事后救济而言，前置性程序保障更为节约解纷资源。再者，在社会诚信缺乏的语境下，如果法律不准许第三人通过及时参加诉讼以实现"排除妨碍"目的，将可能造成第三人无法弥补的损失，也违背民事实体法的立法宗旨。因而，在强化第三人受确定裁判效力拘束的正当性基础方面，宜采"以前置性程序保障为原则，以后置

---

① [美]杰弗里·C.哈泽德：《国际贸易纠纷和民事诉讼一体化——美国民事诉讼特质和意义》，载[日]小岛武司：《司法制度的历史与未来》，汪祖兴译，法律出版社2000年版。

性程序保障为补充"的立法模式。从新《民事诉讼法》第 56 条的行文表述来看,第三人撤销之诉仅对诉讼第三人制度起到补充作用,与我国台湾地区"民事诉讼法"第 507 条之 1 的基本精神是一致的,均以第三人非因可归责于己之事由而未参加诉讼为第三人撤销之诉的适用要件,亦即采纳了前述立法模式。

三、裁判效力相对性抑或裁判效力绝对化

基于赋予确定裁判效力的正当性基础在于正当程序保障下的自我归责原则,案外第三人未经正当程序保障而不受确定裁判效力之拘束,因而,原则上不受他人之间确定裁判效力的影响。尽管前文已经分析将确定裁判效力向第三人扩张的必要性问题,但确定裁判效力相对性系属原则,而效力扩张则属于例外且要求向受确定裁判效力扩张的第三人提供前置性或者后置性正当程序保障机制。然而,前述理论分析仅停留于传统民事诉讼法学领域而无视中国司法传统与司法实践。对于确定裁判的效力,已有学者旗帜鲜明地质疑我国民事诉讼存在既判力制度,①实务界人士也直言我国不承认裁判的相对性效力,②笔者将此种现象称为确定裁判效力绝对化。显而易见,我国确定裁判被司法者与普通民众赋予绝对化效力:③在确定裁判效力主观范围方面,受裁判效力拘束者并不局限于当事人,而是将确定裁判的效力及于当事人之外的第三人;在被赋予法律效力的裁判内容方面,非但确定裁判主文具有法律效力,而是全部确定裁判所认定

---

① 张卫平:《中国第三人撤销之诉的制度构成与适用》,载《中外法学》2013 年第 1 期。
② 吴兆祥、沈莉:《民事诉讼法修改后的第三人撤销之诉与诉讼代理制度》,载《人民司法》2012 年第 23 期。
③ 最高人民法院通过《关于适用民事诉讼法审判监督程序若干问题的解释》(法释[2008]14 号)第 42 条第 2 款有关"撤销原判决相关判项的,应当告知案外人以及再审当事人可以提起新的诉讼解决相关争议"的规定从侧面认可撤销判决具有消灭原生效判决的效力的效果。

的事实均发生法律效力;①在认为确定裁判具有绝对效力的主要人群方面,不仅司法实务部门按照此种观念办案,而且普通民众基于传统权力观念而认为确定裁判对任何人都具有无可争议的法律效力。从另外一个角度来观察,我国任何确定裁判的效力都自发地向不特定第三人发生扩张,因而,任何以裁判效力相对性原则足以保护第三人合法权益不受他人虚假诉讼损害为由反对第三人撤销之诉的努力都是徒劳。②既然我国确定裁判文书整体效力都具有向不特定第三人扩张的趋势,那么,通过诉讼参加制度向与案件处理存在显著利害关系的特定第三人提供参加诉讼程序的机会以及向未(能)借助前置性程序保障谋求救济而遭受他人确定裁判非正当不利益影响就显得更为重要。确定裁判效力的绝对化也意味着不容许存在两份相互矛盾的确定裁判,法国《民事诉讼法》第591条以及我国台湾地区"民事诉讼法"第507条之1有关被撤销的原判决在当事人之间仍然有效的规定显然建立在裁判效力相对性原则的基础上,在确定裁判效力呈现绝对化趋势的中国,改变或者撤销原裁判的判决(以下简称撤销判决)的绝对效

---

① 有观点认为,"根据审判指导原则,凡人民法院生效裁判所确认的事实,具有免除后诉当事人举证责任的效力。在后诉当事人有相反证据足以推翻的情况下,后诉法院可以径行对有关事实进行确认,而不必等待前诉判决经过再审程序变更后再行认定"。王晓利、张娇东:《第三人撤销之诉的构建》,载《人民法院报》2013年7月3日第7版。笔者认为该观点在存在其他相关权益诉讼的情形下是妥当的,但如果不存在其他权益诉讼,而仅谋求解除裁判理由对第三人造成的非正当不利益影响时,前述观点则难以向其提供救济。此外,如果说通过相关权益诉讼阻止生效裁判理由所认定事实对该案发生拘束力,但并不能当然排除其在彼案中的拘束力,在群体性案件中显然是有违诉讼效率原则的。更为重要的是,基于案多人少以及错案追究制,在司法实践中试图推翻确定裁判所认定的事实是非常不现实的,即使推翻成功,也仅是例外不受拘束,而其他未推翻成功者仍受该确定裁判理由的拘束。因而,从整体上讲,确定裁判全部内容的法律效力在我国具有绝对化趋势是足以成立的,而赋予第三人请求解除裁判理由遭受的非正当不利益影响也是确有必要的。诚然,学界也有相反观点坚持认为"撤销之诉只能针对判决主文,不能针对判决理由。因为判决理由只是判决主文的依据,并不对第三人产生直接影响"。郑夏:《我国第三人撤销之诉制度的构建》,载《兰州学刊》2012年第8期。

② 受到域外立法例影响,有的学者主张撤销判决效力原则上并不拘束原审当事人,也有学者采取区分说,认为诉争判决涉及第三人利益的判决内容不再对第三人产生法律效力,而诉争判决的其他内容仍然对其当事人有效。袁巍、孙付:《第三人撤销之诉的法律适用与程序构建》,载《山东审判》2013年第1期;巢志雄:《法国第三人撤销之诉研究——兼与我国新〈民事诉讼法〉第56条第3款比较》,载《现代法学》2013年第3期。

力同样拘束原裁判当事人。① 既然撤销判决构成对原裁判的全面或者局部挑战，②那么，第三人撤销之诉与再审之诉在功能上就存在着共通性，只不过前者以新的诉讼类型予以解决，而后者则通过再审之诉的当事人适格扩张来实现类似目的，但考虑到再审之诉对第三人审级利益保护不周延，因而，立法者采取独立的第三人撤销之诉立法模式。事实上，即使承认确定裁判仅在双方当事人之间发生拘束力的法域也不得不确立第三人撤销之诉或者案外人申请再审之诉，究其原因就在于撤销判决并不导致原审判决失效，如果两个判决均指向相同特定物或者债务人的财产不足以同时清偿两判决确定的债权，案外人的合法权益仍然无法获得有效的司法保护。

综上所述，在传统民事诉讼理论框架内，基于确保纠纷解决实效的需要，确定裁判效力呈现出向第三人扩张的总体趋势，但为避免侵犯受判决拘束第三人享有的诉讼程序保障权，③亟须向很可能受确定裁判不利益影响的案外人打开通向诉讼程序之路，并向无法正当期待或者法律不允许其通过前置性程序保障机制避免遭受不利益影响的案外人提供事后补救路径，而第三人撤销之诉即是发挥事后救济的特殊程序。然而，基于传统权力观念的影响，我国现行民事诉讼法尚未明确规定既判力制度，司法实践也不认为确定裁判效力具有相对性，而将确定裁判的效力向不特定第三人扩张，向不特定第三人均提供前置性程序保障机制则显然是不现实的，而当前司法公信力水平较低的残酷现实也决定了不能合理期待通过法院的职权干预确保确定裁判不损害案外人权益，相对于确立裁判效力相对性原则的国家、地区而言，我国后置性程序保障机制的重要性更为彰显，且考虑到我国当前虚假诉讼的猖獗势头和地方保护主义、部门保护主义的盛行，后置性程序保障机制的适用频率应当较高。在此种情形下，如果将事后程序保障机制的主要制度类型界定为案外人申请再审之诉，则必然带来再审之诉被扩大适用的后果，而这与法学界与法律界达成的严格限制再审之诉适用的共识相悖。在此种情形下，立法者设置第三人撤销之诉，试图以新的诉讼类型实现后置性程序保障功能。然而，受确定裁判非正当不利益影响的案外人提起第三人

---

① 《民事诉讼法》并没有规定受案法院"改变或者撤销原判决、裁定、调解书"的文书形式，法学界与法律界对此存在着不同观点。笔者认为，基于"改变或者撤销原判决、裁定、调解书"系对原告诉讼请求的支持，以采用"判决书"形式为宜，且采用判决书形式也便于在必要时候对原案当事人之间的权利义务关系做出调整。

② 也正因为如此，实务界人士尤为担心第三人撤销之诉对法院权威带来冲击，质疑相同法院的审监庭改变、撤销其他审判庭所作生效裁判文书的可能性，并极力推动第三人撤销之诉再审化。高民智：《关于案外人撤销之诉制度的理解与适用》，载《人民法院报》2012年12月11日。

③ [日]兼子一、竹下守夫：《民事诉讼法》，白绿炫译，法律出版社1995年版，第167页。

撤销之诉在本质上也属于起诉行为,而原告提起诉讼必须存在实体请求权基础。因而,单纯从程序法层面论证确立第三人撤销之诉的重要性以及探讨第三人撤销之诉的程序性要件固然重要,但寻求和论证第三人撤销之诉的实体法基础是第三人撤销之诉制度构建的逻辑起点。

四、有独立请求权第三人抑或无独立请求权第三人

《民事诉讼法》第56条第1款、第2款分别规定有独立请求权的诉讼第三人制度与无独立请求权的诉讼第三人制度,共同构成第三人免受确定裁判不利益影响的前置性程序保障机制。然而,与传统大陆法系诉讼参加制度不同,我国立法者将有独立请求权的第三人界定为对系争标的主张独立请求权的人,而将无独立请求权的第三人限定为虽与诉讼标的不享有独立请求权但案件处理结果与其具有法律上的利害关系的人。对于第三人撤销之诉所要应对的虚假诉讼而言,第三人既可能对系争标的享有独立请求权,也可能仅与案件的处理结果存在法律上的利害关系,因而,诉讼第三人制度在相当意义上符合前置性程序保障理念。但是,基于防范诉讼第三人制度嬗变为践行地方保护主义的手段,理论界与实务界早已达成限缩解释"案件处理结果同他有法律上的利害关系"的共识,无独立请求权诉讼第三人制度仅适用于"两个诉讼标的之间存在牵连性"的情形,并且通过一系列司法解释对其加以明确列举,造成司法解释未规定即不能适用第三人诉讼制度的外观。在此种语境下,最为常见的虚假诉讼方式——利用诉讼形式实现转移财产造就无财产供可执行假象而损害债权人合法权益——就难以纳入诉讼第三人制度的适用范畴。此外,有独立请求权诉讼第三人制度受制于"请求权"而只能适用于给付之诉,难以将确认之诉与形成之诉囊括在内。因而,在立法论层面,学界通说主张我国应当直接采纳传统大陆法系的"主诉讼参加人(独立诉讼参加人)"与"从诉讼参加人(辅助诉讼参加人)"制度。[1] 基于维护诚实信用的市场交易秩序、保障第三人利益、防止债务人恶意转移财产的需要,学者主张借鉴日本《民事诉讼法》第71条的规定,赋予主张由于诉讼结果而使自己权利受到损害的人以独立当事人参与诉讼的权利,即"诈害防止参加"。[2]

基于《民事诉讼法》修正案刚刚通过,短期内再次启动《民事诉讼法》修法程序是不现实的,因而,当务之急乃是解释论的努力。然而,在解释论框架内妥善处理诉讼第三人制度与第三人撤销之诉的关系则显得较为棘手。如果为了贯彻前置性程序保障与后置性程序保障界分原理,则必然要求对《民事诉讼法》第56条第1款、第2款做目的性扩张解释,将对系争标的主张权益的第三人解释为

---

[1] 邵明:《民事诉讼法学》,中国人民大学出版社2007年版,第150页。
[2] 江伟主编:《民事诉讼法》,中国人民大学出版社2011年第5版,第137页。

"有独立请求权诉讼第三人",而将虽不对诉讼标的主张权益但与案件的处理结果存在利害关系(不要求诉讼标的存在牵连关系)统统解释为"无独立请求权诉讼第三人"。适度打开诉讼第三人制度的阀门固然有助于扩大前置性程序保障机制的预防功能,避免后置性程序保障的频繁适用而有损司法权威并向第三人提供及时排除妨碍、消除危险的机会。然而,前述解释方案伴生着若干难题:首先,将与"支配权"、"形成权"对应的"确认之诉"、"形成之诉"纳入与"请求权"对应的"给付之诉"范畴是否涉及逾越扩张解释极限而有立法之嫌疑?其次,将诈害防止参加纳入无独立请求权诉讼第三人的范畴,势必对"案件处理结果同他有法律上的利害关系"作扩张解释或者说恢复到其本来应有的含义,但是,这与我国诉讼第三人制度被滥用的法治背景又显得格格不入。再者,无独立请求权诉讼第三人只能根据其是否被法院判决承担不利后果来决定其是否享有当事人权利,而恶意当事人的债权人通常情况下不可能被法院判决履行义务,因而,其不管在诉讼中抑或在一审终结后均不享有当事人的诉讼权利,其攻击防御手段能否在法庭上穷尽不无存在疑问。

面对着前述解释论上的困难,不但诉讼第三人制度难以起到应有的前置性程序保障作用,而且第三人撤销之诉受制于传统观点对"第三人"的严格限定而难以发挥后置性程序保障功能,从而大大地减损本次《民事诉讼法》在应对虚假诉讼的力度与期待。在这种情形下,人们开始寻求替代发挥第三人撤销之诉所能发挥功能的类似制度,大家不约而同地将目光投向案外人申请再审之诉,但鉴于案外人申请再审之诉适用范围有限,难以指望在解释论框架内通过案外人申请再审之诉实现第三人撤销之诉所应实现的全部功能,因而,有学者开始转向借助案外人申请检察监督的方式谋求实现第三人撤销之诉本应实现的功能。然而,案外人申请检察院做出再审建议或抗诉决定只能发挥启动再审程序的作用,在案外人并非必要共同诉讼参加人的情形下,第三人仍然无法以妥当的身份参加再审程序,早已串通的当事人也难以被指望积极参加诉讼,从而,这种救济途径的实效性存在问题。此外,《民事诉讼法》尚未明确规定案外人享有申请检察院做出检察建议或抗诉决定的权利,如果将第209条向人民检察院申请检察建议或者抗诉的当事人扩张解释到案外人,则存在着申请法院再审优先原则的拘束,使得该救济方式重新回归到案外人申请再审之诉,而案外人申请再审之诉适用范围的局限性反过来限制第三人申请检察建议或抗诉的范围。诚然,如果不将第三人申请检察建议或抗诉权利化,而认为其仅仅是向人民检察院提供依职权监督的信息来源,基于虚假诉讼对司法权威的损害涉及社会公共利益而要求检察院职权干预,这种解释路径未尝不可。但是,第三人的权益遭受虚假诉讼之损害而不存在后置性程序保障机制,而只能通过检察院职权监督来实现该救济,这亦有违正当程序保障原理。此外,即使从理论上认定检察院基于维护公益的需要而要求其不仅启动而且参加诉讼,但检察官并没有比第三人更为知情,相对于第三人直接遂行诉讼而言,更为浪费司法成本。

显而易见,较为妥当的解释路径仍然应当谋求充分发挥诉讼第三人制度的前置性程序保障功能,并以第三人撤销之诉作为主要的后置性程序保障机制,而第三人申请检察建议或抗诉仅应当作为防止法院不作为的救济途径。遵循该解释思路,尽管域外立法例基本上将受诉讼诈害人作为独立诉讼参加人,但是受制于"请求权"的限制,我国司法实践中的多数受诉讼诈害人往往对系争标的并不享有实体请求权,而仅仅与案件处理结果存在利害关系,因而,有学者认为,最高法院宜稍微放宽《民事诉讼法》第56条第2款"案件处理结果同他有法律上的利害关系"的界定,通过司法解释的方式明确将无法适用第1款规定受诉讼诈害人纳入第2款的适用范围。[①] 基于"法律上的利害关系"在外延上可以涵盖"因为他人虚假诉讼而致其遭受不利益影响",此种解释方式并没有造法之嫌疑,只不过是对过去过分限缩解释的适度松绑。然而,将对诉讼标的不享有请求权的(潜在)受害人以无独立请求权诉讼第三人的身份参加诉讼是否存在诉讼权利保障方面的不足?基于其参加诉讼的主要功能在于向法院证明当事人系属恶意利用法院程序,法院因虚假诉讼涉及社会公益而具有职权调查义务,因而,法院的职权探知主义能够对第三人诉讼权利的不足起到弥补作用。在这里,还需要澄清的是,对"利害关系"所作的上述解读逾越了理论界与实务界已达成的限缩解释框架,是否存在着诉讼第三人制度被大规模滥用的嫌疑?基于当事人滥用诉讼第三人制度是为了制造不正当的利己诉讼状态,但没有理由相信当事人申请法院追加有可能揭发其虚假诉讼行为的第三人参加诉讼,因而,前述担忧完全没有必要。

然而,细心的读者肯定已经发现,前述分析的合理性仅建立在前置性程序保障环节,而在难以合理期待受诉讼诈害人以无独立请求权诉讼第三人身份利用前置性程序保障预防受确定裁判非正当不利益影响而有必要利用后置性程序保障程序的情形下,该"无独立请求权诉讼第三人"启动第三人撤销之诉的实体法基础则将面临极大的困难,而且将受诉讼诈害人分别归入有独立请求权第三人(双方串通虚设担保权损害共有财产人利益)和无独立请求权第三人(如双方串通虚构债务转移财产损害债权人利益)势必使得诉讼第三人制度的适用将更加复杂。作为理论探讨的一种观点认为,作为无独立请求权第三人的受诉讼诈害

[①] 如最高人民法院吴兆祥、沈莉法官认为,原则上案件的处理结果影响到第三人的利益的,都可以作为无独立请求权第三人,但在判决中被要求承担民事责任的无独立请求权的第三人,应当与案件的法律关系有关联,否则法院不宜判决其承担民事责任。吴兆祥、沈莉:《民事诉讼法修改后的第三人撤销之诉与诉讼代理制度》,载《人民司法》2012年第23期。

人在其合法权益因他人诉讼活动而造成现实损害的,因损害的发生得另行成立救济型请求权,与之前据以参加诉讼活动的防御型请求权有别。也就是说,不对诉讼标的享有独立请求权的受诉讼诈害人在前置性程序保障与后置性程序保障的请求权基础发生转化,由防御性请求权转化后救济性请求权,得称为"转化说"。笔者认为转化说的观点基本可以成立,但如此错综复杂的迂回解释对防止、救济受诉讼诈害人究竟有何益处?在笔者看来,受诉讼诈害人以有独立请求权人身份参加诉讼更加契合"主参加人"的角色,在前置性程序保障方面,有独立请求权第三人系以原告身份提起第三人参加之诉,在防止虚假诉讼对其产生不利益影响的同时,还可以主动攻击虚假诉讼当事人,在防止遭受确定裁判不利益影响的同时还可以请求对方当事人就已经造成的损失予以赔偿,因而,更有助于一次性解决纠纷。诚然,笔者并不否认,将受诉讼诈害人界定为有独立请求权第三人在我国现行法律框架内是存在障碍的,民事实体法尚未明文规定受(潜在的)诉讼诈害人的实体撤销权,但这并不等于在解释论上就必然无所作为。既然笔者倾向于受诉讼诈害人以有独立请求权第三人身份利用前置性程序保障程序与后置性保障程序,也就自然承担说明受诉讼诈害人在实体法上享有独立请求权基础的责任。

五、第三人撤销之诉的请求权基础

第三人撤销之诉作为独立的诉讼类型已为学者所普遍接受,基于案外人提起第三人撤销之诉的正当动机在于解除确定裁判对其所造成的非正当不利益影响,而请求法院判决撤销或者改变他人确定裁判则是实现前述目的的手段,因而具有请求变动他人之间确定裁判的外观,在诉的类型上被界定为形成之诉。与此同时,基于第三人撤销之诉在实体法层面的请求权基础较为模糊,学者通说将第三人撤销之诉定性为诉讼法上的形成之诉以此避免讨论第三人撤销之诉的实体法基础问题。① 然而,诉讼法上的形成之诉本身并非不存在争议,日本学者三月章教授就尖锐地指出诉讼法上的形成之诉纯属人为地使之合乎情理的东西,② 我国也有学者以诉权的根源在于实体权益保护的需要为由认为诉讼法上的形成之诉将仅具有程序异议的权利作为诉讼标的与诉权本质相悖,并在此基础上提出"第三人撤销之诉的诉权本质在与第三人实体权益救济的必要性,而不

---

① 如董少谋教授直接将第三人撤销之诉的基础界定为诉讼上的形成权,而没有从实体法层面检讨第三人撤销之诉的正当性基础。董少谋:《第三人撤销之诉的具体运用》,载《人民法院报》2013 年 7 月 10 日第 7 版。

② [日]三月章:《日本民事诉讼法》,江一凡译,台湾五南图书出版公司 1997 年版,第 128 页。

是对异议权单纯的救济"的新观点。① 在笔者看来,尽管诉讼法上的形成之诉与实体法上的形成之诉确实存在区别而存在将其区分开来的必要性,②但是,即使是第三人撤销之诉、案外人申请再审之诉乃至当事人申请再审之诉等典型的所谓诉讼法上的形成之诉,当事人谋求启动诉讼程序的背后均为谋求保护实体权益或者为谋求保护实体权益创造条件,因而,虽然笔者并不支持废除诉讼法上的形成之诉概念,但倾向于务实地检讨第三人撤销之诉的实体法基础,毕竟完全脱离实体权益保护的民事诉讼程序设置是几乎不存在的,也难以期待程序利用者具备使用该诉讼武器的充足动力。

诚如王亚新教授所指出的,我国设置第三人撤销之诉的目的在于向因故未能参加诉讼而没有获得程序保障却受判决效力拘束的第三人提供救济途径以及防止第三人的合法权益受到他人通过利用诉讼审判骗取法院生效法律文书等方式的不当侵害,域外多侧重供给程序正义,而我国立法者则主要谋求应对虚假诉讼。③ 笔者据此推断我国司法实务中可能大量出现且容易引发争议的是防止诉讼诈害的第三人撤销之诉,而纯粹为了程序保障提起的第三人撤销之诉将少之又少。此外,基于补足程序正义而设置的第三人撤销之诉中的案外人本来就对诉讼标的享有全部或部分权利(有独立请求权第三人)或者与诉讼结果存在法律上的利害关系(无独立请求权第三人),甚至是"应当参加诉讼的当事人"(被遗漏的必要共同诉讼人),④因而,其实体法基础是基本明确的,且同仁在对诉讼第三人制度进行研究时也颇有涉及。基于前述两方面原因的考量,本文仅研究受诉讼诈害人提起第三人撤销之诉的实体法基础。

(一)从实体法到程序法的研究进路

基于我国不采取确定裁判效力相对性原则,在改变或者撤销原判决、裁定、调解书的同时,撤销判决也使得原审当事人之间的权利义务关系发生变动,这至少在表明上呈现出该第三人享有变动他人民事法律关系的形成诉权外观。在通常情况下,虚假诉讼的双方当事人属于恶意串通损害第三人利益,根据我国《民

---

① 崔玲玲:《第三人撤销之诉的事由——与再审之诉的事由比较》,载《社科纵横》2011年第9期。

② 如张卫平教授就精辟地指出,一般形成之诉依据的是民法上的实体请求权——形成请求权,针对的是形成义务人,而第三人撤销之诉不是直接依据实体上的请求权,而是诉讼法上的请求权,针对的是法院。张卫平:《中国第三人撤销之诉的制度构成与适用》,载《中外法学》2013年第1期。

③ 王亚新:《第三人撤销之诉的解释适用》,载《人民法院报》2012年9月26日。

④ 关于被遗漏的必要共同诉讼人系依据《民事诉讼法》第200条第8项规定以当事人身份申请再审,抑或得依据《民事诉讼法》第56条第3款规定通过第三人撤销之诉谋求救济,学术界存在着不同观点,笔者拟在下文再对其进行研究。

法通则》第58条第1款第4项以及《合同法》第52条第2项的规定:"双方当事人恶意串通损害第三人利益的民事行为自始、当然、绝对无效,但鉴于该民事行为效力已经确定裁判确认,而"法院判决虽违背法律规定而有程序或内容瑕疵,在通过法定程序(如上诉或者再审等)被废弃之前,仍然完全有效",①因而,尽管受诉讼诈害人在实体法层面自始不应受确定裁判的不利益影响,但如果不从程序法上撤销该确定裁判,受诉讼诈害人的合法权益将无从获得有效保护,因而,受无效民事行为不利益影响的当事人享有请求撤销对其合法权益保护造成妨碍或者损害的确定裁判或者其部分内容的诉讼实施权。诚然,在立法论层面,学者普遍认为恶意串通损害国家、集体利益与损害第三人利益之间在法理上存在着区别,前者系出于保护社会公益目的,将其效力认定为自始、绝对、当然无效自然是妥当的,但后者如果损害的"第三人利益"系指特定第三人合法权益,基于私法自治的理念,宜由该特定第三人决定是否谋求救济,因为违背私法主体意愿的强行保护也是对意思自治原则的糟蹋,此外,一律否定民事行为的效力也未必有利于保护该特定第三人。但是,围绕着如何完善立法问题,学界存在着不同声音,有的学者主张将其改造为相对无效制度,②即恶意串通损害特定第三人合法权益的,受害人有权请求法院确认该民事行为无效,③有的学者则主张将其界定为可撤销民事行为,④还有的学者主张将其归入债权人撤销权、侵权请求权等既有请求权基础,而无法归入现有请求权基础的则以赋予第三人撤销权的方式取代恶意串通民事行为无效的规定。⑤ 应当说,民法学者对此尚未达成共识,但无论是相对无效说、撤销权说抑或区分说,都为第三人提起撤销之诉奠定了坚实的实体请求权基础,只不过从不同角度将其界定为不同类型请求权基础,而这些不同的请求权基础都足以构成赋予第三人撤销之诉诉讼实施权的正当性基础。

然而,受诉讼诈害人以原审双方当事人恶意串通损害其合法权益为由请求法院撤销或者变更确定裁判的,其负担有证明原审双方当事人存在恶意串通的情形,而对虚假诉讼当事人恶意串通的证明并非易事,这促使笔者继续寻找支撑第三人撤销之诉的其他请求权基础。首先,基于诉讼诈害系以损害他人合法财

---

① 江伟主编:《民事诉讼法》,中国人民大学出版社2012年第6版,第307页。

② 在解除论层面,最高人民法院《关于审理商品房买卖合同纠纷案件适用法律若干问题的解释》第10条也采取相对无效论。

③ 王利明:《合同法新问题研究》,中国社会科学出版社2003年版,第293页。

④ 王从容:《论恶意串通损害第三人利益合同的效力》,载《江西社会科学》2003年11期。

⑤ 陈敦:《论恶意串通损害他人利益的合同》,载《北京工商大学学报》(社会科学版)2006年第6期。

产权益为目的而借法院的裁判权实现自己侵害案外人财产的目的诉讼行为,[①]在事实上也构成"以合法形式掩盖非法目的"的无效民事行为,[②]但第三人证明"非法目的"的难度并不亚于"恶意串通",因而,尽管受害人以实体法依据提起第三人撤销之诉,但并不能因此获得证明责任方面的减轻。[③] 鉴于此,笔者不拟对其展开分析。其次,受诉讼诈害人根据《侵权责任法》第2条的规定而享有侵权请求权,但侵权请求权的诉讼请求并不局限于消除影响、回复原状等得为第三人撤销之诉所容忍的侵权承担方式,但赔偿损失、返还财产等难以为第三人撤销之诉所涵盖的侵权责任承担方式,[④]因而,如果以此作为受害人提起第三人撤销之诉的请求权基础,要么需要突破现有第三人撤销之诉的请求类型限制,即允许第三人利用该程序一并解决相关争议,要么则必须允许受害人针对不同的侵权责任承担方式分别在两个诉讼程序中行使,前者突破现有《民事诉讼法》的规定,尽管在解释论上可以通过诉的合并理论谋求将第三人撤销之诉与侵权之诉合并审理,但合并审理意味着两个案件的诉讼标的必须不同,因而难以将侵权请求权同时充当第三人撤销之诉与侵权之诉的实体法基础,而后者则显然有违一次性纠纷解决原理且有人为增加诉累之嫌疑。因而,以侵权请求权充当第三人撤销之诉的实体法基础并不妥当。最后,原审当事人利用虚假信息骗取损害第三人合法权益的确定裁判往往采取虚构债务或者以明显不合理价格转让财产以实现转移财产的真实目的,因而《合同法》第74条赋予债权人保全其债权的撤销权恰能成为第三人撤销之诉的实体法基础,而且不要求受害人证明原审当事人之间存在主观上的恶意,对受诉讼诈害人的保护较为周延。然而,债权人撤销权的适用范围极为有限而难以为所有类型第三人撤销之诉提供实体法支撑:一方面,债权人撤销权系规定于《合同法》的债权保全制度,其谋求保全的债权仅限于合同之债,被虚假诉讼损害的合法权益则不限于合同之债,侵权之债、不当得利之债、无因管理之债、缔约过失之债等其他类型债权以及物权、知识产权等其他类型权益的实现同样属于第三人撤销之诉所谋求保护的对象;另一方面,债权人撤销之诉仅应对放弃到期债权、无偿转让财产、以明显不合理低价转让财产损害第三

[①] 姜群、相蒙:《建立案外人诈害防止参加之诉制度分析》,载《辽宁大学学报》(哲学社会科学版)2007年第1期。

[②] 《民法通则》第58条第1款第8项、《合同法》第58条第3项。

[③] 诚然,在应然层面,基于无效民事行为被认为涉及社会公共利益,法官应当依职权予以调查取证,而不应当过强化具体受害人的举证责任。但是,在案多人少的现实考量下,难以合理期待法院会充分依职权予以调查取证,而且基于恶意串通以合法形式掩盖损害特定第三人合法权益的民事行为本身并未涉及纯粹意义上的公共利益,法官依职权调查取证唯恐被原审当事人与普通民众指责有失公道。

[④] 《侵权责任法》第15条、《民法通则》第61条第2款、《合同法》第59条。

债权的情形,而对原审当事人通过虚构借款法律关系、侵权法律关系、共有法律关系、联营法律关系等方式对债权人造成损害的,则不享有《合同法》第 74 条规定的撤销权。显而易见,债权人撤销权仅适用于合同之债系因为我国缺乏债法总则而只能将其作为合同法总则加以规定,既然意定之债得适用债权保全制度,作为强行法色彩较强的法定之债更应当予以保全,而基于"物权优先于债权"所揭示的权利位阶原理,①既然债权都需要通过撤销权制度予以保护,保全物权、知识产权等支配权的重要性也更为彰显,因而,从目的性扩张解释的角度出发将保全制度下的撤销权类推适用于全部合法权益并非不妥。此外,根据"同等情况等同处理"原则,既然《破产法》第 31 条规定的破产撤销权并没有将其所保护的权益限定于合同之债的做法,本着诚实信用原则采取类推技术将债权人撤销权的适用主体进行扩张也是妥当的。但是,如果说《合同法》第 74 条规定的撤销权通过民法解释学的努力尚可勉强满足保护受诉讼诈害人合法权益的需要,案外人因原审当事人采取放弃到期债权、无偿转让财产、以明显不合理低价转让财产以外的其他方式导致损害的,则无法以扩大适用的保全性撤销权为实体法依据提起第三人撤销之诉,即使是原审当事人采取放弃到期债权、无偿转让财产、以明显不合理低价转让财产的方式致损第三人合法权益,基于原审当事人假借了诉讼的形式,因而,究竟是利用放弃到期债权、无偿转让财产、以明显不合理低价转让财产的方式致损抑或是利用诉讼程序致损恐怕尚存争议。

综上所述,受诉讼诈害人提起第三人撤销之诉的实体法基础主要在于我国《民法通则》第 58 条第 1 款第 4 项以及《合同法》第 52 条第 2 项的规定,但受诉讼诈害人以恶意串通损害第三人权益的民事行为无效为由请求撤销确定裁判的,在事实上负担有证明原审双方当事人恶意串通的责任,而完成该证明责任难度较大,司法实践中因恶意串通被宣告无效的合同也很少。② 与此不同,《合同法》第 74 条规定的债权人撤销权则不要求受害人证明恶意的存在即可撤销对其造成不利益影响的财产处分行为,因而,如果能够从解释论层面对债权人撤销权进行扩张解释,将其适用于保护第三人所有类型的合法权益,则可以有效减轻案外人提起第三人撤销之诉的举证责任。然而,鉴于《合同法》第 74 条明确列举保全撤销权所针对的行为类型,而这些行为类型无法涵盖第三人撤销之诉谋求救济的诈害行为类型,因而,在解释论层面谋求将第三人撤销之诉的请求权基础界定为扩张后的保全撤销权是不周延的。诚然,在立法论层面,我们可以呼吁将保全性撤销权所针对的行为类型进行扩张处理,并明确扩大保全性撤销权所保护

---

① 张平华:《权利位阶论——关于权利冲突化解机制的初步探讨》,载《法律科学》2007 年第 6 期。

② 王利明:《合同法新问题研究》,中国社会科学出版社 2003 年版,第 309 页。

的权益范围,但在现行实体法框架下,解释论层面的努力均难以实现前述目标。

(二)从程序法到实体法的研究进路

从实体法层面寻求案外人提起第三人撤销之诉的正当性基础是诉讼实施权理论的常规研究路径,而纯粹从程序法角度确立诉讼标的与奠定诉讼实施权的正当性基础则属于特殊例外情形。第三人撤销之诉具有请求撤销、变更确定裁判的外观而被认为属于诉讼法上的形成之诉,但是,从某种意义上来讲,谋求撤销、改变确定裁判的实质在于解除确定裁判所确定实体权利义务关系对诉讼诈害人形成的非正当不利益影响,而第三人撤销之诉的非常救济程序属性内在地要求对其适用范围进行必要且有效的控制,各国均以实体权益遭受损害作为防止第三人撤销之诉适用范围泛化的措施,因而,第三人撤销之诉尽管具有撤销确定裁判的程序目标,但其背后更深层面仍然以实体法层面的权益保护作为支撑,并且通说认为第三人撤销之诉系以原审双方当事人为被告而使得为了担当人利益的法定诉讼担当制度无从适用。因而,纯粹从程序法层面构建第三人撤销之诉的正当性基础是不现实的。然而,尽管利用恶意串通损害第三人合法权益民事行为无效的实体法依据足以向受害人提供救济,但是基于无效民事行为自始无效,受害人以此为请求权基础提起的诉讼本应为确认之诉,这与第三人撤销之诉的形成之诉属性不吻合。在立法论层面,如果将恶意串通损害第三人合法权益的民事行为效力状态调整为可撤销民事行为则更契合第三人撤销之诉的请求权基础,但是,损害特定第三人合法权益的串通行为确实有损社会公序良俗而与撤销权所保护的私人权益有所区别,且因现行民事实体法并无明文规定,因而,建立在诉讼法上的形成之诉基础上的第三人撤销之诉犹如空中楼阁,虽可清晰地看到其实体法基础,但却因该实体法基础尚未被类型化为民事权利而显得根基不稳。

鉴于能够成为本诉适格当事人的第三人提起第三人撤销之诉的宗旨在于全部或部分地改变原来的判决、裁定或调解书所确定的法律状态或权利义务关系,①《民事诉讼法》第56条第3款从程序法层面授予受诉讼诈害人提起第三人撤销之诉的诉讼实施权在解释论上可以倒推出立法者默认以受诉讼诈害人在实体法层面有权请求撤销确定裁判所确定法律状态或权利义务关系为前提,因而,笔者认为,结合第三人撤销之诉防止虚假诉讼的立法目的,从《民事诉讼法》第56条第3款中解释为立法者授予受诉讼诈害人的实体撤销权并非不妥当,因为受诉讼诈害人请求法院判决撤销确定裁判的真正意图在于解除确定裁判所确定的法律状态或权利义务关系对其所造成非正当不利益影响。此外,我国本次《民事诉讼法》修改并没有触及诉讼第三人制度的改革,前置性程序保障机制的滞后

---

① 王亚新:《第三人撤销之诉的解释适用》,载《人民法院报》2012年9月26日。

性迫使本应当仅发挥补充功能的第三人撤销之诉成为应对虚假诉讼的主要措施,从解释论层面努力弥补立法瑕疵的方案也无外乎扩张诉讼第三人制度的适用范围,而无独立请求权第三人制度由于内涵与外延不够明晰,如将受诉讼诈害人解释为无独立请求权第三人容易使其更为混乱,而通过前述解释论努力赋予受诉讼诈害人以实体撤销权并以该实体撤销权作为充当"有独立请求权第三人"的独立请求权则较好地解决前置性程序保障原理与后置性程序保障原理之间的紧张关系。事实上,通过有独立请求权第三人制度实现诈害防止功能的学术主张,肖建华教授早在2000年就曾精辟地指出:"主参加诉讼人对他人争议的诉讼标的有全部或部分的独立请求权,可以根据实体法上的形成权而发生,也可以通过赋予第三人诉讼法上的形成权而发生。"①而笔者的前述解释方案正是建立在赋予第三人诉讼法上的形成权而发生受诉讼诈害人对他人争议诉讼标的的独立请求权。

坦诚地讲,费尽周折论证受诉讼诈害人享有实体撤销权而得以独立请求权第三人身份参加诉讼或者依法提起第三人撤销之诉的努力还基于以下方面因素的考量:鉴于我国《民事诉讼法》第56条第3款将第三人撤销之诉依附于诉讼第三人制度,而无独立请求权第三人制度在司法实践中往往成为地方保护主义与部门保护主义争夺案件管辖权的借口,因而,笔者在潜意识里仍然不愿打开无独立请求权的口子,而有独立请求权第三人系以原告身份参加到他人已经开始的诉讼中,基本不能成为争夺管辖权的工具,且有独立请求权第三人的当事人权利义务更为明显,其程序保障程度相对于无独立请求权第三人要高。然而,将受诉讼诈害人理解为有独立请求权又面临着另外一个难题:按照通说,有独立请求权第三人有权选择提起第三人参加之诉或者另行起诉,而按照前置性程序保障与后置性程序保障界分原理,受诉讼诈害人并非可以选择另行起诉,而是无法利用前置性程序保障机制而被迫诉诸第三人撤销之诉的特殊救济,此外,受诉讼诈害人因防止诉讼诈害而享有的撤销权与其根据其他法定或约定事由产生的请求权之间的关系界定也显得尤为棘手。从这个意义上讲,在立法论层面,设置确保(潜在)受诉讼诈害人得以独立当事人身份参加既有诉讼的主参加诉讼在实践中仍然具有重要意义,②而在立法者确立诈害防止主参加制度之前,解释论上只能对有独立请求权第三人作类型区分,以诈害防止为目的的有独立请求权必须穷尽前置性程序救济才可以谋求后置性程序救济,但这并不排除其以其他法定或者约定请求权基础为由另行起诉。比如说,甲与乙系濒临离婚的夫妻,甲为转移财产而与丙虚构债权债务关系并实施虚假诉讼行为,乙知悉该情形但未申请参

---

① 肖建华:《主参加诉讼的诈害防止功能》,载《法学杂志》2000年第5期。
② 陈桂明:《程序理念与程序规则》,中国法制出版社1999年版,第114~119页。

加诉讼,法院判决甲对丙负担 40 万债务,乙丧失提起第三人撤销之诉的权利,但如果甲与丙之间达成以物抵债调解协议并经法院转化为法院调解书,而据以抵债的财产属于乙婚前财产的,则乙尚可以物权请求权为基础提起撤销之诉与返还原物之诉,在诉讼程序上宜将两诉合并处理。

借鉴与反思：依托再审程序解决案外人救济
——第三人撤销诉讼的冷思考

■ 董少谋*

摘　要　法国和我国台湾地区的第三人撤销诉讼制度虽然与我国的第三人撤销诉讼制度立法目的不同，但由于针对的是生效的判决，从立法结构看，都属于非通常诉讼程序。我国第三人撤销诉讼制度不能依通常诉讼程序，而只能依再审程序审理，这是最为经济有效的解决争议的方法，也是符合司法效率原则的途径。

关键词　第三人撤销诉讼制度　通常诉讼程序　依托再审程序

我国民事诉讼制度中，对生效裁判危害案外人利益的问题存在诉权救济制度不健全的缺憾。特别是近年来，有的当事人恶意串通，有的当事人故意隐瞒重大事实，有的裁判文书、调解书的内容超越诉讼请求的范围，以上表现都涉及危害案外人利益。2007年《民事诉讼法》第178条仅仅赋予当事人申请再审的权利，没有规定案外人的救济渠道。当案外人民事权益受到生效裁判侵犯时，2007年《民事诉讼法》第204条设计的是，案外人向执行法院提出执行异议，由执行法院的执行机构先对案外人的异议作初步审查，异议成立的裁定中止对该执行标的物的执行。案外人对裁定不服的，只能通过申诉要求人民法院依职权启动再审程序，即通过公权力干预，以解决案外人权益受到生效裁判侵害的问题。① 因此，因虚假诉讼而受到损害的案外第三人的权利救济途径，主要通过申请再审加以解决。

为防止当事人通过恶意诉讼等手段，侵害案外人合法权益，新《民事诉讼法》在保留第227条"案外人执行异议之诉"的同时，"借鉴了法国和我国台湾地区的第三人撤销诉讼的制度"，②在第56条增加规定，第三人"因不能归责于本人的

---

* 董少谋，西北政法大学教授、民事诉讼法学教研室主任、陕西省民事诉讼法学研究会会长。

① 董少谋：《执行案外人救济途径》，载《中国法学》2009年第5期。
② 张卫平：《民事司法制度的新发展》，载《检察日报》2012年9月7日。

事由未参加诉讼,但有证据证明发生法律效力的判决、裁定、调解书的部分或者全部内容错误,损害其民事权益的,可以自知道或者应当知道其民事权益受到损害之日起6个月内,向作出该判决、裁定、调解书的人民法院提起诉讼。人民法院经审理,诉讼请求成立的,应当改变或者撤销原判决、裁定、调解书;诉讼请求不成立的,驳回诉讼请求。"有学者认为,此规定"与申请再审相比,第三人提起撤销之诉在程序上更便捷,更有利于案外人通过正当的司法途径保护其合法权益。"①

一、第三人撤销之诉程序

(一)法国的第三人撤销之诉程序

我国学者将其译成"第三人提出取消判决的异议"。② 法国《新民事诉讼法典》对于"第三人异议"是作为与"申请再审"并列的"非常上诉途径"加以规定在第16编第3附编中的,第582条规定:"第三人提出取消判决的异议是指,攻击判决的第三人为其本人利益,请求撤销判决或请为改判之。第三人异议,对提出该异议的第三人,是指对其攻击的已判争点提出异议,使之在法律上与事实上重作裁判"。第583条规定:"任何于其中有利益的人,均允许提出第三人异议。"第587条规定:"第三人以本诉请求对判决提出异议,应当向作出受到攻击的判决的法院提出;对第三人提出的异议,得由同一司法官作出裁判。"同时,法国《新民事诉讼法典》第592条规定:"就第三人异议所作的判决,得如同对作出此种判决的法院的裁判决定,提出同样的上诉。"就其程序而言,第三人提出取消判决之异议的实质条件是"应当具有利益"……"获准撤回对第三人造成了损害的判决"这一规定使得绝大部分判决均可以通过第三人取消判决异议这一途径进行救济。在管辖上由原判决法院受理,适用普通程序审理。审理结果如第三人提出取消判决之异议被驳回,则原判决得以确认;如第三人提出取消判决之异议获得胜诉,原判将被取消或改判。对于第三人提出的异议作出的任何判决,都可以提出不服申请以获得救济。③ 法国民事诉讼法的这一规定,说明第三人取消判决异议虽然是一种非常上诉途径,但其是一种普通审判程序,仍然有相应的救济方式。但法国的既判力主观范围仅有相对效力,在此前提下,第三人为何会因裁判

---

① 见 http://www.npc.gov.cn/huiyi/cwh/1128/2012-08/28/content_1734472.htm(中国人大网),下载日期:2013年12月1日。

② [法]让·文森、赛尔日·金沙尔:《法国民事诉讼法要义(下)》,罗结珍译,中国法制出版社2001年版,第1282页。

③ [法]让·文森、塞尔日·金沙尔:《法国民事诉讼法要义(下)》,罗结珍译,中国法制出版社2001年版,第1282~1296页。

而权利受害值得深思。

(二)台湾地区的第三人撤销之诉程序

我国台湾地区"强制执行法"在保留"第三人异议之诉"的前提下,2003年修正的"民事诉讼法"独创"第三人撤销诉讼程序",在第5编"再审程序"附设"第三人撤销诉讼程序"。从立法结构看,颇似法国的非常救济。台湾地区"民事诉讼法"第507-1条规定,"有法律上利害关系之第三人,非因可归责于己之事由而未参加诉讼,致不能提出足以影响判决结果之攻击或防御方法者,得以两造为共同被告对于确定终局判决提起撤销之诉,请求撤销对其不利部分之判决。"同时规定"第三人撤销之诉,专属为判决之原法院管辖"。我国台湾地区"民事诉讼法"设立这一制度"系为保障第三人程序权所赋予之事后程序保障,与第三人之诉讼通知(第67条之一、第254条第四项)之事前程序保障,建构兼顾程序保障及统一解决纠争、法(或裁判)安定性及具体妥当性等要求"。[①] 详言之,为扩大诉讼制度解决纷争之功能,基于"确保纷争解决之实效性"、"维持实体法秩序之调和"及"提高司法制度运作之效率性与经济性"之必要,有时必须将判决效力扩张及于诉讼当事人以外之第三人;然而在另一方面,站在宪法诉讼权、自由权及财产权保障之观点,使该第三人私法上之地位受特定判决之某种拘束力所及,必须在制度之设计上赋予其某种形式之程序保障,充实判决效力扩张之正当性基础。据此,首先赋予法院依职权将某诉讼系属之事实告知对该诉讼结果有法律上利害关系之第三人之权限,俾使该第三人得依自身对该诉讼所抱持利害关系之内容及种类,决定"是否"以及"透过何种方式"参与该诉讼,提供该第三人"事前之程序保障";在另一方面,基于法院未必恒能得知某第三人对该诉讼具有利害关系而为诉讼告知之现实,属贯彻程序保障之要求,因此,对于未被赋予判决前参与诉讼机会之第三人,允许其得在事后争执该判决结果之正确性,提供其"事后之程序保障",设置"第三人撤销之诉"之制度。[②] 但详细观之,第三人撤销之诉的立法目的与功能,应系确保判决之客观正确为目的,其目的应与再审制度的目的相同。

不过,台湾"司法院"民事诉讼法研究修正委员会吴明轩委员曾建言,对第三人之救济方式采取再审之救济方式,在再审程序中增订第三人再审之诉。[③] 陈荣宗委员也认为其思考方向颇为正确。[④] 王甲乙、杨建华委员及吕太郎先生均

---

① 邱联恭:《第三人撤销诉讼之运用方针》,载《新修正民事诉讼法讲义汇编》,2004年台湾"司法院"印行。
② 黄国昌:《民事诉讼理论之新开展》,台湾元照出版有限公司2005年版,第322页。
③ 陈荣宗:《民事诉讼法》下册,台湾三民书局2005年第4版,第813页。
④ 陈荣宗著:《民事诉讼法》下册,台湾三民书局2005年第4版,第813页。

认为将不同体系的法国第三人撤销之诉程序移植"自有疑义"和"危险性"①。姚瑞光老先生也在评价第三人撤销之诉时讲道:"判决确定后,即生确定力。此确定力除有再审事由外,不得推翻,所以维持法律的安定,顾全法院之威信也。因此,虽有再审事由,而原判决正当的,仍应驳回再之诉。"②

在现有第三人撤销之诉的框架下,法国及我国台湾地区的第三人提出取消判决的异议,是指攻击判决的第三人为其本人利益,请求撤销判决或请为改判。但法国法的目的在于突破裁判之既判力,而台湾地区设立的目的在于第三人程序权的保障。③两者在诉讼要件、提诉期间、管辖法院与审理过程、判决结果等方面均不相同。

二、第三人再审之诉

再审是当事人对确有错误的终局判决提出的特殊不服请求,其目的在于撤销该判决和对案件依法重新审理。

德国《民事诉讼法》把再审分为两种形式,即撤销之诉与回复原状之诉。第579条"撤销之诉"对于以原判违背程序上的规定而提起之再审之诉,称为撤销之诉,并非于再审之诉之外,另行撤销之诉可以推翻原确定判决之确定力。

意大利《民事诉讼法》第404条规定:"使因他人间确定判决或有执行力之判决而权利受到侵害之第三人,或因诈欺或通谋诉讼而损害自己之利益的继承人及债权人,得对确定判决提起再审之诉。"意大利的第三人再审之诉的规定极为简单,但与第三人撤销之诉制度的主旨相同,即均为因他人之间的确定判决而受到侵害的第三人提供救济途径。

日本旧《民事诉讼法》第483条曾规定,对于诈害判决,第三人可以准用再审程序中的恢复原状之诉予以救济。第三人应以原确定判决的双方当事人为共同被告。该制度可以给予第三人及时的救济,并且可以防止裁判的矛盾。该规定在1926年修改时删除了,在1996年修正民事诉讼法时,对于是否增列其为再审事由提出检讨。但学界认为,遗漏了诈害再审制度属于立法错误,而现行法解释论则承认这一制度。④ 可见,日本的第三人撤销判决之诉并没有成为一项独立

---

① 吕太郎:《民事诉讼之基本理论(二)》,台湾元照出版有限公司2009年版,第215~216页。
② 姚瑞光:《民事诉讼法论》,中国政法大学出版社2011年版,第499页。
③ 法国的第三人提出取消判决的异议制度目的在于突破裁判的既判力,而台湾地区的第三人撤销之诉制度目的在于对第三人程序权的保障,其基本精神不尽相同。陈计男《民事诉讼法论(下)》,台湾三民书局2005年版,第409页。
④ [日]高桥宏志:《重点讲义民事诉讼法》,张卫平、许可译,法律出版社2007年版,第484页。

的诉讼制度,而是归入再审之诉中,第三人可依法定事由提起再审之诉。日本学者也多认为案外第三人可以类推适用再审事由的规定,提起再审之诉。但是日本新民事诉讼法对第三人提出再审之诉的事由并无专门规定,因而哪些事由可以作为第三人提起再审之诉的根据其实是模糊的,这基本上取决于相关实体法的规定。同理,第三人基于撤销生效判决的目的而提起再审之诉的根据也是模糊的,因而不具有普遍的适用性。

但是值得注意的是,日本新《民事诉讼法》第47条"独立当事人参加"规定,主张由于诉讼结果而使其权利受到损害的第三人,可以作为当事人将该诉讼的双方当事人作为共同被告。日本学界通说认为,基于扩张性解释,当判决的效力涉及第三人时,对撤销判决具有固定利益的第三者可以提起再审之诉。① 此外,对于当事人欺诈第三人之判决,第三人也可以此为由提起再审之诉。② 同时,从实体法的角度看,在出现欺诈判决的场合,《日本商法》第268条之三规定的"股东代表诉讼中的欺诈再审"和日本《行政案件诉讼法》第34条规定的"第三人再审",亦为"第三人可以提起再审"设置了事后性的程序保障的救济途径。③

由上可知,日本和意大利的第三人再审之诉均没有形成一套完整的制度,但却都有救济第三人的理念和立法意图,只是这两个国家是将对第三人的事后救济——纠正原案判决对其的侵害——作为再审之诉制度的内容之一,进而将提起再审之诉的主体扩大到与生效裁判具有直接利害关系的第三人。

三、借鉴与评析

从第三人撤销之诉与第三人再审之诉两种诉讼制度的比较看:其一,第三人再审之诉的功能旨在全面否定原终局判决的效力,而第三人撤销之诉原则上仅在请求撤销原终局判决中对该第三人不利之部分,但原终局判决的错误并未纠正和解决。由此可知,第三人再审之诉的作用远较第三人撤销之诉更为彻底。其二,由于第三人再审之诉在构造上只有存有法定再审事由时,即必须对原诉讼标的法律关系继续进行审理。因此,提起第三人再审之诉的原告在理论上必须以对原诉讼标的法律关系有当事人适格者为限;而第三人撤销之诉主要仅在撤

---

① [日]兼子一、竹下守夫:《民事诉讼法》,白绿铉译,法律出版社1995年版,第251页。日本学者新堂幸司教授进一步认为,此情形下第三人应通过日本新《民事诉讼法》第47条"独立当事人参加"规定,主张由于诉讼结果而使其权利受到损害的第三人,可以作为当事人将该诉讼的双方当事人作为共同被告。[日]新堂幸司:新《民事诉讼法》,林剑锋译,法律出版社2008年版,第670页。
② [日]新堂幸司:《民事诉讼法》,林剑锋译,法律出版社2008年版,第670页。
③ [日]高桥宏志:《民事诉讼法:制度与理论的深层分析》,林剑锋译,法律出版社2003年版,第262页。

销该终局判决对该第三人不利之部分,据此,提起第三人撤销之诉之主体范围较第三人再审之诉的原告范围更广。综合上述二点,第三人再审之诉提起之主体范围及再审事由较为具体而严格,而第三人撤销之诉提起之主体范围更为随意,其必将对既判力和民事诉讼的效率价值构成威胁。由此,第三人再审之诉具有独立于第三人撤销之诉之功能与意义。①

通过对案外第三人救济途径的域外考察可知,就设立方式而言可分为两大类:一是设立相对独立的第三人撤销之诉制度,将其作为非常上诉途径之一种,与再审制度并立而设。其与普通上诉途径相对应,在普通上诉途径无法对第三人提供救济的情形下才能提起,且需法律的明确授权。比较而言,法国和我国台湾地区民事诉讼法则更强调第三人对判决的撤销权——许可不受判决效力约束但是又损害其利益的生效判决的撤销权,可以在事后给予受害人以法律救济。另一类是日本旧民事诉讼法和意大利的民事诉讼法不设独立的第三人撤销之诉制度,而是将其归入再审之诉中一并设立,或者在特别法中加以规定,具体规则准用再审之诉的相关规定。日本旧民事诉讼法有关诈害防止的规定,可以给予第三人及时的救济,并且可以防止裁判的矛盾。②

我国的第三人撤销诉讼制度,从适格的原告而言,其一,必须是原诉讼当事人以外的第三人。若第三人属于应参加诉讼的共同诉讼人,则其实属当事人而非第三人。对于遗漏了的必要共同诉讼人,根据新《民事诉讼法》第 200 条第 8 项规定,该当事人可申请再审;对于普通共同诉讼而言,由于是可分之诉,故普通共同诉讼当事人也不存在提起第三人撤销之诉问题。其二,对于有独立请求权的第三人,我国新《民事诉讼法》第 56 条第 1 款规定"对当事人双方的诉讼标的,第三人认为有独立请求权的,有权提起诉讼",此即为权利主张参加。此种情形下,有独立请求权的第三人基于判决的相对性原则可以对原判决当事人的一方或双方提起一个新诉,而不必利用此制度去撤销原判决,故此种情形的第三人也无第三人撤销之诉原告人适格问题。其三,对于无独立请求权的第三人,参加诉讼的方式是申请参加或人民法院依职权通知其参加。法院对于本诉当事人之间争议的判定,基于参加效力,对于无独立请求权的第三人是否承担责任在随后的另一案件中有一种预决的意义,即无独立请求权的第三人仅对于其辅助的当事人,不得主张其原来参加的诉讼法院的裁判为不当,因此,无独立请求权的第三人在参加本诉的情况下,如以其辅助的当事人为被告提起第三人撤销之诉,其原告当事人不适格。在"因不能归责于本人的事由"未参加诉讼的情况下,也不产生参加效力。对于对方当事人而言,基于既判力相对性原则"可以本诉讼的裁

---

① 董少谋:《执行案外人救济途径》,载《中国法学》2009 年第 5 期。
② 董少谋:《执行案外人救济途径》,载《中国法学》2009 年第 5 期。

判不当而另行起诉"①。由上可知,对于无独立请求权的第三人,"因不能归责于本人的事由未参加诉讼"的,自不产生参加的效力。也就是说无独立请求权的第三人也不必利用此制度去撤销对自己不产生效力的原判决。另外,如果人民法院判决第三人直接承担民事责任的,其作为当事人可以上诉或申请再审而无利用第三人撤销之诉的必要。其四,基于法律解释学,任何一种解释方法都无法解释出第 56 条第 3 款规定的"前两款规定的第三人"非第三人而是案外人。

因此,在现有的第三人理论框架下,第三人撤销诉讼无适用之必要。而对于认为诉讼结果将对自己的权利造成损害的,即防止诈害参加,我国有独立请求权的第三人又没有规定。台湾地区有学者认为,诈害诉讼的当事人利用诈害诉讼为方法,故意侵害利害关系人之权利,被害人应采权损害赔偿的方法予以救济。②

在我国,早在 2005 年底最高人民法院为全国人大代拟的《关于保障当事人申请再审权利、维护司法公正的决定(送审稿)》中,试图借鉴相关国家和地区的立法例并结合国情,曾建议规定:"案外人以发生法律效力的民事、行政判决或裁定损害其权益为由申请再审的,比照当事人申请再审的规定进行处理。"2007 年 6 月民事诉讼法修改过程中,最高人民法院建议以立法形式在再审事由条款之后单列一款,赋予案外人具有申请再审的权利。2008 年 11 月最高人民法院《关于适用民事诉讼法审判监督程序司法解释》第 5 条规定了案外人对原判决、裁定、调解书确定的执行标的物主张权利,且无法提起新的诉讼解决争议的,可以向作出原判决、裁定、调解书的人民法院的上一级人民法院申请再审。

我们认为,第三人撤销之诉制度,由于针对的是生效的判决,故不能依通常诉讼程序,而只能依再审程序审理,这是最为经济有效的解决争议的方法,也是符合司法效率原则的。

---

① 陈荣宗:《民事诉讼法下册》,台湾三民书局 2005 年第 4 版,第 811 页。
② 陈荣宗:《民事诉讼法下册》,台湾三民书局 2005 年第 4 版,第 807 页。

我国第三人撤销之诉的价值基础与功能定位

■ 张永泉*

摘 要 基于民事实体法制度的要求,民事判决既判力的相对性是有限的,在一些情况下既判力会影响到未参与诉讼的案外人,基于程序的正当性和权利保障应当赋予案外第三人提出撤销之诉的救济权利;我国第三人撤销之诉有其自身的特殊性,立法将其定位于通常程序而非再审之诉,存在功能定位偏差;第三人撤销之诉与第三人申请再审在功能上相互补充和交叉,不能相互替代。

关键词 案外人 撤销诉讼 价值功能 程序权利

一、第三人撤销之诉的价值基础

第三人撤销之诉制度赋予案外第三人有权通过诉讼撤销他人之间的生效裁判,就意味着他人之间诉讼所作出的裁判影响到了案外第三人的利益。基于民事实体法的规定,在许多情况下,往往多个民事主体之间的权利义务关系是多层次、多方面的,而且是相互影响的。使参加诉讼当事人之间的权利义务关系也许仅仅是一个层次或者一个方面的权利义务关系,因为法律并非总是要求存在一定权利义务关系的民事主体都必须参加诉讼,更多的时候是取决于提起诉讼的当事人。这样一来就会导致原被告之间的诉讼所作出的裁判,可能在一定程度上会影响到没有参加诉讼的案外第三人,这就是第三人撤销之诉的理论前提,以下将展开分析。

(一)既判力相对性的有限性决定了约束案外第三人的可能性

法院作出的民事判决一旦生效,即具有既判力,不得任意撤销或者变更,当事人不得再就同一诉讼标的再行起诉或者在其他诉讼中提出与确定判决相反的主张,法院之后的作出的任何裁判都不得与该确定判决内容相抵触。民事既判力理论确立的基础,是为了避免就同一诉讼标的的发生相互抵触的判决,使当事人之间的实体权利义务关系处于不确定的状态。因此,既判力要求,法院的判决确定以后,无论该判决是否存在误判,在未被其他法院依法变更或者撤销以前,当

---

* 张永泉,苏州大学王健法学院教授,法学博士后,研究方向:民事诉讼法、证据法。

事人和法院都要受判决的拘束，不得就该判决的内容进行任何意义上的争执。

在通常情况下，判决的效力是相对性，仅对特定的主体发生法律效力，也即法院作出的生效判决仅仅是约束参加诉讼的当事人，而对当事人以外的第三人并不产生直接拘束力。但随着现代民事诉讼的发展，在"一次诉讼中尽可能彻底解决纠纷"的现代司法理念影响下，为了纠纷解决的统一性和维护法院判决的权威性，判决效力的扩张性已越来越被理论和实务所接受，成为一种发展趋势。判决效力是多方面的，通常认为判决效力包括形式效力，即拘束力和形式上的确定力以及实质效力即既判力、执行力和形成力。①除这些固有的法律效力之外，我国台湾学者还有观点认为，判决的法律效力还包括其附随的效力，即判决因其存在所产生的效力，包括参加的效力、构成要件的效力、反射的效力及争点的效力等。②

既判力相对性的有限就会发生其效力的扩张，在一些情况下会出现既判力相对性的例外情形，允许在一定条件下，既判力可以向当事人以外的第三人扩张。如，判决生效以后，该判决书原告或者被告的承继人尽管没有参与先前的诉讼，但都必须受到该判决书既判力的约束。③又如，根据我国民法通则的规定，因下落不明被宣告失踪，被指定的财产代管人为失踪人进行诉讼，法院作出生效判决的最终利益及责任归属于失踪人，虽然失踪人没有参与诉讼，但受到该判决书的约束。有学者指出，当事人以自己的名义为他人的利益进行诉讼的资格和权能，进行诉讼而受到的判决，其既判力应该及于作为潜在当事人的他人。如此规定的依据就在于"担当人是代理被担当人来实施诉讼的"。④

判决效力扩张意味着参加诉讼的主体与承受裁判效力的主体是分离的，后者在诉讼过程中是与诉讼毫无关系的案外第三人，在诉讼终结后却要代替当事人承受生效裁判的效力。由于他们没有参与案件审判，不是案件当事人，因此在接受了不利判决的情况下，他们却不能像当事人一样获得有效的救济权利。这对案外第三人而言，由于未参与诉讼，没有提出攻击防御方法和参与辩论的机会，却受生效裁判的约束显然是不公平的，因而有必要为了保障第三人的权利设置一个救济途径，第三人撤销之诉制度正是因为此而设置。

---

① 江伟：《中国民事诉讼法专论》，中国政法大学出版社1998年版，第132～143页。
② 吕太郎：《第三人撤销之诉——所谓由法律上利害关系之第三人》，载台湾《月旦法学杂志》，2003年第8期。
③ [日]兼子一、竹下守夫：《民事诉讼法（新版）》，白绿铉译，法律出版社1995年版，第161～162页。
④ [日]高桥宏志：《民事诉讼法制度与理论的深层分析》，林剑峰译，法律出版社2003年版，第575页。

(二)既判力的反射效力必然影响到案外民事主体

在实体法上,三个以上权利主体之间存在依存性的法律关系特别多,如连带债务人、债权人与其他连带债务人之间所形成的关系;出租人、承租人与次承租人之间形成的关系;合伙人、合伙公司与其他公司之间所形成的关系;股东、公司与其他主体所形成的关系;共有人、其他共有人与其他主体之间形成的法律关系等。在理论上,由于判决效力的相对性与多方主体实体法关系的牵连性往往会导致生效判决的效力影响到诉讼外第三人的利益。"第三人虽非确定判决之及,但因与当事人间存有一定之特殊关系,致使当事人因受既判力拘束,而反射的对该第三人发生利或不利之影响之效力。"①这就是判决既判力的反射效。德国民法学家耶林于1866年提出了反射效理论,他认为:"法律上或经济上的事实,超越法律、行为人或权利人最初所欲达到之效力范围,而使第三人之权利领域亦受波及之效果,即为反射效力。如共有人一人所为时效中断对其他共有人的影响,保证人、连带债务人所为清偿,对主债务人、他连带债务人之影响等。此种受反射效力所及之第三人,可主张债权人之撤销诉权或于判决后主张恶意抗辩以保护其权利。"②

反射效是因为民事实体法与民事诉讼法之间的差异所致。实体法上权利的归属往往具有绝对性,任何人均应承认,且数个权利间常彼此牵连、互相影响。而通过民事诉讼程序取得的确定判决的既判力,常常是针对相对的、个别的案件起作用。在民事实体法律关系上,往往存在债权债务关系上的从属关系或依存关系。例如,甲对乙享有债权,丙对乙的债务承担连带保证责任,如果债权人甲对债务人乙主张清偿债务之诉败诉以后,甲再向保证人丙主张连带清偿责任。尽管保证人丙没有参加前面的诉讼,保证人丙可以直接援用先前的判决,后诉法院就不得作出相反的裁判,在主债务人乙获得胜诉以后,法院将同样判决保证人丙获得胜诉。

反射效对第三人影响而言,既可能是有利的,也可能是不利的,只有在反射效不利地及于第三人的情况下,才允许其提起第三人撤销之诉。前述案例中,如果甲对乙提起清偿债务之诉胜诉后,尽管没有参加诉讼的保证人丙不直接受到该判决的拘束,但会间接影响到保证人丙。如果债权人甲取得胜诉判决后,基于该判决书确定事实向保证人提起诉讼时,即使保证人丙提出主债务消灭的事实,后诉法院也不能够作出相反的判决。如果债权人甲诉债务人乙的主债权债务纠纷案件中,确实存在错误,就势必影响到案外人丙的利益。此种情况下,保证人

---

① 王甲乙:《民事诉讼法新论》,台湾广益印书局1983版,第278页。
② 吕太郎:《民事诉讼之基本理论(一)》,中国政法大学出版社2003年版,第365~368页。

丙可以提出第三人撤销之诉以救济自己的权利。

(三)赋予案外第三人救济权是正当程序的必然要求

保障当事人程序权利,以便充分参与诉讼是裁判获得正当性的基础,也是当事人受到裁判约束的前提。法院裁判正当性基础的实质应当理解为:凡是受到裁判约束的人都应该享有参与诉讼以及救济自身利益的程序权利,即便因某种原因没有及时参与诉讼,只要裁判涉及其利益,也应当赋予其救济自身利益的程序权利。程序保障是民事诉讼正当性的主要理论基础,"使一个人之私法上权利地位受特定判决之某种拘束力所及,其正当性之基础原则上均应奠基在受该判决拘束之人,已被赋予参与该关涉其权利义务之程序的机会,并能合理地预测该程序所将发生拘束力之内容及范围,借以提出足以影响该程序最后发生拘束力之判断事项之有关攻击防御方法及事实、证据。"[①]赋予案外第三人撤销之诉正是程序保障理论的必然要求,如果某人未被赋予程序参与机会,又没有事后的程序救济权利,而被判决效力不利地扩及,就将丧失该判决的正当性。

基础民事诉讼程序保障理论的要求,确定判决对当事人产生拘束力的正当性基础在于对当事人的程序保障,当事人以外第三人因未受程序保障而不受判决效力拘束。但是,判决既判力相对性的有限、既判力的扩张等,法院判决效力在一些情况下已经影响到诉讼外第三人,因此导致了程序保障理论与既判力效力之间的紧张。为此,各国民事诉讼法都为那些可能为判决效力所及的第三人,提供了实现程序保障权的途径。主要包括两类:一类是事前程序保障途径,即在诉讼系属后,确定判决形成前为第三人提供参与到诉讼中的机会,主要包括诉讼参加制度(在我国被称为诉讼第三人制度)、诉讼告知制度、代表诉讼以及人事诉讼中法院的职权探知等;另一类是事后程序保障,即在判决确定后,赋予受该确定判决某种拘束力所及的第三人,对该判决之全部或与其有利害关系的部分加以撤销并主张变更确定判决内容的权利,使其事后获得程序保障,主要包括第三人撤销诉讼及执行程序中第三人异议之诉。可见,第三人撤销之诉的确立,正是第三人程序保障实现的体现。

二、我国第三人撤销之诉的特殊性

我国《民事诉讼法》第 56 条第 3 款规定:"前两款规定的第三人,因不能归责于本人的事由未参加诉讼,但有证据证明发生法律效力的判决、裁定、调解书的部分或者全部内容错误,损害其民事权益的,可以自知道或者应当知道其民事权益受到损害之日起 6 个月内,向作出该判决、裁定、调解书的人民法院提起诉讼。

---

① 黄国昌:《诉讼参与及代表诉讼——新民事诉讼法下"程序保障"与"纠纷解决一次性"之平衡点》,载《月旦法学杂志》2003 年第 6 期。

人民法院经审理，诉讼请求成立的，应当改变或者撤销原判决、裁定、调解书；诉讼请求不成立的，驳回诉讼请求。"由此可见，提出撤销之诉的第三人具有自身独特的性，主要体现在以下方面：

(一) 撤销之诉的适格原告须符合民事诉讼法上第三人的条件

我国撤销之诉第三人立足于符合有独立请求权第三人或者无独立请求权第三人的条件，按照现行立法要求，必须是符合第三人条件情况下，没有参加到原告与被告已经进行的诉讼中，而又非归责于己的原因，才能够提出第三人撤销之诉。我国台湾地区撤销之诉第三人则与此不同，根据台湾地区"民事诉讼法"第507条之一规定："有法律上利害关系之第三人，非因可归责于己之事由而未参加诉讼，致不能提出足以影响判决结果之攻击或防御方法者……"这里"有法律上的利害关系"的案外人，与祖国大陆民事诉讼法规定的符合有独立请求权第三人或者无独立请求权第三人有重大的差异。基于实体法的规定，具有实体权利义务关系的多个民事主体，并非都能够参加诉讼而成为当事人，但却可能受到未参加诉讼裁判的影响。这就是我国台湾地区民事诉讼法规定的"有法律上的利害关系"，在符合条件的情况下，可以提出第三人撤销之诉。

这种"有法律上的利害关系"的案外人，并非属于我们立法中的"有独立请求权第三人或者无独立请求权第三人"。如债权人 A 不起诉主债务人 B，而将承担连带保证责任的 C 和 D 作为被告提起诉讼，要求法院判决清偿债务。法院作出该项判决，必然涉及主债务事实，主债务人 B 与此就有法律上的利害关系，但主债务人 B 不是原告 A 诉被告 C 和 D 案件中第三人。由此可以看出，撤销之诉第三人必须符合民事诉讼法规定的有独立请求权第三人或者无独立请求权第三人条件，更注重民事程序法的规定。而台湾地区撤销之诉第三人，主要是基于实体法上利害关系的考量，是基于既判力反射效或既判力扩张影响到了案外人权利，为了保障案外人程序权利而设置的。因此，就理论上而言，台湾地区撤销之诉第三人要宽泛得多，我国撤销之诉第三人范围非常狭窄。

(二)我国第三人撤销之诉形式上属于通常诉讼程序[①]

《民事诉讼法》第56条第3款规定,符合撤销之诉的第三人可以"向作出该判决、裁定、调解书的人民法院提起诉讼"。这里的"提起诉讼"应当是指撤销之诉第三人作为原告向法院通过起诉方式启动诉讼程序,而非再审程序,其理由是:

第一,第三人撤销之诉制度设置于《民事诉讼法》第5章"诉讼参加人"中的第1节"当事人",而不是规定于再审程序中,因此可以理解为撤销之诉第三人就属于通常诉讼程序的当事人。

第二,根据再审程序的规定,当事人或者第三人欲通过再审程序改变或者撤销生效裁判,可以作为申请人向作出生效裁判的法院或者上一级法院提出再审申请。也就是说,启动再审程序是生效裁判约束的当事人或者案外第三人向法院"提出再审申请",而不是"提起诉讼。"可见,我国没有明确规定再审之诉制度。

第三,我国民事诉讼法有关于第三人申请再审的规定,《民事诉讼法》第227条规定,案外人对执行标的提出书面异议的,认为原判决、裁定错误的,依照审判监督程序办理。最高人民法院《关于审判监督程序若干问题的解释》第5条规定:"案外人对原判决、裁定、调解书确定的执行标的物主张权利,且无法提起新的诉讼解决争议的,可以在判决、裁定、调解书发生法律效力后2年内,或者自知道或应当知道利益被损害之日起3个月内,向作出原判决、裁定、调解书的人民法院的上一级人民法院申请再审。"

尽管我国民事诉讼法立法如此规定,但审判实践中,仍然把第三人撤销之诉理解为第三人申请再审。如江苏省高级人民法院《关于做好修改后的〈民事诉讼法〉施行后立案审判工作的讨论纪要》规定,"提起案外人撤销之诉的人为撤销申请人,原案件的全部当事人为被申请人";就如何立案审查的相关程序问题,该"讨论纪要"规定,案外人向人民法院提起案外人撤销之诉的,人民法院立案审判庭应当登记,移交相关审判庭进行审查,相关审判庭应当在3个月审查完毕。如果符合案外人撤销之诉的立案受理条件的,相关审判庭应当移交立案审判庭,由

[①] 关于再审之诉的程序类型,我国有学者将其归纳为四种类型,第一种是再审型案外第三人撤销之诉,是指受判决不利影响的案外第三人以自己的名义向原受案法院提请重新审判的一种诉讼程序;第二种是上诉型案外第三人撤销之诉,是指受判决不利影响的第三人以自己的名义向原受案法院的上级法院提请撤销原不利判决的一种诉讼程序;第三种是所谓复合型案外第三人撤销之诉,是指受判决不利影响的案外第三人以自己的名义向原审法院或其他法院提请重新审判或改变不利判决的诉讼程序;第四种是所谓独立型案外第三人撤销之诉,是指不依赖任何既有程序,专为受不利判决影响的案外第三人而设立的,旨在撤销不利部分判决的诉讼程序。胡军辉、廖永安:《论案外第三人撤销之诉》,载《政治与法律》2007年第5期。

立案审判庭立案以后,移交审判监督庭审理。① 由此可见,司法实务中完全把第三人撤销之诉视为第三人向法院申请再审,适用再审审查程序。

(三)第三人撤销之诉以生效裁判内容错误为前提

我国第三人提出撤销之诉以生效裁判内容错误为前提,"内容错误"显然不是程序问题,而是指实体裁判错误。可见,我们更加注重实体裁判错误的纠正。但是,这样一来,必然带来这样的问题:把裁判内容错误作为提起第三人撤销之诉的条件,而对裁判内容错误的判断必须通过实体审理才能够确定,立案审查不能够判断实体内容错误。要求第三人"有证据证明"生效裁判内容错误,才能够提出第三人撤销之诉。正因为此,才会出现向江苏省高级法院"讨论纪要"要求由"相关审判庭"在"3个月"内审查第三人撤销之诉的立案问题,事实上把第三人撤销之诉视同第三人提出再审申请。

三、我国第三人撤销之诉的适用

(一)第三人撤销之诉与第三人申请再审

《民事诉讼法》第56条第3款规定的第三人撤销之诉也是赋予案外人救济权利的途径,案外第三人提起撤销之诉和申请再审都是撤销生效裁判,似乎具有相同的功能,但是二者之间还是存在差异,不能够完全混同或者相互取代。

第一,撤销之诉第三人必须符合民事诉讼法规定的有独立请求权和无独立请求权第三人条件,才有可能作为第三人提出撤销之诉。而提出再审申请的第三人,是因为"案外人对原判决、裁定、调解书确定的执行标的物主张权利",因而对生效裁判有异议,要求撤销生效裁判。凡是对生效裁判确定的标的物主张权利的案外人,均可以作为第三人申请再审。

第二,撤销之诉第三人制度价值侧重于保障本属于民事诉讼中的有独立请求权和无独立请求权第三人,因非归责于己的原因没有机会提出攻击防御方法,生效裁判内容错误导致其民事权益受到损害。第三人申请再审制度是在生效裁判确定标的物错误,导致案外人权益受到损害的一种保障。二者保障的目的功能有差异,所以王亚新教授也主张:"鉴于这项制度与第三人撤销之诉适用的对象领域仍有不相重合的部分,笔者倾向于今后仍保留案外人申请再审。"②

第三,案外人申请再审明确规定于再审程序,属于再审程序启动的方式之一,而第三人撤销之诉规定在当事人制度中,属于通常程序的启动方式。

---

① 江苏省高级人民法院:《关于做好修改后的〈中华人民共和国民事诉讼法〉施行后立案审判工作的讨论纪要》,苏高法审委[2012]10号(江苏省高级人民法院审判委员会2012年12月20日第47次全体会议讨论通过,2013年1月1日起施行)。

② 王亚新:《第三人撤销之诉的解释适用》,载《人民法院报》2012年10月9日。

尽管二者存在一定的区别,但在一定情况下,案外第三人既可以提出第三人撤销之诉,也可以申请再审。如有独立请求权第三人,对诉讼标的主张独立请求权,如果在其没有参加诉讼的情况下,生效裁判内容错误,必然是损害有独立请求权第三人的对标的物的权利,无疑可以作为第三人提出撤销之诉。同时,法院在执行本诉原、被告之间生效裁判过程中,有独立请求权第三人作为案外人提出执行异议,就是对裁判文书确定的标的物主张权利,只能够通过再审程序处理,亦即第三人申请再审。

(二)当事人恶意串通取得裁判文书,利益受到损害的第三人是提出撤销之诉的适格原告

双方当事人之间恶意串通取得生效裁判文书,涉及案外第三人的利益,第三人能否提出撤销之诉?如原告诉被告要求支付货款3000万元,但真实欠货款是1000万元,被告经营状况恶化,与原告串通虚增货款企图转移资产,被告的其他债权人利益受到损害。原被告之间串通虚增货款的诉讼,如果没有损害其他债权人利益,被告的处分权行为并不违反法律规定。

双方串通通过恶意诉讼取得裁判文书,损害案外第三人利益,利益受到损害的第三人提起撤销之诉完全适格。主要理由是:第一,生效裁判双方当事人之间恶意串通,直接损害了案外第三人的利益,与第三人具有直接的利害关系,第三人提起撤销之诉具有诉的利益。第二,双方当事人恶意串通进行诉讼取得法院裁判文书,尽管表现为"自愿处分权利"的行为,但其后果是损害案外第三人的权利,其实质就是"以合法形式掩盖非法目的"。此种情况应当属于"发生法律效力的判决、裁定、调解书的部分或者全部内容错误",符合提出撤销之诉的条件。第三,当事人双方串通进行诉讼,必然提供违背客观真实的证据,如双方串通签订"合同"、"交货凭证"等证据材料,尽管这些书证的形成是当事人真实意思表示,但相对于案外第三人而言,是属于双方共同伪造证据材料,侵害案外第三人利益,可以认定为《民事诉讼法》第200条规定的"原判决、裁定认定事实的主要证据是伪造的"情形,属于错误的裁判。第四,受恶意串通诉讼损害的案外人,虽然不属于典型的《民事诉讼法》第56条第1款和第2款规定的两种第三人,但就实质而言,案外第三人的利益事实上已经受到了恶意串通诉讼的直接影响,与之有法律上的利害关系,可以认定为第三人。

(三)提起撤销之诉的原告必须是非归责于本人的事由未参加诉讼

第三人撤销之诉的价值功能之一就是,当受到生效裁判影响的第三人没有获得适当的程序保障,赋予其提起撤销之诉的救济途径。如果是因为第三人自身的原因没有参与诉讼程序或者主张权利,则不属于提起第三人撤销之诉的适格原告。如果在诉讼进行中"已受诉讼告知或者职权通知而未参与程序之受告(通)知人,因其已获参与本诉讼程序之机会,纵使其绝对不参与诉讼,法律上仍

拟制其已参加"①。如法院已经通知无独立请求权第三人参加诉讼,而无独立请求权第三人没有参加诉讼,并非就一定不能够提出撤销之诉。如果没有参加诉讼有客观原因或者正当事由,也同样属于非归责于己的原因。

---

① 许仕宦:《诉讼参与与判决既判力》,台湾新学林出版股份有限公司2010年版,第28页。

第三人撤销之诉的几点思考

■ 刘学在*

摘　要　2012 年修改后的《民事诉讼法》在第 56 条第 3 款增设了第三人撤销之诉的制度,主要目的在于给那些认为自己民事权益因生效裁判的内容错误而受到侵害的第三人提供相应的救济程序,但该制度的设立在借鉴域外经验时忽视了理论和制度背景的巨大差异,对其所做的目的解释和依据条文本身得出的文义解释之间存在着冲突,且与第三人另行起诉、案外人提出执行异议以及案外人申请再审等程序之间的关系亦存在诸多模糊之处。这些问题有待于通过立法解释或司法解释的方式予以合理解决。

关键词　第三人撤销之诉　救济程序　判决效力相对性原则　目的解释　文义解释

第三人撤销之诉,一般是指法律上有利害关系的第三人,因不可归责于自己的事由未能参加原诉讼程序,但有证据证明生效裁判的内容错误,损害其民事权益时,可以向作出该生效裁判的法院提起诉讼,请求撤销或者改变原裁判中对其不利部分的制度。对于这一制度,2012 年 8 月修改后的《民事诉讼法》新增设的第 56 条第 3 款规定:"前两款规定的第三人,①因不能归责于本人的事由未参加诉讼,但有证据证明发生法律效力的判决、裁定、调解书的部分或者全部内容错误,损害其民事权益的,可以自知道或者应当知道其民事权益受到损害之日起 6 个月内,向作出该判决、裁定、调解书的人民法院提起诉讼。人民法院经审理,诉讼请求成立的,应当改变或者撤销原判决、裁定、调解书;诉讼请求不成立的,驳回诉讼请求。"此项制度的设立,目的在于加强对未参加原诉讼程序而其权益又受到该诉讼之裁判影响的第三人的保护,但遗憾的是,该制度的确立过程过于匆

---

* 刘学在,武汉大学法学院教授,博士研究生导师。

① 第 56 条第 1 款:对当事人双方的诉讼标的,第三人认为有独立请求权的,有权提起诉讼。第 2 款:对当事人双方的诉讼标的,第三人虽然没有独立请求权,但案件处理结果同他有法律上的利害关系的,可以申请参加诉讼,或者由人民法院通知他参加诉讼。人民法院判决承担民事责任的第三人,有当事人的诉讼权利义务。

忙,理论上的论证存在不足,相关制度间缺乏协调,实践中易引起适用的混乱,故亟待通过立法解释或司法解释予以完善。

一、借鉴域外经验时忽视了理论和制度背景的巨大差异

《民事诉讼法》对于第三人撤销之诉的规定,从比较法学的角度看,主要是参考、借鉴了法国、我国台湾地区的规定,特别是借鉴了台湾地区的规定,这一点从近几年发表的论述此项制度的有限的研究成果可以明显地看得出来。

但实际上我国大陆地区与台湾地区以及法国在该制度的理论基础、制度背景方面是存在重大差异的。在台湾地区和法国,是基于判决效力的相对性原则(既判力相对性原则)和判决效力在某些特殊情况下会向第三人扩张之理论和制度背景下,为了给因判决效力扩张而受判决效力拘束的第三人提供救济而规定第三人撤销之诉。这就决定了该制度的适用范围是非常有限的,因为在大多数情况下,判决效力的相对性原则可以为第三人的合法权益提供充分的保护,不需要借助于第三人撤销之诉的制度。而在我国(指我国大陆地区,下同),第三人撤销之诉的确立主要是为了解决虚假诉讼、恶意诉讼等行为给第三人造成损害时之救济问题;但对于此类情形,在台湾地区,恰恰是不需要提起第三人撤销之诉加以解决的,遵循判决效力的相对性原则予以处理即可。

按照台湾地区的规定和理论,可提起第三人撤销诉讼的所谓有法律上利害关系的第三人,其范围仅限于判决效力所及的第三人且无法按照其他法定程序予以救济的第三人。因此,在判决效力相对性原则的规制下,具有第三人撤销之诉的原告资格的主体非常有限。台湾学者陈荣宗教授等认为,其主要适用于以下情形:①

(1)婚姻无效之诉、撤销婚姻之诉、确认婚姻成立或不成立之诉、否认子女之诉、认领子女之诉、认领无效之诉、撤销认领之诉、就母再婚后所生子女确定其父之诉、宣告停止亲权之诉、撤销宣告停止亲权之诉、撤销视为宣告之诉、更正死亡之时之诉,其终局判决的效力及于一般第三人,所以一般第三人对此类判决,有第三人撤销诉讼的原告适格。

(2)对于撤销法人总会决议之诉、宣告财团董事行为无效之诉、宣告公司股东会决议无效之诉、撤销公司股东会决议无效之诉、解任公司董事之诉、解任公司监察人之诉、请求公司董事会停止违法行为之诉、股东为公司对董事请求赔偿之诉,法人的社员、公司股东、公司监察人对其确定判决,有第三人撤销诉讼的原告适格。

---

① 陈荣宗:《第三人撤销诉讼之原告当事人适格》,载《月旦法学杂志》2004年第12期。

(3)依台湾地区"民法"第 821 条①规定,部分共有人可以就共有物之全部而对被告提起返还共有物之诉,受败诉判决时,其效力应及于其他未起诉的共有人;未参加诉讼的其他共有人,具有第三人撤销诉讼的原告适格。②

而在大陆地区,由于并不是在判决效力相对性原则的理论和制度背景下去讨论和设计第三人撤销之诉制度,而仅仅是基于一种简单、朴素的功利主义的现实需要的考虑进行规定,这就注定了该制度的设计会造成民事诉讼基本理论之间的不协调,特别是导致了多年来民事诉讼法学界所论证和倡导的基本理论体系与立法修改时之制度安排这二者间的渐行渐远。

具体而言,近些年来,民事诉讼法学界对判决效力问题进行了诸多探讨和论证,几乎所有的民事诉讼法学教科书在介绍和讨论判决效力问题时,以及绝大多数论述判决效力的专著和相关期刊上讨论判决效力的论文,均对判决效力的范围(特别是既判力的主观范围、客观范围)进行了论证并主张或倡导判决效力的相对性原理。基于这种诉讼原理,多数情况下对于案外第三人合法权益的保护是不需要借助于第三人撤销之诉制度的。然而,这次《民事诉讼法》修改所增设的第 56 条第 3 款则是根本抛弃判决效力的原理来进行制度设计。其主要理由系认为,司法实践中,当事人通过恶意诉讼等手段,侵害他人合法权益的情况时有发生。特别是人民法院加强调解工作后,由于调解本身的特点,一些当事人利用调解进行诉讼欺诈,损害第三人合法权益的现象日益突出。如何保护受到侵害的第三人利益,是民事诉讼立法应考虑的重要问题之一,并认为,虽然 2012 年修改前《民事诉讼法》第 56 条第 1 款、第 2 款分别规定了两种第三人制度,但其仍难以充分保障未参加诉讼而利益受到损害的第三人的权利。因为,在很多情况下,第三人往往不知道诉讼的存在,尤其是当事人以恶意串通、虚假自认、虚假调解等方式损害第三人合法权益的,第三人更是无从知晓,从而很难以有独立请求权或无独立请求权的第三人身份参加到诉讼中来。法院常常也不知道哪些人属于与案件有利害关系的第三人而通知其参加诉讼。③ 所以,2012 年修改后《民事诉讼法》,在第 56 条增加了 1 款,规定了"第三人撤销之诉"的制度。显然,这一思路不是循着理论界所倡导的判决效力相对性原理去强化第三人权益的保

---

① 台湾地区"民法"第 821 条:各共有人对于第三人,得就共有物之全部为本于所有权之请求。但回复共有物之请求,仅得为共有人全体之利益为之。

② 但台湾地区学者中反对设立第三人撤销诉讼的不同见解认为,此种情况下,其判决效力并不及于未参加诉讼的其他共有人,其他共有人仍可另行起诉主张权利,没有必要通过第三人撤销之诉来予以救济。姚瑞光:《民事诉讼法论》,中国政法大学出版社 2011 年版,第 500 页。

③ 全国人大常委会法制工作委员会民法室编著:《民事诉讼法修改决定条文释解》,中国法制出版社 2012 年版,第 61~62 页。

护,而是让第三人去提起所谓撤销诉讼以便撤销或变更对其本来就没有效力的裁判!

其实,就第三人权益的保护而言,判决效力相对性原则、案外人申请再审和第三人撤销之诉这三种程序机制中,判决效力相对性原则的保护力度最强,案外人申请再审的保护力度次之,第三人撤销之诉的保护力度最弱。具有讽刺意味的是,立法目的本来是试图强化对第三人权益的保护,但实际上却选择的是一种保护力度最弱的方式。

二、目的解释与法规范之文义解释的冲突

如前所述,对于《民事诉讼法》第 56 条第 3 款所规定的第三人撤销之诉,从目的解释上看,是为了给因虚假诉讼、恶意诉讼而权益受到损害的第三人提供司法救济。实践中,法院生效裁判侵害第三人(案外人)权益的案件,主要包括侵害第三人之物权和债权两类。侵害第三人之物权的案件主要表现为生效裁判处分了案外第三人的物权,包括所有权、用益物权等;侵害第三人的债权的案件,主要表现为当事人恶意串通,通过虚假诉讼的方式逃避债务,损害第三人(即债权人)的权益。从立法目的上讲,上述两类案件中,第三人如因非属于自身的原因未参加原诉讼程序,而其民事权益因此而受到损害的,似乎均可依照《民事诉讼法》第 56 条第 3 款的规定提起第三人撤销诉讼以寻求救济。

然而,由于《民事诉讼法》第 56 条第 3 款所规定的第三人撤销之诉的提起主体限定于该条第 1、2 款所界定的"第三人",而根据法规范解释或者说文义解释的原理,第 56 条第 1 款、第 2 款所规定的"第三人",并不能涵盖因生效裁判而民事权益受到侵害的"第三人"的各种情形。就前述因生效裁判侵害第三人权益的两类案件而言,从文义解释的角度讲,第三人的物权受到侵害的情形下,该第三人属于第 56 条第 1 款所规定的第三人,故其可以依据第 3 款的规定提起撤销之诉;但是,对于第三人的债权因生效裁判而受到影响(或侵害)之情形,该第三人并不属于第 56 条第 1 款或第 2 款所规定的"第三人"的范畴,故并不能依据第 3 款的规定提起撤销之诉。因此,就第 56 条第 3 款规定的第三人撤销之诉制度而言,目的解释和文义解释之间显然是存在冲突的;而根据文义解释的原理,该条款在起诉主体范围之界定上明显存在着"作茧自缚"之效果,与立法的本来目的并不协调。

(一)因虚假诉讼而受到损害的第三人可能并不属于《民事诉讼法》第 56 条第 3 款所界定的第三人

如上所述,从立法背景看,《民事诉讼法》第 56 条第 3 款增设第三人撤销之诉的本来目的,是应对恶意诉讼、虚假诉讼,保护第三人的合法权益。然而,根据该款,真正遭受虚假诉讼侵害的第三人往往可能无法获得救济。

假设一常见的恶意诉讼案例:甲欠乙100万元货款,为逃避债务,甲与丙串通,由丙起诉甲返还虚构的借款200万元。诉讼中甲自认欠债事实,致丙获胜诉判决。甲遂将自己名下唯一财产(房产)过户给丙抵债。如此,乙对甲享有的100万元债权面临无法获得清偿的困境。问题:乙是否属于第56条的1款所规定的有独立请求权的第三人或该条第2款规定的无独立请求权的第三人,从而可依照第3款的规定提起撤销之诉?

1. 乙不属于第56条第1款所规定的有独立请求权的第三人

根据第56条第1款,有独立请求权的第三人,是指对原、被告之间争议的诉讼标的,认为有独立的请求权,而提出诉讼请求、参加诉讼的人。在我国公认的学理解释上,所谓对原被告之间的诉讼标的有独立请求权,是指第三人对原被告之间争执的诉讼标的之实体权利,认为全部或部分归于自己。何谓诉讼标的?按照我国理论和实践中的主流观点(通说),是指当事人争议的实体权利义务关系(实体法上的请求权)。所以,第56条第1款所规定的有独立请求权的第三人,是指对原被告之间的诉讼标的,也即原被告之间争议的实体法律关系本身(实体权利本身),而全部有所请求或部分有所请求的人。例如,原告张三与被告李四就A物的所有权之归属发生争执,在该确认之诉中,案外人王五主张其对A物享有所有权,请求受诉法院确认A物归其所有即属此类情形。

而对于上述所举的甲与丙串通的恶意诉讼而言,按照第56条第1款,乙并不具有有独立请求权第三人的地位。因为,对于甲与丙之间的诉讼标的本身,乙并不享有所谓"独立请求权"问题。乙与甲之间的债权债务关系,与原被告之间(即丙与甲)之间的诉讼标的(民事权利义务)是两个完全不同的民事法律关系,尽管丙与甲的债权债务关系可能是虚假的,但无论是真是假,乙对于其债权债务关系(即该案诉讼标的)本身,并没有独立请求权。乙只不过是对该案的诉讼结果有利害关系,或者说该案的诉讼结果可能会损害其权利。

既然在上例中,乙并不具有第56条第1款界定的有独立请求权第三人的地位,那么自然也不能依照第56条第3款的规定提起第三人撤销之诉。这实际上表明,第56条第1款对有独立请求权第三人的界定是存在严重缺陷的,它没有将"防止欺诈诉讼(防止诈害诉讼)"作为第三人提起参加之诉的根据。而在日本、我国台湾等立法例中,则一般明确地将因他人之间的诉讼结果而使自己的权利受到侵害的情形(主要是诈害诉讼)作为第三人参加诉讼的根据加以规定。①

特别应指出的是,第56条第1款对有独立请求权第三人的界定的严重缺陷,早在1982年的《民事诉讼法(试行)》中就已经存在,②但遗憾的是,后来1991正式颁布的《民事诉讼法》以及2007年和2012年的两次修改,均没有对第56条第1款的界定作出修改。

上述立法沿革表明,我国民事诉讼立法在参考、借鉴大陆法系国家或地区规定的"主参加诉讼"制度(独立当事人参加)时,往往是胡乱地"动手术",觉得其中的某一块可以用,就把它"切割"过来为己所用!而不注意、不考虑法律制度就像一个有机体一样,它各个部分之间必须是相互协调、相互促进、协同运转,否则的话,它就是病态的,适用起来就是混乱的。第56条第1款对有独立请求权的第三人进行"断章取义"式的规定即是这种随意切割的表现;第56条第3款规定的第三人撤销之诉,更是这种随意切割的体现。

2.前述案例中,乙不属于第56条第2款所规定的无独立请求权的第三人

根据第56条第2款,无独立请求权的第三人,是指对当事人之间的诉讼标的,虽然没有独立的请求权,但案件的处理结果与其有法律上的利害关系,为了维护自己的利益参加到诉讼中来的人。

所谓"与案件处理结果有法律上的利害关系",根据通说,是指该第三人的法律上权利义务,将因一方当事人的胜诉或败诉而受到直接的影响。也即,第三人与当事人一方存在某种实体法律关系,该法律关系与原、被告之间争议的实体法律关系有直接的牵连,法院对原、被告之间实体权利义务的裁判结果将会影响第三人实体权利义务的认定。例如,A公司从B公司进货再转卖给C公司,C认为货物有质量问题起诉要求A承担违约责任,此时,B公司可以成为诉讼法上的无独立请求权的第三人。又例如,张三将其5万元债权转让给李四,债务人王五与受让人李四之间因为履行合同发生纠纷而诉至法院,王五对该债权的真实性提出异议或抗辩的,张三可以作为无独立请求权第三人参加诉讼。

而前面所举的恶意诉讼案例中,对于丙与甲之间的诉讼,乙不属于第56条第2款所规定的与案件处理结果具有法律上利害关系的无独立请求权第三人。

---

① 台湾地区"民事诉讼法"第54条第1款规定:"就他人间之诉讼,有下列情形之一者,得于第一审或第二审本诉讼系属中,以其当事人两造为共同被告,向本诉讼系属之法院起诉:一、对其诉讼标的全部或一部,为自己有所请求者。二、主张因其诉讼之结果,自己之权利将被侵害者。"日本《民事诉讼法》第47条第1款规定:"主张由于诉讼结果而使其权利受到损害的当事人,或者主张诉讼标的的全部或一部分属于自己权利的第三人,可以作为当事人将该诉讼的双方当事人或一方当事人作为对方当事人参加诉讼。"

② 《民事诉讼法(试行)》第48条第1款:"对当事人争议的诉讼标的,第三人认为有独立请求权的,有权提起诉讼,成为诉讼当事人。"

也就是说,无论丙与甲之间的诉讼结果如何(无论丙与甲之间的债权债务关系是真还是假以及裁判结果如何),均不影响乙与甲之间实体权利义务的认定;乙对于丙、甲之间的诉讼结果,仅具有事实上的利害关系,而不是法律上的利害关系,也即丙与甲的虚假诉讼如获得法院胜诉判决,并将甲的财产执行给丙,则甲就没有财产去履行其对乙的债务,从而使乙在事实上受到损害。

上述分析表明,我国的第三人撤销之诉制度,由于过于简单地仅规定一款内容,并且前面的第2款又没有与其很好地协调,从而难以实现立法目的。立法的本意是通过第三人撤销之诉解决恶意诉讼导致的案外第三人的权益救济问题,但将第三人撤销之诉的主体范围限为第56条第1款、第2款所规定的"有独立请求权的第三人和无独立请求权的第三人",而第56条第1款、第2款并未像域外立法例那样将因诈害诉讼而受侵害的第三人纳入其中,致使该立法目的在很大程度上难以实现。究其根源,主要是立法者混淆了概念,将诉讼第三人制度中的"第三人"(即诉讼参加人)概念混同于受生效裁判侵害的案外"第三人"。

不过,在解释上,现在有很多人采取了一种"稀里糊涂"地试图想"蒙混过关"的功利性解释,即认为第56条第3款所规定的可提起撤销之诉的第三人,包括了前述假设案例中因他人之间恶意诉讼而受到损害的第三人。对于这种解释,只能说它是一种随心所欲地根据现实需要所作的目的性扩张解释,而不是根据条文本身的含义所作的规范性解释。因为,正如前文所指出的,第56条第3款明确规定可提起撤销之诉的主体是"前两款规定的第三人",而该条的前两款所规定的第三人根本不包括前述类似案例中因他人之间恶意诉讼而受到损害的第三人。

(二)第56条第3款所界定的第三人不能涵盖原审遗漏的应当作为必要共同诉讼人的人

对于原审中应当作为必要共同诉讼人的人,而原审中未追加其为共同诉讼人(应当追加而未追加),其权利因此受到损害,此时应当如何为其提供救济?由于我国实践中未明确确立判决效力的相对性原则,因此,此种情况下似乎有必要通过第三人撤销之诉予以救济,但第56条第3款亦不能涵盖此种情形。

有人可能认为,遗漏必要共同诉讼人的,应当适用《民事诉讼法》第200条第8项规定,通过再审解决。该项再审事由是"无诉讼行为能力人未经法定代理人代为诉讼或者应当参加诉讼的当事人,因不能归责于本人或者其诉讼代理人的事由,未参加诉讼的"。但实际上,严格来讲,第200条第8项并不能适用于解决此种情形。因为,第200条明确规定的是"当事人"申请再审的事由,即"当事人的申请符合下列情形之一的,人民法院应当再审:……"其中第8项规定的是"……应当参加诉讼的当事人,因不能归责于本人或者其诉讼代理人的事由,未参加诉讼的",所以,依照第200条有权申请再审的人,都应当是原审案件中的

"当事人"。而上述情形是,所遗漏的应当作为共同诉讼人的人,还没有成为原审中的当事人,既然如此,其自然无法依照《民事诉讼法》第 200 条的规定申请再审。相比较而言,在大陆法系中,一般情况下,上述情形仍然可以通过贯彻既判力相对性原则予以解决。

三、相关制度间之关系有待澄清

(一)第三人撤销之诉与另行起诉如何协调的问题

《民事诉讼法》第 56 条第 3 款规定了第三人撤销之诉,由此引起的一个重要问题是,是否允许第三人另行起诉?对于这一问题,立法上并未作出界定,而从充分保障第三人的合法权益的角度看,是需要慎重对待的。

1. 在符合第 56 条第 3 款规定的要件之情况下,第三人撤销之诉是否具有禁止第三人另行起诉的效力

对于第 56 条第 1 款规定的有独立请求权的第三人,长期以来,理论上公认的解释是,其有权选择是以第三人的身份提起参加诉讼,还是以原告身份向有管辖权的法院另行起诉。[①] 事实上,基于处分原则和判决效力相对性原则的基本原理,法律上没有必要强制有独立请求权人参加本案诉讼。

而对于无独立请求权的第三人,根据第 56 条第 2 款,其"可以申请参加诉讼,或者由人民法院通知他参加诉讼"。法条表述"可以申请"参加诉讼,意味着,也"可以"不申请参加诉讼;而对于"人民法院通知参加诉讼",法律也没有规定法院有必须"通知"的义务。所以,依第 56 条第 2 款的规定,在无独立请求权第三人既未"申请参加诉讼",法院也未"通知他参加诉讼"的情况下,其当然有另行起诉的权利。

所以,在未增设第 56 条第 3 款的情况下,第三人未参加原诉讼的,可依法另行起诉,请求保护(这与理论上倡导的判决效力相对性原则实际上是相一致的)。但是,在增设了第 56 条第 3 款的情况下,第三人未参加原诉讼,且符合第 56 条第 3 款规定的条件时,上述两种救济方式是并列关系还是排斥关系,则是存在疑问的。此时,是否有必要将其解释为其只能依照第 56 条第 3 款提起第三人撤销之诉,而不能另行起诉?否则,如果允许两种制度并行适用,将造成法律适用时的混乱状况。

2. 在不符合第 56 条第 3 款规定的要件之情况下,第三人能否另行起诉

如上所述,依第 56 条第 3 款,第三人"因不能归责于本人的事由未参加诉讼"的,可以提起撤销之诉。所谓"不能归责于本人的事由",是指当事人未参加

[①] 有独立请求权第三人可以不提起参加之诉,而是可以另行起诉以主张权利,这种解释,实际上坚持的是既判力相对性原则予以处理的结果。

诉讼不是由于其自身过错造成,而是由其他客观事由造成。如果是因为其本人的原因,例如其知道原被告之间的诉讼可能损害自己的权益或者案件的审理结果与自己有法律上的利害关系,而没有主动参加诉讼,则不能依据第56条第3款提起撤销之诉。那么,在此情形下,第三人能否通过另行起诉请求司法保护?笔者认为,对于此种情形,由于第56条第3款并没有作出禁止性的限制,所以并不能得出禁止第三人另行起诉以寻求救济的结论。从充分保障第三人的合法权益的角度看,此情况下,应当允许第三人另诉主张权利。

另外一个问题是,依第56条第3款,第三人提起撤销之诉的期限,是"自知道或者应当知道其民事权益受到损害之日起6个月内"。那么,如果已过了6个月,第三人已经不能再提起撤销之诉,此时是否还允许第三人另行起诉主张权利?笔者认为,第三人未在该款规定的6个月内提起撤销之诉,不能等于第三人放弃了实体权利,应当允许其可以另行起诉寻求保护。这是因为:(1)增设第三人撤销之诉的目的,在于为第三人的权利保护提供更为充分的程序保障,而如果6个月的提起撤销之诉的期间经过之后,即不允许其再以其他形式主张权利,则该制度的增设反而较之没有该制度时更不利于第三人的权利保护,这与增设这一制度的目的是相违背的。(2)第三人另行起诉时,其权利是否应当得到法院的保护,适用诉讼时效的规定,而撤销之诉的提起遵循的是6个月的不变期间。与诉讼时效的规定相比,提起撤销之诉的6个月的不变期间之规定,在期限利益上更不利于第三人合法权益的保护。

(二)第三人撤销之诉与执行程序中案外人异议及申请再审的关系

《民事诉讼法》第227条规定:"执行过程中,案外人对执行标的提出书面异议的,人民法院应当自收到书面异议之日起15日内审查,理由成立的,裁定中止对该标的的执行;理由不成立的,裁定驳回。案外人、当事人对裁定不服,认为原判决、裁定错误的,依照审判监督程序办理;与原判决、裁定无关的,可以自裁定送达之日起15日内向人民法院提起诉讼。"如果案外第三人认为他人间生效裁判损害其所有权等物权类实体权利,则其既可以依照第227条提出执行异议和申请再审,也可以依据第56条第3款提出撤销之诉。但在如何适用这两个条款的问题上,则存在如下一系列复杂关系有待澄清:

(1)第三人符合第56条第3款规定的要件但未按照第56条第3款的规定提起撤销之诉的,在执行程序中能否提出执行异议并进而申请再审?

(2)第三人已经按照第56条第3款的规定提起撤销之诉,该诉讼尚未审结的,在执行程序中能否提出执行异议并进而申请再审?

(3)第三人已经按照第56条第3款的规定提起撤销之诉,但被法院予以驳回的,在执行程序中能否提出执行异议并进而申请再审?

(4)第三人不符合第56条第3款规定的要件(例如因可归责于本人的事由

未参加原诉讼、自知道或者应当知道其民事权益受到损害之日起已超过6个月）而不能提起撤销之诉时，在执行程序中能否提出执行异议并进而申请再审？

(5) 第三人按照第227条的规定提出了执行异议，在异议审查过程中，能否又依照第56条第3款的规定提出撤销之诉？

(6) 第三人按照第227条的规定提出了执行异议但被法院裁定驳回时，或者第三人又依照同条规定申请再审而法院驳回其再审申请时，能否又依照第56条第3款的规定提出撤销之诉？

笔者认为，总体而言，第56条第3款规定的第三人撤销之诉与第227条规定的执行异议及案外人申请再审，不应当理解为排斥的关系，因为二者各自适用的对象领域是不同的（尽管有时可能出现符合两种救济程序的适用要件的情形，但很多情况下却可能只符合其中一种救济程序的要件）；而且，从可以请求救济的期间上看，二者存在着极大的区别：撤销之诉，限于"自知道或者应当知道其民事权益受到损害之日起6个月内"，而第227条中的执行异议和再审，是在案件的执行过程中，而案件进入执行程序（申请执行）适用第239条执行时效的规定。但是，在既符合第56条第3款规定的要件又符合第227条规定的要件时，二者是选择适用还是可以合并适用或可先后适用的关系，立法上则有必要予以澄清。

(三) 第三人撤销之诉与执行程序外的案外人申请再审的关系

2012年修改后的《民事诉讼法》仍然没有规定在案件尚未进入执行程序的情况下案外人能否申请再审的问题，但是2008年11月25日最高人民法院发布的《关于适用〈民事诉讼法〉审判监督程序若干问题的解释》（以下简称《审监解释》）第5条、第42条则规定了未进入执行程序时的案外人申请再审的制度。[①]由此所引发的问题是，在修改后的《民事诉讼法》已确立第三人撤销之诉制度的情况下，《审监解释》第5条、第42条所确立的案外人申请再审制度是否可继续适用？如果继续保留案外人申请再审制度，那么此二者的关系应当如何界定？这些问题，都有待于未来立法或司法解释作出澄清。

---

① 《审监解释》第5条：案外人对原判决、裁定、调解书确定的执行标的物主张权利，且无法提起新的诉讼解决争议的，可以在判决、裁定、调解书发生法律效力后2年内，或者自知道或应当知道利益被损害之日起3个月内，向作出原判决、裁定、调解书的人民法院的上一级人民法院申请再审。在执行过程中，案外人对执行标的提出书面异议的，按照民事诉讼法第204条的规定处理。第42条：因案外人申请人民法院裁定再审的，人民法院经审理认为案外人应为必要的共同诉讼当事人，在按第一审程序再审时，应追加其为当事人，作出新的判决；在按第二审程序再审时，经调解不能达成协议的，应撤销原判，发回重审，重审时应追加案外人为当事人。案外人不是必要的共同诉讼当事人的，仅审理其对原判决提出异议部分的合法性，并应根据审理情况作出撤销原判决相关判项或者驳回再审请求的判决；撤销原判决相关判项的，应当告知案外人以及原审当事人可以提起新的诉讼解决相关争议。

民事诉讼程序中的第三人:权利保护及其制度整合

■ 陈娴灵*

摘　要　我国立法及司法解释对民事诉讼程序中的第三人的权利保护经历了一个发展的过程,从现有规则的规定来看,包括第三人诉讼、第三人撤销之诉、案外人再审之诉、案外人执行异议之诉以及恶意诉讼规范等具体保护措施,具有全面性。然而,因设计缺陷、制度交叉重合、彼此之间脱节而具有一定的局限性。为此,应当进行协调与整合。

关键词　第三人　权利保护　全面性　局限性　整合

一、民事诉讼程序中第三人权利保护的发展轨迹

(一)1982试行民诉法

1982年试行民诉法明确规定了第三人诉讼,即试行法第48条:"对当事人争议的诉讼标的,第三人认为有独立请求权的,有权提起诉讼,成为诉讼当事人。对当事人争议的诉讼标的,第三人虽然没有独立请求权,但是案件处理结果同他有法律上的利害关系的,可以申请参加诉讼,或者由人民法院通知他参加诉讼。"

自试行法始,立法即规定对第三人的权利保护。而从第48条的规定可知,试行法是通过赋予有独立请求权的第三人以诉权并认可其诉讼当事人的地位来对其权利进行保护的。而对于无独立请求权的第三人,试行法虽然明确其可以申请参加诉讼,或由人民法院通知其参加诉讼,从而通过让其参加诉讼来保护其权利,但其是否为诉讼当事人却语焉不详。

(二)1991正式颁布的民诉法

1991年正式颁布施行的民诉法承袭了试行法关于第三人诉讼的规定,同时明确了无独立请求权第三人的诉讼地位。其第56条第2款:"对当事人双方的诉讼标的,第三人认为有独立请求权的,有权提起诉讼。对当事人双方的诉讼标的,第三人虽然没有独立请求权,但案件处理结果同他有法律上的利害关系的,可以申请参加诉讼,或者由人民法院通知他参加诉讼。人民法院判决承担民事

---

* 陈娴灵,湖北经济学院法学院教授,法学博士。

责任的第三人,有当事人的诉讼权利义务。"

从第 56 条第 2 款的规定来看,只有人民法院判决承担民事责任的无独立请求权的第三人才享有当事人的诉讼权利,如果人民法院没有判决无独立请求权的第三人承担民事责任,则意味着其不享有当事人的诉讼权利,因此,其不属于当事人的范畴。由此可以这样理解,如果无独立请求权的第三人不是当事人,则法院不应该判决其承担民事责任,如果无独立请求权的第三人是当事人,则无论法院是否判决其承担民事责任,均应当享有当事人的诉讼权利。可见,1991 年颁布施行的民诉法对第三人权利的保护有着一定的局限性。

(三)2007 年修改后的民诉法

为了应对司法实践中反响强烈的"再审难"与"执行难",2007 年全国人民代表大会常务委员会通过了对 1991 民诉法的小幅修改。此后,最高人民法院相继出台了关于审判监督程序和执行程序的司法解释,其中就第三人的权利保护有了大幅度的改进,新增了案外人异议、案外人异议之诉以及案外人再审之诉。

1. 案外人异议

2007 年修改后的民诉法第 202 条及《最高人民法院关于适用〈中华人民共和国民事诉讼法〉执行程序若干问题的解释》(以下简称《执行解释》)第 15 条规定即为案外人异议的规定,明确规定了案外人异议的权利以及申请复议的权利,一旦其合法权利遭到不当侵害,便可通过这一制度得到充分救济。案外人异议制度的确立,是民诉法为完善法律、保护利害关系人合法权益而作出的贡献,具有积极意义。

2. 案外人异议之诉

根据 2007 年修改后的民诉法第 204 条及《执行解释》第 17 条的规定可知,案外人可以通过提起诉的方式即行使诉权来保护自己的权利,可谓第三人权利保护进程中一次质的飞跃,对于维护案外人权益,为解决法院执行难、执行乱的问题有着重要的意义。

3. 案外人再审之诉

从 2007 年修改后的民诉法第 204 条"案外人、当事人对裁定不服,认为原判决、裁定错误的,依照审判监督程序办理"的规定来看,应该可以理解为案外人享有申请再审的权利。如果囿于申请再审乃属当事人的权利的一般认识,从第 204 条此处的规定尚不能十分明确案外人可以申请再审,而此后最高人民法院出台的司法解释《关于适用〈中华人民共和国民事诉讼法〉审判监督程序若干问题的解释》(以下简称《审监解释》)第 5 条则给予了充分的肯定。

诚然,第 204 条虽然规定了案外人执行救济的三种渠道及异议声明、审判监督程序和案外人异议之诉,但是没有明确赋予案外人在合法权益受到生效裁判及调解侵害时提出申请再审的权利。而《审监解释》在民事诉讼程序制度中建立案外人提起再审之异议制度,赋予案外人参加诉讼的实体权利。由此可知,自2007年现行民诉法第一次修改始,作为非当事人的案外人即享有再审之诉权,突破了我国此前所有关于再审制度之规定,可谓是"破冰之旅"。

(四)2012修改后的民诉法

2012年的民诉法修改是一次相对比较全面的修改,关于第三人权利的保护在2007年修改的基础上又有进一步加强,主要表现在两个方面,一是新增了第三人撤销之诉,二是对恶意诉讼进行了规范。

1. 第三人撤销之诉

2012年修改后的民诉法第56条第3款规定:"前两款规定的第三人,因不能归责于本人的事由未参加诉讼,但有证据证明发生法律效力的判决、裁定、调解书的部分或者全部内容错误,损害其民事权益的,可以自知道或者应当知道其民事权益受到损害之日起6个月内,向作出该判决、裁定、调解书的人民法院提起诉讼。人民法院经审理,诉讼请求成立的,应当改变或者撤销原判决、裁定、调解书;诉讼请求不成立的,驳回诉讼请求。"第三人撤销之诉是针对人民法院的生效判决、裁定、调解书的内容错误,损害未参加原诉审理程序的第三人的合法权益的情形,赋予该案外第三人提起诉讼以撤销或者变更生效裁判保护自己权益的诉讼程序。它是新修改的民诉法创设的一项全新的制度,其立法宗旨和目的是为了更加有力地打击虚假诉讼,更加有力地保护案外人的合法权益,而赋予权利受到侵害案外人的救济手段。

2. 恶意诉讼规范

新修改的民诉法第112条规定,当事人之间恶意串通,企图通过诉讼、调解等方式侵害他人合法权益的,人民法院应当驳回其请求,并根据情节轻重予以罚款、拘留;构成犯罪的,依法追究刑事责任。恶意诉讼规范为恶意诉讼行为的认定提供了法律依据,将有效打击虚假诉讼和被执行人恶意逃避执行行为,也有利于诚信诉讼的具体落实。

二、民事诉讼程序中第三人权利保护的全面性及局限性

(一)第三人权利保护的全面性

从现有的立法及相关司法解释的规定来看,第三人的权利保护途径主要是通过第三人行使诉权来实现,包括第三人参加之诉,第三人撤销之诉,案外人异议之诉以及案外人再审之诉。这些救济途径与具体的程序环节相对应,对第三人权利进行全过程的保护。

具体说,(1)诉讼中。有独立请求权的第三人可以提起第三人参加之诉,保护自身合法权益,无独立请求权的第三人亦可以主动申请参加到他人之间已经开始的诉讼中去,或者由法院通知其参加诉讼。(2)诉讼结束后至强制执行前。

有利害关系的第三人可以通过提起第三人撤销之诉或者案外人再审之诉进行权利保护。(3)强制执行程序中。进入强制执行程序后,案外人可以通过提起异议之诉进行权利保护。(4)诉讼结束直至强制执行程序结束。逻辑上来说,诉讼结束后,第三人可以提起撤销之诉进行救济,也可以提起案外人再审之诉。如果诉讼已经结束,第三人尚未提起第三人撤销之诉而已经进入执行程序,则第三人可以提起案外人异议之诉。此外,如果第三人在诉讼结束后直到执行程序程序结束,尚未提起第三人撤销之诉,又未提起再审之诉,也未提起案外人异议之诉,此时,只要符合条件,第三人仍然可以提起第三人撤销之诉。

正如我国台湾学者所言,"第三人参加诉讼程序之制度"与"第三人撤销诉讼之制度","为对同一诉讼程序上之问题,以不同层面配合处理之救济措施,前者可谓为'事前的程序保护'制度,后者可谓'事后的程序保护'制度,俱系有关保护诉讼程序权之规定",[①]从我国1982年试行的民诉法至2012年修改的民诉法,立法关于第三人权利保护是不断发展和完善的,在诉讼进行中、诉讼结束后以及强制执行中均有相应的权利保护制度。可见我国立法对第三人的保护是全过程的,可谓"保护的全面性"。特别是立法赋予第三人以诉权的方式来对第三人进行权利保护,既符合诉讼法理,彰显其正当性,又足见立法者保护第三人权利的决心,无疑是值得肯定和赞赏的。

(二)第三人权利保护的局限性

虽然我国现行民诉法及司法解释对民事诉讼程序中第三人权利的保护是全过程的,但是也并非尽善尽美。在修法过程中因理念、价值取向以及侧重点的不同,制度之间交叉重合、疏漏、缺陷甚至相互矛盾难免存在,因此亦存在一定的局限性,有待进一步修改与完善。

1. 设计缺陷,保护有限

其一,第三人诉讼制度存有不足。一方面,有独立请求权的第三人诉讼的操作性有限。从民诉法第56条第1款以及《最高人民法院关于适用〈中华人民共和国民事诉讼法〉若干问题的意见》(以下简称《适用意见》)第65条以及第159条的规定可知,有独立请求权的第三人是以参加之诉的原告的身份参加到本诉中来,从中亦可解读出有独立请求权第三人具有独立当事人地位的意旨。既然有独立请求权的第三人可以以起诉的方式参加诉讼,那么,他在参加诉讼中就应处于原告的地位,享有原告的诉讼权利,承担原告应承担的诉讼义务,然谁应成为参加诉讼的被告呢?立法及司法解释对此没有明确的规定,给具体的司法操作带来了不便。理论上通常认为应该以本诉中的原告和被告作为共同被告。但是,从理论上进行分析,有独立请求权的第三人理当可以针对本诉中原被告一人

---

① 王甲乙、杨建华、郑健才:《民事诉讼法新论》,台湾三民书局2008年版,第725页。

提出一个独立的参加之诉。事实上,有独立请求权的第三人参加诉讼的具体形态具有多样性。我国台湾学者认为,第三人独立参加诉讼的形态包括四种:其一,以本诉讼中原告和被告为共同诉讼人(共同被告)。其二,追加第三人为共同诉讼人(共同原告或共同被告)。其三,原诉讼之被告转向第三人提起诉讼,即被告以第三人为被告提起诉讼。其四,第三人承当当事人一方的诉讼地位,而变为该方当事人。①

此外,在司法实践中,所谓对原被告之间的诉讼标的享有独立请求权往往是指其对原被告之间争执的诉讼标的物享有全部或部分的请求,而鲜有因本诉的诉讼结果将侵害第三人的合法权益而由第三人提起参加之诉的情形。日本新《民事诉讼法》第47条第1款规定:"主张由于诉讼结果而使其权利受到损害的第三人,或者主张诉讼标的的全部或一部分属于自己权利的第三人,可以作为当事人将该诉讼的双方当事人或一方当事人作为对方当事人参加该诉讼。"美国《联邦地区民事诉讼规则》也有类似的规定。所谓"将侵害第三人的合法权益"中的"侵害",是指本诉判决将会对第三人合法权益产生威胁,并非一定要达到第三人合法权益实际受到侵害的程度。②

另一方面,无独立请求权的第三人权利保护有限。无独立请求权的第三人对原被告之间的诉讼标的不具有独立的请求权,因此其不能实施与诉讼标的的处分有关的诉讼行为。《适用意见》第66条规定,有独立请求权的第三人无权对案件的管辖权提出异议,无权放弃、变更诉讼请求或者申请撤诉。可见,无独立请求权第三人的诉讼地位是非常特殊的。然而,现行民诉法第56条第2款规定:"人民法院判决承担民事责任的第三人,有当事人的诉讼权利义务。"这一规定事实上提供了原告和被告串通以诉讼方式侵害无独立请求权么第三人的机会。且显而易见的是,无独立请求权的第三人参加诉讼并未形成一项新的诉讼,人民法院不能针对该第三人作出判决,而民诉法第56条第2款的规定显然有违民事诉讼"无诉即无判"的原理,③也与"司法消极原则和民事诉讼处分原则"相悖。④

更加令人不解的是,关于无独立请求权第三人诉讼制度的此项不足,早在现行民诉法第一次修改之前即已成民诉法学界的共识,然而,直至2013年现行民诉法进行大幅度的修改,无独立请求权的第三人的诉讼地位问题一直未能得到

---

① 陈计男等:《第三人诉讼参与之研讨》,载《民事诉讼法之研讨(四)》,台湾三民书局2001年版,第713~714页。
② 邵明:《民事诉讼法理研究》,中国人民大学出版社2004年版,第186页。
③ 赵钢、占善刚、刘学在:《民事诉讼法》,武汉大学出版社2010年第2版,第145页。
④ 邵明:《民事诉讼法理研究》,中国人民大学出版社2004年版,第188页。

解决,实在令人遗憾。

其二,第三人撤销之诉制度亦有疑问。民诉法第56条第3款是第三人撤销之诉的规定。从立法本身的规定来看,似乎有一些问题需要澄清:① 相较于再审之诉,现行民诉法规定了当事人可以因程序事项而提起再审之诉,而案外人也可以提起再审之诉,因此是否意味着案外人可因程序事项而提起再审之诉?同理,第三人是否可因程序错误而提起撤销之诉?另外,从第56条第3款规定可知,有权提起撤销之诉的明确为有独立请求权的第三人和无独立请求权的第三人。而从第三人诉讼制度的规定来看,有独立请求权的第三人既可以提起参加之诉,也完全可以另行起诉,如果有独立请求权的第三人未能提起参加之诉,那么他完全可以另行提起一个单独的普通诉,而无必要提起撤销之诉。如果是无独立请求权第三人,他或者自己主动要求参加诉讼,或者由法院通知参加诉讼。如果最终法院判决无独立请求权的第三人承担民事责任,那么无独立请求权的第三人可以上诉,也可以作为当事人申请再审,那么,无独立请求权的第三人还有无提起撤销之诉之必要?

2. 交叉重合,制度浪费

从现行立法的规定可知,在诉讼结束后,如果第三人的权利受到侵害,其救济的方式有三种,即第三人撤销之诉,案外人再审之诉以及案外人执行异议之诉,三者之间具有交叉重合之处。

一方面,第三人撤销之诉与案外人再审之诉有交叉。根据现行民诉法第205条、第227条及《审监解释》第5条的规定,从形式上来分析,第三人撤销之诉与案外人再审之诉的适用均具有不同的条件,但二者却具有一些相同之处:一是均以诉的方式存在,即第三人通过行使诉权来对自身权益进行保护;二是均在诉讼结束之后,即生效裁判作出之后;三是均以颠覆生效裁判文书为目的。"第三人撤销之诉是一种特殊的程序,它以撤销或者变更确有错误的生效裁判为目的,以救济未参加诉讼的原诉第三人的权益为功能,与审判监督程序具有较多相同或者相似的法律价值和功能。"② 第三人撤销之诉与案外人再审之诉实则是殊途同归。

另一方面,第三人撤销之诉与案外人执行异议之诉有重合。形式上,第三人撤销之诉与案外人执行异议之诉明显属不同的救济方式,具体适用条件也不同。但从本质上来看,二者均以诉之方式存在,且从程序环节来讲,两诉均须于诉讼结束之后即裁判生效后始得提起。更为重要的是,通过两诉其最终目的亦旨在

---

① 此处不排除作者对第三人撤销之诉认识不够的原因。

② 吴兆祥、沈莉:《民事诉讼法修改后的第三人撤销之诉与诉讼代理制度》,载《人民司法》2012年第23期。

使原生效裁判失去效力。不仅如此,从逻辑上进行分析,在符合诉的条件的前提基础上,第三人提起撤销之诉或执行异议之诉不能实现其目的时,还可以提起执行异议之诉或撤销之诉,甚至也不排除第三人同时提起撤销之诉与执行异议之诉,显然不具有合理性。

由此观之,对第三人的权利救济同时有三条路可走。在2012年民诉法修改之前已经有两条路可走,而2012年民诉法修改时又新修了一条路。曾有学者表示,其实有一条路满足就可以了,没必要再修一条新路,而且三条路之间又有交叉重合之处,实在是一种浪费。

3. 衔接失范,脱节无序

综而观之,当第三人权利受到侵害时,实际上同时存在三种不同的路径,即撤销之诉、再审之诉以及执行异议之诉。而从现有的规定来看,并不能得出如果第三人提起了再审之诉,就不得再提起撤销之诉,或者提起撤销之诉就不得再提起异议之诉。然则司法实践中如果有第三人利用此种方式未能实现其目的,又采用另一种途径时,法院是受理还是不予受理呢?或者,如果当事人同时选择三种路径,且在不同的法院起诉,又当如何处理?从现有的立法规定来看,此等问题尚不能解决。如果答案是肯定的,显然既不经济,有可能使当事人陷入诉累,还可能产生矛盾裁判,有损法律的权威。如果答案是否定的,那么,有无侵犯当事人诉权之嫌?是否与立法宗旨相悖?而且,在第三人同时或先后提起两诉时,是拒绝此诉还是彼诉,也将成为一个问题。

此外,如前述可知,2013年新修订民事诉讼法专门新增了对恶意诉讼的规制,这无疑是值得肯定的。然而,在存在恶意诉讼的情形下,根据民诉法第112条、第113条的规定,势必应当由人民法院在审理过程中有着"火眼金睛",能够主动去识别恶意诉讼。很显然,与赋予第三人诉权而提起参加之诉,从而维护自己的合法权益并遏制恶意诉讼相比较,前者的效果显然比不上后者。不仅如此,设若人民法院并没有发现恶意诉讼之真实面目,则第三人当然还可以通过提起第三人撤销之诉而达到保护其权利之目的。然而,第三人参加之诉乃是在本诉进行之中而加入,而第三人撤销之诉则在生效裁判作出之后再提起,将此二者进行比较,前者通过与本诉并案审理能一揽子解决纠纷,可避免矛盾裁判之作出,且属诉讼进行中的救济,与生效裁判作出后再提起撤销之诉而进行事后救济而言,自有其优势,乃属显而易见之事。比如,甲乙正在进行虚假诉讼,将损害丙的利益,此时,丙提起诉讼,最终将通过诉讼保护自己权利,而不必等待诉讼结束后再去撤销判决,或者由法官在审理中去查明。事实上,在没有第三人介入的情况下,法官要认定诉讼为恶意诉讼应该是存在一定难度的。当然,第三人撤销之诉是基于不能归责于第三人原因而未能参加诉讼的前提下才能适用的,此处作者的分析只是想说明,由法院积极地去发现恶意诉讼与第三人基于自身利益的关注而发现或揭发恶意诉讼概率小许多,且其正当性也值得思考。

三、民事诉讼程序中第三人权利保护的制度整合与协调

(一)第三人诉讼制度的完善

一方面,扩大有独立请求权第三人诉讼的适用范围:一是明确规定第三人认为他人之间的诉讼结果将损害其权益的可以提起参加之诉。二是明确第三人诉讼的当事人。另一方面,清晰界定无独立请求权第三人的诉讼地位,使无独立请求权第三人得到充分的程序保障,以维护无独立请求权第三人的合法权益。

(二)第三人撤销之诉的理性定位

第三人撤销之诉合理回归,应当单独以法条形式规定,不应该作为第三人诉讼规定的第3款,也不应该在将第三人区分为有独立请求权第三人和无独立请求权第三人的基础上来界定第三人撤销之诉。民事诉讼程序中的第三人应当有其独特的含义,有着更广泛的外延及内涵,而不是以是否于他人之间的诉讼标的有独立请求权,或者案件的处理结果与其有法律上的利害关系来作为衡量标准,应该有一个与实体法上的第三人相对应的更宽泛的程序法上的第三人的概念,即民事诉讼程序中的第三人。同时,还应当对判决既判力的相对性有所明确,使第三人撤销之诉立在正当的理论基础之上。

(三)相关制度之间的整合与协调

1.第三人撤销之诉与案外人再审之诉之整合

如前所述,现有的第三人撤销之诉与案外人再审之诉具有诸多共通之处。"第三人撤销之诉与再审之诉,均为以除去已确定之终局判决为目的,关于提起第三人撤销之诉之期间限制、提起第三人撤销之诉之程式、对不合法或显无理由诉讼之裁判、审理之范围、诉讼程序及善意第三人权益之保护等,自宜为相同之规定,故明定准用再审之诉之相关规定。"[①]在未能明确判决既判力的相对性而又不对现有第三人撤销之诉制度改造的情形下,对第三人撤销之诉与案外人再审之诉进行整合,恰当的做法应该是二选一,如果保留第三人撤销之诉,则取消案外人再审之诉。如果取消或者改造第三人撤销之诉,则保留案外人再审之诉。

2.第三人诉讼与恶意诉讼制度之整合

将恶意诉讼与第三人诉讼整合,明确当第三人认为他人之间的诉讼结果将侵犯自己的权益时,可以提起第三人参加之诉。如果第三人未能及时发现恶意诉讼的存在,可在事后提起再审之诉或者撤销之诉。此外,人民法院依职权发现当事人之间的诉讼为恶意诉讼时,可以对当事人做出相应的处罚。第三人以及其他知情者也可以向法院提出检举或控告当事人间之诉讼为恶意诉讼,再由法

---

① 王甲乙、杨建华、郑健才:《民事诉讼法新论》,台湾三民书局2008年版,第730页。

院通过审查判断并做出相应处理。

如前所述,第三人才是自身利益的密切关注者,通过赋予第三人以诉权或检举控告权,应是及时有效地保护第三人的合法权益的前效途径。

3. 第三人撤销之诉与第三人诉讼之协调

无独立请求权的第三人必须是和本案有法律上的利害关系,如果没有法律上的利害关系则不能参加诉讼。但当第三人与本案当事人之间具有某种事实上、经济上或情感上的利害关系,比如,第三人与当事人一方有亲属或亲友关系,当事人败诉时,他将与该当事人共同承受败诉的痛苦,或者当事人一方败诉时,第三人可能会承担抚养义务,或者公司如果败诉将减少公司的财产,而公司财产的减少将会降低第三人分红收益等。此时第三人不能以与本案有法律上的利害关系而参加诉讼,其合法权益自然无法得到保护。此种情形下,应当允许第三人提起撤销之诉。其原因是判决既判力扩张至第三人,其有必要提起撤销之诉,但仅在某些特殊的诉讼中才有必要。如公司诉讼。当一部分股东提起诉讼,则判决效力及于其他股东,而其他股东不能另行提起诉讼,此时应当可以提起撤销之诉。又如主张婚姻无效的,第三人亦可以提起撤销之诉。例如在韩国,家事诉讼、公司诉讼(如撤销股东大会决议之诉)、行政诉讼的判决其效力向一般第三人扩张,而第三人为了维护自己的利益而参加诉讼,即属于共同诉讼的辅助参加。① 但当第三人未能参加诉讼,又不能另行单独提起诉讼时,则理当可以提起撤销之诉。

4. 第三人撤销之诉与案外人执行异议之诉之协调

"第三人撤销之诉,系为有法律上利害关系之第三人在诉讼法上另开之救济程序,倘若该第三人依法应循其他法定程序请求救济者,自不允许其利用此一程序诉请撤销原确定判决。例如应提起执行异议之诉时。"② 如果第三人能提起案外人执行异议之诉,则不准许再提起第三人撤销之诉。如果已经提起了第三人撤销之诉,则不准许同时再提起案外人异议之诉,更不许在第三人撤销之诉结束后再行提起案外人执行异议之诉。此种协调方案的目的主要在于避免第三人滥用诉权,使当事人陷于诉累,也是从诉讼经济、节约司法资源的角度考量而定。

---

① [韩]孙汉琦:《韩国民事诉讼法导论》,陈刚审译,中国法制出版社 2010 年版,第 390 页。

② 王甲乙、杨建华、郑健才:《民事诉讼法新论》,台湾三民书局 2008 年版,第 727 页。

关于第三人撤销诉讼制度若干问题的思考[*]

■ 许 可[**]

摘 要 新《民事诉讼法》第56条第3款新增第三人撤销诉讼制度,但由于条文规定较为简单,且没有就相关制度进行配套完善,有可能为制度运行造成一些困难。本文就第三人撤销诉讼制度的适格当事人、诉的利益、审理程序、判决效力以及与周边类似制度之间的适用关系等诸多问题,采解释论的立场进行阐述,并就相关制度之配套完善提出立法建议。

关键词 第三人撤销诉讼 适格当事人 诉之利益 审理程序 判决效力

2012年8月31日,第十一届全国人民代表大会常务委员会第二十八次会议通过了《全国人民代表大会常务委员会关于修改〈中华人民共和国民事诉讼法〉的决定》。根据该决定第10条,我国民诉法第56条新增第3款规定,即"前两款规定之第三人,因不能归责于本人的事由未参加诉讼,但有证据证明发生法律效力的判决、裁定、调解书的部分或者全部内容错误,损害其民事权益的,可以自知道或者应当知道其民事权益受到损害之日起6个月内,向作出该判决、裁定、调解书的人民法院提起诉讼。人民法院经审理,诉讼请求成立的,应当改变或者撤销原判决、裁定、调解书;诉讼请求不成立的,驳回诉讼请求"。

根据上述规定,我国民诉法正式确立了第三人撤销诉讼的制度,但与主要的域外立法例(法国法和我国台湾地区法)相比,我国法上的第三人撤销诉讼制度的生存环境存在较大差异。主要表现在:条文规定本身即较为简单;我国法上的诉讼参加制度或曰第三人制度本身即具有一定缺失或模糊之处;以既判力和参加效力为主要内容的判决效力制度在我国法上尚未明确建立,仅靠学说予以维持。上述不同之处为第三人撤销诉讼的制度解释提供了较大空间,当然也给实务操作造成了较大的困难。有鉴于此,本文主要就第三人撤销诉讼制度在理解

---

[*] 本文主要内容曾以"论第三人撤销诉讼制度"为题发表于《当代法学》2013年第1期,此次补充了"第三人撤销诉讼制度与周边类似制度之间的适用关系",并就某些观点进行了修正。

[**] 许可,国际关系学院副教授,法学博士。

和适用上不得不面对的若干重要问题,以现行法为基础,主要从解释论的角度尝试做一梳理,以期抛砖引玉。

一、我国法上第三人撤销诉讼制度的立法目的

既然是解释论的角度,当然需要厘清立法目的。从立法过程来看,虽然第三人撤销诉讼制度在学界曾经引发热议,但相关立法草案一直到第三次审议时方被提出。有报道称,在此前的审议中,有的常委委员提出,对恶意诉讼,除应当适用妨害民事诉讼的强制措施给予拘留、罚款或者依法追究刑事责任外,还应当在民诉法中增加对案外被侵害人的救济渠道。全国人大法律委经研究,建议在民诉法关于第三人的规定中增加上述规定。①

此外,有接近立法部门的学者指出,"在我国,关于如何防止和救济因他人之间的诉讼、仲裁、调解而导致第三人合法权益受损,一直是社会非常关注的问题。比较典型的是所谓虚假诉讼导致对第三人合法权益损害的情形……由于判决所具有的法律效力,就使得判决成了虚假诉讼当事人侵吞第三人财产的工具。为了维护第三人的合法权益,人们很自然地想到,应当设置一种程序将这种虚假诉讼的判决予以撤销"。②

根据上述有限的资料,第三人撤销诉讼制度的立法目的似乎在于为虚假诉讼的受害人提供一种事后救济渠道,并达成遏制虚假诉讼的政策目的。然而,如果仅仅将制度目的局限于此则未必妥当,也未必反映了立法者的原意。从比较法的视角来看,我国台湾地区法增订第三人撤销诉讼程序的立法目的为:"……唯实际上第三人未必恒受参与诉讼程序之机会,倘其系非因归责于己之事由致未获得该机会,而未参与诉讼程序,则强令其忍受不利判决效力之拘束,即无异剥夺其诉讼权、财产权。故为贯彻程序权保障之要求,应使该第三人于保护其权益之必要范围内,得请求撤销原确定判决,爰增订第五编之一第三人撤销诉讼程序。"③可见,台湾地区相关制度的立法目的在于贯彻对第三人程序权保障之要求。而从我国大陆民诉法第56条第3款的立法过程来看,第三人撤销诉讼制度首先具有保护第三人民事权益的目的,这与台湾地区法存在较为微妙的差别。此外,由于该项制度允许第三人求为变更判决,在诉讼效果上与第三人参加前诉相同,因此也具有扩大诉讼容量之目的。至于该制度与再审制度相比,是否具有

---

① 陈丽平:《民事诉讼法修改:增加对案外被侵害人的救济程序》,载《法制日报》2012年8月28日第2版。

② 张卫平:《第三人撤销诉讼程序》,载《人民法院报》2011年8月31日第7版。

③ 此为台湾"司法院"立法提案说明。载《"立法院"司法委员会会议关系文书》,2002年11月,第344页。

类似于后者纠正错误裁判的功能,似可进一步斟酌。笔者的观点是,如果受诉法院发现原生效裁判文书确有错误,但未影响第三人民事权益的,应通过法院决定再审制度加以解决,第三人的诉讼请求依然应予驳回。如果受诉法院发现原生效裁判文书确有错误并且影响第三人民事权益,但该错误并非第三人所主张或者虽然加以主张但无法证明的,就纠正错误之限度内可以撤销原生效裁判文书。因此,我们可以认为第三人撤销诉讼制度也具有一定的纠正错误的功能,但绝不是主要功能。

鉴于上述,笔者建议对第三人撤销诉讼制度的功能定位作如下解释,即以维护第三人民事权益为首要目的,兼顾纠正错误裁判与扩大诉讼容量,而向因他人之间诉讼之结果(包括裁判和调解)导致自身民事权益受损的第三人提供的一种特殊的事后救济渠道。

二、第三人撤销诉讼的适格原告与诉之利益

(一)适格的原告

根据民诉法第56条第3款之规定,第三人撤销诉讼的适格原告应是同条第1款所指有独立请求权第三人以及同条第2款所指无独立请求权第三人,而且未参加原诉讼须因不能归责于本人的事由。由此可见,在讨论适格原告的问题时,根据现行民事诉讼制度,首先应排除以下三种人:

第一,原诉讼的当事人。如果原诉讼的当事人认为已生效的判决、裁定和调解书确有错误,应根据新民诉法第199条或者第201条提起再审申请,而无需利用第三人撤销诉讼。

第二,必要共同诉讼人。如果原诉讼属于必要共同诉讼,而竟遗漏了共同诉讼人,则被遗漏之当事人应根据新民诉法第200条第8项提起再审申请,也没有利用第三人撤销诉讼的必要。

第三,代表人诉讼中被代表的当事人。如果原诉讼属于代表人诉讼,根据民诉法第55条第3款之规定,被代表人既是形式上的当事人,也是实质当事人,诉讼结果对于被代表人同样有效。如果被代表的当事人认为原诉讼的裁判结果错误,由于其在原诉讼中具有当事人地位,在理论上似可根据民诉法关于再审之规定,提起再审申请。因此,被代表的当事人也无第三人撤销诉讼原告适格。此处成为问题的是,根据民诉法第55条第4款之规定,未参加登记的权利人在诉讼时效期间提起诉讼的,适用该判决、裁定。也就是说,原诉讼的生效裁判之效力将扩张至未参加登记的权利人(第三人)。姑且不论本项规定是否求得了当事人程序保障、扩大纠纷解决以及避免矛盾裁判之间的平衡,单就本项规定与第56条第3款规定之间的衔接而言,权利人如果非因可归责于自身的原因而没有参加权利登记的,应有提起第三人撤销诉讼的资格。否则,即应准许权利人另行提

起诉讼,而不受已生效裁判的效力拘束。

根据《民事诉讼法》第56条第1款的规定,有独立请求权第三人系指对于原诉讼之诉讼标的认为有独立的请求权的第三人。如果该第三人非因可归责于自身的原因而没有参加诉讼的,应有第三人撤销诉讼原告适格。对于有独立请求权第三人的判断标准,学说与实务中分歧不大,关键问题是第56条第1款能否纳入虚假诉讼的被害人。比如乙为逃避对丙所负债务,与甲串通,虚构金钱债务,甲起诉乙要求偿还,甲的胜诉判决生效。由于债的相对性原则,丙对于甲乙之间的诉讼标的(某一金钱债务清偿请求权)并没有独立的请求权,不属于有独立请求权第三人。因此,从文义解释的角度,丙不应具有第三人撤销诉讼原告适格。但从第56条第3款的立法目的来看,第三人撤销诉讼制度首先侧重于向虚假诉讼受害人提供特殊的事后救济,从这一立法目的出发,应采合目的性扩大解释的方法,准许上述案例中的丙具有第三人撤销诉讼之原告适格。

根据第56条第2款之规定,无独立请求权第三人系指虽然没有独立的请求权,但与案件处理结果具有法律上的利害关系的第三人。学界关于无独立请求权第三人的范围和类型争论日久,实务界也没有统一的操作标准,这给判断第三人撤销诉讼的适格原告造成了一定困难。所谓"案件处理结果",从文义解释的角度,一般应指受诉人民法院对于当事人所提诉讼请求或申请的判断结论。至于何为"法律上的利害关系",则其判断标准可能更为复杂一些。不过首先可以明确的是,如果他人间之诉讼的裁判效力将扩张至第三人,则明显属于存在"法律上的利害关系"。其次,从反面排除的角度,事实上的、感情上的、道义上的、名誉上的乃至经济上的利害关系不属于"法律上的利害关系"。再次,由于"法律上的利害关系"属于不确定的法律概念,仍然需要通过一定的价值补充方可进一步明确。价值补充大概可以按照如下两个方向进行思考。其一,从彻底解决(甚至是扩大解决)纠纷以及为第三人提供程序保障的视角,似乎应尽量扩大法律上的利害关系所涵摄的范围,比如只要案件的处理结果将导致第三人的私法权益(甚至是公法上的权益)受到直接或间接的不利益,即可认为具有法律上的利害关系。其二,从提高诉讼效率以及诉讼当事人(而非第三人)程序保障的视角,似乎应限制法律上的利害关系所涵摄的范围,比如只有案件的处理结果将导致第三人的私法权益受到直接的不利益,才可认为具有法律上的利害关系。如何取舍属于司法政策的问题,应通过最高人民法院发布司法解释或者案例指导制度的积累予以逐步解决。就目前的立法实践而言,实务中可能出现的无独立请求权第三人撤销诉讼的情形主要包括:代位权诉讼中的债务人;撤销权诉讼中的受益人或者受让人;债权转让纠纷中的债权人;债务转移纠纷中的债务人;概括转让纠纷中的出让人;保证债务纠纷中的保证人以及公司决议撤销纠纷中的其他公司股东等。

此外,关于身份关系的诉讼,从比较法的角度来看,我国台湾地区法均认为相关判决具有对世效,即判决效力将扩张至一般的第三人,学者一般认为受该判决不利影响之第三人符合撤销之诉提起条件者,应予救济。①

(二)诉的利益

根据第 56 条第 3 款之规定,只有发生法律效力的判决、裁定、调解书的部分或者全部内容错误,导致第三人民事权益受到损害的,该第三人才可以提起撤销之诉。因此,就第三人撤销诉讼的诉的利益而言,只有生效裁判或调解书的内容错误造成第三人民事权益受到损害或者极有可能造成损害的,才具有撤销诉讼之诉的利益。此处所谓第三人的"民事权益",一般应认为仅指实体性质的权益,即财产性权益、人格性权益以及身份性权益,在解释上似并不包括程序性权益。②

首先应当明确的是,生效裁判文书的主文部分,即受诉人民法院对于当事人系争之实体权利义务关系的判断结论以及受诉人民法院关于当事人若干程序利益或财产权益的判断,无论其发生部分或者全部错误,只要导致第三人民事权益受到损害的,均应认为该第三人具有撤销诉讼之诉的权利,至于导致错误发生的原因是什么则在所不问。包括事实认定的错误,也包括法律适用的错误,也应当包括第三人因无法参加前诉而没有提出独立的事实主张所导致的实体结论错误。③

这里存在的问题是,如果主文部分不存在错误,而是裁判理由存在错误,第三人是否具有诉的利益?换言之,"部分或者全部内容错误",是否包括裁判理由部分?尤其是裁判理由中关于事实认定的结论?根据民事诉讼证据规定第 9 条

---

① 台湾地区"民事诉讼法"第 582 条第 1 项、第 596 条第 1 项。邱联恭:《口述民事诉讼法讲义(三)》,2012 年自版,第 349 页。陈荣宗、林庆苗:《民事诉讼法》(下),台湾三民书局 2009 年版,第 808~809 页。一般认为主要包括婚姻无效之诉、撤销婚姻之诉、确认婚姻成立或不成立之诉、否认子女之诉、认领子女之诉、认领无效之诉、撤销认领之诉等。

② 至于民事权益的具体类型,可参照我国《侵权责任法》第 2 条第 2 款之规定,即:"本法所称民事权益,包括生命权、健康权、姓名权、名誉权、荣誉权、肖像权、隐私权、婚姻自主权、监护权、所有权、用益物权、担保物权、著作权、专利权、商标专用权、发现权、股权、继承权等人身、财产权益。"

③ 关于导致判决结论错误的原因方面,可以参照《民事诉讼法》第 200 条关于再审事由的相关规定。但应当注意的是,该条列举的 13 项事由并非都能够导致判决结论发生错误。比如程序性再审事由就不符合第三人撤销诉讼的条件。笔者认为,可以参照适用的撤销事由包括第 1 项至第 4 项、第 6 项、第 11 项以及第 12 项。即有新的证据,足以推翻原判决、裁定的;原判决、裁定认定的基本事实缺乏证据证明的;原判决、裁定认定事实的主要证据是伪造的;原判决、裁定认定事实的主要证据未经质证的;原判决、裁定适用法律确有错误的;原判决、裁定遗漏或者超出诉讼请求的;据以作出原判决、裁定的法律文书被撤销或者变更的。

第1款第4项之规定,已为人民法院发生法律效力的裁判所确认的事实,当事人无需举证证明。从该条内容来看,这一证明效力具有广泛性。也就是说,只要被生效裁判确认的事实,无论在以谁人为当事人的后诉中,如果该事实成为后诉的争议焦点,则对该事实负担证明责任的当事人无需举证证明,而对方当事人如果否认该事实,则须提供证据加以证明。这也就意味着,如果第三人在后诉中成为当事人,而被生效裁判确认的对该第三人不利的事实,在后诉中极有可能拘束法官的心证状态,从而作出有利于对方当事人的认定,如果该认定导致第三人在后诉中全部或者部分败诉,则应认为损害了该第三人的民事权益。但能否就此认为这种情况下该第三人具有撤销原诉讼之诉的利益呢?笔者认为不可一概而论。由于第三人撤销诉讼制度具有事后救济的性质,这也就意味着第三人通过该制度获得的法律利益不应大于其参加前诉可能获得的法律利益。准此以言,如果事实认定的错误不是因为第三人因故未参加诉讼而导致无法提出独立的攻击防御方法所致,则该第三人不具有撤销之诉的利益。试举一例言之。丙向乙出售机械设备一套,后将设备款之债权转让与甲。合同约定的期限届至后,乙拒不清偿,甲诉至法院。丙因故未能参加诉讼。诉讼中,乙提出并未接获转让债权的通知,因此该转让行为对其不发生效力。法院审理后对该事实予以认定并驳回了甲的诉讼请求。上述设例中,丙是否具有撤销前诉生效判决之诉的利益呢?笔者认为答案应当是肯定的。理由在于,一方面,假如甲起诉丙要求其承担转让失败的违约责任,则甲应当证明"丙未通知乙转让债权"的事实,但由于该事实已被前诉生效判决认定,因此甲可以免于证明,如果由此导致甲获得胜诉判决,则可认为丙之私法地位有遭到损害的危险。另一方面,假如丙在参加前诉的情况下,提出了甲未曾提出过的证据,比如债权转让通知书的邮局回执单等相关证据,则会影响前诉法院关于该事实的认定结论。当然,在其他的情况下,也就是即便丙参加了前诉也无法提出独立的攻击防御方法而可能改变判决结论的情况下,丙并不具有撤销之诉的利益。比如,在上述设例中,乙提出了时效抗辩,甲则认为发生了时效中断的情形并提出了相关证据,法院认可了乙的时效抗辩而判决甲败诉。这种情况下,如果丙并不掌握证明时效发生中断的其他证据,即便丙认为该事实认定错误并影响了丙之民事权益,也不具有诉的利益。因为,即便丙参加了前诉,也不可能提出其他支持时效中断的证据。

此外,由于调解书中认定的事实不具有上述证明效力,因此第三人以调解书中认定的事实损害了其民事权益为由提起撤销之诉,原则上应认为不具有诉的利益。对于调解过程中存在违反自愿原则的情形,其损害的是原诉讼当事人的程序利益,因此不应认为属于"部分或者全部内容错误"之列,即便第三人有充分的证据加以证明,也不应具有诉的利益。

三、第三人撤销诉讼的适格被告

首先需要解决的问题是,第三人撤销诉讼在诉的分类上应如何定位?与作为债权人债的保全制度的合同撤销之诉不同,第三人提起撤销诉讼,其目的在于通过行使第 56 条第 3 款赋予该第三人诉讼法上性质之撤销权,即撤销或变更他人之间已经生效的判决、裁定或者调解书的权利,一方面,达到除去生效裁判对第三人之不利部分、纠正生效裁判错误以及变更他人之间经裁判而形成之民事权利义务关系的目的,另一方面,亦可更进一步请求人民法院作出有利于第三人之变更判决。因此,第三人撤销之诉具有混合型诉讼的特征,就前者而言,具有形成之诉的性质,就求为变更判决而言,又具有一般诉讼(给付之诉或者确认之诉)的性质。

有鉴于此,关于第三人撤销诉讼的适格被告,笔者的观点是,就撤销生效裁判部分,因其系以起诉之方式变更他人之间已经形成的民事权利义务关系,因此应以原诉讼之当事人,包括原诉讼的原告和被告作为共同被告。就求为有利的变更判决而言,在单独诉讼的场合下,或为给付之诉,或为确认之诉,似乎应以请求指向之单独被告为被告,但在第三人撤销之诉的场合下,也应以原诉讼之当事人为共同被告为宜。理由如下:

首先,第三人撤销诉讼具有向第三人提供事后救济的性质,这也就意味着,第三人能够在撤销之诉中与对方当事人求为争执的事项范围,不能大于或不能超出其参加原诉讼时能够争执的范围。准此以言,在有独立请求权第三人参加之诉的场合,由于该第三人系以本诉之当事人为参加之诉的共同被告提起独立的诉讼请求,因此在有独立请求权第三人撤销之诉的场合,也应以原诉讼(本诉)之当事人为共同被告;在无独立请求权第三人参加之诉的场合,由于该第三人并无提起独立的诉讼请求的权利,仅可提起独立的攻击防御方法(事实主张和证据),以辅助一方当事人获得胜诉判决,因此其在提起撤销诉讼之时,仅可就原生效裁判关于某些攻击防御方法之判断存在错误而导致该第三人民事权益受损时,允许其提出变更的诉讼请求。此时,由于原生效裁判之相关判断系以原诉讼(本诉)之当事人攻击防御结果为基础,因此,从向原诉讼之当事人提供程序保障以及避免矛盾裁判的角度,也应以原诉讼之当事人为共同被告为宜。其次,如果不以原诉讼之当事人为共同被告,则另一当事人的诉讼地位如何列明也是一个问题。

此外,根据第 56 条第 3 款的规定,(第三人)可以自知道或者应当知道其民事权益受到损害之日起 6 个月内,向作出该判决、裁定、调解书的人民法院提起诉讼。根据此规定,第三人提起撤销诉讼的期间应为自知道或者应当知道其民事权益受到损害之日起 6 个月之内。至于该期间是否适用中止、中断或延长的规定,笔者认为,从维护裁判安定性的角度来说,应准用最高人民法院《关于适用〈中华人民共和国民事诉讼法〉审判监督程序若干问题的解释》第2条之规定,即不得适用中止、中断或延长的规定。

四、第三人撤销诉讼的审理程序与判决效力

(一)第三人撤销诉讼的审理程序

第三人撤销诉讼既不是二审,也不是再审,而是一个独立的诉讼,但由于此次修法既未设立独立的特殊程序,也没有明确是否应采用现有的某一审理程序,因此审理程序如何确定乃一遗留问题。笔者的观点是,原则上应适用第一审普通程序予以审理,而不应适用再审程序或者二审程序。主要理由在于,第一,从第56条第3款所处的条文位置以及条文内容而言,应当采用第一审普通程序予以处理。第56第3款位于法典"第一编 总则"之"第五章 诉讼参加人"之"第一节 当事人"之下,从体系解释的角度,理应适用普通程序处理。而且该条文并未就第三人撤销诉讼的审理程序作出例外规定,从当然解释的角度,也应采用普通程序。第二,从比较法的角度来看,虽然域外立法在条文位置上采用了更为合理的技术性处理,但在程序内容上依然大多准用普通程序的规定。比如我国台湾地区法将第三人撤销诉讼列入"第五编再审程序之一",但在管辖问题的处理、本案辩论程序以及诉讼费用的负担等方面依然准用各审级之相应程序,并未规定特别程序。第三,从我国立法实践来看,由于并没有规定当事人再审之诉的制度,因此如果采用特殊程序处理,则只能准用目前当事人再审申请的规定,从对第三人提供程序保障的角度来说,再审申请制度的保障力度显然不如普通程序。第四,从第三人以及原审当事人的审级利益来看,由于第三人并未参加原审,如果撤销之诉采用二审程序予以审理,则第三人因无法提起上诉而会导致其审级利益受到损害,对于原审当事人来说,由于第三人提起了新的攻击防御方法,除非能够调解结案,否则也应当考虑到其审级利益。基于上述理由,笔者认为第三人撤销诉讼原则上应当适用第一审普通程序予以审理。如果受诉法院是基层人民法院,当事人也可以根据《民事诉讼法》第157条第2款之规定,约定适用简易程序。

当然,上述观点有可能带来前所未有的局面。比如,原生效裁判是二审法院(最高人民法院)作出的,如果按照笔者上述观点,则最高人民法院将极为罕见地适用一审普通程序审理案件,这对于最高人民法院恐怕也是一种考验。对于这一问题,笔者的观点是,如果确有必要,最高人民法院可以根据民诉法第38条第1款之规定,采用管辖权向下转移的方式减轻压力,即将案件交下级法院审理。

由于第三人撤销诉讼属于特殊的事后救济程序,在采用普通程序处理时存在若干特点,以下分述之。

1. 案件的起诉与受理

第三人意欲撤销于己不利的生效裁判,须向作出生效裁判的人民法院以起诉的方式为之。第三人提起撤销之诉后,受诉人民法院的立案部门应就起诉是否符合诉讼要件进行审查。与一般的民事案件不同,第三人撤销诉讼除应符合第56条第3款规定的诉讼要件外,还应符合民诉法第119条和第124条规定的诉讼要件。重点应审查:受诉人民法院是否有管辖权?原告的起诉是否符合期间规定?原告是否具有当事人能力?起诉是否具有撤销之诉的诉的利益?原被告是否适格?诉讼费用是否预缴?是否存在仲裁协议等妨诉抗辩事项等。当然,上述要件并非都需要而且也不可能在审查起诉阶段一一判明,原则上,凡是需要通过当事人辩论才能查明的诉讼要件,应将该要件的实质审查工作后移至案件的审理阶段,受诉人民法院不应人为抬高第三人撤销诉讼的起诉门槛。准此以言,能够在立案审查阶段查明的诉讼要件一般仅包括:受诉人民法院是否有管辖权?起诉是否符合期间规定?原告是否具有当事人能力?被告是否适格?诉讼费用是否预缴等。而起诉是否具有诉之利益、原告是否适格,一般均需要通过当事人之间的攻击防御才能查明。因此,除非原告在起诉状中对相关事项的陈述明显无理由的,或者虽然陈述有理由,但没有提供任何证据的,均不宜在审查起诉阶段裁定不予受理。

关于案件受理后,原生效裁判或者调解书是否应中止执行的问题,笔者认为,第三人撤销诉讼毕竟属于特殊的事后救济程序,应参照第199条关于当事人申请再审的相关规定执行。即第三人起诉请求撤销原生效裁判的,并不停止原生效裁判的执行。但在审理过程中,受诉人民法院认为原生效裁判确实存在错误的,在作出撤销判决之前,应依职权裁定中止执行,以避免判决生效后给当事人以及执行部门带来的不便。

2. 案件的审理

首先,就第三人撤销诉讼的审理范围而言,由于处分原则的作用,应以原告(第三人)的诉讼请求为依据,不得超出该请求的范围。但实践中也可能存在如下情形:债权人甲起诉次债务人乙请求代位行使债务人丙对乙之债权,法院追加债务人丙为第三人,但丙因不可抗力未能参加诉讼。后法院经审理认为,甲对丙之债权成立,但丙对乙之债权不成立,遂驳回甲之诉讼请求,甲败诉判决生效。此际,丙认为其对乙之债权应当成立,遂提起撤销之诉。由于丙不认为甲有权代位行使,因此仅针对生效判决之判理由部分要求改判为丙对乙之债权成立,并未要求撤销原判。如果法院经审理,认为丙之诉讼请求有理由,应当予以改判,但法院同时认为如此一来原判决的结果也属于错误,即应判决甲胜诉,而不是败诉,此时法院当如何处理呢?笔者认为,法院可以采取两种处理方式。一种方式是,在丙之诉讼请求的范围内作出相应改判,就由此导致原判决结果的错误问题不予理会。待撤销之诉的判决生效后,由甲通过再审申请的途径对原判决的错误予以修正。另一种方式是,在作出丙胜诉判决之前,于开庭审理阶段就甲之代位权存否的问题依职权指挥当事人展开攻击防御。在法院认为甲之代位权成立的情况下,一方面,作出丙胜诉的本案判决,终结程序,另一方面,就原判决另行启动法院决定再审的程序。两种方式均可,从尊重当事人程序选择权的角度,似乎前者为宜,从有错必改之司法政策而言,后者亦非不足取。但无论如何,法院不得超过原告(第三人)之诉讼请求直接撤销原判决并依职权加以改判。审理过程中还可能存在如下情形:受诉人民法院经审理,认为第三人所称原生效裁判或者调解书发生错误的情形并不成立,但存在其他再审事由,此时,受诉人民法院除驳回第三人诉讼请求外,尚需按照《民事诉讼法》第198条之规定,启动法院再审程序。

其次,由于第三人撤销诉讼的被告是原诉讼的当事人,因此,该诉讼满足了必要共同诉讼的条件,应采用必要共同诉讼的审理结构自不待言。但由于第三人撤销诉讼具有混合型诉讼的特征,在案件的审理顺序上应视个案情形有所区别。比如,甲诉乙请求返还某物,甲胜诉判决生效。此际,第三人丙认为自己才是该标的物的所有权人,遂提起撤销之诉,如果丙不仅提起撤销原生效判决的诉讼请求,还要求法院判决乙返还某物于丙。在本案的审理顺序上,应先就撤销判决请求进行审理,如果审理结论为有理由,才可就返还请求继续审理。如果审理结论为无理由,则不必就返还请求继续审理,一并驳回丙的诉讼请求即可。

关于第三人撤销诉讼是否适用调解的问题,笔者的观点是,对于撤销生效裁判之诉讼请求,由于本制度具有的纠错性质,不宜调解,而就第三人提出的改判的诉讼请求,如果该诉讼请求涉及当事人之间的权利义务分配,则可适用调解的相关规定。

(二)第三人撤销诉讼的判决效力

根据《民事诉讼法》第56条第3款的规定,人民法院经审理,诉讼请求成立的,应当改变或者撤销原判决、裁定、调解书;诉讼请求不成立的,驳回诉讼请求。如此,第三人撤销诉讼的判决方式有三种,对于生效裁判,第三人仅请求撤销全部或者部分且请求成立的,人民法院应当撤销全部或者部分;第三人请求撤销并要求改判且请求成立的,人民法院应当撤销错误部分并作出相应改判;第三人请求不成立的,判决驳回。上述判决,均应适用上诉和再审的相关规定,当无疑义。存在问题的是,撤销之诉的判决与原生效裁判之间的关系如何?撤销之诉的判决与后诉的关系如何?《民事诉讼法》第56条并未对上述问题进行规定,解释上可能会产生歧义。

关于上述问题,参考我国台湾地区立法例,其"民事诉讼法"第507条之4规定,法院认第三人撤销之诉为有理由者,应撤销原确定终局判决对该第三人不利之部分,并依第三人之声明,于必要时,在撤销之范围内为变更原判决之判决。前项情形,原判决于原当事人间仍不失其效力。但诉讼标的对于原判决当事人及提起撤销之诉之第三人必须合一确定者,不在此限。上述立法例采用了判决相对性的原理,即第三人提起撤销之诉只是为了除去原生效裁判于己不利之部分,不应因此而改变原生效裁判对于原诉讼当事人之间权利义务关系的安排,因此,除非必须合一确定的情形,原生效裁判对于原诉讼之当事人仍为有效。这一立法安排在台湾地区学者间也存在不同的认识,①具体到大陆地区的立法情形,一如前述,由于两岸类似制度的立法目的有所差异,而且在既判力与参加效力制度都缺乏实定法支撑的情况下,在上述问题的处理上似乎不应盲目参照台湾地区立法例。笔者认为,撤销之诉的判决生效后,在全部撤销的场合,原生效裁判因被撤销而丧失效力,其效力范围及于原诉讼之当事人,因原纠纷并未解决,原诉讼当事人可以另行起诉;在全部撤销并改判的场合,原生效裁判因被撤销而丧失效力,因原纠纷已经一并解决,因此原诉讼之当事人不得另行起诉;在部分撤销的场合,原生效裁判在被撤销的范围内丧失效力,未被撤销部分依然有效,效力仅及于原诉讼之当事人,除法律有明确规定者,未被撤销部分之效力不及于撤销之诉的原告(第三人),就被撤销部分,原诉讼之当事人可以另行起诉;在部分撤销并就该部分为改判的场合,原生效裁判在被撤销的范围内丧失效力,未被撤销部分依然有效,效力仅及于原诉讼之当事人,除法律有明确规定者,未被撤销部分之效力不及于撤销之诉的原告(第三人),就被撤销部分,因纠纷已获解决,原诉讼之当事人不可另行起诉。

五、第三人撤销诉讼制度与周边关联制度的适用关系

与第三人撤销诉讼制度存在较为密切关系的制度是案外人执行异议制度和案外人申请再审制度。以下分述之。

(一)第三人撤销诉讼制度与案外人执行异议制度的适用关系

案外人执行异议制度规定在《民事诉讼法》第 227 条。根据该条规定,执行过程中,案外人对执行标的提出书面异议的,人民法院应当自收到书面异议之日起 15 日内审查,理由成立的,裁定中止对该标的的执行;理由不成立的,裁定驳回。案外人、当事人对裁定不服,认为原判决、裁定错误的,依照审判监督程序办理;与原判决、裁定无关的,可以自裁定送达之日起 15 日内向人民法院提起诉讼。案外人执行异议制度能够与第三人撤销诉讼制度产生交叉的情形,是在执行过程中,执行法院作出驳回书面异议的裁定后,案外人认为原裁判错误而依照审监程序寻求救济的情形。由此可见,在第三人撤销诉讼制度入法之前,案外人

---

① 陈荣宗、林庆苗:《民事诉讼法》(下),台湾三民书局 2009 年版,第 817~818 页。

执行异议制度只有在执行阶段才能赋予第三人救济的机会。而且与撤销诉讼制度相比,执行异议制度的程序保障力度偏低。主要表现在:

1. 执行异议制度提供的救济范围较小

根据规定,只有在第三人认为生效裁判文书确定的执行标的损害了其民事权益的情况下,才可以启动该程序。换言之,对于不涉及给付内容的生效裁判文书,比如确认判决或者形成判决,即便第三人认为存在错误并损害了其民事权益,依然无法启动执行异议程序。

2. 执行异议制度提供的救济力度不足

执行异议制度为第三人提供的救济方式主要是书面异议,而且针对驳回裁定不可提起上诉或者复议。至于"依照审判监督程序办理",如果按照民事诉讼法的规定来看的话,并没有设置相应的救济程序。实践中,第三人只能通过向原审法院或者上一级法院、同级检察院或者上一级检察院不断申诉,提供材料,期待法院决定再审或者检察院抗诉再审。

因此,在第三人撤销诉讼制度入法之后,第三人有理由更多地选择撤销诉讼而非执行异议的方式寻求最终的救济。但由于执行异议制度具有的救急性质,第三人在某些情况下也可能同时选择两种程序。比如,第三人在执行过程中,既向执行法院提起书面异议,同时也向原审法院提起撤销诉讼。或者在撤销诉讼的审理过程中,又向执行法院提起书面异议。如果我们认为第三人的撤销请求在受理后并不停止原判执行的话,则应允许第三人做出上述程序选择。

(二)第三人撤销诉讼制度与案外人申请再审制度的适用关系

在第三人撤销诉讼制度入法之前,民事诉讼法并未赋予第三人申请再审的程序权利。不过最高人民法院在2008年通过司法解释的方式对此有所突破。根据《最高人民法院关于适用〈中华人民共和国民事诉讼法〉审判监督程序若干问题的解释》第5条之规定,案外人对原判决、裁定、调解书确定的执行标的物主张权利,且无法提起新的诉讼解决争议的,可以在判决、裁定、调解书发生法律效力后2年内,或者自知道或应当知道利益被损害之日起3个月内,向作出原判决、裁定、调解书的人民法院的上一级人民法院申请再审。在执行过程中,案外人对执行标的提出书面异议的,按照《民事诉讼法》第204条的规定处理。

由于案外人申请再审程序的启动条件是"且无法提起新的诉讼解决争议的",在第三人撤销诉讼制度入法之后,该制度与撤销制度实际上已经不存在适用上的交叉情形,因此不存在同时适用的可能性。换言之,对于不符合撤销诉讼提起条件的案外人来说,其依然可以利用申请再审的程序,而对于符合撤销诉讼提起条件的第三人来说,则应禁止其利用申请再审制度。实践中可能发生的情形大概包括如下几种:如果第三人已经提起撤销诉讼,则无利用申请再审之必要;如果第三人的起诉被驳回,则应允许其申请再审;如果第三人的诉讼请求被驳回,也无利用再审制度之必要;如果第三人申请再审,法院认为其具备提起撤销诉讼的资格,于是裁定驳回再审申请,并告知该第三人向管辖法院提起撤销诉讼,此时,应允许提起撤销诉讼;如果起诉不符合条件而裁定驳回的,则应允许其利用再审申请制度。

六、现行诉讼参加制度应予以配套修正

(一)立法应进一步明确相关的诉讼参加类型

在大陆法系民诉理论与立法实践中,诉讼参加的类型较为全面。从第三人加入诉讼的形态上,可分为主动加入(任意参加)和被动加入(强制参加)两类。从第三人加入诉讼后的诉讼地位,可分为当事人参加(主参加)和辅助参加(从参加)。当事人参加又可分为共同诉讼参加和独立当事人参加。共同诉讼参加,是指第三人与本诉当事人有共同关系存在,本诉之诉讼标的须对当事人与第三人合一确定,第三人加入诉讼后成为某一方当事人的共同诉讼人。独立当事人参加,是指对于本诉诉讼标的的全部或部分,主张自己有所请求,或者主张自身权益将受到本诉诉讼结果的侵害,而以独立的当事人地位参加诉讼。

与上述大陆法系诉讼参加制度相比较,我国法上的诉讼参加制度显然没有做到全覆盖。就共同诉讼参加制度而言,我国法乃采用当事人追加的制度予以解决(《民事诉讼法》第132条),辅助参加则对应于我国法上的无独立请求权第三人制度,而独立当事人参加实际上存在两种类型,其一为权利参加,其二为诈害防止参加。我国法上的有独立请求权第三人制度仅对应权利参加制度,而无法容纳诈害防止参加制度,即针对虚假诉讼的救济制度。此次修法新增第三人撤销制度,其立法动因乃在于向因他人之间虚假诉讼受害之第三人提供事后的程序保障,似乎并没有明确该第三人可以预防性地以独立当事人身份参加他人之间正在进行的虚假诉讼。但在该条的解释上,应当认为既然立法者都允许第三人以撤销诉讼的方式维护自身权益,当然也应当允许其以独立当事人参加的方式维护自身权益,而且,第三人撤销诉讼制度毕竟属于特殊的事后救济制度,从维护裁判的安定性以及降低司法成本的角度,当然也应当允许第三人预防性地提起诈害防止参加。准此以言,第三人撤销制度在事实上已经确立了诈害防止参加制度,可通过最高人民法院司法解释的方式予以进一步明确。

此外,我国法上的第三人撤销诉讼的对象包括生效之裁定。这也就意味着,对于具有撤销裁定诉讼适格原告的第三人而言,其应有参加他人之间相关诉讼的资格。比如,甲诉乙清偿某笔金钱债务,为防止乙转移财产,乃在起诉前向法院申请对乙名下的某一房产申请财产保全,禁止乙为处分行为。此时,对该房产有抵押权之案外人丙,应当可以参加到相关程序中,就是否应当予以保全予以争执,而不必等到执行阶段再通过执行异议的方式或者第三人申请再审的方式维

护自身权益。因此,对于上述相关情形,也应通过司法解释的方式明确案外第三人的参加利益。

上述通过类推适用的方式而得以充实的参加类型,一方面,有利于维护第三人的合法权益,另一方面,也有利于减少第三人撤销诉讼的数量,降低司法成本,维护生效裁判的安定性。

(二)司法实践中应进一步强化对无独立请求权第三人的程序保障力度

众所周知,我国法上对无独立请求权第三人的程序保障力度较为薄弱,广遭学者诟病。此次新增第三人撤销诉讼制度,由于并没有同时强化对无独立请求权第三人参加诉讼的程序保障,因此在该制度实际运行之后,通过一种传导效应,有可能放大现行诉讼参加制度对无独立请求权第三人的伤害。具体而言,第三人撤销诉讼的管辖法院为作出原生效裁判的法院,由于该制度具有的纠错性质,需要法院纠正自身裁判错误。虽然这一错误是由于第三人在原诉讼中未能提出攻击防御方法所致,本质上与原审法院的审判质量无关,但也很难想象第三人撤销诉讼制度会受到实务界的欢迎。此外,由于第三人撤销诉讼在制度刚性以及救济范围等方面都具有较大的优势,法院在决定是否受理的问题上自由裁量的空间并不太大,因此在程序启动上第三人更具有积极性。为了防止第三人频繁地提起撤销之诉,法院在原诉讼的审理过程中一定会加强职权通知参加的力度,这样一来,在现有制度安排下,无独立请求权第三人所遭受的程序伤害有可能更为严重。因此,实务中应特别注意保障无独立请求权第三人的程序权利,切实落实《最高人民法院关于适用〈中华人民共和国民事诉讼法〉若干问题的意见》第 66 条的规定,①保障无独立请求权第三人充分行使当事人的诉讼权利,最高人民法院也应通过司法解释进一步明确无独立请求权第三人的诉讼权利以及应当通知参加的案件类型。

---

① 根据该条规定,在诉讼中,无独立请求权的第三人有当事人的诉讼权利义务,判决承担民事责任的无独立请求权的第三人有权提出上诉。但该第三人在一审中无权对案件的管辖权提出异议,无权放弃、变更诉讼请求或者申请撤诉。

第三人撤销之诉的未来

■ 辛国清[*]

摘 要 我国2012年修改的《民事诉讼法》在第56条增设了第三人撤销之诉,以实现事后对案外第三人合法权益的保护,由此在我国目前的立法中对案外人的事后救济就有第三人撤销之诉与案外人提起再审制度并存。第三人利益的保护是各国民事诉讼普遍关注的内容,考察相关国家的类似制度我们发现,我国目前的第三人撤销之诉未来需要合理定位、扩大主体适用范围、与第三人再审制度择一适用及增设诈害防止参加等事前救济形式,以妥当保护案外第三人的合法权益。

关键词 第三人撤销之诉 再审 诈害防止参加

法院的生效判决除了在当事人间产生法律效力之外,有时可能会对案外第三人产生不利益,而案外第三人并未参加之前的诉讼程序,亦未获得相应的程序保障却要承受对其不利的判决,显然此种情况对第三人而言明显不公平。同时在近些年民事诉讼实践中,诉讼欺诈、恶意诉讼、虚假诉讼等现象时有发生,不仅扰乱了诉讼秩序,同时亦严重侵害到了案外人的合法权益。在案外人权益受到严重影响的情况下,如何为案外人提供程序保障已刻不容缓。为立竿见影遏制类似行为的发生及不断泛滥,我国民事诉讼法在修订过程中多管齐下,采取多种方式严禁侵权行为,妥当保护案外人的合法权益不受侵犯。新修订的《民事诉讼法》首先在总则部分增设了诚实信用原则,以作为整个诉讼活动的指导性原则。而在当事人违反诚信原则的情况下,则在第112条和113条分别规定了恶意诉讼的强制措施,以此严厉打击民事诉讼欺诈行为。即"当事人之间恶意串通,企图通过诉讼、调解等方式侵害他人合法权益的,人民法院应当驳回其请求,并根据情节轻重予以罚款、拘留;构成犯罪的,依法追究刑事责任。""被执行人与他人恶意串通,通过诉讼、仲裁、调解等方式逃避履行法律文书确定的义务的,人民法院应当根据情节轻重予以罚款、拘留;构成犯罪的,依法追究刑事责任。"

除了上述强制措施及刑事责任之外,作为恶意诉讼、虚假诉讼的受害者案外

---

[*] 辛国清,东北财经大学法学院副教授。

人本人,修改后的民事诉讼法亦规定了较完善的保护措施,赋予了案外人重要的救济手段,即案外第三人在其权益受到侵害的情况下亦可以主动提起撤销之诉,为自己受损的权利进行救济,以保护自己的合法权益不受侵犯。《民事诉讼法》第56条规定,有独立请示权的第三人和无独立请求权的第三人,"因不能归责于本人的事由未参加诉讼,但有证据证明发生法律效力的判决、裁定、调解书的部分或者全部内容错误,损害其民事权益的,可以自知道或者应当知道其民事权益受到损害之日起6个月内,向作出该判决、裁定、调解书的人民法院提起诉讼。人民法院经过审理,诉讼请求成立的,应当改变或者撤销原判决、裁定、调解书;诉讼请求不成立的,驳回诉讼请求"。此条一般被解释为我国立法首次设立第三人撤销之诉,以为案外人寻求救济提供切实有效的保护手段。

一、第三人权利救济的比较考察

(一)事前预防与救济

1.法官职权干预及限制判决效力扩张

在日本,在身份关系诉讼及社团关系诉讼中往往会承认判决的对世效力(或扩张效力),而未作为诉讼当事人的第三人(或案外人)会受到判决效力的拘束,对案外第三人进行保护或救济即成为判决对世效力正当化的根据。为避免案件当事人利用判决的对世效力侵害第三人的合法权益,日本在程序上设置了多重保障。如在民事诉讼活动中限制处分权主义及辩论主义,并采用职权探知主义。[①] 法官在诉讼中充分发挥职权能动作用,监督判决的正当性,以限制当事人在诉讼中恣意利用诉讼技巧或手段以谋求非正当利益的判决,从而在诉讼活动中避免对第三人利益的侵犯。日本在人事诉讼程序法中普遍采用了这种职权探知主义(参照日本《人事诉讼法》第19条、第20条)。

除了由法官在诉讼活动中发挥职权能动之外,对判决的对世效力进行保障的另一种途径即是让具有重大利害关系的人在判决之前知晓诉讼系属并赋予其参与到诉讼系属之中的途径。例如德国《民事诉讼法》第640条e款规定,在亲子关系诉讼中,当双亲中的一方未作为当事人参与诉讼时,必须对其进行诉讼告知,并在口头辩论期日里对其进行传唤;当母亲提起撤销父亲对(私生子的)承认之诉时,必须对孩子进行诉讼告知,并且在口头辩论期日里进行传唤。当然被传唤的人是以共同诉讼的辅助参加人的身份参与诉讼的。日本在人事诉讼程序中亦有类似的规则,如依据日本《人事诉讼规则》的规定,"在提起死后认知亲子关系之诉等情形下,应当向因该诉讼结果而可能使其继承权遭受侵害之人,通知该

---

① [日]新堂幸司:《新民事诉讼法》,林剑锋译,法律出版社2008年版,第213页。

诉讼系属,以此赋予这些人进行共同诉讼辅助参加之机会"①。

另外,为切实保障第三人的合法权益,日本在立法上亦会明确限制判决效力可能向第三人的不利扩张,日本在"公司合并无效"、"撤销公司股东大会决议"等公司法诉讼中一般会规定判决效力的单面性扩张,如"只在判决有利于第三人时,才对其产生对世效力,而在不利于第三人时,判决则不产生对世效",②以此来对第三人进行切实保护。

2. 第三人提起参加之诉

案外第三人获得事前救济的另外一种有效的方式是诉讼参加制度,即使有可能受到侵害的案外主体知晓诉讼系属,并在其想参与诉讼时有充分机会和可能参与诉讼,进而成为程序参加人,使受判决拘束的第三人可以获得相应的程序保障,以维护自己的合法权益。日本《民事诉讼法》第 47 条第 1 款规定,"主张由于诉讼结果而使其权利受到侵害的第三人,或者主张诉讼标的全部或一部分属于自己权利的第三人,可以作为当事人将该诉讼的双方当事人或一方当事人作为对方当事人参加诉讼"。③ 由此,日本的独立当事人参加制度主要包括权利参加和诈害防止参加两种,而诈害防止参加则是在第三人的权利因诉讼结果遭受侵害的情形下适用的。一般来说,从当事人实施诉讼之状况来看,当判定其不能期待展开充分的诉讼活动时,即可以推定为当事人在实施诈害性诉讼。④ 我国台湾地区在对第三人的救济上亦引入了日本的诈害防止参加制度,作为主参加诉讼的类型之一。台湾"民事诉讼法"第 54 条第 1 款规定,就他人间诉讼标的之全部或一部,为自己有所请求,或主张因其诉讼之结果,自己之权利将被侵害之第三人,于本诉讼系属中,以其当事人两造为共同被告,向该第一审法院起诉。由是,我国台湾地区亦规定了诈害防止参加之诉,以力求保护第三人的合法权益。

而对于诈害防止参加的第三人的具体类型,日本及我国台湾学界则有多种观点。有学者认为,应将第三人限定于受之前确定判决效力所及之人,即受既判力或反射力所及之人。也有学者认为,应将第三人作扩大解释,即因诉讼而受到不利益的第三人,均可提起参加之诉。"盖主参加诉讼之目的,乃在解决三对立当事人间之纷争,期诉讼经济、裁判统一与及时阻止权利侵害之便。故不以直接

---

① [日]新堂幸司:《新民事诉讼法》,林剑锋译,法律出版社 2008 年版,第 214 页。
② [日]高桥宏志:《民事诉讼法——制度与理论的深层分析》,林剑锋译,法律出版社 2003 年版,第 262 页。
③ 白绿铉:日本《新民事诉讼法》,中国法制出版社 2000 年版,第 44 页。
④ 小岛武司:《有关独立当事人参加的若干问题》,载《实务民诉(1)》。转引自[日]新堂幸司:《新民事诉讼法》,林剑锋译,法律出版社 2008 年版,第 579 页。

受他人间判决之效力所及者为限,凡该诉讼之结果,自己之权利有受侵害之虞者,皆得为之。"①第三种观点较第二种观点对第三人的解释更为扩大,即只要本诉的当事人主观上有以此诉侵害案外第三人权利的意思进而实施了诈害诉讼,即可提起此参加之诉,而不考虑客观上是否一定造成了侵害的后果。因此,在判决效力未及于第三人的情形下也可启动诈害防止参加,以此遏制当事人的任意处分权,使案外第三人的合法权益免受不当侵害。

(二)事后救济

1.第三人提起撤销之诉

第三人撤销之诉,源于法国,法国是将其作为一种非常上诉途径来设置。第三人撤销之诉与再审之诉均是作为一种非常上诉途径,仅在法律有专门规定的特别情况下才予以开放。② 法国《民事诉讼法》第 582 条规定:"第三人提出取消法院判决的异议是指,攻击判决的第三人为其本人的利益,请求撤销或请为改判之;第三人异议,对提出该异议第三人,是指对其攻击的已判争点提出异议,使之在法律上与事实重新作出裁判。"在法国《民事诉讼法》中规定了第三人提出撤销之诉的条件,其第 583 条即"任何于其中有利益的人均允许提出第三人异议,但以该人在其攻击的判决中既不是当事人,也未经代理人进行诉讼为条件。"在法国,第三人提起撤销之诉所针对的案件一般是没有严格限制的,任何判决都允许第三人以异议的方式进行攻击,而且法律对第三人提起撤销之诉的期间采取了较宽松的处理,一般情况下,第三人提起撤销之诉的正常期间是 30 年,自判决作出之日计算(法国《民事诉讼法》第 586 条第 1 款),但法律另有规定时,不在此限。如果向第三人通知了判决,则第三人只能在判决通知起 2 个月期间内提出取消判决的异议。

关于第三人撤销之诉的案件管辖,作为第三人来说,可以单独提起此诉,此时案件的管辖法院即原审法院,原审法官仍可对此案件进行审理。同时,第三人亦可在其他诉讼过程中为对抗另一方当事人主张的某判决提起附带请求,作为附带请求,案件的管辖就分两种情形,如果受诉法院在审级上低于第三人提出异议的判决的原法院,第三人撤销判决的异议应当经本诉讼途径向作出原判决的法院提出(法国《民事诉讼法》第 588 条第 2 款),当前受理诉讼的法院对向其提交受到攻击的判决可以不予过问,或者推迟审理(法国《民事诉讼法》第 589 条)。如果当前的受诉法院是第三人提出异议的判决的原法院的同级法院或者

---

① [日]菊井维大、村松俊夫:《民事诉讼法》,第 239 页。转引自吕太郎:《民事诉讼之基本理论》,中国政法大学出版社 2003 年版,第 81 页。

② [法]让·文森、塞尔日·金沙尔:《法国民事诉讼法要义》,罗结珍译,中国法制出版社 2001 年版,第 1281 页。

其上级法院,则此时此受诉法院对第三人的撤销之诉有管辖权,当然前提是没有任何具有公共秩序性质的管辖权规则与之相抵触(法国《民事诉讼法》第588条第1款)。

在效力上,第三人撤销之诉并不当然具有中止执行判决的效力,但在第三人提出取消判决异议的情况下,法官有权中止执行受到攻击的判决,法官始终可以这样做。①

2. 第三人申请再审

第三人申请再审,即案外人在权利受到侵害的情况下,可以享有向法院提起再审之诉的诉权。意大利《民事诉讼法》规定:"因他人间确定判决或者有执行力之判决而权利受到侵害的第三人,或因欺诈或通谋诉讼而损害自己之利益的继承人及债权人,可以对确定判决提起再审之诉。1890年日本《民事诉讼法》也曾规定第三人再审制度,但在1926年修订民事诉讼法时因增设了第三人诈害防止型的参加之诉,为第三人设计了事前的救济手段,故在民事诉讼法中未规定第三人再审制度,当然有日本学者对此立法提出了质疑,认为将日本旧《民事诉讼法》第483条予以删除的立法,恐怕不无疑问。② 但在判决效力及于第三人的情形下,享有撤销判决之固有利益的第三人,也具有再审适格。③ 如在出现诉讼欺诈的场合,日本《行政诉讼法》第34条规定了第三人再审,日本《公司法》第853条规定了股东代表诉讼中的欺诈再审,当然多数学说也认为,即便在一般的民事诉讼中,通过对日本《民事诉讼法》第47条第1款前段规定进行扩张性的解释也可以实现"肯定欺诈再审"之目的。④ 在德国的民事诉讼中,原则上再审程序是由当事人提起,但仍然保留了第三人提起再审的权利。即"对撤销之诉所作出的判决可以由主管的行政机关或者受害的第三人提起"。⑤

二、现行立法分析

2012年我国《民事诉讼法》修改之前,在我国民事诉讼法中,尽管没有赋予第三人提起撤销之诉的权利,但并非对案外第三人的利益毫不关注。之前对第

---

① [法]让·文森、塞尔日·金沙尔:《法国民事诉讼法要义》,罗结珍译,中国法制出版社2001年版,第1295页。
② [日]新堂幸司:新《民事诉讼法》,林剑锋译,法律出版社2008年版,第578页。
③ [日]新堂幸司:新《民事诉讼法》,林剑锋译,法律出版社2008年版,第669页。
④ [日]铃木正裕:《判决的反射性效果》,载《判例时代》,第261号,昭和46年(1971年),第11页以下等等。转引自[日]高桥宏志:《民事诉讼法——制度与理论的深层分析》,林剑锋译,法律出版社2003年版,第262页。
⑤ [德]罗森贝克、施瓦布、戈特瓦尔德:《德国民事诉讼法》,李大雪译,中国法制出版社2007年版,第1221页。

三人权利被侵犯的救济集中体现为案外人可以在执行阶段提起异议之诉及通过申请再审的方式来进行。根据《民事诉讼法》第227条(原第204条)的规定,执行过程中,案外人可以对执行标的提出书面异议,法院在收到书面异议之日起15日内审查,理由成立的,裁定中止对该标的的执行;理由如果不成立的话,则裁定驳回。如果案外人对法院的裁定不服,又与原判决、裁定无关的,则可以自裁定送达之日起15日内向人民法院提起诉讼,此即案外人的异议之诉。如果案外人认为原判决、裁定错误的,则可以依照审判监督程序办理。即案外人在执行程序中如果对执行标的物主张权利,又没办法提起新的诉讼的,在法律规定的期限内可申请再审,以实现对受损的权利进行救济。当然案外人提起异议之诉与提起再审程序的适用条件是不同的,由案外人根据具体情形自行选择。由是我国民事诉讼法修改之前对案外第三人的救济,是典型的事后救济,而且其权利救济是发生在执行程序中,也仅限于执行过程中,权利救济的滞后性相当明显,实践中亦有很多案件因为没有进入执行程序而案外人不能获得程序上的救济。

为将案外人申请再审的权利落到实处,增强司法实践的可操作性,并细化此条款,2008年11月公布的《最高人民法院关于适用〈中华人民共和国民事诉讼法〉审判监督程序若干问题的解释》第5条明确规定:"案外人对原判决、裁定、调解书确定的执行标的物主张权利,且无法提起新的诉讼解决争议的,可以在判决、裁定、调解书发生法律效力后2年内,或者自知道或应当知道利益被损害之日起3个月内,向作出原判决、裁定、调解书的人民法院的上一级法院申请再审。"此解释明确了案外人启动再审程序的条件、期限及管辖法院等诸多问题,而且此司法解释突破了立法,将案外人提起再审的期间与当事人申请再审的期间保持一致,而不限于之前立法规定的进入执行程序后案外人才可提起再审之诉。同时,该解释的第42条第2款规定,"案外人不是必要的共同诉讼当事人的,仅审理其对原判决提出异议部分的合法性,并应根据审理情况作出撤销原判决相关判项或者驳回再审请求的判决;撤销原判决相关判项的,应当告知案外人以及原审当事人可以提起新的诉讼解决相关争议"。在此解释当中,事实上已暗含了案外人提出撤销原判决相关判项的内容。

新修订的《民事诉讼法》在第56条增设了事后救济的第三人撤销之诉,即有独立请求权的第三人或无独立请求权的第三人在之前诉讼中非归因于己之原因没有参加诉讼,则可在符合条件时提起撤销之诉,以力图恢复被侵害的权利。此条明确规定了第三人的范围,即有独立请求权的第三人和无独立请求权的第三人,除此之外的民事主体不是提起撤销之诉的适格主体;明确规定了第三人提起撤销之诉的缘由,即在之前的诉讼中没有参加诉讼,而且这种没有参诉不是由于第三人自身过错造成的,而是由其他客观原因所致;第三人提起撤销之诉的实体要件是发生法律效力的判决、裁定、调解书部分或全部内容是错误的,当然这种错误要由第三人提供证据加以证明;明确了第三人提起撤销之诉的时间,即第三人在知道或应当知道其民事权益受到侵害起的6个月内,而且这6个月是不变期间,不适用延长、中止、中断等的规定,超此期间提起诉讼的,法院不再受理;第三人提起撤销之诉的管辖法院是作出生效判决、裁定、调解书的法院,即由原法院专属管辖,不会适用地域管辖、级别管辖的规定。当然,第三人提起撤销之诉还须具备一个条件即是之前的生效判决、裁定或调解书侵害到了其合法权益,否则第三人亦不能提起此诉讼进行救济。

三、第三人撤销之诉的未来

(一)合理定位第三人撤销之诉

关于第三人撤销之诉是一种通常的救济程序还是一种特殊的救济程序,多数学者认为其是一特殊的救济程序。由于第三人撤销之诉针对的是已发生法律效力的判决、裁定和调解书,因此,考虑到已决裁判的安定性问题,总体上第三人撤销之诉在程序性质上应当与再审程序一样,同属于特殊或非常救济程序。①"第三人撤销之诉是一种特殊的程序,它以撤销或者变更确有错误的生效裁判为目的,以救济未参加诉讼的原诉第三人的权益为功能,与审判监督程序具有较多相同或者相似的法律价值和功能。"②因此,第三人撤销之诉本质上是一种事后救济程序,其存在的前提要件是存在着一个生效的判决,因其有可能最终撤销生效判决,因而会突破既判力,冲击既定判决的效力,是对法的稳定性的破坏,是一种特殊的救济形式。如果允许第三人任意提起此诉的话,则生效判决的稳定性和恒定性则荡然无存,对社会关系的维护亦非常不利,因此,从国外的立法现有编排体例上来看均是将其置于与再审程序并列的特殊救济程序之中,我国台湾地区的第三人撤销之诉亦是将其列于第5编再审程序之后,而且对第三人提起撤销之诉的条件、主体、期间、管辖及程序等诸多问题均独立规定,以与通常的诉讼程序作不同设计,突出其作为一种额外的特殊的救济手段,进而突出其与既判力相冲突的价值所在。

我国目前将第三人撤销之诉设于当事人一节当中,立法本意是让案外第三人在权利受到侵害时可以通过此程序进行救济,此程序承担类似再审特殊救济程序的功能,但设置上却是将其作为一种通常的救济手段而存在,这样此种制度设计与此程序的实质内涵存在着一定的背离,进而在程序的启动、运作及效果等方面均与当事人一节的其他内容存在着不协调,显得很突兀,有欠妥当。例如根

---

① 张卫平:《中国第三人撤销之诉的制度构成与适用》,载《中外法学》2013年第1期。
② 吴兆祥、沈莉:《民事诉讼法修改后的第三人撤销之诉与诉讼代理制度》,载《人民司法》2012年第23期。

据《民事诉讼法》第56条之规定,第三人提起撤销之诉的条件之一即是有证据证明发生法律效力的判决、裁定、调解书存在着全部或部分的错误,而这一条件显然与通常的起诉条件不同,显然第三人提起撤销之诉的条件要苛刻得多。因此,比较理想的设计是将第三人撤销之诉作为一种独立存在的救济程序,与再审程序并列设置,以与通常的诉讼程序区别开来。

(二)扩大主体适用范围

目前的立法明确了第三人撤销之诉的主体适用范围,即有独立请求权的第三人和无独立请求权的第三人,立法对有、无独立请求权的第三人均有明确的界定。根据现有的司法解释,无独立请求权第三人,主要出现在劳动争议、合同争议案件中,如用人单位招用尚未解除劳动合同的劳动者,原用人单位与劳动者发生争议,可将新的用人单位列为第三人;原用人单位如以新的用人单位侵权诉到法院的,则劳动者可以列为第三人。合同争议案件中,如代位权诉讼中,债权人如以次债务人为被告提起诉讼的话,则可列债务人为第三人;撤销权诉讼中,债权人如以债务人为被告,则可将受益人或受让人列为第三人;债权转让合同、债务转移合同和债权债务一并转移合同中,均可将债权人、债务人或将出让方列为第三人。当然在其他领域亦可能存在无独立请求权的第三人,为防止当事人或法院任意乱列无独立请求权第三人,侵害第三人的合法权益,最高人民法院在《关于在经济审判工作中严格执行〈民事诉讼法〉的若干规定》中,将不能被列为无独立请求权的第三人作为示例,以杜绝侵权事宜的发生。

至于有独立请求权第三人,目前立法仅明确了一种,即对当事人双方的诉讼标的,认为有独立请求权的第三人。《民事诉讼法》第56条规定的第三人撤销之诉仅限于有、无独立请求权的第三人,除此之外的主体是不具备提起第三人撤销之诉的主体资格的。而有、无独立请求权的第三人是在狭义或者说特定含义上来使用"第三人"这个称谓的。实际上在司法实践中就存在有这样一种第三人,其既非现行立法界定的有独立请求权的第三人又非无独立请求权第三人,如在一债权债务关系中,债务人和另一主体恶意串通,进行虚假诉讼,目的即为减少或转移债务人的财产,以侵害第三人(债权人)的利益。此时的第三人既不是有独立请求权的第三人,亦不是无独立请求权的第三人,即其并不是适格的提起撤销之诉的第三人,因此在此情形下第三人(债权人)是不能利用此条提起撤销之诉的,也即丧失了进行救济的可能。此类案件中的第三人即指的是诈害防止参加,日本民事诉讼法中已将此作为独立请求权第三人的一种情形来界定,因为我国有独立请求权的第三人并没有包括诈害防止,因此此类第三人并不能据此提起撤销之诉,如此明确界定了第三人范围的立法的实际效果与立法的初衷就产生了偏差,亦会为后续的审判实践带来困扰。由此,第三人撤销之诉的第三人应该是广义上的案外人,将所有可能因判决对世效力而受到不利影响的案外人或因恶意诉讼及诈欺诉讼而受害的第三人均囊括其中,而非仅仅限于狭义上的有独立请求权的第三人和无独立请求权的第三人。

(三)第三人撤销之诉与案外人申请再审择一而设

如前文所述,2012年民事诉讼法修改后,我国在增加了第三人撤销之诉的同时又保留了执行程序中案外人启动再审的权利,因此就存在着第三人撤销之诉与案外人申请再审程序二者如何协调的问题。首先,立法在两种程序启动主体的表达上就不尽一致,第三人撤销之诉的"第三人"是仅限于有独立请求权的第三人和无独立请求权的第三人,是在狭义范围内来使用第三人的概念的,而案外人启动审判监督程序则采用了广义上的案外人的表达,很显然此处的第三人与案外人是不能等同的。立法表达的不同可能会造成后续司法实践的混乱与无续。我们是否可以理解为除了有、无独立请求权第三人之外的案外人才能启动再审程序?显然立法的本意并非如此,因此,立法的统一表达对避免歧义的产生显得尤为重要,二者均应为广义上的案外第三人。

其次,作为权利受到侵害的案外第三人来讲,现行立法设计是否意味着其既可选择撤销之诉又可在将来启动再审程序,还是二程序只能择其一而为之?抑或是案外人仅在提起撤销之诉失败的前提下才能启动后续的再审程序?立法没有给出明确的答案,那么在后续的实践运行过程中定会存在混乱,这就需要在将来的司法解释中进一步细化和协调。有学者认为,"案外第三人同时享有两种程序权利来保护自己的权利,但不能同时适用两种程序,既提起再审之诉,又提起撤销之诉,两者之间只能选择其一行使,不得并用。"①在国外的民事诉讼法中我们很难看到对第三人的二者并存的事后救济,一般是二者选其一来进行设置。如法国仅设置了第三人撤销之诉,而意大利仅设置了第三人申请再审之诉。日本则是规定了案外人主参加之诉并在个别特殊情形下辅之以再审之诉。我国台湾地区"民事诉讼法"在2003年增设了第三人撤销诉讼程序,同时辅之以诉讼告知制度。即为使有法律上利害关系之第三人能知悉诉讼而有及时参与诉讼之机会,避免第三人嗣后再提起第三人撤销之诉,以维持确定裁判之安定性,并贯彻一次诉讼解决纷争之原则,法院宜于第一审或第二审言词辩论终结前相当时期主动将诉讼事件及进行程度以书面通知有法律上利害关系之第三人。② 事实上,第三人申请再审与撤销之诉的功能基本一致,二者均是以对生效判决既判力的突破的方式来保护第三人的合法权益,尽管二者的启动条件略有不同,但其法律后果均是对生效判决的变更或撤销。而目前第三人撤销之诉与案外人再审二

---

① 吴兆祥、沈莉:《民事诉讼法修改后的第三人撤销之诉与诉讼代理制度》,载《人民司法》2012年第23期。
② 杨建华:《民事诉讼法要论》,北京大学出版社2013年版,第104页。

程序并存的立法设置会使案外人无所适从,造成程序的虚置与浪费。因此,第三人撤销之诉与案外人申请再审二者择其一进行设置,即可满足事后对案外第三人进行救济的要求。

(四)增设诈害防止参加等事前救济形式

第三人撤销之诉作为一种事后救济方式,其是在生效判决对案外第三人的损害已成既成事实的情况下赋予案外第三人的一种事后补救,而如果能让第三人积极参与进行中的诉讼程序则对第三人的程序保障则会显得全面而具体,虽然有些时候第三人实际上可能并不能知晓诉讼的发生与进展。正如前文所述,日本民事诉讼法中有独立请求权的第三人包括两种类型,其中之一即是案外人的诈害防止参加,以明确其事前参与的程序与机制,避免损害的发生。我国在未来的民事诉讼法调整时,亦应适时为第三人增设事前参与的机制,以预防案外第三人利益受损的发生。即在有独立请求权的第三人的界定中明确增加一种,诈害防止参加。而事实上,对第三人来讲,事前救济远比事后救济来得更为重要,因此,承认第三人的参加之诉的当事人地位是非常有必要的。"许可第三人提起主参加诉讼的权利,不仅可以及时给予案外人以诉讼主体的合法地位予以救济,也可以防止广泛承认当事人诉权和诉的利益而产生的滥用诉权问题。"①

而且作为第三人撤销之诉来讲,由于其是突破了既判力,如果允许第三人任意提起此类诉的话,那么将会导致后诉不断推翻前诉,法的稳定性及生效判决的效力会不断受到冲击。因此,即便是在法国,为杜绝此类情形不断发生,也作出了让第三人强制性地参加诉讼的事前规定。如《法国民法》第311条之10规定,即"关于亲子关系的判决对于非当事人之人也可以产生对抗的效力,不过,这些人员享有提起第三人撤销判决之诉的权利;对于被判断为应当共同作出判决的所有关系人,法官可以依职权命令其参加诉讼。"因此,在有其他可供选择的救济方式存在时尽量避免启动撤销之诉,以维护生效判决的权威与稳定。而在我国未来的立法及相应的司法解释中亦应保障第三人的事前诉讼参加的机会,当然当事人有诉讼告知的义务,法官有些时候亦应依职权进行告知。同时,为防止虚假诉讼、恶意诉讼的不断发生,在诉讼中法官亦应充分发挥职权能动作用,适时限制当事人恣意的处分权,以避免对案外第三人利益造成不应有的损害。

---

① 肖建华:《民事诉讼当事人研究》,中国政法大学出版社2002年版,第274页。

案外第三人权益保护:德国制度与理论
——兼论我国第三人撤销诉讼

■ 任 重*

摘 要 与我国民事诉讼不同,德国民事诉讼法至今未确立第三人撤销判决制度。通过既判力主体相对性规定、在执行过程中的"执行内"和"执行外"救济措施以及另行起诉制度,德国民事诉讼法构建起相对完善的案外第三人权益保障体系,因此德国并没有引入第三人撤销判决制度的强烈愿望。不仅如此,第三人撤销判决制度虽然在第三人保护方面有积极效果,却对民事诉讼既判力体系、法律安定性及司法权威有明显破坏作用。分析与总结德国民事诉讼法在案外第三人权益保护方面的做法,也从另一个角度有助于我国第三人撤销判决制度的科学定位与正确实施。

关键词 第三人撤销判决 虚假诉讼 既判力主体相对性 第三人异议之诉 物权变动

2012年8月31日,第十一届全国人民代表大会常务委员会第28次会议通过了我国新《民事诉讼法》。该法第56条第3款①在我国民事诉讼中确立了第三人撤销诉讼制度,其旨在保护虚假诉讼②中第三人的合法权益。③ 第三人撤

---

* 任重,清华大学法学院博士后,德国萨尔大学法学博士。
① 新《民事诉讼法》第56条第3款规定:"前两款规定的第三人,因不能归责于本人的事由未参加诉讼,但有证据证明发生法律效力的判决、裁定、调解书的部分或者全部内容错误,损害其民事权益的,可以自知道或者应当知道其民事权益受到损害之日起6个月内,向作出该判决、裁定、调解书的人民法院提起诉讼。人民法院经审理,诉讼请求成立的,应当改变或者撤销原判决、裁定、调解书;诉讼请求不成立的,驳回诉讼请求。"
② 所谓虚假诉讼,是指形式上的诉讼双方当事人共谋通过虚构实际并不存在的实体纠纷(包括双方之间根本不存在实体法律关系以及虽存在实体法律关系,但并不存在争议两种情形),意图借助法院对该诉讼的判决达到损害诉讼外第三人权利或权益的诉讼。张卫平:《第三人撤销判决制度的分析与评估》,载《比较法研究》2012年第5期。
③ 张卫平:《第三人撤销判决制度的分析与评估》,载《比较法研究》2012年第5期;张卫平:《第三人撤销诉讼程序》,载《人民法院报》2011年8月31日第007版。

销诉讼在制度定位上属于案外第三人权益的事后保障,①与第三人参加诉讼制度一道起到维护和保障民事诉讼第三人合法权益的重要作用。在我国,关于如何防止和救济因他人诉讼、仲裁、调解而导致第三人合法权益受损一直是社会非常关注的问题,第三人撤销诉讼制度正是着眼于这一社会问题,因此具有重要的现实意义。不仅如此,从比较法角度观察,我国在民事诉讼中确立第三人撤销诉讼还具有较强的理论创新价值。②

与我国不同,德国民事诉讼中没有类似邻国法国的第三人撤销诉讼制度,并且从文献资料来看,学术界也鲜有引入的呼声。德国与我国具有较为相似的民事诉讼法律传统,在诉讼法律制度上也有相当多的共通之处,然而,为什么德国这样一个程序法制发达的国家却没有第三人撤销诉讼制度?是学界和制度构建者的疏忽大意?难道在德国司法实务中不存在虚假诉讼损害第三人合法权益的问题,没有第三人撤销诉讼的需求?这些疑问构成了本文思考的逻辑起点,笔者试图着重考察德国民事诉讼案外第三人保护制度,在此基础上尝试分析和归纳其不引入第三人撤销诉讼的缘由和背景。对以上问题的解答不仅可以揭示德国第三人权益的保护机制和理论基础,也可以从另一个角度对我国第三人撤销诉讼制度的科学定位和具体操作有所裨益。

一、既判力主体相对性与案外第三人权益保护

除德国《民事诉讼法》第771条到第774条"第三人异议之诉"以外,几乎再也找不到特别针对案外第三人权益保护的相关规定。但通过法律解释和学说发展,德国民事诉讼对案外第三人权益的保障措施可以被归纳为以下三个层次:首先,第325条③以下关于既判力主体范围相对性的规定从判决效力方面构成案

---

① 张卫平:《第三人撤销诉讼程序》,载《人民法院报》2011年8月31日第007版。按此分类,新《民事诉讼法》第227条案外人异议诉讼也属于第三人权益的事后保障措施。张卫平:《第三人撤销判决制度的分析与评估》,载《比较法研究》2012年第5期。

② 第三人撤销诉讼制度源于法国,并在我国台湾地区得到完善和发展。其重要功能在于应对既判力扩张情况下第三人权益保护问题。与此相比,我国确立第三人撤销诉讼的直接原因是解决虚假诉讼中第三人权益保障问题,因此在第三人撤销诉讼的适用范围上又有所扩展。张卫平:《第三人撤销诉讼程序》,载《人民法院报》2011年8月31日第007版;张卫平:《第三人撤销判决制度的分析与评估》,载《比较法研究》2012年第5期。

③ 德国《民事诉讼法》第325条第1款规定,确定判决的效力,其利或不利,及于当事人、在诉讼系属发生后当事人的继承人以及作为当事人或继承人的间接占有人而占有系争物的人。条文翻译参见《德意志联邦共和国民事诉讼法》,谢怀栻译,中国法制出版社2000年版,第80~81页。

外第三人权益保护的第一层次;①其次,在强制执行过程中依照第 766 条对强制执行程序事项提出抗议(Erinnerung)②及即时抗告(sofortige Beschwerde),③依据第 771 条以下对强制执行的实体事项提出第三人异议之诉(Drittwiderspruchsklage)④构成制度保障的第二层次;最后,根据德国《民法典》第 985 条"返还请求权",第 812 条第 1 款第 1 句以下"不当得利返还请求权"和第 823 条第 1 款和第 826 条以下"侵权损害赔偿请求权"等另行起诉制度构成了第三层次的保障措施。⑤

其中,既判力主体范围的界限在根本上避免案外第三人因为他人之间的诉讼遭受不利益。这也构成案外第三人权益保障体系中最根本的制度设计。通过对德国《民事诉讼法》第 325 条第 1 款进行反对解释,既判力原则上只在案件当事人之间发挥效用:⑥一方面,这种做法与既判力的本质相契合,既判力被视为消极诉讼要件(negative Prozessvoraussetzung),旨在防止重复诉讼和相互矛盾的判决。⑦另一方面,这也受到民事诉讼基本模式的制约:法院的裁判是基于当事人提出的事实和证据以及当事人的行为,因此,案外第三人并未对裁判内容产生影响,在此背景下要求案外第三人接受针对他人之间裁判内容的制约显然有

---

① Rosenberg/Schwab/Gottwald, Zivilprozessrecht, 17. Aufl., 2010, § 156, Rn. 1.

② Erinnerung 翻译为"异议"更容易被理解和接受,但之前的文献多译为"抗议",因此本文依旧遵照先前的翻译习惯。参见《德意志联邦共和国民事诉讼法》,谢怀栻译,中国法制出版社 2000 年版,第 198 页。

③ Gaul/Schilken/Becker-Eberhard, Zwangsvollstreckungsrecht, 12. Aufl., 2010, § 36, Rn. 3.

④ Gaul/Schilken/Becker-Eberhard, Zwangsvollstreckungsrecht, 12. Aufl., 2010, § 41.

⑤ 德国民法典第 985 条规定,所有人可以向占有人请求返还物。第 812 条第 1 款第 1 句规定,无法律上的原因,因他人的给付或以其他方式使他人蒙受损失而自己取得利益的人,有义务向他人返还所取得的利益。第 823 条第 1 款规定,故意或有过失地不法侵害他人的生命、身体、健康、自由、所有权或者其他权利的人,有义务向该他人赔偿因此而发生的损害。第 826 条规定,以违反善良风俗的方式故意加损害于他人的人,有义务向该他人赔偿损害。条文翻译参见《德国民法典》,陈卫佐译,法律出版社 2010 年第 3 版,第 301 页、第 304 页、第 305 页和第 347 页。

⑥ Rosenberg/Schwab/Gottwald, Zivilprozessrecht, 17. Aufl., 2010, § 156, Rn. 1; Musielak, Grundkurs ZPO, 9. Aufl., 2007, Rn. 572; Jauernig/Hess, Zivilprozessrecht, 30. Aufl., 2011, § 63, Rn. 1.

⑦ BGH NJW 2008, 1227; BGHZ 157, 47 = NJW 2004, 350; BGH NJW 2003, 3058, 3059; NJW 1995, 2993; Rosenberg/Schwab/Gottwald, Zivilprozessrecht, 17. Aufl., 2010, § 151, Rn. 10 ff.

失公允。① 基于以上考虑，只有在极其个别的情况下，并且仅当有法律的特别规定时，判决内容才被允许约束案外第三人，即既判力向第三人扩张（Rechtskrafterstreckung auf Dritte）的情形，例如德国《民法典》第 407 条第 2 款之规定。② 然而，一旦发生既判力效力向第三人扩张，第三人就要受到判决内容的约束。与案件当事人一样，案外第三人不得再针对相关争议进行辩论并要求法院作出裁判。在这种情况下，也同样排除了依据第 771 条第三人异议之诉以及另行起诉的可能性。

虽然在民事诉讼法典之外，还有其他法律规定了若干既判力向第三人扩张的特别规定，但考虑到其严苛的适用条件以及在既判力扩张产生之前依据德国《民事诉讼法》第 64 条以下③第三人参加诉讼制度的可能性，既判力向案外第三人的扩张属于极其个别的情形。④ 在大多数情况下，判决内容并不约束案外第三人，因此不会构成对案外第三人权益的损害，从而也不存在对其权益进行特别保障的必要。⑤ 例如，A 长期旅居国外，其将国内的名贵油画交由好友 B 保管。B 与 C 合谋虚构关于该名画的买卖合同，并且采用虚假诉讼的方式骗取法院的

---

① Rosenberg/Schwab/Gottwald, Zivilprozessrecht, 17. Aufl., 2010, § 156, Rn. 1; Jauernig/Hess, Zivilprozessrecht, 30. Aufl., 2011, § 63, Rn. 1.

② BGHZ 52, 150 = NJW 1969, 1479; Schwab, Die prozessrechtlichen Probleme des § 407 II BGB, GS Bruns, 1980, S. 181; Rosenberg/Schwab/Gottwald, Zivilprozessrecht, 17. Aufl., 2010, § 156, Rn. 2. 德国《民法典》第 407 条第 2 款规定，债权让与后在债务人和原债权人之间已处于未决状态的诉讼，已作出关于债权的有既判力的判决，新债权人必须容许该判决被对他自己主张，但债务人在诉讼系属发生时知道债权让与的除外。条文翻译参见《德国民法典》（第 3 版），陈卫佐译注，法律出版社 2010 年版，第 142~143 页。

③ 德国《民事诉讼法》第 64 条是关于主参加的规定："某人对于他人已系属的诉讼标的的全部或一部，为自己有所请求时在该诉讼收到确定裁判前，有权在该诉讼所系属的第一审法院，对诉讼双方当事人提起诉讼而主张自己的请求。"条文翻译参见《德意志联邦共和国民事诉讼法》，谢怀栻译，中国法制出版社 2000 年版，第 13 页。

④ 关于既判力向第三人扩张的案例组可参见 Rosenberg/Schwab/Gottwald, Zivilprozessrecht, 17. Aufl., 2010, § 156, Rn. 2 ff.

⑤ 德国关于既判力理论曾有实体说（materielle Theorie）与诉讼说（prozessuale Theorie）之争。实体说认为判决之所以发生既判力，源于判决确定内容与实体法律关系的一致。诉讼说则认为既判力发生并不依赖或者改变实体法律关系，而原则上只在当事人之间发生诉讼法律效果。因此在诸如虚假诉讼的情形下，所有权关系和第三人的法律地位并不受判决内容的影响。目前诉讼说是德国民事诉讼通说。参见 BGHZ 35, 338; BGHZ 36, 365, 367; Jauernig/Hess, Zivilprozessrecht, 30. Aufl., 2011, § 63, Rn. 3 ff.; Pagenstecher, Lehre von der materiellen Rechtskraft, S. 305 ff.; Rosenberg/Schwab/Gottwald, Zivilprozessrecht, 17. Aufl., 2010, § 150, Rn. 9; Schwab, Rechtskrafterstreckung auf Dritte und Drittwirkung der Rechtskraft, ZZP 77, 132 ff.

判决。尽管如此,C并不因此取得该油画的所有权,其所有权人依旧是旅居国外的A。从实体法层面观察,德国《民法典》中非因法律行为导致物权变动的情形并不包含法律文书。① 在德国的司法实践中,加工、附和及混合是最重要的非基于法律行为的物权变动行为。② 此外,因为B为无权处分,且为C明知,因此C也并不能根据善意取得成为新的所有权人。从诉讼法层面观察,本案不属于既判力向第三人扩张的情形,因此判决内容也并不约束A。如若发生强制执行程序,A可以根据《民事诉讼法》第771条向执行地诉讼法院(Prozessgericht)提起第三人异议之诉。如果执行措施已经完成,A可以根据《民法典》第985条要求占有人C返还油画,对可能发生的损害,按照第823条第1款和第826条要求损害赔偿,在可能发生的他人善意取得的情形下(无权占有人C又将字画转让给D,且D为善意,从而满足善意取得要件,产生物权变动的法律效果),A可以根据第812条主张不当得利返还。③ 综上所述,作为我国引入第三人撤销判决制度重要因素的虚假诉讼问题在德国民事诉讼看来并非真正法律问题。无论从实体法还是从诉讼法层面考察,他人虚构实体法律关系的诉讼原则上并不会损害案外第三人的合法权益。④ 不仅如此,引入第三人撤销判决制度也与既判力向第三人扩张的初衷相悖。基于法律安定性与司法统一的特别考虑,⑤在法律明确规定既判力扩张的情形下,法律要求案外人必须服从判决内容的约束。然而第三人撤销判决制度却使生效判决长时间处于可能被撤销的状态,不利于法律安定性与司法统一的达成。基于以上两方面原因,德国民事诉讼并未产生引入法国《民事诉讼法》第582条以下第三人撤销判决制度(法文 tierce opposi-

---

① 程啸:《因法律文书导致的物权变动》,载《法学》2013年第1期。

② Vgl. Wolfgang Lueke, Sachenrecht, 2009, Rn. 227.转引自程啸:《因法律文书导致的物权变动》,载《法学》2013年第1期。

③ 由于我国《物权法》第28条认可法律文书可能导致物权变动,因此处理方法可能与德国不同,并存在因为虚假诉讼损害第三人利益的可能性,对此将在下文详细讨论。

④ 这一论断得到德国萨尔大学马丁内克教授、玛杜莎—贝克曼教授的印证。然而,生效的形成判决是否可能直接导致物权变动存在疑问。与给付判决和确认判决不同,形成判决并非对既存法律关系的描述(deklaratorisch),而是面向未来构造新的法律关系。在我国,由于不认可物权行为无因性,因此形成判决将直接导致物权变动。但在德国物权行为无因性的制度背景下,形成判决是否直接发生物权变动的结果,抑或是依旧需要物的让与才产生物权变动效力是存在疑问的。不同的做法将在形成判决生效后到物的交付或变更登记之前产生截然相反的法律效果:前者在形成判决生效后即发生物权变动效果,后者则需要交付或变更登记后才产生物权变动的法律效果。关于形成判决的本质和效力参见 Jauernig/Hess, Zivilprozessrecht, 30. Aufl., 2011, §65, Rn. 1 ff.

⑤ Rosenberg/Schwab/Gottwald, Zivilprozessrecht, 17. Aufl., 2010, §156, Rn. 5.

tion)①的强烈愿望。

二、案外第三人权益的"执行内"救济措施

基于既判力主体范围的严格限制,原则上德国民事诉讼审判程序并不产生案外第三人事后保护的实际需求。尽管如此,强制执行措施仍旧可能产生对案外第三人权益的损害,这与德国强制执行程序的基本构造直接相关。德国民事诉讼目前采取审判程序和执行程序分离的做法。不仅如此,由于司法资源的稀缺,立法者只得将执行程序交给往往并非由法官构成的执行组织(Vollstreckungsorgan),②因此有必要在执行程序中建立权利救济体系,从而将非法官执行组织的行为置于法官的监督和审查之下。③ 不仅如此,基于贯彻和实现强制执行的考虑,执行程序的程式化趋向(Formalisierung der Zwangsvollstreckung)十分明显,即执行机关和执行法院(Vollstreckungsgericht)并不会对判决的实体事项进行审查,④从而使强制执行可能损害案外第三人合法权益。基于这种构造,民事诉讼也产生了在强制执行阶段对实体争议点进行处理的迫切需求。

基于以上考虑,德国立法者对执行阶段的案外第三人权益救济体系采取程序事项和实体事项分离的双轨制做法(Zweispurigkeit des Rechtsbehelfssystems)。对程序方面的异议⑤允许向执行法院提出抗议(Erinnerung)和抗告(Beschwerde),统称为"执行内"(vollstreckungsintern)权利救济⑥;对实体方面

---

① Bunge, Zivilprozess und Zwangsvollstreckung in Frankreich und Italien, 2008, S. 95 ff.

② Gaul/Schilken/Becker-Eberhard, Zwangsvollstreckungsrecht, 12. Aufl., 2010, § 5, Rn. 2 ff., § 36, Rn. 6;Musielak, Grundkurs ZPO, 9. Aufl., 2007, Rn. 607 ff.

③ Gaul/Schilken/Becker-Eberhard, Zwangsvollstreckungsrecht, 12. Aufl., 2010, § 37, Rn. 1.

④ Gaul/Schilken/Becker-Eberhard, Zwangsvollstreckungsrecht, 12. Aufl., 2010, § 36, Rn. 10;Gaul, Das Rechtsbehelfssystem der Zwangsvollstreckung - Moeglichkeiten und Grenzen einer Vereinfachung, ZZP 85, 272 f.;Lippross, Das Rechtsbehelfssystem der Zwangsvollstreckung, JA 1979, S. 10;Geissler, Die Vollstreckungsklagen im Rechtsbehelfssystem der Zwangsvollstreckung, NJW 1985, 1865.

⑤ 程序性异议(formelle Einwendung)是只涉及执行程序本身的,不涉及执行名义(Vollstreckungstitel)的实体瑕疵。凡是执行机关据以作出执行行为的法律规范内容原则上都是程序性事项。涉及程序性事项的法律规定有两类,一是规定执行进程(Vollstreckungsablauf)的法律规范,二是规定了执行前提的法律规范,据此相关人可以在执行抗议中主张执行不合法。参见 Gaul/Schilken/Becker-Eberhard, Zwangsvollstreckungsrecht, 12. Aufl., 2010, § 36, Rn. 7, § 37, Rn. 9.

⑥ Gaul, ZZP 85, 271;Ders/Schilken/Becker-Eberhard, Zwangsvollstreckungsrecht, 12. Aufl., 2010, § 36, Rn. 7.

的争议则采用诉讼强制(Klagezwang),必须由执行地诉讼法院而非执行法院进行处理,从而实现对案外第三人充分的程序保障,并且有助于纠纷的终局性解决,避免纠纷转化为后续的不当得利和损害赔偿纠纷。① 以诉的形式向诉讼法院提出异议之诉被称为"执行外"权利救济(externe Rechtsbehelfe)。对强制执行中案外第三人合法权益予以有效的法律保障也反映了宪法的基本精神和态度。②

尽管如此,无论是"执行内"权利救济措施还是"执行外"权利救济措施都不产生中止或推迟执行的效果(Suspensiveffekt),从而防止因为债务人或者第三人的刁难或故意拖延架空强制执行。民事诉讼法也并未规定关于执行中止的一般性条款,而是在具体条文中予以个别规定。此外,立法者还对中止强制执行的裁定主体予以严格限制,原则上只有对案件实体争议作出终局判决的诉讼法院才可以裁定中止执行程序,因为只有该法院得以全面评估法律救济的前景,并对中止的要件进行严格和谨慎的审查,从而也保障强制执行的顺利进行。③ 此外对于中止执行的裁定也不得要求上级法院进行复议,以避免因为在复议中使上级法院的意见影响审理法院对实体争议问题的处理。综合各种因素,德国立法者认为由审理法院决定是否对中止执行的裁定进行变更足以纠正和克服可能存在的错误。④

对案外第三人权益的"执行内"救济措施在理论上包括四个层级,即对执行机关执行行为(Vollstreckungsverhalten)的抗议(Erinnerung),针对执行法院作出的处理结果向上一级法院提出的即时抗告(sofortige Beschwerde)以及2002年1月1日新引入的法律抗告(Rechtsbeschwerde):根据《民事诉讼法》第574条第1款之规定,如果案件具有基础性意义(grundsätzliche Bedeutung der Rechtssache)或者对法律续造(Rechtsfortbildung)以及判决统一的价值从而得到

---

① Gaul, ZZP 85, 300; Ders/Schilken/Becker-Eberhard, Zwangsvollstreckungsrecht, 12. Aufl., 2010, § 36, Rn. 12.
② BVerfG NJW-RR 1991, 1101; BVerfG NJW 1997, 2167 f.; Stamm, Die Prinzip und Grundstrukturen des Zwangsvollstreckungsrecht, 2007, S. 509, 534, 542; Gaul/Schilken/Becker-Eberhard, Zwangsvollstreckungsrecht, 12. Aufl., 2010, § 36, Rn. 13.
③ Gaul/Schilken/Becker-Eberhard, Zwangsvollstreckungsrecht, 12. Aufl., 2010, § 36, Rn. 27 ff.
④ BVerfG NJW 2006, 2907 f.; BGH NJW-RR 2005, 1009, 1010; Stein/Jonas/Leipold, Kommentar zur Zivilprozessordnung, 22. Aufl., 2007, § 321a, Rn. 16; BGH NJW 2007, 3786; Gaul/Schilken/Becker-Eberhard, Zwangsvollstreckungsrecht, 12. Aufl., 2010, § 36, Rn. 30.

州法院的许可时,案外第三人得以向联邦最高法院提出法律抗告。① 除此之外,自 2005 年 1 月 1 日之后,第三人还可能根据《民事诉讼法》第 321a 条因法院违反法定听审权向联邦宪法法院提出宪法抗告。考虑到法律抗告和宪法抗告的特殊性,本文只介绍前两个层级的"执行内"救济措施。

1. 案外第三人执行抗议(Vollstreckungserinnerung)

案外第三人抗议构成了"执行内"救济措施的第一个层次。与第 771 条不同,德国民事诉讼法并没有明确规定案外第三人可以对执行机关的执行行为提出抗议,这是因为德国立法者是根据异议的不同种类(如执行抗议、执行抗告、执行异议之诉)分别加以规定,而不是按照异议的主体进行划分。② 因此,德国《民事诉讼法》第 766 条并未排除案外第三人得以据此向执行法院提出执行抗议。

根据德国《民事诉讼法》第 766 条第 1 款第 1 句,案外第三人得以对于强制执行的种类和方式或对执行员在执行时应遵守的程序提出执行抗议。③ 结合第 764 条进行体系解释,执行所在地初级法院作为执行法院对案外第三人的执行抗议进行处理,这构成了案外第三人执行抗议的直接法律渊源。虽然第 766 条只列举了几种可供提出抗议的事项,但通说认为立法者旨在提供全面的法律保护,执行抗议的对象并不局限于法律条文中的列举。④ 不仅如此,执行行为的主体也不局限于执行员,执行法院的行为也可以成为抗议的对象。法律如此规定是因为执行员担负了大部分执行行为,而不是以此排除对执行法院行为进行抗议的可能性。⑤ 由此可见,第 766 条是执行抗议的一般条款,抗议主体包括执行权利人、执行义务人和案外第三人,在客体范围上囊括了所有程序性异议。对于

---

① 法律抗告的具体程序可参见 Gaul/Schilken/Becker-Eberhard, Zwangsvollstreckungsrecht, 12. Aufl., 2010, § 36, IV.

② Gaul, ZZP 85, 266 ff.; Lippross, JA 1979, 10 ff.; Kunz, Erinnerung und Beschwerde, 1980, S. 316; Geissler, Das System der vollstreckungsinternen Rechtsbehelfe, JuS 1986, 281; Stamm, Die Prinzipien und Grundstrukturen, S. 507; Gaul/Schilken/Becker-Eberhard, Zwangsvollstreckungsrecht, 12. Aufl., 2010, § 36, Rn. 3.

③ 条文翻译参见《德意志联邦共和国民事诉讼法》,谢怀栻译,中国法制出版社 2000 年版,第 198 页。

④ Gaul, Der Gerichtsvollzieher – ein organisationsrechtliches Stiefkind des Gesetzgeber, ZZP 87 (1974), 241, 257; Baumbach/Lauterbach/Hartmann, § 766 Rn. 2; Kunz, Erinnerung und Beschwerde, 1980, S. 131; Stamm, Prinzipien und Grundstrukturen des Zwangsvollstreckungsrecht, 2007, S. 523 f.; Schilken, AcP 208 (2008), 850, 854; Gaul/Schilken/Becker-Eberhard, Zwangsvollstreckungsrecht, 12. Aufl., 2010, § 37, Rn. 1.

⑤ Niedeck, Ueber die geltendmachung von Antraegen, Einwendungen und Erinnerungen gegen die Art und Weise der Zwangsvollstreckung, ZZP 18, 369, 384 ff.; Gaul/Schilken/Becker-Eberhard, Zwangsvollstreckungsrecht, 12. Aufl., 2010, § 37, Rn. 2.

执行抗议的申请,根据第764条和第802条由执行地基层法院作为执行法院专属管辖。据此,执行法院将执行员行为的合法性和正当性(Rechts-und Zweckmaessigkeit)进行审查,对执行法院自身的行为进行自我检查(Selbstkontrolle),从而切实保障宪法赋予当事人的法定听审权。

尽管德国民事诉讼法留有案外第三人抗议的空间,但这并非强制执行程序的常态。基于贯彻强制执行的考虑,强制执行程序与审判程序一样,同样以两造当事人原则(Zweiparteienprinzip)为基础,其设置的首要目的是处理当事人之间的民事诉讼法律关系,而并非是案外第三人对执行程序的干预。因此,原则上只有进入执行保护范围的第三人才能根据第766条提出执行抗议,从而在案外第三人保护和避免第三人对执行程序的频繁干涉之间找到了平衡点。①

民事诉讼法律学说将案外第三人分为两个类别,即具有完全抗议权的第三人(Dritt mit voller Erinnerungsbefugnis)和有限制抗议权的第三人(Dritt mit beschränkter Erinnerungsbefugnis)。前者原则上享有与债务人一样的执行抗议权,而后者仅当执行行为违反特定法律规定时才能够提起执行抗议。② 例如按照《民事诉讼法》第740条第1款规定,配偶间实行共同财产制并且由他们中的一方单独管理,就共同财产强制执行只需要有对配偶一方的判决即为已足。因为这一特别规定,配偶中的另一方不得依照第771条提起第三人异议之诉,然而其对执行程序的合法性有重大利害关系,因此配偶的另一方像执行义务人一样享有完全的抗议权。相反,如果第三人是第809条中物的占有人,或者被执行人的家庭成员,则当且仅当存在第811条和第850条以下不得扣押的情形时,才可以依据第766条提出执行抗议。③

符合以上限制条件的第三人原则上从具体的强制执行措施开始到结束的任何时间点都可以向执行法院提起,此外抗议也不受形式的限制。对抗议的处理遵循裁定程序(Beschlussverfahren),根据德国《民事诉讼法》第764条第3款可以不经言辞辩论作出裁定。裁定程序的基本结构依旧采取对抗制(kontradikto-

---

① J. Blomeyer, Die Erinnerungsbefugnis Dritter in der Mobiliarzwangsvollstreckung, 1966, 24 ff.; K. Schmidt, Die Vollstreckungserinnerung im Rechtsszstem - Dogmatik und Praxis eines Rechtsbehelfs eigener Art, JuS 1992, 91 ff.; Gaul/Schilken/Becker-Eberhard, Zwangsvollstreckungsrecht, 12. Aufl., 2010, § 37, Rn. 44.

② Gaul/Schilken/Becker-Eberhard, Zwangsvollstreckungsrecht, 12. Aufl., 2010, § 37, Rn. 46.

③ BGH DGVZ 2010, 77, 78; LG Düsseldorf MDR 1962, 62; OLG Hamm DGVZ 1984, 138 ff.; OLG Koeln OLGZ 1993, 113, 115 f.; Gaul, Rpfleger 1971, 81, 89; Stein/Jonas/Münzberg, § 766 Rn. 35; Wetzel, JuS 1990, 198, 202; Gaul/Schilken/Becker-Eberhard, Zwangsvollstreckungsrecht, 12. Aufl., 2010, § 37, Rn. 46 ff.

risch),由提出抗议的一方对此负担举证责任。执行员可以作为证人依申请或依职权被传唤到庭进行官方咨询(amtliche Auskunft)。执行法院将在申请范围内对相关执行措施的合法性和正当性进行审查,并根据第764条第3款和第329条作出裁定。针对执行法院作出的裁定可以根据第793条提出即时抗告,由上一级法院进行复议。

由于"执行内"保障措施仅针对程序性事项,因此并不会和针对实体事项的第三人异议之诉以及不当得利返还之诉、侵权损害赔偿之诉等产生竞合。值得讨论的仅有所谓双重缺陷的场合(Doppelmängel),从而使两种法律保障措施之间发生竞合关系(Konkurrenz der beiden Rechtsbehelfe)。[1] 例如持有某物的A同时也是所有权人,执行机关根据德国《民事诉讼法》第809条对该物进行扣押,此时,A既满足第809条和第766条提起案外第三人执行抗议的条件,同时也符合第771条第三人异议之诉的构成要件。在竞合关系中,原则上排除第三人依据德国《民事诉讼法》第809条和第766条提出执行抗议,其只能通过第771条第三人异议之诉维护自己的合法权益。[2] 此外,案外第三人也不得在执行抗议之外再根据第256条提出针对扣押裁定无效或不确定的消极确认之诉。[3]

2. 即时抗告

对于执行法院针对执行抗议作出的裁定,案外第三人还可以向执行法院或在紧急情况下直接向上一级法院提出即时抗告并根据德国《民事诉讼法》第568条和《法院组织法》(Gerichtsverfassungsgesetz,简称GVG)第72条由执行法院的上一级法院进行处理,这构成了"执行内"法律保障措施的第二个层次。原则上,即时抗告自具体执行措施开始到其结束都可以提起,此外还受到一般即时抗告的时间限制,即根据德国《民事诉讼法》第569条第1款第1句和第2句在裁定送达起2周的不变期间(Notfrist)内提出,如果未宣告或未送达则在作出裁定5个月后开始起算2周不变期间。由于针对抗议的裁定原则上由独任法官或司法官(Rechtspfleger)作出,因此针对该裁定的即时抗告也由独任法官或司法官进行处理。根据德国《民事诉讼法》第568条第2款第1项和第2项,在疑难案件或具有原则性意义时,由独任法官将其移交给审判庭处理。与对抗议的处理

---

[1] BGH NJW-RR 2004, 472, 473 f.; OLG Düsseldorf OLGZ 1984, 94; Gaul/Schilken/Becker-Eberhard, Zwangsvollstreckungsrecht, 12. Aufl., 2010, § 37, Rn. 87.

[2] BGH NJW-RR 2010, 281 f. = Rpfleger 2010, 33, 34; Gaul/Schilken/Becker-Eberhard, Zwangsvollstreckungsrecht, 12. Aufl., 2010, § 37, Rn. 88.

[3] BGHZ 69, 144, 148 f. = NJW 1977, 1881 f.; Gaul, Zur Rechtsstellung der Kriditinstitute als Drittschuldner in der Zwangsvollstreckung, 1978, S. 30 ff.; Gaul/Schilken/Becker-Eberhard, Zwangsvollstreckungsrecht, 12. Aufl., 2010, § 37, Rn. 92.

一致,根据第 572 条第 4 款和第 128 条第 4 款,即时抗告的裁定也可以不经言辞辩论作出。根据第 794 条第 1 款第 3 项,抗告法院的裁定立即具有可执行性,即便是可能进行的法律控告或宪法控告也并不产生推迟执行的效果。①

三、案外第三人权益的"执行外"救济措施

与案外第三人权益的"执行内"救济措施处于平行地位的是所谓案外第三人权益的"执行外"救济措施,在德国民事诉讼法中主要代指第 771 条第三人异议之诉。

根据德国《民事诉讼法》第 771 条第 1 款规定,如果第三人主张在强制执行的标的物上有阻却让与的权利时,可以在执行地法院提起异议之诉。与第三人执行抗议的制度背景相似,第三人异议之诉也基于德国民事执行程序特殊的构造。德国民事诉讼不仅对强制执行的要件进行了形式化的处理,同样也基于贯彻强制执行的目的,确立了执行手段的程式化(Formalisierung der Zugriffstatbestand)。根据第 808 条,只要是债务人所持有的有体动产都构成了执行员执行措施的对象,而不事前审查这些动产是否为债务人所有,但明显不属于债务人的情况除外。② 对于土地和土地上权利则只需要登记在债务人名下即可。因此,债务人持有的财产为其所有并非强制执行的合法性要件。

由于德国民事诉讼对强制执行采取的程式化态度,因此在司法实践中存在执行员对债务人持有的第三人财产采取执行措施的风险。为了保护案外第三人的财产权,立法者有必要给予其相应的法律救济措施,即《民事诉讼法》第 771 条第三人异议之诉。③ 虽然第三人异议之诉中案外第三人负有对存在阻却让与的权利的证明责任,但却为其开启了通过诉讼法院前的普通审判程序维护自身权益的法律途径,并得以获得对实体权利争议的终局性裁判。④ 因此,第三人异议

---

① OLG Koeln NJW-RR 2004, 716 f. = FamRZ 2005, 223 f.; MünchKomm-ZPO/Lipp, 4. Aufl., 2012, § 570, Rn. 2; Thomas/Putzo/Reichold, 33. Aufl., 2012, § 570, Rn. 1; Zoeller/Hessler, 29. Aufl., 2011, § 570, Rn. 2; Gaul/Schilken/Becker-Eberhard, Zwangsvollstreckungsrecht, 12. Aufl., 2010, § 38, Rn. 21.

② BGHZ 119, 75, 86, 89, 91 = NJW 1992, 2570, 2573 f.; Gaul/Schilken/Becker-Eberhard, Zwangsvollstreckungsrecht, 12. Aufl., 2010, § 41, Rn. 3.

③ Gaul/Schilken/Becker-Eberhard, Zwangsvollstreckungsrecht, 12. Aufl., 2010, § 41, Rn. 1.

④ Gaul, ZZP 85, 251, 297 f.; Ders/Schilken/Becker-Eberhard, Zwangsvollstreckungsrecht, 12. Aufl., 2010, § 41, Rn. 5.

之诉也被德国学者视为现代法治国家不可或缺的法律救济措施。①

也基于第三人异议之诉的特殊背景,其制度目标和法律性质也颇具争议。基于强制执行条件和手段的程式化处理,即便强制执行涉及第三人财产,并且第三人按照第771条提起了异议之诉,相关执行措施也并不会因此不合法:因为执行机关只要进行过形式审查就已足够。民事诉讼法只是赋予第三人在实体法层面质疑强制执行的正当性,因为民事诉讼无疑仍然以以下原则为基础,即强制执行只能针对债务人的财产,②因此债权人在实体法上无权以案外第三人财产满足其债权。可见,第三人异议之诉的目标并非请求诉讼法院确认执行措施不合法(消极确认之诉)。③ 除此之外,第三人异议之诉也并不产生使债权人负担返还财产的给付义务,因此在法律性质上也无法归入给付之诉。不仅如此,第三人异议之诉也并非实体法意义上的形成诉讼,因为即便第三人获得胜诉,也并不改变债权人与债务人之间的实体法律关系。④ 考虑到获胜的第三人异议之诉将基于第三人的实体法律关系除去相关执行措施的合法性,第三人异议之诉因此被归入所谓"诉讼形成之诉"(prozessuale Gestaltungsklage)。⑤

获胜的第三人异议之诉将产生两方面效果,一方面,使相关执行措施丧失合法性;另一方面,使第三人获得据以主张停止和撤销执行措施的依据,但裁判并不会自动产生这种效果。在获得胜诉判决后,相关第三人需要依据《民事诉讼法》第775条第1项和第776条要求停止强制执行,并撤销相关的执行处分。当事人在胜诉后的申请是必要的,因为只要执行机关不知晓诉讼法院的相关裁判,执行措施将被视为有效并始终保持其效力。通过当事人的权利主张,相关标的物也将被排除在执行范围之外,从而维护自身实体法律权益。

在适用客观范围方面,通过法律解释和学说发展,凡是针对财产的执行都可

---

① Hellwig/Oertmann, System II, 1919, § 308, 1; Gaul/Schilken/Becker-Eberhard, Zwangsvollstreckungsrecht, 12. Aufl., 2010, § 41, Rn. 5.

② BGH LM Nr. 2 zu § 771; BGHZ 11, 37, 41; BGHZ 55, 20, 26; BGHZ 95, 10, 15; BGHZ 119, 75, 84; Gaul, Ungerechtfertigte Zwangsvollstrekung und materielle Ausgleichsansprüche, AcP 173, 323.

③ Gaul/Schilken/Becker-Eberhard, Zwangsvollstreckungsrecht, 12. Aufl., 2010, § 41, Rn. 8.

④ BGHZ 58, 207, 212; BGHZ 119, 75, 87 f.; Gaul/Schilken/Becker-Eberhard, Zwangsvollstreckungsrecht, 12. Aufl., 2010, § 41, Rn. 10.

⑤ "诉讼形成之诉"说是德国的绝对通说,参见 BGHZ 58, 207, 212 f., 214; BGH NJW 1979, 929; BGH NJW 1985, 3066, 3067; RGZ 61, 430, 431; RGZ 67, 310, 313; RGZ 79, 240, 243; RG JW 1934, 1175; Gaul/Schilken/Becker-Eberhard, Zwangsvollstreckungsrecht, 12. Aufl., 2010, § 41, Rn. 9.

以适用德国《民事诉讼法》第 771 条第三人异议之诉。不仅如此,第三人债权也成为适格的客体。例如执行机关依第 829 条对第三人的债权错误进行扣押的情形。A 与 B 按照德国《民法典》第 328 条签订对第三人 C 有利的合同,据此 C 可以直接请求 B 进行给付。在此种情况下,A 本身就对 B 不存在债权,因此执行机关对债权进行扣押,禁止 B 向 A 进行给付的执行措施将不产生任何效果。C 依旧可以按照合同约定要求 B 进行给付。然而,对债权的扣押行为却在事实上可能损害 C 的债权。为了保障第三人实体权益以及纠纷的终局性解决,审判实践和法律学说超出了德国《民事诉讼法》第 771 条文义,同样赋予债权人与被扣押标的物所有人同样的权利,从而债权人可以援引第 771 条提起第三人异议之诉。[①] 但案例中的债务人 B 无权提出第三人异议之诉,他只能将相关情况及时告知债权人 C,使债权人得以在执行措施结束之前提起第三人异议之诉,此外,债务人也可以针对被执行人根据德国《民事诉讼法》第 256 条提起消极确认之诉。

德国《民事诉讼法》第 771 条同样对第三人异议之诉的主体作出规定,根据第 2 款规定,适格案外第三人将成为第三人异议之诉的原告,被告原则上是执行债权人。被执行人原则上并不被列为共同被告,因为其对第三人的权利往往是认可的,只有在第三人的权利满足德国《民事诉讼法》第 64 条主参加的情形下才将被执行人一并列为共同被告。[②] 对案外第三人提起的异议之诉,执行地法院根据德国《民事诉讼法》第 771 条第 1 款和第 802 条进行专属管辖(oertlich ausschliesslich)。即便扣押后,提起第三人异议之诉之前,被扣押物被带到了另一个法院辖区也并不因此改变管辖。在此基础上,根据诉讼争议额(Wert des Streitgegenstands)确定级别管辖。

第三人异议之诉遵循一般诉讼程序,但基于异议之诉的特殊性质,在诉的声明(Klageantrag)中第三人不能要求"返还某物",而只得主张"某某对特定标的的执行行为无效"。但对于具体表述的要求并不严苛,只要在其诉状中能够识别相应的主张即可。[③] 在证明责任方面同样遵循一般规则,原则上第三人异议之

[①] BGH NJW 1977, 384, 385; BGH JuS 1981, 773 f.; BGHZ 96, 324, 326 = JZ 1986, 498, 499 = NJW 1986, 2362; BGH NJW 1988, 1095; BGH NJW 1994, 1057 f.; RGZ 43, 403 f.; RGZ 89, 176 ff. BGH NJW-RR 2007, 927 f.; Gaul/Schilken/Becker-Eberhard, Zwangsvollstreckungsrecht, 12. Aufl., 2010, § 41, Rn. 27.

[②] Gaul/Schilken/Becker-Eberhard, Zwangsvollstreckungsrecht, 12. Aufl., 2010, § 41, Rn. 138.

[③] RGZ 67, 310, 313; BGH NJW 1989, 2542; Stein/Jonas/Münzberg, § 771, Rn. 7, 53, 26 f.; Gaul/Schilken/Becker-Eberhard, Zwangsvollstreckungsrecht, 12. Aufl., 2010, § 41, Rn. 143.

诉的原告承担其对执行标的物有相应权利的证明责任。①

为了实现推迟相应执行措施的效果,在起诉行为之外,异议之诉原告还需要申请受诉法院作出停止执行的临时命令(einstweilige Anordnung)。然而,在司法实务中也可能产生法院按照第三人申请作出停止执行命令之后发现第三人申请并无依据。尽管如此,并不能因此追究第三人的责任。根据德国联邦最高法院判例和民事诉讼法学通说,第三人异议之诉原告可能受到他人之间诉讼的实质影响,因此必须原则上允许第三人申请停止强制执行以维护其合法权益。要求第三人为无理由的申请承担责任的做法是不恰当的。仅仅是第三人不谨慎的行为并不产生损害赔偿责任。②

与第三人执行抗议一致,原则上自具体执行措施开始到完结之间的任意时间点都可以提起第三人异议之诉。这一时间限定被视为第三人异议之诉的合法性要件,超出这一时间段的起诉将因为"欠缺权利保护必要"(fehlende Rechtsschutzbedürfnisse)而被法院以诉讼判决(Prozessurteil)的形式驳回。例如对金钱的强制执行,只有在扣押开始后才允许提出,因为只有在扣押之后执行的标的才被确定。原则上,只要第三人的权利受到执行措施的威胁就满足了提起第三人异议之诉的条件。③ 然而,如果具体执行措施已经完结,即便第三人的权利受到了执行措施的实质损害也不得再援引德国《民事诉讼法》第771条提起第三人异议之诉,而只得根据具体情况另行提起诉讼,如不当得利返还或损害赔偿之诉。而根据第264条第3项之规定,由第三人异议之诉过渡到相应诉讼并不构成诉的变更。

第三人异议之诉与另行起诉制度的相互关系,也引出第三人异议之诉与其他法律救济措施的竞合问题。

1. 第三人异议之诉与第三人执行抗议(Erinnerung)

第三人异议之诉与第三人执行抗议原则上处于平行关系,分别针对实体事项和程序事项,通常并不发生竞合关系。但在双重瑕疵(Doppelmaengel)的情况

---

① BGHZ 156, 310, 315; BGH NJW 1979, 42; Haertlein, Exekutionsintervention und Haftung, 2008, S. 414; Gaul/Schilken/Becker-Eberhard, Zwangsvollstreckungsrecht, 12. Aufl., 2010, § 41, Rn. 144.

② BGHZ 95, 10, 14 ff. = NJW 1985, 1959 = JR 1985, 508; OLG München NJW-RR 1989, 1471, 1472; OLG Düsseldorf InVO 1998, 328, 329; Stein/Jonas/Münzberg, § 771, Rn. 55; Zoeller/Herget, § 771, Rn. 19a; MünchKomm-ZPO/Schmidt, § 771, Rn. 69; Gaul/Schilken/Becker-Eberhard, Zwangsvollstreckungsrecht, 12. Aufl., 2010, § 41, Rn. 176.

③ BGHZ 156, 310, 314 = NJW 2004, 217, 218; Gaul/Schilken/Becker-Eberhard, Zwangsvollstreckungsrecht, 12. Aufl., 2010, § 41, Rn. 126.

下依旧有竞合可能,例如执行机关按照德国《民事诉讼法》第 809 条扣押第三人持有的动产时无视其保管(Gewahrsammissachtung)。此时第三人既满足德国《民事诉讼法》第 766 条"对于强制执行的种类和方式"条件,又满足第 771 条"在强制执行标的物上有阻却让与的权利"。原则上第三人只能提起第三人异议之诉。即便在动产扣押时第三人未提出抗议,也并不能认为其放弃其后提起第三人异议之诉的权利。①

2. 第三人异议之诉与实体权利诉讼(materiellrechtliche Klagen)

在强制执行期间原则上将排除德国《民事诉讼法》第 771 条以外针对第三人实体权利的诉讼。② 对于阻碍让与的权利必须并且只能以第三人异议之诉的方式被主张。民事诉讼专属管辖的规定也证实了这种处理方法。基于德国《民法典》第 985 条、第 1004 条、第 1065 条和第 1227 条的返还或排除妨害之诉因为德国《民事诉讼法》第 771 条的特殊性也在强制执行期间被排除。

3. 第三人异议之诉与确认之诉

根据德国《民事诉讼法》第 256 条,当事人在具有"特别法律利益"(besondere rechtliche Interesse)时得以提起确认之诉。但在强制执行期间第三人提起针对自己权利的积极确认或针对前诉原告无权利的消极确认因为欠缺确认利益而不得提出,因为与给付之诉一样,其并不能影响强制执行的进程。③

4. 第三人异议之诉与另行起诉制度的关系

如果第三人因为不知强制执行而错过运用第三人异议之诉的机会,那么在执行措施之后其依旧可以根据德国《民法典》第 985 条要求物的返还,在发生不当得利或损害赔偿时根据德国《民法典》第 812 条和第 823 条、第 826 条提起诉讼。④

---

① MünchKomm-ZPO/Schmidt, § 771, Rn. 9; Stein/Jonas/Münzberg, § 771, Rn. 81; Gaul/Schilken/Becker-Eberhard, Zwangsvollstreckungsrecht, 12. Aufl., 2010, § 41, Rn. 179.

② RGZ 67, 310, 312; RGZ 108, 260, 262; BGHZ 58, 207, 213; BGHZ 100, 95, 103 f. = NJW 1987, 1880, 1882; BGH NJW 1989, 2542; Gaul, ZZP 85, 251, 260; Stein/Jonas/Münzberg, § 771, Rn. 78.

③ Stein/Jonas/Münzberg, § 771, Rn. 79; Gaul/Schilken/Becker-Eberhard, Zwangsvollstreckungsrecht, 12. Aufl., 2010, § 41, Rn. 181.

④ BGHZ, 104, 298, 302 ff.; Stein/Jonas/Münzberg, § 771, Rn. 84; Gaul, Rechtsverwirklichung durch Zwangsvollstreckung aus rechtsgrundsaetzlicher und rechtsdogmatischer Sicht, ZZP 112, 135, 166 ff.; Ders, Sachenrechtsordnung und Vollstreckungsordnung im Koflikt Fehlerhafte Mobiliarvollstreckung in wesentliche Grundstücksbestandteile, NJW 1989, 2509 ff.; Ders/Schilken/Becker-Eberhard, Zwangsvollstreckungsrecht, 12. Aufl., 2010, § 41, Rn. 185.

5. 第三人异议之诉与国家赔偿责任

如果第三人的损害是因为执行机关违法和过错的行为产生的,第三人可以根据德国《民法典》第839条要求国家赔偿,例如执行机关扣押了明显属于第三人的财产或者忽视第三人持有被扣押物的权利或对其的所有权。①

四、德国民事诉讼案外第三人权益保护制度分析与评估

基于德国民事诉讼审判程序与强制执行程序的分离以及强制执行程序在开始条件和执行手段上的程式化,德国的案外第三人权益保护制度可以划分为三个不同的层次,即既判力主体范围相对性对案外第三人权益的基本保障,在执行过程中的"执行内"救济措施和"执行外"救济措施以及另行起诉制度。基于贯彻强制执行的考虑,在强制执行期间原则上限制甚至禁止第三人就相关实体权利另行提起诉讼。因此,作为第三层次的另行起诉制度通常在强制执行结束之后才发挥效用。

在判决效力方面,其既判力被严格地限定在诉讼当事人之间,除非有明确的法律规定,第三人并不受他人之间诉讼的约束。特别是考虑到既判力扩张情形下第三人参加制度的缓解,既判力扩张损害案外第三人利益的情形并不常见。即便存在影响第三人合法权益的既判力扩张,考虑到法律安定性以及一般利益的维护,也原则上要求案外第三人服从他人之间的诉讼安排。虽然法国法意义上的第三人撤销判决制度使第三人在既判力扩张的情形下依然得以获得较充分的程序和实体保护,但在判决效力角度观察,其恰恰是对既判力对第三人效力的削减,并且使判决的效力在相当长的时间内②存在被撤销的可能,并不利于法律安定性和司法裁判的权威,或许正是基于这些考虑,德国民事诉讼并未引入源于邻国的第三人撤销判决制度。③ 不仅如此,德国法也并不存在类似我国虚假诉讼的风险,一方面,既判力被限定在诉讼当事人之间,另一方面,德国民事实体法也并不承认以法律文书变动物权关系的方式,因此虚假诉讼问题并非德国法重

---

① BGHZ 146, 17, 19 ff. = NJW 2001, 434 ff.; Gaul, Haftung aus dem Vollstreckungszugriff, ZZP 110, 3, 6; Gaul/Schilken/Becker-Eberhard, Zwangsvollstreckungsrecht, 12. Aufl., 2010, § 41, Rn. 190.

② 根据法国《民事诉讼法》,第三人撤销判决除法律另有规定外,可以在原判决宣告后30年内提起。我国台湾地区"民事诉讼法"规定,第三人撤销判决诉讼提起的期间为原判决确定时起30日内,如果原判决是在送达前确定的,以送达时起算。如果申请第三人撤销判决的理由在此期间后发生或才知晓的,从知晓时起算至判决确定后5年内可提起。张卫平:《第三人撤销判决制度的分析与评估》,载《比较法研究》2012年第5期。

③ 德国萨尔大学(Saarland University)马丁内克教授(Prof. Martinek)和玛杜莎—贝克曼教授(Prof. Matusche-Beckmann)持以上观点。

大的社会与法律问题。

在强制执行过程中,民事诉讼法对案外第三人权益保护采取双轨制,即针对强制执行的种类和方式等程序性事项赋予案外第三人根据德国《民事诉讼法》第766条提出执行抗议的权利,对于执行法院的处理结果,案外第三人还可以提出即时抗告,在符合特定条件时得再提出法律抗告和宪法抗告;针对强制执行标的上阻却让与的权利赋予案外第三人根据德国《民事诉讼法》第771条提出第三人异议之诉的权利,从而就案外第三人的实体权利以诉的方式进行充分的程序和实体法律保障,并促使纠纷的终局性解决。不仅如此,通过抗议和异议之诉也可以实现停止强制执行并将该财产排除在执行财产之外的效果,能够及时有效地排除强制执行的实质损害。

在强制执行终结之后,民事诉讼法依旧为案外第三人保留依照民事诉讼的一般规定另行提起诉讼的法律途径。例如在虚假诉讼的情况下,得以向恶意的占有人根据德国《民法典》第985条要求物的返还;在发生善意取得的情况下根据德国《民法典》第812条以下要求不当得利返还;在发生损害时按照德国《民法典》第823条和第826条提起损害赔偿之诉;在执行机关存在违法和过错行为时根据德国《民法典》第839条要求国家赔偿。

通过三个层次的法律保障措施,德国民事诉讼为案外第三人提供了较为全面和有效的权利保障,因此德国民事诉讼并没有引入第三人撤销判决制度的强烈愿望。不仅如此,第三人撤销判决制度虽然在第三人保护上有积极作用,但却对民事诉讼的判决效力系统、法律安定性以及司法权威有明显的破坏作用。或许是基于这些考虑,德国民事诉讼法典至今没有引入第三人撤销判决制度,甚至该制度并没有进入法学讨论的视野。

五、虚假诉讼与我国第三人撤销判决制度

既有文献通过比较法对法国、我国台湾地区的第三人撤销制度进行了全面和充分的分析,这必将对我国第三人撤销判决制度的构建产生积极作用。本文着眼于德国现有案外第三人权益保护制度的介绍与评估,并对德国不引入第三人撤销判决制度的原因进行了分析与总结,也或许从另一个角度对我国第三人撤销制度的理解与发展有所帮助。无论是法学发展的历史还是法学理论的创新,我国都与德国民事诉讼法学有着较为频繁的互动。与德国相比,我国民事诉讼存在哪些不同之处,从而促使引入第三人撤销判决制度?这既是本文思考的出发点,也是本文分析与总结的落脚点。

我国引入第三人撤销判决制度曾经引起过激烈的讨论,[①]促使立法者引入

---

① 张卫平:《第三人撤销诉讼程序》,载《人民法院报》2011年8月31日第7版。

第三人撤销判决制度的主要动机是为了应对我国民事诉讼日益严重的虚假诉讼问题，即防止当事人合谋通过诉讼损害他人权益。然而，作为前置条件需要考察虚假诉讼在我国是否是真正存在损害案外第三人合法权益的风险。

与德国民事实体法不同，我国《物权法》第28条认可法律文书作为物权变动的依据。我国《物权法》第28条规定："因人民法院、仲裁委员会的法律文书或者人民政府的征收决定等，导致物权设立、变更、转让或者消灭的，自法律文书或者人民政府的征收决定等生效时发生效力"。其中，本条首先针对的便是法院的生效法律文书。如若认为这里的法律文书包括所有类型的判决，即给付之诉、确认之诉和形成之诉，那么虚假诉讼无疑会产生侵害第三人权益的迫切危险，例如A的名画由B保管，B与C合谋提起确认之诉，法官确认画为C所有，那么自确认判决生效时开始便发生法定物权变动，A将丧失对该名画的所有权。但根据有力说，这里的法院判决仅指形成判决，这也符合严格的法律表述，即"导致物权设立、变更、转让或者消灭的"，但即便如此依旧可能存在虚假诉讼侵害第三人可能。例如分割共有物的判决在法律性质上属于形成之诉，[1]A、B和C共有某名画，A和B趁C出国之际向法院提出分割共有物之诉，法院判决名画归A所有，A对B进行相应补偿。因此，即便按照严格限制"法律文书"范围的做法，在我国依旧存在通过虚假诉讼侵害第三人权益的可能。与德国法相比，我国因为实体法律规定的不同，确实存在通过虚假诉讼损害第三人利益的重大风险。

在诉讼法律层面，我国现行民事诉讼法并未如德国民事诉讼法一样全面规定判决的既判力制度和既判力主体范围相对性。由于我国民事诉讼判决效力理论的不足，法学理论未能填补立法上的空白，不仅如此，既判力理论也并未得到我国司法实践的广泛接受。[2]综合各种因素，与德国民事诉讼相比，我国的案外第三人更有可能受到他人之间诉讼结果的约束和限制。因此从诉讼法律制度层面观察，第三人撤销判决制度也将在我国民事诉讼中具有更大的适用范围。

此外，引入第三人撤销判决制度也符合我国"有错必纠"的心理预期。我国民事诉讼目前依旧有较为浓厚的职权色彩，在事实认定方面并未严格贯彻"约束性辩论原则"。由于法院依职权调查在事实认定方面依然有较大比重，因此我国民事判决的真实性被苛以更高的要求，司法机关和当事人对民事判决与实体法律状况不符的容忍度较低。这也体现在我国与德国民事诉讼再审制度构造的差异：与德国相比，我国再审制度无论在提出主体还是在再审条件等方面都更加宽松，旨在最大可能纠正错判，维护判决的正确性。第三人撤销判决的制度功能正是撤销判决中错误的部分或者整个错误判决，因此引入第三人撤销判决制度也

---

[1] 程啸：《因法律文书导致的物权变动》，载《法学》2013年第1期。
[2] 张卫平：《民事诉讼法》，法律出版社2009年第2版，第116页。

符合我国"有错必纠"的心理预期。

　　由此可见,无论在实体法律规范方面,还是在既判力等诉讼法律制度与诉讼体制上的差异,虚假诉讼成为我国民事诉讼切实存在的问题。通过引入第三人撤销判决制度可以有效回应与遏制虚假诉讼的诉求。不仅如此,第三人撤销诉讼也在实质上赋予既判力扩张情况下第三人更为全面的程序保障,在我国有积极作用和重要意义。然而,如何确定第三人撤销诉讼的类别,如何限定第三人撤销诉讼主观和客观适用范围,从而不过分破坏既判力制度和法律安定性,如何处理第三人撤销判决与司法权威的关系,都有赖于更细化的法律解释和司法实务的支撑。无论如何,第三人撤销判决制度在我国具有重要的理论和实践意义,特别是考虑到我国民事实体法与程序法的特点,其将对虚假诉讼的遏制及案外第三人权益的保障发挥不可或缺的积极作用。

学理研析

裁判文书公开制度目的再探
―― 兼评《民事诉讼法》第 156 条

■ 范智欣*

摘　要　2012 年修正后的我国《民事诉讼法》第 156 条对人民法院生效裁判文书的公开作出了明确的规定。然而,在实践中对生效裁判文书的公开范围、案件当事人隐私和国家秘密的保护等问题存在争议,影响了该条的适用。造成上述问题的原因在于目前采取利益法学的立场来设定和理解裁判文书公开制度的目的,因此有必要对裁判文书公开制度的目的进行探讨,在此基础上对《民事诉讼法》第 156 条进行再次理解和评价。

关键词　裁判文书公开、利益法学、功利主义、社会法学

按照一般的认识,公权机关将权力运作过程的信息向公众公开就像阳光驱走黑暗一样,是对付公权机关腐败的一剂灵丹妙药。近 30 年的改革开放,各国家机关和权力单位逐步向广大人民群众公开其运作和具体行为的过程。在这一背景下,最高人民法院自 1999 年起先后出台了多项规范性文件,规范和强化司

---

* 范智欣,清华大学法学院博士研究生、广东警官学院讲师,主要研究方向为民事诉讼法、证据法。

法公开工作和审判公开工作。① 从客观来看,这些规定只是对业已存在于三大诉讼法中的"公开审判制度"②的落实和细化。③ 假如再从三大诉讼法的生效时间与专门规定审判公开的规范性文件出台的时间差来考察,④则不难发现审判公开的落实和细化存在着某种"迟到"的现象。这种"迟到",一方面,固然有认识因素的影响,但笔者认为决定性影响应当是由审判公开制度背后所涉及的矛盾和利益冲突在短时间内难以协调和解决这一原因造成的。这种决定性影响时至今天仍然存在,对裁决文书公开制度的相关争论就充分地表现了这只"无形的手"在相应讨论和立法中的影响。⑤ 然而,最高人民法院已经公布了相应的规范性文件,甚至连修正后的《民事诉讼法》第156条也已对裁判文书的公开作了国家基本法律层面的规定,如何落实这些规定就成为司法实践中不能回避的问题。假若在现时,仍然沉溺于对冲突利益的讨论,陷于这种价值衡量的泥潭而不能自拔,这必然有碍于相关规定的落实,不利于司法实践的开展。发掘造成现时这种陷于利益讨论局面背后的原因,对裁判文书公开制度目的的重新定位,并在此基础上作出对现行规定的合理解释,就成为本文所要解决的问题,而这些问题的解决也无疑将有利于每天都在源源不断地产生的司法实践需求。可见,对这些问题讨论的重要性和必要性是不言而喻的。

一、目前关于裁判文书公开制度的讨论及其原因

从目前的讨论来看,对裁判文书公开制度本身即法院裁判文书应当公开的

---

① 如1999年的《人民法院五年改革纲要》及其后的两个《五年改革纲要》和《最高人民法院关于严格执行公开审判制度的若干规定》,2000年的《最高人民法院裁判文书公布管理办法》,2007年的《最高人民法院关于加强人民法院审判公开工作的若干意见》,2009年《关于司法公开的六项规定》等。

② 应当指出司法公开与审判公开两者,是有所区别的。审判公开应当是司法公开的下位概念,而司法公开中除了审判公开,还应当包括如司法行政公开等内容。最高人民法院的相关文件当中,概有关于审判公开的规定,也有其他司法公开的内容。而本文讨论涉及的内容,主要是审判公开方面的内容,于此特作说明。

③ 如早在1979年的《中华人民共和国刑事诉讼法》第11条、1982年的《中华人民共和国民事诉讼法(试行)》第8条,1989年的《中华人民共和国行政诉讼法》第6条。这些条文均规定了公开审判制度是我国诉讼制度程序中的基本制度。

④ 以《最高人民法院关于严格执行公开审判制度的若干规定》这一规范性文件来看,其与最早生效的《中华人民共和国刑事诉讼法》相差了近20年的时间,与最晚生效的《中华人民共和国行政诉讼法》也相差了近10年的时间。

⑤ 如目前关于裁判文书公开的讨论集中表现为:可以公开的文书范围是否包括调解书、涉及国家利益的裁判文书应否公开、裁判文书公开时如何保护当事人的隐私权等等。这些问题都涉及一些具体的利益冲突。

这一问题,无论是实务界、学界和一般大众都是没有争议的。这些观点认为,裁判文书公开可以"保障人民群众对人民法院工作的知情权、参与权、表达权和监督权,维护当事人的合法权益,提高司法民主水平,规范司法行为,促进司法公正"①,有的观点甚至认为"公开是防止法官出问题最好的'防腐剂',也是保护法官最好的'防护剂'"。② 对此,有学者认为,"法院裁判文书的上网公开,不仅是学界的共同呼声,而且已成为最高人民法院的司法改革举措与文件规定,落实为各地各级法院的具体实践。"③现时争议的问题主要集中于:应当公开裁判文书的范围、裁判文书公开与当事人隐私权保护之间的平衡这两个问题。

对于裁判文书公开范围的问题,有的观点认为应当建立裁判文书全部公开制度。所谓裁判文书全部公开,是指法院不能选择性地公布极小部分裁判文书,也不能公布一些过时的已经不符合现行法律规定的裁判文书。法院应当将全部裁判文书以多种方式向公众公布,也应当允许公众免费查询和阅览全部法院的全部裁判文书。这是因为裁判文书全公开有利于群众更深层次地了解和监督法院的审判工作,也有利于对群众进行法制教育,与此同时裁判文书的全公开也有利于法院审判员不断提高自身的业务素质并防止司法腐败。④ 与之相反,有的观点认为法院的裁判文书公开应当是有限公开。这种观点认为法院的裁判文书不应当全部公开,首先,在法院的全部裁判文书当中调解书不应当公开,而裁定书也只需要公开部分重要的裁定书,至于判决书则应当公开已生效的判决书,而且对于涉及国家机密、商业秘密、个人隐私等不宜公开的判决书则不能公开。⑤而对于以网上公布方式公开的裁判文书,其公开的范围也存在不同的意见,有的意见认为,全国法院每年审理上千万案件,大量的没有典型意义或指导价值的裁判文书上网,起不到统一法律适用的作用,而且会造成许多裁判文书沦为"过剩信息"。另外,各地法院人财物差距较悬殊,所有裁判文书都上网势必增大法官的工作量和法院的负担。有的意见则认为,法院除涉及国家秘密、个人隐私、未成年人犯罪的不公开审理案件的裁判文书不上网以外,其他案件的裁判文书均应当上网。这是审判公开的要求,既满足人民群众的知情权,又有利于人民群众

---

① 最高人民法院:《司法公开六项规定》引言。
② 曹晶晶、余亚莲:《十八大代表、广东省高院院长郑鄂:公开是法官最好的"防腐剂"也是法官最好的"防护剂"》,载《新快报》,链接:http://www.gdcourts.gov.cn/gdcourt/front/front! content. action? lmdm＝LM04＆gjid＝20121113032318537644,下载时间:2012 年 11 月 22 日。
③ 李友根:《裁判文书公开与当事人隐私权保护》,载《法学》2010 年第 5 期。
④ 郭力:《法院裁判文书全公开制度的构建》,载《中国律师》2008 年第 10 期。
⑤ 谭炜杰、姚弟文等:《裁判文书的公开》,载《人民法院报》2011 年 11 月 11 日第 7 版;最高人民法院《司法公开六项规定》第 5 点。

监督司法行为。①

对于裁判文书公开与当事人隐私权之间冲突与平衡的问题,也存在不同的看法。有些观点认为,"由于裁判文书的公开,一方面,要满足公众希望了解案件真相的知情权,另一方面,要防止过分公开而给当事人及社会公共利益带来损害。所以也需要借助秘密来平衡这一对矛盾。所谓秘密,一般是指国家秘密、当事人隐私及其他法定不能予以公开的利益"②。另外,"裁判文书上网还涉及当事人私人信息外露、隐私权保护、未成年人保护等诸多现实问题,如何在满足公众的司法知情权与保护涉案当事人隐私权之间取得平衡有待实践中继续探索研究"③。对于实务界的这些看法,有学者也认为,"网上公开裁判文书在便利知情权实现的同时,也对隐私权造成了重大威胁。就此而言,化解网上公开裁判文书风险的关键就在于妥当地协调知情权与隐私权的矛盾"④。相反的观点则认为,当事人的隐私等利益不能构成对裁判文书公开的限制。首先,对于当事人的姓名、性别、出生年月日等信息并不构成当事人的隐私更不能够成为对裁判文书公开的限制条件;其次,法院对裁判文书的公开属于公权力的行为,根据公法优先的原则,应当优先于当事人隐私的保护,因此当事人也无权选择裁判文书是否上网公开;最后,不公开审理的案件,其裁判文书在撰写时已经考虑了相关秘密和信息的技术处理问题,因此对这些文书进行公开,也不会对相关的秘密构成损害,因此这些裁判文书也应当公开。⑤

从上述争论的具体内容来看,表面是关于一些细节上的讨论,但实质上是关于隐藏在裁判文书公开制度背后不同价值观念之间的冲突。裁判文书全面公开,可以促进司法透明,降低司法腐败发生的几率,同时也让人民群众更容易地实现另一种意见的"接近司法";但是,无限制和无边界的公开既会给人民法院带来沉重的负担,也可能会造成其他损害,特别是对国家秘密、当事人的隐私等其他重大利益带来不利的影响。对目前这些争论的处理,可以有两条进路,其一是对裁判文书公开制度的必要性进行分析,通过对裁判文书公开所能实现的价值进行总结,并以之与其他的利益进行比较,通过对冲突利益的比较和排序从而找到可能的解决方案。其二则是立足于裁判文书公开制度自身内在的正当性,以

---

① 龙飞:《集阳光防腐之功而免其灼伤之患——怎么看裁判文书上网》,载《人民法院报》2012年5月20日第2版。
② 郝振江:《裁判文书的公开是审判公开的重要内容》,载《人民法院报》2009年4月16日第5版。
③ 符向军:《裁判文书上网是保障司法公正的有益尝试》,载《人民法院报》2009年4月15日第7版。
④ 黄忠:《隐私权视野下的网上公开裁判文书之限》,载《北方法学》2012年第6期。
⑤ 李友根:《裁判文书公开与当事人隐私权保护》,载《法学》2010年第5期。

此为基础来确定裁判文书公开制度自身的边界和范围。正如有的学者所言:"在裁判文书公开(及上网)的理解上,总体上存在着外部必要性与内在正当性的两种思路。所谓外部必要性,是指文书公开所能实现的外部功利目标,例如防止司法腐败、提高文书质量、有利于学术研究等等。外部必要性,一般而言往往是基于特定时期的特定目的而产生的,因而也就会因为这些特定事项的改变而改变,具有不稳定性。所谓内部正当性,是指文书公开的基本原理,即为什么可以公开、为什么必须公开,是由文书或者文书公开的本身性质所决定的。它往往并不受到外部特定目的之影响,因而具有根本性与恒久性。"①然而,问题的症结并不仅仅在于学者所指出的所谓内部正当性方法相对于外部必要性方法的在方法论上的优越性,其根本原因是在于外部必要性方法作为一种价值或利益衡量方法存在着自身所固有且不能克服的缺陷。

外部必要性方法——一种价值或利益衡量的方法,实际上采用的是利益法学的立场和方法。按照学者总结,利益法学是这样的一种方法和立场,即认为"法律是对利益的分配与保护,法律以及法律科学最重要的任务,就是平衡生活中互相冲突的各种利益。"②利益法学③(Interessenjurisprudenz)发轫于耶林④(Rudolf von Jhering)的目的法学(Zweckjurisprudenz),成形于赫克⑤(Philipp Heck)(又译:海克),发展为拉伦茨(Karl Larenz)⑥、齐佩利乌斯(Reinhold Zippelius)⑦、维亚克尔(Franz Wieacker)⑧等人的评价法学(Wertungsjurisprudenz,又称为价值法学)。耶林的目的法学最早是以德国当时主流"概念法学"的反对者的形式出现,其认为在法律的形成过程中,目的和利益一直是至关重要

---

① 李友根:《裁判文书公开与当事人隐私权保护》,载《法学》2010 年第 5 期。
② 陈林林:《方法论上之盲目飞行——利益法学方法之评析》,载《浙江社会科学》2004 年第 5 期。
③ 关于利益法学的详细介绍,可参见吕世伦、孙文凯:《赫克的利益法学》,载《求是学刊》2000 年第 6 期。
④ 德国著名法学家,著有《为权利而斗争》和《法律:作为目的的手段》等名著,上述作品已由郑永流等移译至国内。
⑤ 德国著名法学家、法学方法论大师,著有《利益法学》论文,该文的中译本可参见傅广宇译本,载《比较法研究》2006 年第 6 期。
⑥ 德国著名方法论和民法学大师,其著作《法学方法论》被国内法理学界和民法学界视为经典之作,为人所共知。
⑦ 德国著名公法学家,著有《法学方法论》、《法学导论》、《德国国家学》等名著,上述著作已经由金振豹等学者移译至国内。
⑧ 德国著名私法学和私法史学家,其专著《近代私法史:以德意志的发展为观察重点》与科殷的《欧洲私法史》被誉为现代最为经典的欧洲私法史作品。

的。法律的核心在于目的,法律的生命在于争,斗争的源泉在于利益的冲突。①受其影响,赫克形成了著名的"益法学体系",一方面,对抗"技术性的概念法学",另一方面,抗衡"自由法运动"的影响。在二战前后,利益法学发展成为价值法学,正如有的学者所言:"在法学方法论的思潮由利益法学发展到价值法学后,价值法学很快地在利益法学已经奠立的稳因思想根基上,取得当今法学支配地位。"②学者的价值法学地位的这种论断应该是正确的,前述评价法学的代表人物涵盖了德国公、私法,民、刑法及法学方法论领域及相关著作在德国法学界的地位恰好为这一论断提供了佐证。

利益法学这种法学思潮与其他学科中的基本思想一样,不能脱离特定社会环境中的哲学思想,利益法学的鼻祖——耶林,就被誉为德国法学界的边沁,"耶林的目的法学深受边沁的功利主义法学的影响,并在批判萨维尼历史主义法学和法律实证主义的基础上产生,它的目的是号召19世纪上升的德国资产阶级为权利而斗争,要求法律保护资产阶级的利益。"③虽然不能简单地认为耶林的目的思想是边沁功利主义的模仿,"但是很显然,耶林只是将边沁的基本概念作为他自己的哲学的一个起点。然而,作为一个出发点,正如耶林自己所说,它是最为重要的。"④利益法学以功利主义哲学为其出发点,那么必然沾染功利主义的不足。⑤除此以外,就利益法学自身而言,正如部分批评者所言,利益法学的缺陷也是明显的,首先,利益法学中的利益概念并不明确,其次,利益法学对价值的评判标准存在不确定性,再次,利益法学方法所奉行的利益划分和权衡思维,忽视了法学思维所要求的"明晰性—确定性"和"客观性—合法性"要求,坠入了方法论上的盲目飞行状态。⑥正是由于利益法学这种立场和方法在利益衡量的时主观性和不确定性,在司法实践中对不同利益和价值的评价就会陷入"一千个读者眼里有一千个哈姆雷特"的局面。回到关于裁判文书公开制度的具体问题上,在面对裁判文书公开范围和对隐私权保护的问题时,就会因为利益法学这种方

---

① [德]耶林:《为权利而斗争》,郑永流译,法律出版社2007年版。
② 吴从周:《概念法学、利益法学与价值法学:探索一部民法方法论的演变史》,中国法制出版社2011年版,第420页。
③ 黄辉明:《利益法学的源流及其意义》,载《云南社会科学》2007年第6期。
④ Joseph H. Drak:《耶林〈法律:实现目的的手段〉——英译本序言》,于庆生译,中国法理网,链接:http://www.jus.cn/ShowArticle.asp? ArticleID=1393,下载时间:2013年5月25日。
⑤ 关于边沁的功利主义哲学在法学上的批判可参见关明凯:《法律世俗化转变下的功利主义法学——边沁功利主义法学的分析与批判》,载《社会科学战线》2011年第1期。
⑥ 陈林林:《方法论上之盲目飞行——利益法学方法之评析》,载《浙江社会科学》2004年第5期。

法和立场本身的不确定性而产生争论结果不确定性的局面。这与司法实践所追求的法的安定性和确定性是背道而驰的。假若在短期内无法形成对不同利益取舍或排序的共识,则会给司法实践带来由于缺乏统一规范指导而实践中犹如八仙过海般的混乱局面,从而造成因司法的不统一,使得我国本身微弱的司法权威进一步受到蚀害等不良后果。可见,建基于利益法学基础之上的,企图通过外在必要性的进路,是无法有效地解决争议的问题和指导司法实践。因此,有必要重回裁判文书公开制度自身的正当性的内在视角来理解和指导司法实践。

二、对裁判文书公开制度目的的另一种解释

正如有的学者所言:"文书是否应当公开是由裁判文书本身的性质所决定的。我们在讨论法律文本是否应当公开时,着眼点并不在于公开后有哪些好处与坏处,而是根据法律本身的性质与功能而决定的(而且所有公开法律文本的好处都是由法律的性质功能所决定的)。"①这种观点进一步认为:"裁判文书是法院审理与解决特定案件的过程、依据、理由、结论的集中反映与书面载体,是作为国家公共权力组成部分的司法权运作的结果。因此,问题的本质在于:人民法院行使司法审判权的过程、结果是否应当向全社会公开?"②然而,这种审判权过程、结果公开的观点,虽然以《宪法》第126条作为其基础,但是事实上这种观点仍然是其所反对的外在必要性论证的某种变体,因为这种观点无法经得起"宪法这一规定的原因和目的是什么"的追问,对宪法的这一理解,仍然会坠入价值衡量这种利益法学的立场和方法所设定的窠臼之中。因此,所谓的内在正当性进路或内在视角证成方法,必须以某种不证自明或业已形成共识的命题为基础,以回避有可能发生的价值衡量。

为此,应当首先重新回到裁判文书自身即对裁判文书的性质的认识之上。根据三大诉讼法的规定,我国人民法院的裁判根据其性质和适用范围可分为判决、裁定、决定三种。判决是人民法院对案件的实体问题所作的判定,裁定是人民法院对程序问题和个别实体问题所作的判定,决定则是人民法院在诉讼过程中,为保证诉讼的顺利进行,对诉讼程序中发生的特殊事项所作的判定。③ 这些裁判就其本质而言,都是人民法院对特定事项所作出的权威的判定或决定。这些由人民法院所作出的权威的判定又是怎样产生和代表了什么呢?诉讼程序是

---

① 李友根:《裁判文书公开与当事人隐私权保护》,载《法学》2010年第5期。
② 李友根:《裁判文书公开与当事人隐私权保护》,载《法学》2010年第5期。
③ 陈光中主编:《刑事诉讼法》,北京大学出版社、高等教育出版社2012年第4版,第333~336页;江伟主编:《民事诉讼法》,中国人民大学出版社2008年第4版,第307~316页;应松年主编:《行政法与行政诉讼法学》,法律出版社2009年第2版,第517~527页。

一个严格遵守法律规定程式的过程,在这一过程中所产生的各种权威的判定,均应当是人民法院针对具体发生的争议事项,在查明事实的基础上,正确适用法律所产生的决定。这些权威的判定是法院适用法律的结果,每一个由人民法院所作出的权威的判定都是法律在司法过程具体适用的结果,即法律适用的特定化和具体化。这里的法律是指除宪法以外我国所有的法律,包括法律和行政法规。可见,人民法院所作出的全部裁判,能够被认为是我国法律整体通过司法而产生的特定化和具体化结果的聚合。

因为人民法院所作出的全部裁判,能够被认为是我国法律整体通过司法而产生的特定化和具体化结果的聚合这种性质以及无论何种裁判均是严格适用法律而产生的判定这两者,决定了人民法院的裁判应当予以公开,裁判文书作为法院裁判的载体,就必然地成了裁判公开制度的具体对象。为什么通过这两者可以推导出裁判文书应当进行公开的这种命题呢,个中原理又何在?对于这些问题的解答则应当回到对法和法律本身的关系的认识当中去。

对法与法律两者关系认识问题,经历了一个从法实证主义一家独大到法实证主义、新自然法学、社会法学三足鼎立的局面。在第二次世界大战以后伴随着德国法西斯政权的倒台、纽伦堡审判等标志性事件的发生,法律实证主义亦宣告破产,而新自然法学、社会法学在西方则日渐兴起。这种局面就打破了法律实证主义以往对法的固有认识,即唯有国家制定或认可的规则才是法,法不涉及道德、价值等非法律的因素,而且只有能够被实证化的法才是法,因此法应当表现为法律、除却法律以外的均不能认为是法。新自然法学所除秉持"恶法非法"的论断外,还着力于讨论法的道性和正义与法的关系问题。这些观点都有力地解放了法的范围,使法不再苑囿于法律的范围之内。反过来这就意味着,由国家制定或认可的规则(主要表现为法律)并不是法的全部,在现实中必然还存在着某些非法律的法。在新自然法学扩宽法的范围的同时,社会法学从另一个侧面对法实证主义给予有力的冲击。法实证主义所认为的法是一个自足的封闭体系的观点,逐步被社会法学的主张所取代。社会法学从法学出发,结合运用社会学的概念、观点和方法研究法现象,强调法的社会目的、作用和效果的一种法学流派。社会法学注重法的实际作用,而不是法的抽象内容及其体系。社会法学的这种观点使法学从仅着重于规则体系本身扩展至法的实效和现实中的法的探讨。其中,美国社会法学派的创始人庞德提出了"文本中的法"(Law in books)与"行动中的法"(Law in action)两相区分的观点,庞德认为"如果我们认真观察,书本上的法和行动中的法之间的差别,其目的在于调整人与人之间关系的规则和那些实际上调整着他们的规则之间,很明显,在今天这种差距在法律理论和司法行政之间不仅经常真实地存在而且还相当深刻。"①这种"文本中的法"和"行动中的法"两相对立的观点,就标示着作为"行动中的法"与"文本中的法"同样应当予以重视,而且与"文本中的法"相比"行动中的法"才是活着的,实际发生效用的法,其在社会生活中的地位和作用要高于作为规则体系的"文本中的法"。

正是因为法律并不是法的全部,而且"行动中的法"具有不容忽视、甚至超越"文本中的法"的地位和作用。那么作为严格适用法律所得出的单个权威性判定——法院的裁判恰恰就是"行动中的法"的具体反映,而全部这些裁判的聚合则形成了对现行法律体系的真实反映,成为实实在在发生效力的整个法秩序的载体。要探寻和了解现实社会中实在的法,就注定了必须从每个实在的法院裁判中去观察并通过聚合这些具体的裁判从而形成实在法的一般印象。假若人民法院不公开这些裁判,则让人无法了解法的真正面貌。这种做法无异于将那些受到法约束的主体置于无知之幕之下,也显然与"作为被适用的法,应当予以公开"这一常理背反。那么,法院裁判及其载体的裁判文书公开其自身正当性显然是不证自明之理。

立足于法院裁判文书——作为实在法的载体——裁判文书的公开等同于法的公开,这种立场来看待关于裁判文书公开的若干问题,无疑将能够清晰地给出答案。

三、对裁判文书公开若干问题的理解

如前所述,当前裁判文书公开制度主要面临着文书公开的范围、公开裁判文书时如何保护当事人隐私权等争议。为此,基于本文立场,试就上述问题提出笔者的理解,以冀有益于司法实践。

1. 裁判文书公开的范围

既然裁判文书是实在法的载体和反映,而且目前我国三大诉讼法中法院的裁判包括判决、裁定和决定三类。其中判决是针对案件的实体问题而作出,裁定是针对案件的程序问题和个别实体问题而作出,决定是人民法院在诉讼过程中,为保证诉讼的顺利进行,对诉讼程序中发生的特殊事项而作出。法院在作出上述三类裁判时按规范的性质来区分,则是分别依据实体法和程序法来作出。无论是实体法还是程序法,均应当被严格适用,不能存在重实体轻程序的观念。因此,无论是法院的判决、裁定还是决定,其具体适用的情形是同等重要的,即都是适用法律的结果同时都是实在法的反映,只不过存在着是适用实体法还是适用程序法的区别而已。因此,无论是裁判、裁定还是决定的裁判文书,都应当属于公开的范围。在所有的裁判当中要特别注意的是,部分裁定和决定并不以书面

---

① Pound. Law in Books and Law in Action, *American Law Review*, 1910. 44.

方式,而以口头方式作出,对于口头方式作出的裁定和决定,是否属于公开的范围?从应然的角度来看,以口头方式作出的裁定和决定也属于公开的范围,因为作出裁判而言不管其作出形式如何,均是适用法律的结果系实在法的反映。但是,由于这些裁定和决定事实上不存在相应的文书,造成了客观上无法公开的结果,自然也就不属于裁判文书公开的范围之内。

对于调解书是否需要公开的问题。笔者认为,调解虽然是人民法院行使审判权的其中一种方式,但是调解并不是适用法律作出权威判定的过程,而且调解书或调解协议也只是当事人自主解决纠纷结果的记载。因此,调解书或调解协议并不是法律适用的结果,也自然就不是实在法的反映。既然不是实在法的反映,就完全没有必要将其进行公开。

对于予以公开的裁判文书是否应当是生效裁判文书的问题。法院所作出的每个裁判和每个裁判文书都应当是适用法律的结果,是实在法的反映。因此,不论这些裁判文书是否生效,从应然的角度来看,所有未生效的裁判文书也有公开的必要。然而,未生效的裁判文书也就意味着对特定争议的法律适用仍然处于暂未确定的状态之中,也就是实在法仍然处于不稳定的状态之中,并未最终形成实在法的形象,因此这一时期的裁判文书也可以不公开,以减少未生效裁判文书公开后,又被生效裁判文书改变,从而容易造成对实在法的认识产生混乱的局面。

以上述认识为基点,回溯现有关于裁判文书公开的相关规范,可见现存的规范既有合理之处,也有不合理的地方。如2012年修正后的《民事诉讼法》第156条规定:"公众可以查阅发生法律效力的判决书、裁定书。"就公众可以查阅的裁判文书范围当中没有包括决定书,在立法上是存在疏漏的。如前文所述,决定书与裁定书和判决书一样,同样是实在法的反映,同样具有公开的必要。而对于公开的文书不包括调解书则是正确的,因调解书并不是实在法的反映。至于可以查阅的文书仅限于生效的文书的规定,也是合理的。

2. 对裁判文书中的秘密或隐私保护的问题

裁判文书之所以需要公开,是因为裁判文书是实在法的反映。那么裁判文书公开的程度,只要达到通过裁判文书的内容可以满足实在法发现需要的程度即可。何谓满足实在法发现需要的程度,或更为具体地指出实在法的要素包括哪一些,就成为判断是否达到公开程度要求的标准。实在法与法一样,其首先是一种裁判规范,这种规范包括了事实和法效果两部分,通常表达为"如果……应当……"的结构。对于实在法而言,也应当包括这两方面的结构。也就是说,裁判文书当中应当包括案件事实的认定,裁判的结果和裁判所适用的法律依据三方面。而此时对裁判文书中的秘密或隐私保护的问题,就演变成裁判文书中的事实认定、裁判结果和裁判所适用的法律依据这三方面涉及秘密或隐私时应当如何处理的问题。在这种认识之下,对裁判文书公开与秘密和当事人隐私保护当中的具体问题就会产生不同的看法。

第一,当事人的身份是否应当予以保护的问题。从前述结构可以看出,作为实在法载体的裁判文书,当事人的身份并不是关键的要素。因此,对于具体的裁判文书中的当事人身份可以进行抽象处理,即只要反映出主体的基本属性即可。如自然人的年龄、性别,团体的机构属性这些信息具有判断主体基本属性的作用,应当予以公开。至于具体的名称甚至更详细的信息如职业、身份证号码、背景等因素,只有这些因素构成对法律适用具有意义的事实时,才应当成为予以公开的内容。因此,现时关于当事人具体身份信息是否应当予以保护的问题,只要与法律适用无关,这些信息完全可以进行处理,甚至不予公开。

第二,对裁判结果涉及秘密和隐私的处理。裁判结果,通常表现为法院对当事人特定的命令,对某一内容的判断。如民事诉讼中的给付判决中表现为法院要求当事人的给付就是一种特定的命令,确认判决中对法律关系的确认就是对某一内容的判断。单纯就这些命令或判断本身并不能构成所谓秘密或隐私,只有将这些内容与当事人的身份结合才能表现出秘密或隐私,而对于当事人的身份问题,如前所述一般而言抽象地表达当事人的身份已能够满足发现实在法的需要,因此抽象的当事人身份与具体的裁判命令或对某一内容的判断无法构成秘密或隐私。这种情况下,也就不会产生裁判结果涉及秘密和隐私的问题。

第三,裁判认定的事实涉及秘密或隐私的问题。裁判认定的事实是裁判文书中最容易涉及秘密或隐私的问题。因为事实认定部分,既有当事人陈述的内容、证据的内容和法院根据当事人陈述和证据所认定的内容。无论是当事人的陈述或证据本身都有涉及秘密或隐私的问题。是否在事实认定中但凡涉及秘密或隐私就一律应当予以保护?对这一问题的解决仍然要回到裁判是适用法律的结果和实在法反映的这一基本立场之上。假如裁判文书当中所涉及的秘密或当事人的隐私并不是需要法律适用的对象即是否是秘密或是否是隐私并不存在争议,这种情形下,秘密或隐私的具体内容完全可以进行抽象处理,因为这些内容是给定的前提而无须适用法律予以解决。相反,假若涉及秘密或隐私的内容恰好是存在争议的需要适用法律予以解决的情形下,特别是争议本身就是"这些内容是否属于秘密或隐私"的这种情形下,这些内容则不应当进行技术处理,因为对这些内容性质的判断正是法律适用的结果,系实在法的反映,正是需要公开的内容。至于裁判所适用的法律涉及秘密或隐私的这种情形,在实践中是较为罕见的,特别是裁判所适用的法律涉及秘密的情形,几乎是不可能发生,因为能够被适用的法律必然应当是予以公布的,也就不存在秘密的问题。①而个人隐私涉及具体的法律规范的情形更是难以想象。

第四,当事人可否以裁判文书涉及秘密或隐私为由请求不公开裁判文书的问题。由于裁判文书的公开是为了反映法律适用的过程和反映实在法,在这一前提下,当事人是无权限制公开的,即不能以当事人的申请或合意来阻却实在法的公布。即使裁判或裁判文书中的确存在秘密或隐私的情形,法院可以按照前述第二点和第三点,根据不同的情形作出不同的处理。

通过上述理解再来评价《民事诉讼法》第156条"公众可以查阅发生法律效力的判决书、裁定书,但涉及国家秘密、商业秘密和个人隐私的内容除外。"可以看到,首先,该条是一种强行性规范,即人民法院应当将生效的判决书、裁定书予以公开,以供大众查阅。因而不存在所谓的当事人申请或合议不予公开裁判文书的例外规定。其次,对于涉及国家秘密、商业秘密和个人隐私的案件,法律仅规定这部分内容可以不予公开并不是但凡涉及这些内容的裁判文书应当一律不予公开。最后,由于该条是强行性规范,对于裁判文书的内容是否涉及国家秘密、商业秘密和个人隐私,应当由法院依职权认定,无需当事人主张或申请。

现行《民事诉讼法》第156条首次在国家基本法律的层面对裁判文书公开作出明确的规定,对其余的两部诉讼法起到标杆的作用,是我国立法的一大进步。但是,该条也存在着规定不尽合理之处,如没有规定决定书的公开、不区分情形地对涉及秘密或隐私的内容一律予以不公开的做法。立法之所以采用这样的方案,正是因为立法论证过程中受到了利益法学的立场和方法的不当影响,②没有从裁判文书作为法律适用结果和实在法载体的角度考虑来设计制度。为此,在司法实践和日后的法律修改工作中,应当特别注意这一问题。

---

① 对于实践中,适用法院内部的规范性文件进行裁判,这些规范性文件是否又构成秘密的内容。从应然的角度来看,用以裁判的规范应当是公开的,但是由于我国目前不承认这些规范的法源地位,导致在适用这些规范性文件进行裁判的过程中,不能公开适用这些规范,形成某种事实上的秘密。从长远来看,这些规范性文件仍然是应当予以公开的,不能认为这些属于秘密。

② 从立法理由的论证过程可以看出,立法者很明显是受到外部必要性进路的影响,即以裁判文书公开的积极效果来证成裁判文书公开制度的正当性。详细论证过程可参见全国人大常委会法制工作委员会民法室编著:《中华人民共和国民事诉讼法释解与适用》,人民法院出版社2012年版,第253~255页。

论我国民事诉讼中的证据裁判

■ 周洪江*

摘 要 我国民事诉讼立法模式应为裁判型,而非现在的调解型。民事诉讼程序的专业化、规范化、技术化、程序化是我国民事诉讼法发展的应然之路。在此过程中,证据裁判原则是程序专业化、规范化、技术化、程序化的核心体现和具体标志。我国民事诉讼法,应以当事人处分主义所体现的诉讼和解代替诉讼中的调解,诉讼程序实现"去调解化",以证据裁判原则确立为契机,重塑我国民事诉讼法的品格。民事诉讼证据裁判原则的确立,是对于我国长期以来坚持的"查清事实"为基本目的、"以事实为依据"的基本原则的修正,对于我国民事诉讼理念现代化的提升具有积极意义。

关键词 民事诉讼 证据裁判 构建 重塑

引 言

"证据裁判与自由心证两大原则构成了现代证据法的基石"。[①] 2012 年 8 月 31 日第十一届全国人民代表大会常务委员会第二十八次会议通过了民事诉讼法的修改,其内容涉及 59 处修改、70 多个条文的调整,约占整部法典四分之一,已经是一次中等程度的修改,其中许多新制度的建立和对原有制度的修正都反映了我国民事司法制度的新发展,证据制度的再次修改与完善便是其中内容之一,其中修改内容主要涉及证据的种类、证人出庭制度、举证迟延等内容,有学者就证据制度的修正专门撰文论述了民事诉讼法修改中民事证据制度调整的基本视角、本次证据制度修改尚存在的不足以及如何进行完善等方面进行了分析[②]。

---

* 周洪江,清华大学民事诉讼法学专业博士研究生、鲁东大学法学院讲师,主要研究方向为民事诉讼法学基础理论。

[①] 宋英辉、李哲:《证据裁判原则评介》,载《政法论坛》(中国政法大学学报)2003 年第 4 期。

[②] 张卫平:《民事诉讼法修改与民事证据制度的完善》,载《苏州大学学报》2012 年第 3 期。

但笔者认为本次证据制度修改最大的制度性缺陷乃仍未确立民事诉讼中的证据裁判原则。

一、证据裁判原则内涵之辨

"除法律另有规定外,人民法院裁判民事案件,应当以证据证明的案件事实为根据。"本条规定体现了证据裁判主义精神,要求法官以通过法定程序审查后具有证据能力的证据来认定案件事实,防止法官主观臆断,保障裁判的公正性。其主要内容是:(1)除法律另有规定外,法院应当依据证据来认定案件事实,无证据不能认定案件事实;(2)作为裁判事实基础的证据必须经过法定的证据调查程序来审查,以增强判决的说服力和正当性,并避免法院作出突袭裁判;(3)作为定案事实基础的证据须具有证据能力。只有具有证据能力的证据,才具有可采性,能够被法院采纳作为认定案件事实的根据。①

陈光中教授认为:"作为现代法治国家证据制度基石的证据裁判原则,是指诉讼中司法人员认定案件事实必须以证据为依据。"2010年最高人民法院、最高人民检察院、公安部、国家安全部和司法部联合颁布的《关于办理死刑案件审查判断证据若干问题的规定》第2条明确规定"认定案件事实,必须以证据为根据",正式确立了刑事诉讼中的证据裁判原则。②

民事诉讼的目的在于借国家的强制力,公正解决私人之间发生的民事纠纷。而公正解决民事纠纷的前提来源于准确的事实认定。诉权理论的发展呈现出三阶段式发展:19世纪的私法诉权、20世纪的公法诉权与21世纪的宪法诉权说,这三个百年分别代表着私法发达、公法发达和宪法发达历史——对应。当下诉权的研究已经超越了诉讼法本身的范畴,上升到宪法的高度,即"任何国民均有接受国家裁判"之宪法权利,并且国家有义务保障之③。国家解决私人之间纠纷权威性的前提在于事实的可接受性,这种可接受性包括纠纷主体的可接受,也包括了社会受众对于判决结果的认可。"在当事人主义模式下,裁判结果的可接受性主要来源于程序的正当性;在职权主义模式下,裁判事实的可接受性则更多地来源于裁判事实的'客观性'。"④

---

① 张卫平:《民事程序法研究—〈中华人民共和国民事诉讼法〉修改建议稿及释义》(第七辑),厦门大学出版社2011年版,第156页。
② 陈光中、郑曦:《论刑事诉讼中的证据裁判原则——兼谈刑事诉讼法修改中的若干问题》,载《法学》2011年第9期。
③ 如日本《宪法》第32条规定:"任何人在法院接受审判的权力不得剥夺。"类似规定亦可见于意大利、德国、葡萄牙、罗马尼亚等国的宪法规定。
④ 易延友:《证据法学的理论基础——以裁判事实的可接受性为中心》,载《法学研究》2004年第1期。

在民事诉讼事实认定方法方面,现代法治国家均坚持证据裁判。证据裁判是在克服神示证据裁判制度的野蛮与擅断的基础上发展起来的。从上述论断的考察,结合民事诉讼辩论原则的基本要求,所谓证据裁判原则,是指作为裁判者认定案件基础事实的依据,必须是证据,亦即事实裁判者作出具体裁判的依据是证据,无证据即无裁判。我国现行《民事诉讼法》第7条规定:"人民法院审理民事案件,必须以事实为根据,以法律为准绳";第2条规定:"中华人民共和国民事诉讼法的任务,是……保证人民法院查明事实……"结合这两条,我们知道,我国民事诉讼法的基本任务或者目的之一就是"查清事实",具体体现为民事诉讼法所规定的基本原则之一即是"以事实为依据",但是近年来,学者对于"以事实为依据"提出了批评和修正:"现代诉讼理论认为,诉讼活动包含认识活动,但并不等同于认识活动,它是一个价值选择的过程,真实发现只是诉讼所要追求的价值之一。作为贯穿诉讼活动始终的指导性原则,应当反映并适应诉讼的这种价值平衡的功能。但'以事实为根据'原则却将诉讼活动等同于单纯的认识过程,无法容纳对其他价值的追求。"①诚如清华大学的张卫平教授在给博士生讲授民事诉讼法时提到的那样:"事实裁判者在事实认定过程中,依据的既有事实,也有主观的个人感情,甚至是宗教的理念",正是由于我们教育理念中接受的人文社科知识,尤其是宗教知识的缺失以及对于马克思主义唯物论的泛化、绝对化理解,导致我们在民事诉讼中追求客观真实、民事纠纷解决以查清事实为前提和最终要义。中国政法大学的张保生教授也一直明确的坚持证据法"是求真与求善价值的统一体"②,很多情况之下,在诉讼程序中我们经常基于法庭之外更大价值的追求(如为了维护近亲属间的秘密交流)而放弃对于案件真实的追求,诉讼程序的"求真"价值绝不可以绝对化、唯一化。从事实认定的方法这个角度,证据裁判原则是对我们长期以来坚持的"查清事实"这一民事诉讼追求的目的、"以事实为依据"这一诉讼法基本原则的极大的修正。

二、我国现有立法的规定与域外立法的考察

我国现行《民事诉讼法》并没有直接规定证据裁判原则,体现证据裁判理念和精神的是《最高人民法院关于民事诉讼证据的若干规定》第63条之规定:"人民法院应当以证据能够证明的案件事实为依据依法作出裁判。"

证据裁判原则中的事实,即需要依证据证明的案件事实,或称待证事实;对于没有必要证实的事实,则不受证据裁判原则的约束。待证事实又称为证明对

---

① 卫跃宁:《诉讼现代化:从"以事实为根据"原则转向"证据裁判"原则》,载《湘潭大学学报》(哲学社会科学版)2008年第4期。

② 张保生:《证据法学》,中国政法大学出版社2009年版,第46页。

象,证明对象一般是事实,但是经验法则甚至是法律(比如外国法的查明)有时在一定程度和层次上亦需要证明。此处所讲的事实,包括作为法律要件存在的主要事实,也包括推定主要事实成立的间接事实以及证明证据证明力有无和大小的辅助事实。根据证据裁判的要求,结合辩论主义的基本内涵,"法官不得利用自己偶然得知的经验法则或者事实情况进行裁判,无论其如何恰当、如何确实可信,如果其未被当事人所了解、不符合可视化的要求,从公正的角度来看,是不能允许以之为裁判的",①所谓"可视性"指的是在证据法的理念上要坚持公正性,即"证据调查并不是说只要以低成本迅速地发现真实就可以了,同时还必须保持其公正性。在未通知一方当事人的情形下进行的证据调查,无论其结果如何符合客观真实、成本如何低廉和迅速,都不能算作民诉法上的证据调查,法律必须保障调查证据时当事人在场,而且必须保障当事人对证据调查的结果有权发表意见"②。"可视性"还蕴含着"在事实认定中所使用的经验法则必须能够为法官和双方当事人所了解"③。对于待证事实之证明,必须以该事实发生争议为前提,因此,在辩论主义约束之下,双方无争议之事实不属于证明的对象。德国、日本、法国均规定有自认、推定、众所周知的事实无需证明。我国民事证据规则也有类似规定。

"应当适用的法律规范已经发生法律效力,这种法律结论取决于对那些法律将那种效力的发生和与其连接在一起的事实情况的认定。只要这些事实情况不是由于其他原因已经确定或者视为确定,就需要当事人和法院的阐明,在实行当事人主义的领域,事实的阐明以当事人的陈述为基础,在职权主义的领域则是通过法官的调查。"④这说明,证据裁判在不同的诉讼模式间具有共通性,尤其是当事人主义之下,除非事实已经通过一定的方式予以确认,反之由当事人运用证据加以证明。日本法律规定与德国基本相同。根据证明活动的目的,证明可以分为完全证明和释明;根据证明程序可以分为严格证明和自由证明。如果法院对待证事实的真实性形成了确信(《德国民事诉讼法》第 286 条),因为它根据法定的证明标准得到了证明,就是完全证明;释明旨为法院提供某种程度的确信,也称之为高度盖然性的证明(体现为《德国民事诉讼法》第 44 条、第 104 条、第 236

---

① [日]高桥宏志:《重点讲义民事诉讼法》,张卫平、许可译,法律出版社 2007 年版,第 29 页。
② [日]高桥宏志:《重点讲义民事诉讼法》,张卫平、许可译,法律出版社 2007 年版,第 25~26 页。
③ [日]高桥宏志:《重点讲义民事诉讼法》,张卫平、许可译,法律出版社 2007 年版,第 29 页。
④ [德]罗森贝克、施瓦布:《德国民事诉讼法》,李大雪译,中国法制出版社 2007 年版,第 813 页。

条、第 296 条等法条);严格证明是法院在调查证据时必须完全遵守证据调查规则(《德国民事诉讼法》第 355 条至 484 条)。在自由证明中,法院既不受法定证据种类的限制,也不受证据调查程序的约束。迄今为止,德国民事诉讼法对于自由证明未做任何的规定。① 我国民事诉讼法中证明对象没有证明和释明、严格证明和自由证明的详细划分,但是通过域外的立法考察我们不难发现,这些证明对象划分不过是对于证明的要求程度或者我们称之为"证明度"有所区别,从要求证明主体运用证据加以证明这个角度,上述几类证明对象是没有任何区别的。

三、确立证据裁判原则需要厘清的几个理论问题

(一)裁判型诉讼的确立

现行民事诉讼是"调解型"②的,调解程序非讼化,调解导致证据意识、举证意识的淡漠,动摇了作为司法赖以存在的基石——证据,这也就意味着司法失去了据以公正性与可接受性的前提条件,司法大厦体系的倾覆之险。

法官在诉讼中的职能主要有两个:认定事实、适用法律。笔者认为我国法官如此重视调解的原因,可以从法官的审判职能来进行分析,一言以蔽之,调解可以有效规避法律的适用和事实的准确认定,或者说正是法官两种能力的不足导致诉讼中调解被频繁采用,调解成为法官规避事实认定、法律适用的"挡箭牌"。

(二)大审前、精审判审判模式的确立

通过严格的证据过滤制度,一些没有证据或者没有充足证据的案件,在审前,通过庭前证据交换、审前会议、律师主导的和解程序,使当事人对于自己的案件作出评估与预测,以和解或者撤诉的方式结案,从而总体控制进入审判程序的案件数量,以规则形成作为裁判的目的,以实现法院"精审判"之下的指导性案例制度。

(三)证据裁判的刚性与当事人处分权间的关系

证据裁判作为民事诉讼应该确定的一大基本原则,其适用当然要有刚性,亦即当事人不得规避之,法院也必须强制适用,否则就是程序的违法,可以作为当事人上诉的理由。但是我们应该看到,民事诉讼处理的私人间的争议贯彻私权自治,因此处分原则是民事诉讼的基本原则。协调证据裁判原则的刚性与当事人处分权之间的关系,可以简单地概括为:处分原则不是对于证据裁判原则的违

---

① 关于德国证明的种类论述,参见[德]罗森贝克、施瓦布:《德国民事诉讼法》,李大雪译,中国法制出版社 2007 版,第 814~816 页。

② 据笔者考证,我国民事诉讼法是"调解型"的,这一提法最早应该是清华大学法学院的王亚新教授所提出来的。具体可参见王亚新:《论民事、经济审判方式的改革》,载《中国社会科学》1994 年第 1 期。

反,处分原则的重要性要优先于证据裁判。申言之,诉讼过程中基于处分原则双方当人的诉讼和解具有当然的法律效力,以诉讼和解代替诉讼调解,诉讼和解具有重构一国民事诉讼法品格的作用。当事人双方可以就证据的使用、收集、提供等在一定的范围之内达成"证据契约"的合意,只要不侵害国家、社会、他人合法利益,法院应尊重之。

(四)证据裁判与自由心证

"自由心证原则是指法律不预先设定机械的规则来指示或约束法官,而是由法官针对具体的案情,依据经验法则、逻辑规则和自己的理性良心来判断证据和认定事实。这一原则因其合理性而自近代以来被普遍采用"。①

一种反对在我国建立自由心证的观点即是:证据裁判原则为英美法系所倡导,但是大陆法系却是没有的,原因在于英美法系实行由外行的陪审团所组成的审判团体认定事实,而大陆法系却是由职业的法官就事实认定作出裁断。证据裁判目的恰恰在于限制法律外行组成的陪审团员的恣意。笔者不同意这种观点。

首先,关于陪审团和证据裁判两者间的关系问题上,有两种论调。第一是达马斯卡的观点,即基于陪审团的效率、针对性的对抗原则,要限制进入庭审的证据数量;②第二种观点是清华大学的易延友教授所主张的:英美特有的证据规则,加强了英美庭审的对抗性③。两种观点的差异在于证据规则和陪审团何者为因的问题。笔者赞同易延友教授的观点:证据规则加强了英美庭审的对抗制。这个观点笔者要说明的问题是:并不是因为英美存在陪审团才决定了他们有证据裁判所导致的一系列证据规则,而是因为英美证据规则导致了英美法高度对抗制,证据裁判与陪审团没有必然联系。

其次,证据裁判原则确立与自由心证并不矛盾。一般认为大陆法系实行自由心证,英美法系采证据裁判,原因在于二者事实认定主体是不同的。其实这是对于英美法审判制度认识的误区所导致的误解。及至今天,陪审团裁判在英美民事诉讼中已经日渐式微,在美国,只有2%的案件进入庭审最后审判,而这些案件也仅有一半由陪审团进行裁判,1996年度美国地区法院的民事案件中,22%采用了即决判决,只有3%进入了审判阶段。④ 英美也有自由心证,体现之

---

① 张卫平:《〈中华人民共和国民事诉讼法〉修改建议稿及释义》,载《民事程序法研究》(第七辑),厦门大学出版社2011年版,第172页。

② Mirjan R. Damaska, *Evidence Law Adrift*, Yale University Press, 1997, p.24.

③ 易延友:《证据法的体系与精神——以英美法为特别参照》,北京大学出版社2010年版,第58页。

④ [美]斯蒂文·N.苏本、马莎·L.米卢、马克·N.布诺丁、托马斯·O.梅茵:《民事诉讼法:原理、实务与运作环境》,傅郁林译,中国政法大学出版社2004年版,第428页。

一就是即决判决制度。即决判决作为法官控制陪审团的方式,法官认为原告对事实主张的诉因要件是否提供了充分证据予以证明(即原告是否就诉因存在完成了举证责任和说服责任)本质是法律问题,法官可进行自由判断以决定案件是进行即决判决还是提交陪审团裁判,这种法官的判断其本质在于对于原告方证据的证明力进行自由心证。因此即决判决制度体现了较为明显的英美法系的法官自由心证制度。从这个角度而言,认为大陆法系是自由心证,英美法系坚持证据裁判完全是误解和误读。

综上所述,笔者认为证据裁判与自由心证这两种制度并存不冲突且互补:从当事人接受陪审团裁判权力、陪审团认定事实角度而言,陪审团12名成员凭借个人日常生活经验来判断事实,是证据裁判的体现,因为陪审团在认定事实前,要受到各种严格证据规则的限制,要受到法官证据规则的指示(美国联邦证据规则403)。但是从即决判决阶段,法官进行的判断原告方关于诉因成立要件方面又是典型的自由心证。两者完全可以并存,自由心证与证据裁判的分野没有法系的不同,也不存在与陪审团事实裁判方法方面的截然分野。即使陪审团受证据裁判的规制,其在认定事实过程中其实仍然是自由心证。

在自由心证主义之下并不代表法官通过证据认定事实是不受任何限制的,法官的自由心证,一方面,要受经验法则和逻辑的内在限制;另一方面,作为心证基础的证据也必须受到证据具备证据能力和证据经法定程序调查的双重限制。

关于自由心证与证据裁判的关系,笔者主张从两个角度进行解读。第一是自由心证强调"心有知而理不言",证据裁判强调事实结论的得出必须建立在证据的基础上,两者存在未知与可知之分,因此两种制度间存在内在的冲突、紧张关系。其实这是对于二者关系理解的歪曲,二者关系的正确认定是:证据裁判与自由心证是前后继起、针对不同对象的两项制度,申言之,证据裁判针对事实的判断,要求裁判者必须依据证据,而非情感、宗教等其他因素;自由心证是对于当事人提交的证据在不同诉讼阶段是否达到该阶段法定的证明的"度"由事实的认定者进行的衡量;在先后关系上,应该是先有证据裁判再有自由心证,证据裁判要求的事实认定方面要有一定量的证据,而自由心证还要求达到一定质的证据。证据裁判与自由心证间无本质冲突。

即使是陪审团审理案件,其与职业法官审理案件在事实认定方面有那么大的差别吗?事实认定者在事实认定过程中,采用的是逻辑、常识、经验、公正的内心理念、内心对于法律的信仰,申言之,事实认定者无论是陪审团还是法官认定事实采用的均为非法律标准,诚如罗纳德·艾伦教授所言,"在事实认定角度,两大法系间的差距显然被过分夸大了"[①],从这个角度而言,事实认定者不同,其在

---

① 张保生:《证据规则的价值基础和理论体系》,载《法学研究》2008年第2期。

事实认定过程中遵循的规则是相通的,亦即都要遵循证据裁断。

四、证据裁判原则视域下我国现行民事诉讼制度的再梳理

证据裁判原则的确立更多时候关乎的是民事诉讼的基本理念、基本目的、基本原则,关乎的是一种宏观的诉讼结构的转轨。证据裁判原则与辩论主义原则紧密相关,约束性辩论原则要求之一便是:"法院对于案件的调查只限于当事人双方在辩论中所提出来的证据。"①证据裁判是当事人主义诉讼模式的必然要求:无论是证明、释明、严格证明这些证明对象都与当事人主义诉讼模式相关。与此同时,证据裁判原则的确立,也关乎我国民事诉讼具体制度的调整,申言之,这些制度包括如下:

(一)调整《民事诉讼法》第2条、第7条关于民事诉讼目的、基本任务规定的相关内容

诉讼证明的过程是事实认定者对于案件事实进行认知的一个过程,"证明的过程要受到时间和空间的限制,要受法律程序和证据规则等的调整和制约,这就决定了很多情况下证明结果无法达到与案件客观事实完全一致的程度,诉讼证明具有相对性"②。我国现行《民事诉讼法》第2条规定:"中华人民共和国民事诉讼法的任务,是……保证人民法院查明事实……";第7条规定:"人民法院审理民事案件,必须以事实为根据,以法律为准绳"。这种"世界可知论"客观唯物主义哲学理念指导下形成的"查清事实"论调,导致了我国民事诉讼法的严重异化,导致司法实践中错误的理解和执行即是:裁判的作出必须在查清事实、分清是非的基础上进行,甚至诉讼中的调解坚持三原则之一竟然也是"查清事实、分清是非",这样的理念的指导下导致的必然结果就是:证据裁判原则的虚置化,在事实无法查清的情况下,强迫当事人和解③或者久拖不决,这其实是对于证明责任作为一种"事实真伪不明"情况下裁判方法的直接否定。笔者主张取消民事诉讼法第2条、第7条、第93条"查清事实"这一规定。

(二)取消拘传制度

对被告的拘传制度在民事强制措施中,是非常具有中国特色的一项制度,换言之,世界法治发达国家民事强制措施没有拘传的有关规定。我国现行《民事诉讼法》第109条规定:"人民法院对必须到庭的被告,经两次传票传唤,无正当理由拒不到庭的,可以拘传。"拘传的前提是被拘传者"不到庭,不能查清案件事

---

① 张卫平:《民事诉讼法》,中国人民大学出版社2011年版,第26页。
② 江伟、傅郁林:《民事诉讼法学》,北京大学出版社2012年版,第193页。
③ 南京彭宇案二审由于事实无法查清,法院即采用了这种"做工作"式的方式,最终促使了当事人和解结案,而原本该案件可以通过证据裁判、证明责任承担予以判决。

实",这也就意味着裁判的确立必须建立在事实查清的基础上,换言之,这也就意味着我国民事诉讼中证明责任裁判法理的缺失,或者是虚置。① 被告未有正当理由不到庭是懈怠行使诉讼权利的行为,法院采取强制措施令其出庭体现了我国民事诉讼法较强的职权主义、职权探知主义的色彩。笔者主张:取消拘传制度,对于必须到庭的被告无正当理由拒不到庭,可对被告作出不诉裁判,作为一项惩戒性的措施在原告的动议下直接判令原告方胜诉。

(三)缺席判决制度的完善

关于缺席判决制度,我国民事诉讼立法主要有两个法条:第 143 条:"原告经传票传唤,无正当理由拒不到庭的,或者未经法庭许可中途退庭的,可以按撤诉处理;被告反诉的,可以缺席判决";第 144 条:"被告经传票传唤,无正当理由拒不到庭的,或者未经法庭许可中途退庭的,可以缺席判决"。

缺席判决在我国对于缺席方而言不是惩罚,缺席判决的前提仍然是"查清事实、是非明确",结合上述两个法条,我们认为,在缺席判决制度中,仍然坚持的是对席判决的原则,即"查清事实,分清是非",反之,事实不清,是非不明,即使缺席也不得判决,而一般是中止审理,这直接导致了诉讼效率的极其低下。对于当事人不到庭的处理方式,从各国的立法来看有两种分类方式:(1)对席判决主义和缺席判决主义。对席判决主义是指如果当事人在言词辩论时不到庭,法律将拟制一方当事人已经有一定的陈述或者自认,从而拟制出双方当事人有判决的辩论基础。(2)双方辩论判决主义和一方辩论判决主义。双方辩论判决主义是指双方当事人在言词辩论日出庭进行辩论后才作出判决。一方辩论判决主义是指在言词辩论日只有一方当事人出庭,另一方当事人不出庭,法院让出庭当事人辩论,在出庭当事人提出判决请求时,法院根据未出庭当事人以前提供的诉讼资料作出判决。②

我国民事诉讼中的缺席判决制度,并没有采用缺席判决主义,也没有采用一方辩论主义。我国独特的缺席判决立法例,再次说明证明责任裁判法的缺失,对于事实不清,一方未出庭,则可以根据证明责任裁判、证明责任分配,结合现有的证据材料予以判决以提高司法的效率。

(四)严格限制诉讼调解的适用范围

事实认定属于法院裁判权行使的范围,在民事诉讼事实认定的方法方面,我国现行立法规定确认了两种方式:裁判和调解,裁判与调解是一对对立的裁判模式,两者生存的空间存在此消彼长、零和博弈之势。因此证据裁判原则的逆向考察就是我国现行民事诉讼中调解制度的运行状况。

---

① 宋朝武:《民事诉讼法学》,中国政法大学出版社 2008 年版,第 265 页。
② 张卫平:《民事诉讼法》,中国人民大学出版社 2011 年版,第 324 页。

调解层面据笔者对最高人民法院1988年至2011年公开的民事一审案件结案数、调解结案数等数字的统计发现,在最近几年,民事调解结案率呈现逐年上升趋势,具体分析见下图:①

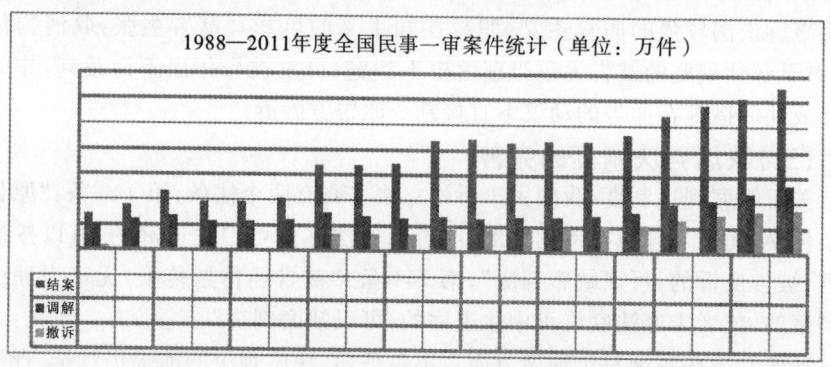

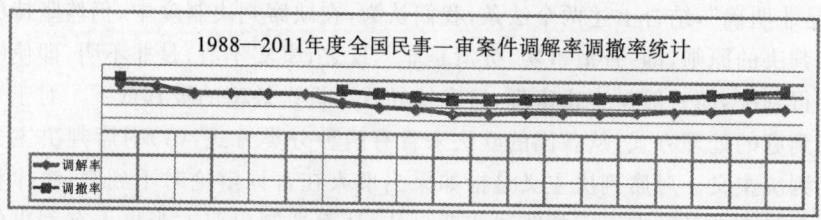

(图表说明:1989年至1993年,笔者并未找到最高法院的公开的撤诉案件具体数字,因此这一段统计有所缺失)

众所周知,1982年《民事诉讼法(试行)》第6条规定:"人民法院审理民事案件,应当着重进行调解;调解无效的,应当及时判决。"通过上图比对不难发现:2011年的调解率相比于现行民事诉讼法颁行前强调民事诉讼"着重调解"的1990年、1991年,调解率已经大体相当,并且这种调解率趋势从2003年至2011年,一直呈现稳步增长的态势。这样的图标从一定意义上而言,可以不客气地说,我国民事诉讼法又回到了1990年,"着重调解"对于刚刚建立的程序法治的打击效果是自不待言的。

当然,笔者本人对于诉讼调解制度持一分为二的态度:对于建立在熟人社会基础之上的传统型纠纷,如家事诉讼案件、农村地区有关纠纷诸如此类案件调解

---

① 数据来源:2008年至2011年来源于最高人民法院官方网站"首页 权威发布 司法数据"栏(http://www.court.gov.cn/qwfb/)。1988年至2000年数据,来源于中国法律年鉴,转引自北大法意网(http://www.lawyee.net/OT_Data/Judicial_Stat.asp)。下载日期:2012年12月5日。

的适用,持支持态度①;对于建立于陌生人社会基础之上的"规则导向型"纠纷,如商事纠纷等则应取消庭审过程中的调解制度,亦即此类调解可以在庭前,但是一旦进入庭审,只能进行判决。而我国正在走入"陌生人社会"②,因此笔者主张,取消诉讼庭审程序中的调解制度,建立严格的证据裁判,以诉讼中体现当事人处分原则的诉讼和解代替诉讼调解,重塑我国民事诉讼法的基本品格。

(五)证明对象的细化

根据证据裁判的要求,借鉴德、日大陆法系国家的做法,笔者主张我国应将民事诉讼证明对象予以细化,具体分为证明与释明(疏明);严格证明与自由证明。当然,我们应该意识到,这种证明对象的划分,是对于落实证据裁判原则的具体的细化,申言之,上述事实的进一步分类均是需要运用证据加以证明的对象,分类的核心意义有二:一是不同对象的证明要求程度不同;二是不同对象的证明主体不同,比如自由证明属于职权主义模式之下法院自由收集证据的证明待证事实的一种方法。从这个意义上而言,结合证据裁判原则产生的历史背景——反对神示证据规则的基础上产生的,我们可以认为:证据裁判在两大诉讼模式之下具有共通性和普适性,这也充分论证了即使我国尚未确立完全的当事人主义诉讼模式,尚处于职权主义向当事人主义转化的过程中,仍然应当坚持这种具有普适性价值的证据裁判原则。

结　语

证据裁判原则的确立,可以修正我国民事诉讼过分重视"查清事实"这一理念、目的和原则,提高民事诉讼解决纠纷的效率;证据裁判原则的确立,可以有效堵死当事人进入诉讼再由法院进行调解的侥幸心理,从而有效激活非讼机制解决民事纠纷的作用,因为所有非讼机制发挥作用的最终保障在于诉讼制度本身。如果调解不能保障调解反而要侵蚀作为非讼程序的调解、以判代调,诉讼外纠纷解决机制当然会枯萎,取消诉讼庭审中的法院调解制度,确立起"裁判型"诉讼模式,以真正改变我国民事诉讼的"调解型",以实现程序法治。

---

① 周洪江、孟祥滨:《我国乡村社会结构变迁与民事纠纷解决路径选择》,载《司法改革论评》第15辑,厦门大学出版社2012年版,第226页。

② 2012年9月中国社科院城市发展与环境研究所报告显示:2011年中国城镇人口达6.91亿,城镇化率达到51.27%,城镇常住人口第一次超过了农村常住人口。法律是陌生人社会的产物,社科院的统计数字表明:目前中国开始进入以城市型社会为主体的新的城市时代。数据来源于2012年9月15日社科文献出版社发布的《2012年中国中小城市绿皮书》。

间接反证论
——罗森贝克间接反证理论解析

■曹云吉*

摘 要 间接反证概念及理论由德国诉讼法学家罗森贝克所创,目的在于维持其所创立的规范说。在此一理论问世之际,在德国便引起了强烈的论争。该理论传到日本之后成为日本关于证明责任理论研讨论战的主战场。在我国台湾地区以及大陆地区对此问题也进行了相关的研讨。对于间接反证概念以及理论之所以会产生如此大的反响,主要在于这一概念不仅引发了民诉理论中的证明责任理论问题的大讨论,同时其也与要件事实理论相关联,而要件事实理论的上位概念便是诉讼标的理论,而诉讼标的的确立根据又与民事诉讼目的论相关联,从横向上看,要件事实理论又与辩论主义、自由心证等民诉法基本原则相关联,可以说,间接反证概念从纵向及横向上将民诉理论几乎串了一遍,因此其理论中的任何一个问题都会引起民诉理论整体变动,可谓"牵一发而动全身"。本文拟从罗森贝克"证明责任理论"出发,来对间接反证理论讨论中所提到的"间接反证理论与证明责任理论的关系"及相关理论问题予以阐述,从而达到站在罗森贝克的角度理解间接反证的目的。

关键词 间接反证 证明责任 事实推定 法官讯问

一、间接反证理论概述

(一)罗森贝克间接反证理论概述

间接反证概念及理论由罗森贝克所创,自然要对其对间接反证的叙述予以阐明。罗森贝克言:"直接反证与间接反证之间的对立,受本证的对象的支配。"也就是说,根据本证的对象来决定对本证是应该直接予以反驳,还是以从其他事

---

* 曹云吉,清华大学法学院2013级民事诉讼法学博士研究生。

实中推定的方式予以反驳。[①] 同时其还指出:"通过讯问当事人提出了我们的意义上的间接反证。"[②] 在其所著的《德国民事诉讼法》对间接反证的陈述是:"间接反证不会直接反驳被视为已经得到证明的主张,而是必须借助另外的可以推知该主张不真实或者至少值得怀疑的事实。"[③]对于间接反证的效力问题,罗森贝克言道:"如果间接反证所指向的其他事实能够构成推论的基础,那么,这些事实必须是积极的、肯定的,仅就该点而言,提出反证之人必须对此承担纯正的确认责任。"[④]"这些另外的事实是独立的证明主题,反证者对此负有证明义务。"[⑤]

因而可以有这么几个的结论:(1)是否适用间接反证是由本证对象所决定。因此本证的对象有划分的必要。(2)间接反证所应证明的事实与本证对象是以推定和推论两种方式进行联系的。在这个地方我们应该注意的问题是罗森贝克用了"推定和推论"两种不同的表达方式,即某种本证的对象应当以"推定"来实现间接反证,而某种本证对象应当以"推论"来实现间接反证。(3)间接反证所证明的事实如果能够构成推论的基础,证明责任应当被承担。(4)罗森贝克的间接反证理论的运用要借助于法官的讯问。

综上,在罗森贝克的理论里,间接反证根据联系方式的不同,可以分为两大类,即以推定为连接点的"间接反证"和以"推论"为连接点的"间接反证",而只有后一种间接反证在利用"法官讯问"的基础上,与证明责任存在关系。

(二)日本及我国间接反证理论及其与罗森贝克的异同

1.日本

在日本,日本民事诉讼法学界关于证明责任理论进行了大论战,这场论战的主要发起者是维护罗森贝克证明责任学说的仓田卓次与反对者石田穰。在该论战中对于间接反证的论战可以说硝烟味极浓,这次论战被日本民诉学界称为史

[①] [德]罗森贝克:《证明责任论——以德国民法典和民事诉讼法典为基础撰写》(第4版),庄敬华译,中国法制出版社 2002 年版,第 201~202 页。间接反证不会直接反驳被视为已经得到证明的主张,而是必须借助另外的可以推知该主张不真实或者至少值得怀疑的事实。例如,如果本证是针对情况证据,那么我们所说的反证就是间接反证,假如通过它可以证明其他的情况证据,不管它们是不真实的,还是说明第一批情况证据缺乏逻辑性,还是不具备法定的要件特征。

[②] [德]罗森贝克:《证明责任论——以德国民法典和民事诉讼法典为基础撰写》(第4版),庄敬华译,中国法制出版社 2002 年版,第 202 页。

[③] [德]罗森贝克、施瓦布、戈特瓦尔德:《德国民事诉讼法(下)》(第 16 版),中国法制出版社 2007 年版,第 816 页。

[④] [德]罗森贝克:《证明责任论——以德国民法典和民事诉讼法典为基础撰写》(第4版),庄敬华译,中国法制出版社 2002 年版,第 201 页。

[⑤] [德]罗森贝克、施瓦布、戈特瓦尔德:《德国民事诉讼法(下)》(第 16 版),中国法制出版社 2007 年版,第 816 页。

上最为激烈的论战。① 那么首先让我们先梳理一下日本学者关于间接反证概念的见解。

新堂幸司教授认为："当从几个间接事实(abc)出发，在很大程度上可以推定当事人负有证明责任的主要事实 A 存在时，如果对 A 不负有证明责任的当事人通过证明与间接事实(abc)相矛盾的其他间接事实(d)之存在，从而推翻从 abc 到 A 的推定(证明推定事实不存在)，或至少将法官有关 A 存在之心证引入真伪不明之状态，对方当事人所实施的这种证明活动，就是所谓的间接反证，在这种情况下，对方当事人必须要对 d 的存在加以积极的确定，就这个意义而言，其承担着证明责任。"②谷口安平教授认为："按照一般的理解，间接反证就是在进行事实推定时，存在着能够使一定的推定不能成立的另外的事实。例如推定医疗过失引起被注射处发炎，而实际上是因被蚊虫叮咬的事实就是这种例外的事实。"③

2. 我国

在我国大陆学术界对间接反证理论的专题研究似乎不是太多，④但是在教科书中却多有论述，⑤也有学者主要引用日本间接反证概念作为理论的出发点来予以解说与评论。⑥

在我国台湾地区，对于间接反证进行了专门的学术研讨会，⑦此次研讨，着重对"间接反证与证明责任的关系"、"间接反证事实是否需要积极证明"进行了论述。对于此等问题在后面之本质部分予以论述，此不赘言。

从上述对我国学者关于间接反证的研究基本上循着日本学者的研究思路，尤其是台湾地区这次研讨会，报告论文所用的参考资料全部是日本资料，可以说我国学者对于间接反证理论的借鉴主要还是日本学者的研究路径。因此其与罗

---

① 陈荣宗：《举证责任分配与民事程序法》，台湾大学法律丛书编辑委员会 1984 年版，第 33～34 页。

② [日]新堂幸司：《新民事诉讼法》，林剑锋译，法律出版社 2008 年版，第 403 页。

③ [日]谷口安平：《程序的正义与诉讼》(增补本)，王亚新等译，中国政法大学出版社 2002 年版，第 308 页。[日]中村英郎：《新民事诉讼法讲义》，陈刚等译，法律出版社 2001 年版，第 198 页。[日]高桥宏志：《民事诉讼法——制度与理论的深层分析》，林剑锋译，法律出版社 2003 年版，第 448 页。以上著作都有类似或相同论述。

④ 学生通过期刊网查找该方面的专题论文，只有西南政法大学段文波副教授《间接反证——事实认定中的效用论》一篇关于间接反证的专题论文。

⑤ 江伟主编：《民事诉讼法》，李浩执笔，高等教育出版社 2007 年第 3 版，第 197 页。

⑥ 段文波：《间接反证——事实认定中的效用论》，载《宁夏大学学报》2008 年第 30 卷第 3 期。

⑦ 林望民等：《间接反证》，载《法学丛刊》2002 年第 187 期。

森贝克理论所存在的差异与日本学者在此方面的差异应当是相同的。

从上述可以看出,上述概念实际上是对罗森贝克间接反证论的一种解释,姑且不论论者是否对该解释的理论予以赞同,从表面来看,其所牵涉到的理论问题与上述所提出的问题有几个问题是存在重合的,但是也有不同之处:(1)罗森贝克间接反证本身而言根据连接方式的不同,在与证明责任的联系方面也不同。只有以推论的方式产生的间接反证才与证明责任相联系。(2)罗森贝克的间接反证论要借助"法官讯问"来予以实现,而根据理论通说,法官讯问通常出现在事实真伪不明,法官作为一种补充证据调查而适用。① 而日本学说理论中,并未出现"法官讯问"这一"跳板",更确切地说,对方当事人提出间接反证并不是因为法官讯问,而是因为"其有提出反证的必要"。因此可以说,日本学者对于间接反证的研究似乎与罗森贝克的间接反证理论存在着某种不衔接之处。(3)通过对罗森贝克间接反证理论的研究可以发现,其所举的事例并不包括侵权行为中的过错要件及因果关系要件,而日本学者大多是从这两个要件入手来对间接反证进行论述。② 有人可能说罗森贝克所举例子中没有"过错",并不代表其不认为"过错"要件的证明不适用间接反证理论。但是罗森贝克的《证明责任论》一书中多处提到"过错",但从未提过此处有间接反证的适用。对于此问题,作者将在后述"间接反证与推定"部分进行论述,此处不再详述。

通过上述分析,我们可以得出这么几个问题分析点,即:(1)关于本证对象的分类;(2)关于间接反证的分类;(3)间接反证与推论的关系——罗森贝克间接反证的本质;(4)罗森贝克间接反证理论与"法官讯问"的关系;(5)间接反证与事实推定。

论文的核心内容即是围绕着上述问题予以讨论,目的在于弄清楚间接反证与上述各个民诉基本理论的关系,并分析德日之间对于间接反证存在不同之原因。

(三)本证对象的分类及间接反证的类型

为了行文的逻辑性及方便,在这里将这两部分作为一部分来分析。

通过上述,我们知道罗森贝克的间接反证理论需要对本证的对象进行分类,因为"直接反证与间接反证之间的对立,受本证的对象的支配。也就是说,根据

---

① [日]松冈义正:《民事证据论》,张知本译,中国政法大学出版社 2004 年版,第 323 页。关于当事人讯问补充性的性质,在日本学界已经掀起了一股反对浪潮,详情参见[日]高桥宏志:《重点讲义民事诉讼法》,张卫平、许可译,法律出版社,第 86~94 页。

② [日]新堂幸司:《新民事诉讼法》,林剑锋译,法律出版社 2008 年版,第 404 页。[日]高桥宏志:《民事诉讼法——制度与理论的深层分析》,林剑锋译,法律出版社 2003 年版,第 448 页。[日]谷口安平:《程序的正义与诉讼》(增补本),王亚新、刘荣军译,中国政法大学出版社 2002 年版,第 308 页。

本证的对象来决定对本证是应该直接予以反驳,还是以从其他事实中推定的方式予以反驳"①。

1. 本证对象分类

关于本证与反证的概念,许多文献多有论述,如"本证与反证的分类根据是证据与证明责任承担者的关系。本证,是指在民事诉讼中负有证明责任的一方当事人提出的用于证明自己所主张的事实的证据。反证,指的是没有证明责任的一方当事人提出的为证明对方主张事实不真实的证据。"②

从上述可以看出本证和反证指的是证据,那么本证和反证的对象则为证明对象,证明对象的种类,根据通说分为"事实、法规、经验法则",事实又分为"主要事实、间接事实、辅助事实"。③ 那么本证的对象即为上述的证明对象,具体到事实的话,那就是上述三种事实。

不过,间接事实是推定主要事实存在与否的事实,从主要事实的角度来看,其本身是处于与证据相同的地位,因此其既可以成为本证的对象,同时也可成为本证本身。

上述本证对象的分类是从宏观的角度即概括性的角度对本证对象进行把握,如果将视角定位于"要件事实或主要事实"上,那么本证对象是否可以再次进行分类呢?我们知道,罗森贝克的证明责任理论是严格按照《德国民法典》的法律条文来构建的,因此条文本身包含的要件事实的性质,同样可以作为要件事实分类的标准,也就可以作为本证或反证对象的标准了。如"有无合法原因"、"是否具有所有权"、"是否有权占有"等法条的表述,这几个要件事实均是法律性概念,其被作为独立的请求权出现的同时,在其他的法律条文中也被作为要件事实出现,如"合法原因"买卖关系,法律本身对买卖关系进行了法律规定,但是在不当得利请求权中,该"买卖关系"就成了一个"要件事实",并被进行了证明责任分配。因此这样的要件事实就具有这样的性质,即其出现于多个法律规范,在有的法律规范中其作为诉讼请求存在,在有的法律规范中,其被作为要件事实,而进行了证明责任分配。我们把这样的要件事实称为法律性要件事实。而不具有这种性质的要件事实则成为"非法律性要件事实"。④

综上,本证对象的分类可以以不同的标准化分为不同类型。作者只以上述标准进行分类,一类为"主要事实、间接事实、辅助事实"。一类为"法律性事实与

---

① [德]罗森贝克:《证明责任论——以德国民法典和民事诉讼法典为基础撰写》(第4版),庄敬华译,中国法制出版社2002年版,第201~202页。
② 张卫平:《民事诉讼法》,法律出版社2009年第2版,第198页。
③ 张卫平:《民事诉讼法》,法律出版社2009年第2版,第204页。
④ 对于这种区分,也许会有学者不同意,在后文中作者会详加解释。

非法律性事实"。

2.间接反证的分类

根据罗森贝克的表述,间接反证应当分为两类,即"以推定方式连接"的间接反证和"以推论连接"的间接反证。

第一种间接反证应当对应于本证对象分类中的第一种,即"主要事实、间接事实、辅助事实"。也就是说,当本证的对象是主要事实时,对主要事实进行的反证,应当为直接反证。① 而当本证所证明的对象是某种间接事实时,那么对该间接事实进行的反证应当为间接反证。② 但应注意对间接事实的反证并不是对间接事实的否定,而是提出了与间接事实相矛盾的其他间接事实。但这不能称为抗辩,因为抗辩本身是处于"要件事实或主要事实"领域,而不是间接事实领域。因此应当说明的是,本证与反证的分类,只与"承担证明责任者"有关,而与事实无关。也就是说,只要是对要件事实不负担证明责任者,提出的证据均为反证。

第二种间接反证即"推论式"间接反证,其与第二种本证对象分类相关。何为"推论"。我们认为当法定要件事实与法定法律效果相连接时,要件事实与法律效果之间的联系就叫推论。其与事实推定的差别就在于已知事实与未知事实之间本身并没有法律的规定。我们以"有无合法原因"为例。按照罗森贝克的理论,"有无合法原因"本身为要件事实,但是我们知道,"合法原因"如"买卖关系的有无",其本身在民事法律规定中已有其要件事实,如果合法原因成为要件事实,那么推出"合法原因"的要件事实就处于了间接事实的位置。而这种间接事实便构成了罗森贝克所说的"推论的基础",而适用间接反证与证明责任的关系,即承担纯粹客观的证明责任。

上述第二种间接反证方式才是罗森贝克所说的间接反证,对其证明责任理论予以补充,依靠"法官讯问"来进行。之所以对本证的对象作出以上分类,与罗森贝克的理论与实体法之间的密切关系是分不开的。那么我们在分析间接反证上述两种情形以及罗森贝克的真意时,首先应当做的是搞清楚罗森贝克的证明责任理论。作者认为,这是搞清楚间接反证的基础。

二、间接反证的内容

罗森贝克间接反证理论本身是其证明责任理论的一个分支,因此要搞清楚

---

① 应当注意直接反证是反证,而不是抗辩,其是对主要事实的否定。否则就不能称为反证了。

② 这里应当注意,直接反证针对的是主要事实,是对主要事实的否定,如果按照间接反证的概念来定义直接反证的话,那么直接反证应当为抗辩,因此就不能再称为反证了,因此直接反证与间接反证概念之间不能进行类推。

间接反证的内容,我们首先应该做的便是分析一下其证明责任理论。

(一)罗森贝克的"不适用法规说"与"规范说"释义

在此部分,作者将以学界对罗森贝克"不适用法规范说"的批判为起点来进行论述,该批判便是"在民事诉讼实务中当某一要件事实处于真伪不明时,法官并不是不适用法规范,而是适用法规范进行裁判,因此无法用不适用法规范说予以解释"。所举之例如《日本民法典》第415条规定的"应归责于债务人的事由"为真伪不明时,若按不适用法规范说解释,该要件事实等同于不存在,法官应当裁判不适用该法律。而按照日本通说及判例,债务人应当对归责事由的不存在承担证明责任,为此在归责事由的存在为真伪不明时,法官却应当适用该法规范①。

对于上述批判,作者认为有两处疑点:

1. "应归责于债务人之事由真伪不明而将其视为不存在"本身并不是罗森贝克的意思,罗森贝克反对"穆兹拉克的消极规则说",其认为:"法官总是只能将一事实主张作为真实或不真实来对待,从来不能作为有疑问来对待,且他一定要将对其真实性不能形成心证的主张视为不真实,这是不恰当的。同时这也是一个错误,错误的原因就在于对法律关系与其事实基础未进行充分的区分。对事实问题的真假不明并不意味着对法律问题也真假不明。避免这一点,正是证明责任规范的任务。因此一主张的不确定性不是使得判决不可能,而是使法官作出不利于承担证明责任的当事人的判决。"②换句话说,事实真实与否本身并不是证明责任范畴的问题,而是自由心证范畴的问题,而判决的作出并不是只能依赖于自由心证的形成与否,还有依据证明责任规范作出判决的可能。因此对于判决而言,事实认定清楚与否或者是否获得确定为真或为假,对于法官作出判决而言是没有影响的。这就可说明罗森贝克本身克服真伪不明的方法并不是消极规则说,换句话说在某要件事实真伪不明时,罗森贝克既未认定其存在也未认定其不存在,而是直接将该法规范不予以适用。对于事实存在与否与"克服真伪不明之间"本身并没有关系。因此说"应归责于债务人之事由真伪不明"即认定其不存在,并不是罗森贝克之意思。

从这里,我们可以得出这么一个结论:在罗森贝克的理论里,要件事实被分为三种状态,真、假、真伪不明。而前两种均属于自由心证的范畴,即通过自由心

---

① 陈刚:《证明责任法研究》,中国人民大学出版社2000年版,第134页。当然对于罗森贝克不适用法规范说的批判还有几条,学生只是将上边那条作为论述下文的起点,因此其他批判不再列举,详见上揭书第134~136页。

② [德]罗森贝克:《证明责任论——以德国民法典和民事诉讼法典为基础撰写》(第4版),庄敬华译,中国法制出版社2002年版,第14页。

证得出事实为真或为假,再通过适用实体法,得出判决。当事实为真时,那么即为积极适用法律,当事实确定为假时,那么就是消极的适用法律。用公式表达就是:事实—自由心证—真实—积极适用实体法—肯定判决;事实—自由心证—假—消极适用实体法—驳回判决。当事实处于真伪不明时,就不能再利用自由心证了,也就是说此时事实真伪不明并不处于自由心证的范畴,而是处于证明责任的范畴。这时,由于事实为真或为假,并不确定,因此就不能得出适用实体法的要件事实,因此实体法也就不能适用,而只能适用证明责任规范进行判决。用公式表达就是:事实真伪不明—法规不适用—证明责任规范——判决。

可以说,事实真或假是适用实体法的要件事实,事实真伪不明是适用证明责任规范的要件事实,而不能适用实体法规。因此我们应当注意,罗森贝克的法规不适用说与消极适用法规之间的区别。

2. 上述日本实务的做法中还有一个地方应当说明一下,那就是在"归责事由真伪不明"时,之所以适用法规,是因为日本实务中本身并未运用罗森贝克的"不适用法规说"和"规范说"。正如上边的分析,其实际上是适用了穆兹拉克的消极规则说,使得真伪不明的事实为假,通过自由心证认定该事实为假后,然后又通过"危险领域"这样的利益衡量的方法分配了证明责任,因为按照罗森贝克的"规范说","归责事由的存在"本身属于权利形成事实,应当由债权人来承担证明责任。因此整个过程并没有使用罗森贝克的理论,而是适用的"事实—自由心证—假—消极地适用法规"的模式。

通过上述论述,至少我们弄清楚了何为"不适用法规"。

那么存在的另一个问题便是"法规"的含义是什么。

为了分析这个问题,作者提出这么一个分析框架,因为根据罗森贝克自己的叙述"每一方当事人必须主张和证明对自己有利的法规范(法律效力对自己有利的法规范)的条件"。① 因此主张权利存在者,只可能提出有关权利形成事实的法律规范,而不会提出权利消灭的法律规范。我们做出两个假设:(1)不适用法规说中的法规与罗森贝克分配证明责任时所说的法规范是同一的。(2)我们假设一个场景,即当权利形成事实真实,而权利消灭事实真伪不明时,如何适用法规不适用说。我们之所以做出这样的假设主要是因为,当权利要件事实真伪不明或为假时,法官本身不需要再对权利消灭事实等事实做出判断。直接便可以作出证明责任判决,或消极适用法律的判决即驳回判决。

如果出现上述假设的情况,那么法官作出判决时就可能出现两种情况:(1)权利消灭事由真伪不明,而认定权利形成事实存在,径而直接适用权利形成规

---

① [德]罗森贝克:《证明责任论——以德国民法典和民事诉讼法典为基础撰写》(第4版),庄敬华译,中国法制出版社2002年版,第104页。

范,判决权利人胜诉;因为权利形成事实并未真伪不明,也就不存在不适用"包含权利形成事实的法律规范"的可能。(2)因为权利消灭事实真伪不明,不适用权利消灭事实提出者提出的法律规范,那么应当由权利消灭事实的证明者承担证明责任,即其将败诉,相反权利人胜诉。可以看出这两种判决的结果是一样的,都是权利人胜诉,但是权利人胜诉的原因并不相同,前一种胜诉判决是法院根据原告所提出的对其有利的法规范进行判决,而后一种则是法院对于被告提出的对其有利的法规范不予适用而间接导致的权利人胜诉的判决。(3)那就是法官既适用了"权利形成规范",同时又作出了证明责任判决。

之所以得出这三种判决,主要是因为,根据罗森贝克的观点,包含权利形成事实的法律规范,本身要件事实并未真伪不明,因此不能不适用该法律规范,而权利消灭事实真伪不明,包含该要件事实的法律规范就应当不被适用。

因此我们要问的问题便是权利形成事实主张者胜诉的原因是权利形成事实被认定为真实而适用实体法作出胜诉判决呢,还是因为权利消灭事实真伪不明而作出权利消灭主张者的败诉的证明责任判决?

如果说第一个问题的回答是正确的,那么一个权利消灭事实处于真伪不明,而法官作出了适用法律的胜诉判决,而并没有作出不适用法律的证明责任判决,那么这就导致了两个问题:(1)真伪不明与证明责任判决之间的关系是什么?换句话说,真伪不明的范围是否要大于证明责任判决,而并不是一一对应,即真伪不明是适用证明责任进行裁判的要件,但并不是所有的真伪不明都要作出证明责任判决。(2)基于上一个问题,那么就会对真伪不明做出一种划分,其划分的标准便是何种情况下应作真伪不明判决?一般而言,真伪不明指的是要件事实真伪不明,那么做划分不免就要对要件事实进行划分了,换句话说即是哪些要件事实处于真伪不明时才会作出证明责任判决。根据罗森贝克的划分,要件事实分为四类,即权利形成事实、权利妨碍事实、权利消灭事实、权利排除事实。从上述结果来看,当权利消灭事实的主张者应当承担证明责任的权利消灭事实真伪不明时,并没有作出所谓的"证明责任判决",而是作出了适用法律的权利人胜诉判决。我们说在这个判决中,义务人败诉,本身并不是因为权利消灭事实真伪不明,而是因为权利形成事实为真。如果可以这样说的话,那么在权利形成事实真实,权利消灭事实真伪不明时,本身并不存在着所谓"败诉风险的分配"问题,义务人不利益判决的获得,并不是因为其现实地负担了败诉风险。因此可以说在这种情况下,本身也就没有了证明责任的承担问题。因此真伪不明与证明责任判决的连接,或者说要作出证明责任判决,其真伪不明这一要件必须附加上一个条件,那就是"只有在权利形成事实处于真伪不明时"才会出现证明责任的判决。而在其他剩余的要件事实处于真为不明时,是不会作出证明责任判决的。上述结论如果成立,那么我们的问题是"客观证明责任或说败诉风险或说败诉之不利

间接反证论

益还有分配的必要吗?""分配"一词还需要存在吗?更确切地说,研究证明责任三个阶段问题的第三个阶段法官应该如何裁判的问题还需要研究吗?同时上述的结论本身就违背了"要件事实真伪不明与证明责任判决之间的关系,即要件事实真伪不明,那么就应作出证明责任判决"。我们再重新反观罗森贝克的"规范说",该判决的结果是否与这些理论协调呢?如果上述判决是正确的,那么作者认为罗森贝克的规范说的内容应该是这样的,即"主张权利形成规范者应当对权利规范的前提事实承担主张及证明责任,主张权利消灭、权利排除规范者应当对权利消灭、权利排除规范的前提事实进行主张及证明。"而不需要再要求其承担证明责任?那么我们要问这样的结论是否能够被现在的学界以及实务界所接受呢?显然答案是否定的。

排除了第一种情况,那么第二种情况,就是根据权利消灭事实真伪不明,作出权利消灭事实主张者败诉的证明责任判决。在这里一个问题便是"权利形成事实真实,法官为何不适用包含权利形成事实的法律规范呢?"

还有第三种情况,那就是法官既适用了"权利形成规范",同时又作出了证明责任判决。也就是说,先利用权利形成规范承认了权利产生这样一个主张,然后再根据证明责任规范,不适用"权利消灭规范",判决主张权利消灭者败诉。那么这里面也有两个问题。

(1)法官在一个诉讼中作出了两个判决,一个是承认权利形成请求的判决,一个是最终的根据证明责任作出的判决。那么问题是,权利形成本身可以作为一个独立的诉讼标的而使得法官作出判决吗?也许有人会提出这里的"权利形成判决"是中间判决。所谓中间判决是为了对诉讼中的前提性权利事实做出的判断,也就是说,在诉讼过程中,除了诉讼标的所表示的法律关系或权利之外,还有一个前提性的法律关系要进行确定,之所以要对其作出判决,是因为要扩大判决的既判力,使得前提性权利受既判力拘束。其一个前提便是这两个权力关系本身都可以独自作为不同诉讼标的而存在。而这里的"权利形成请求"是否是一个独立的诉讼标的呢?很明显每一个诉讼标的均是"权利存在或不存在",而不可能是"权利形成或消灭",这应当是一个事实,而不是请求。

(2)当某一要件事实处于真伪不明,正常的逻辑肯定是先不适用法规,而后进行证明责任的分配。这是研究证明责任的基本逻辑,罗森贝克作为"证明责任通"自然了解这一点。不然他就不会说"不是因为承担证明责任而败诉,而是因为要件事实真伪不明"[①]。既然是这样,那么根据我们对于中文翻译资料中的结论,我们发现当事实处于真伪不明时,法官即不适用一方提出的法规范,进而直

---

① [德]罗森贝克:《证明责任论——以德国民法典和民事诉讼法典为基础撰写》(第4版),庄敬华译,中国法制出版社2002年版,第12页。

接判该方败诉,似乎给我们的感觉是先进行了证明责任的分配,而后又进行"真伪不明的克服"。这是违反逻辑的,罗森贝克是不可能做出这种违反逻辑的论述。那么其克服真伪不明与证明责任分配又是如何进行的呢?

通过上文所述,我们得出的都是矛盾的结论。矛盾的原因何在呢?我们回到我们一开始的假设,即"不适用法规范说"与"规范说"的"规范"是同一的。上述通过这个假设所得到的推论全都是矛盾的结论。这就使得我们开始怀疑这个假设本身的正确性。即这两个词中的"规范"并不是一个意思。

我们应该清楚的是,罗森贝克分配证明责任的标准是要件事实的性质,而不是法律条文,法律条文只不过是要件事实的载体。因此根据不同的要件事实,法律条文本身就具有了"罗森贝克所说的相对关系"。因此证明责任分配从表面上看就演化成了对法律条文的分配。而不适用规范说中的规范,是法官判决的依据,而不是分配证明责任的载体。我们知道《德国民法典》遵循潘德克吞体系,本身任何一个条文都不能成为一个完整的法律规范。对于这样的规范实际上学者已有论述,将其称为完全性法律规定,即完全性法条,而完全性法条是由被限制的法条与限制的法条结合在一起构成的。[①] 用罗森贝克的话说就是权利形成规范与相对规范构成。[②] 只有这样的法律规定才能在一个领导性的价值观点下组合成一个包含构成要件及法律效力之规定的单元,才能发挥不矛盾的规范功能。[③] 从这个角度讲,原则上并没有一个法条是完全的,因此,民事实体法中,大多数都是不完全法条,之所以如此是为了防止各个法条在内容上多次重复相同部分,或者必须将很多事项规定在一个条文中,其结果,法条不但在结构上会更复杂,而且会显得臃肿不堪。[④] 这就是潘德克吞体系的优点之所在。如果这样理解的话,那么法官要作出判决也就不可能只利用一个条文,而是要运用一个"条文的集合"。实际上罗森贝克所说的"不适用法规说"中的法律规定,笔者认为应当是完全性法律规定,而并不是单纯的法条。这个条文的集合本身就是一个完全性法律规范,即权利形成规范与权利消灭或权利排除规范合成一条规范,该规范以权利形成事实、权利妨碍事实、权利消灭事实、权利排除事实为前提条

---

① 应当注意,法条、法律规定、法规范之间的逻辑关系,法条组成法律规定,由法律规定再构成法规范。而法条组成法律规定是按照一定的价值标准进行组合,以至于适用时不产生矛盾结果。法律条文只是一个法律规定的一部分。Larenz 引用德国《民法》第 447 条第 1 项之规定作为例子来论述。黄茂荣:《法学方法与现代民法》,法律出版社 2007 年第 5 版,第 138 页。

② 这里应当注意的问题是,我们所适用的权利形成规范与相对规范是翻译过来的词语,按照作者的理解应当称为权利形成法条与相对法条。

③ 黄茂荣:《法学方法与现代民法》(第 5 版),法律出版社 2007 年版,第 159 页。

④ 黄茂荣:《法学方法与现代民法》(第 5 版),法律出版社 2007 年版,第 162 页。

件或要件事实。作者将该法律规定称为"诉讼标的法律规定"。当任何一个要件事实处于真伪不明时,法官实际上既没有适用对权利人有利的条文,也没有适用对义务人有利的条文。而是直接将这条完全性法律规定或"诉讼标的规范"不予适用。然后再根据真伪不明的事实的性质来进行证明责任的分配。这样的理解才是符合逻辑的,也是符合德国《民法典》的整体架构的。

如果这样的理解是正确的,那么就产生了一个问题。那就是当罗森贝克意指的法规范是"这样一种诉讼标的法律规定"时,那么正确的翻译应该是这样的"一方当事人应当对法规范的有利于其的前提条件承担主张和证明责任。"这与原来的翻译相对比本身并没有多一个字,① 我们可以对比一下:

一方当事人应当对有利于其的法规范的前提条件承担主张和证明责任。
一方当事人应当对法规范的有利于其的前提条件承担主张和证明责任。

罗森贝克分配证明责任的依据就是实体法本身,而如果其所意指的法规范就是"上边的诉讼标的法律规定"的话,那么只有另一方当事人重新提出另外一条"与已经提出的法规范的权利形成要件不同的"法规范时,才会重新进行所谓的证明责任分配。②

(二)具体事例分析及间接反证内容

在本部分,作者将通过对罗森贝克所举的几个事例予以分析,通过分析,抽象出其间接反证之本意。

1.事例分析

(1)物的瑕疵担保责任中的"恶意隐瞒"

首先,我们要分析的便是罗森贝克提出的"告知与否"的证明责任承担问题。③ 该问题实际上是《德国民法典》关于物的瑕疵担保责任的规定中的一条法律规范,即第463条:出卖的物在买卖时欠缺保证的品质的,买受人可以不请求解约或减价而请求不履行的损害赔偿。出卖人恶意不告知瑕疵的,适用相同规定。④ 这条法律规定实际上是关于物之瑕疵担保责任的规定,当然主要涉及的

---

① 因为就翻译者本身而言对于翻译的内容一定是根据原版逐字翻译的,因此如果字或词有所改变的话,就有可能改变了作者的原意。

② 实际上不赞成上述看法的人也应当知道,如果在一个诉讼中,要对证明责任重新进行分配,那么也肯定是有一方当事人提出了另外一条与已提出的法规范不同的法规范,如果不是这样,那么绝对不存在证明责任重新分配的可能。

③ [德]罗森贝克:《证明责任论——以德国民法典和民事诉讼法典为基础撰写》(第4版),庄敬华译,中国法制出版社2002年版,第202页。

④ 本文所适用的《德国民法典》规定,源自杜景林、卢谌译《德国民法典》,中国政法大学出版社1999年版。

是物之瑕疵损害责任,而并不是物之瑕疵结果损害责任。① 物之瑕疵担保责任损害赔偿请求权的要件事实应当包括两种:(1)出卖物欠缺出卖人所保证之品质。这个要件事实本身并不是指标的物存在瑕疵,标的物本身没有问题,但是缺乏当事人所要求的品质。比如说合同中约定的标的物的相关功能不存在。(2)出卖物存在瑕疵或出卖人恶意不告知瑕疵。这个要件事实中本身就包含了标的物本身存在瑕疵的问题。我们研究的是第二种情形。

"出卖物存在瑕疵"这一要件本身应当由买受人承担证明责任,这主要是因为在罗森贝克看来,"给付义务应当由出卖人承担证明责任",而出卖物存在瑕疵并不是主给付义务的履行问题。用罗森贝克的话说"买受人总是只能要求特定之物的交付,不得要求提供无瑕疵之物或提供所保证的品质之物。买受人的担保请求权不是因不履行而产生的,而在该请求权情况下,债务人必须承担履行的证明责任,买受人的担保请求权是一种特殊的权利,这种权利以所保证的品质有瑕疵或缺乏该品质为前提。所以买受人根据德国《民法典》第463条的规定起诉,要求损害赔偿,或者如果他可试图以有瑕疵的抗辩来对付价款之诉,买受人必须对此承担证明责任"。②

对于恶意不告知本身应当由主张损害赔偿者承担证明责任。根据罗森贝克的"规范说"应当是没有异议的。但是其又认为:"当法官可能从言词辩论的内容或者调查证据的结果中对于该事实获得心证时,那么告知的主张就是间接反证的手段和对象,因此必须由承担证明责任的对方当事人承担证明责任。"③我们应当注意的一个问题是"在物的瑕疵担保请求权中,主张未告知瑕疵者承担告知与否的证明责任。"而在上一个表述中"间接反证的对象是告知的主张,也就是说主张告知的人应当对告知与否承担证明责任。"不仅事实主张变了,而且承担证明责任的主体也变了。根据罗森贝克的理论,如果在诉讼过程中承担证明责任的主体发生变化,只有一种情况,那就是"一方当事人提出了有别于先前的有利于自己的法律规范",但是这里,相对人并没有提出一条"相对规范",因为相对规范中不可能包含着"相同于相对规范的要件事实"。那么只有一种解释可以解释这种矛盾现象,那就是相对于原来的诉讼标的规范,对方当事人又提出了其他的诉讼标的规范,而这个新的诉讼标的规范包含了和该诉讼标的规范相同的要件

---

① 卢谌:《德国民法专题研究》,法律出版社2008年版,第80页。物之瑕疵结果损害责任本身是在《德国民法典》颁布之后出现的,因此可以想见,罗森贝克当时的瑕疵损害责任应当指的是物之瑕疵损害责任,而不是物之瑕疵结果损害责任。

② [德]罗森贝克:《证明责任论——以德国民法典和民事诉讼法典为基础撰写》(第4版),庄敬华译,中国法制出版社2002年版,第365页。

③ [德]罗森贝克:《证明责任论——以德国民法典和民事诉讼法典为基础撰写》(第4版),庄敬华译,中国法制出版社2002年版,第202页。

事实,但是却进行了不同的证明责任分配。排除这种情况,我们无法解释这种矛盾的现象。具体到这里,那么说被告肯定主张了另外一条法规范,对这条法规范的要件事实进行划分后,被告应当对于"告知与否"的事实承担证明责任。因为如果被告并未主张其他的法规范,而是单纯地对"未进行告知"进行否认,按照罗森贝克的理论,是不可能将证明责任要求其承担的。因为承担证明责任的唯一依据就是实体法规定。而且如果假设要求对方当事人在此承担"告知与否"的证明责任,同时被告并未提出新的法规范,那么对于这一条法规范而言,"告知与否"本身既是权利形成事实,又是权利妨碍或者权利消灭事实了。而根据罗森贝克的说法,主张权利妨碍事实与主张权利消灭事实者,首先是对权利形成事实予以承认或者说对于权利形成事实的存在与否与权利主张者的态度一致,①那么我们可以想见对方当事人在提出"进行告知时"既是对未进行告知的承认,也是对未进行告知的反对,这本身就是自相矛盾。因此在此处,被告当事人一定是提出了"以告知与否"为要件事实的另一条法规范,根据该条法规范中的"告知与否"事实,被告当事人应当承担证明责任。而"告知与否"这个概念本身也就成了我们上文本证对象分类中的具有法律性质的要件事实了。

这条法规范是什么呢?我们首先分析一下,"告知"这一词在债法中的意义,首先,我们可以提出的是,告知在债法中一般而言属于义务的范畴,一定不属于权利,而且一般而言是处于"附随义务"的场合。既然是一种义务,就存在着必须履行的责任。如果未予以履行,那么实际上便是在"附随义务层面的债务不履行"。② 既然是一种附随义务,那么在债权的权能中,自然有一种权能与这种附随义务相对应。那么我们可以想见的是,该附随义务履行,该债权权能消灭,该附随义务不履行,产生了损害赔偿责任。但是我们知道,该附随义务不履行,本身债权的该部分权能并不消灭。但是如果承认该损害赔偿权的独立性,那么因为同一义务的不履行,岂不产生两个不同的债权,而要履行两次,这显然是不对的,正确的理解便是债的同一性原理,即当附随义务不履行时,相对应的债权权能便转化成了该损害赔偿请求权。③ 因此附随义务履行构成债权消灭原因,而附随义务不履行就成为损害赔偿请求权的形成事实。因此在对方当事人或说义务人在主张自己已经履行了告知义务时,实际上其是主张了一个"债权消灭要件事实",而该法律规范便是"以债权产生事实与债权消灭事实为要件,以债权存在

---

① [德]罗森贝克:《证明责任论——以德国民法典和民事诉讼法典为基础撰写》(第4版),庄敬华译,中国法制出版社2002年版,第108页。
② 王泽鉴:《民法学说与判例研究》(第4册),中国政法大学出版社2005年版,第89页。
③ 关于债的同一性原理,参见韩世远:《合同法总论》,法律出版社2008年第2版,第480页。

为法律效果"的法规范。而在这条法规范下,实际上证明责任进行了重新的分配。因此,主张进行告知的当事人自然要承担该事实的证明责任。因此,我们可以看出,实际上罗森贝克的"规范说"在"瑕疵损害赔偿请求权"遇到"告知与否"的要件时,产生了一种矛盾,那就是对于"告知与否"既由债权人同时也由债务人承担证明责任。而解决或说调和这一矛盾的办法就是"间接反证"。这也是间接反证"补充性作用"之所在。难怪罗森贝克说"这两个证明责任判决只是在表面上相互矛盾"①。

在这里不免会提出这样一个问题,那就是,当"告知与否"之事实出现真伪不明时,是应当由权利人还是义务人承担证明责任呢?也就是说在这种情况下,法官如何作出判决。我们都知道,从表面上看,间接反证具有转换证明责任的作用,实际上罗森贝克在这里并没有转换证明责任,而是利用法官讯问,使得对方当事人提出了自己应当承担证明责任的要件事实,只不过从表面上看起到了转换证明责任的作用。在这个例子中,如果"告知与否"出现真伪不明,那么判决的结果应该是买受人败诉。在后面的叙述中,我们还会详细说明。

(2)侵权行为损害赔偿请求权中的"违法性"

《德国民法典》规定了三个基本侵权类型,包含于两个法条之中,即第823条:因故意或过失,不法侵害他人生命、身体、健康、所有权或其他权利者,对所生之损害应负赔偿责任。违反以保护他人为目的之法律者,亦负同一义务。第826条:故意以背于善良风俗加害于他人者,应负损害赔偿责任。

侵权行为损害赔偿请求权一般只是针对第823条第1项而言,其要件包括以下几部分,即①加害行为;②行为须不法;③须侵害他人之权利;④须致生损害;⑤须有责任能力;⑥须有故意或过失。前四者为该行为的状态及其所造成的结果,属于客观要件;后二者乃行为人本身主观方面的问题,属主观要件。此等要件在体系结构上可归纳为构成要件、违法性及故意或过失,是为侵权行为的三层结构。②

按照罗森贝克的"规范说",违法性是侵权损害赔偿请求权的权利形成要件事实之一,从这个角度讲,主张侵权损害赔偿请求权的一方当事人,应当对"加害行为违法与否"承担证明责任。在侵权行为损害赔偿请求权这一部分罗森贝克

---

① [德]罗森贝克:《证明责任论——以德国民法典和民事诉讼法典为基础撰写》(第4版),庄敬华译,中国法制出版社2002年版,第202页。
② 王泽鉴:《债法原理(三)——侵权行为法(一)》,中国政法大学出版社2001年版,第87~88页。

举了几个例子,例如权利错误、病人同意手术、有干涉原告权益的其他权利等。①有的学者主要针对"病人同意手术"这一事例发起攻击,并认为"患者对于医师行为的违法性承担证明责任,那么必须要对医师手术并没有经过其同意进行证明,而间接反证却认为该同意与否之事实应当由医师承担证明责任,"进而认为"罗森贝克在创立间接反证理论时,实际上对于证明责任的分配导入了利益衡量之标准"。也有其他学者认为,这里的"病人同意"本身是一个权利妨碍事实,本身就应当由医师承担证明责任,并不存在适用间接反证的必要。②

首先,我们应当明确的是,罗森贝克是坚决反对以利益衡量作为标准来分配证明责任的。其认为"如果法官想将具体的诉讼之船根据公正性来操纵,那么他将会在波涛汹涌的大海里翻船,诉讼的本质将会从根本上受到破坏。根据公正性自由裁量的法官,是依据其感情而不是依据什么原则来裁量的。每一种法安全性均将会消失得无影无踪"③。另外,我们需要分析的是,罗森贝克是否把"病人同意"看作是一项权利妨碍事实。如果"病人同意"是一个权利妨碍要件的话,那么医生实际上是提出了一条"对其有利的相对法律规范"。但是根据罗森贝克的理论,如果提出相对规范,那么其必须要同意权利形成规范中的权利形成要件事实,④也就是说其要对上述的三层要件予以承认。具体到这里,那就是医生首先对自己行为的违法性进行了自认,然后又提出"病人同意"的主张否认违法性的存在,这本身是矛盾的。因此,这并不是权利妨碍要件。另外,"违法性要件"应当由患者承担证明责任,医生提出"病人同意的"事实,目的只不过在于说明其行为的"合法性",因此其本质是对"违法性要件"的否认,而不是抗辩。既然是否认,自然也就没有承担证明责任的道理。⑤

那么罗森贝克在此处所提到底是什么含义呢?

---

① [德]罗森贝克:《证明责任论——以德国民法典和民事诉讼法典为基础撰写》(第4版),庄敬华译,中国法制出版社 2002 年版,第 203 页。
② 林望民等:《间接反证》,载《法学丛刊》2002 年第 187 期。这主要是石田穰教授的观点。后边的观点是雷万来教授的发言。
③ [德]罗森贝克:《证明责任论——以德国民法典和民事诉讼法典为基础撰写》(第4版),庄敬华译,中国法制出版社 2002 年版,第 97 页。
④ [德]罗森贝克:《证明责任论——以德国民法典和民事诉讼法典为基础撰写》(第4版),庄敬华译,中国法制出版社 2002 年版,第 12 页。
⑤ 这里需要说明一个问题,那就是"病人同意"到底是违法阻却事由还是抗辩事由。如果是免责事由,也就是说是对抗侵权损害赔偿请求权本身的抗辩,那么其应当是罗森贝克所说的"相对规范",那么其也就成了我国台湾学者所说的权利妨碍要件。但是按照德国民法理论,"病人同意"并不是免责事由,而是"违法阻却事由",即在病人同意的情况下,为病人手术,是合法的医疗行为。因此在这里罗森贝克同样是把它当作了违法阻却事由,来对抗行为的违法性主张的。因此其也就不是免责事由了。

罗森贝克认为:"只有当对有争议的法律关系的存在或对有疑问的法律概念的使用十分重要的事实情况有争议且仍有疑问时,才可能考虑证明责任规则的适用问题。"因此,可以看出罗森贝克认为证明责任的对象只能是事实问题,而不是法律问题。具体到"病人同意"这个具体事例中,我们应该清楚,所谓的"病人同意"应该指的是"病人在不违反公序良俗等情况下对医生对其进行加害行为的一种授权"。也就是说,病人同意在这里并不是一个民法上的"事实行为",而是一个"法律行为",其引起了一个新的法律关系的产生,就是这里所说的"授权关系",因此这里就出现了另外一个"我们所说的诉讼标的法律规定",这条规范与原有的"侵权损害赔偿请求权诉讼标的法律规定"是不相同的。因此,当出现"病人同意"时,实际上在这里要进行"二次证明责任的分配"。因为这里已经出现了罗森贝克所说的"法律关系的争议",那就是病人主张"未同意或未授权",而医院主张"病人同意或进行了授权"。因此针对"病人同意与否"这个授权行为所成立的法律关系本身,就同样会产生权利形成要件与权利消灭、权利排除要件,而对这些要件重新进行证明责任的分配。

因此,可以说"病人同意"本身产生的"授权法律关系",是为了证明医生行为的合法性,因此,从"违法性"的角度讲,其为反证的对象,但是,由于其为一个法律关系,必然存在相应的要件事实,因此这些要件事实就相对地处于了间接事实的位置。因此,医生在这里证明"病人同意"的事实,实际上是对"授权关系"存在这一反证对象进行证明,而在"授权关系"中,病人同意却是一个"权利形成事实",因此医生要对其承担证明责任。同样,罗森贝克在这里运用间接反证,但并没有转换"病人同意这一要件的证明责任"。

其他的例子也是一样的,比如"权利错误"、"干涉原告权利的其他权利",这些都涉及新的权利或法律关系争议,因此都要进行"二次证明责任的分配"。

(3)无因管理

在无因管理下,罗森贝克又举了两个事例,那就是"有无违反本人意思"以及"有无义务"的问题。

一是关于"有无违反本人意思或其可推知之意思"。

关于这一要件,根据罗森贝克的规范说,本身应当有主张无因管理请求权的人即管理人来承担证明责任,但是,"违反本人明示或可得推知之意思"本身而言,实际上是本人在主张无因管理构成了侵权行为。① 因为无因管理与侵权行为之间只有一线之隔,那就是管理人是否是为了本人的利益。因此,本人对此进

---

① 王泽鉴:《民法学说与判例研究》(第 2 册),中国政法大学出版社 2005 年版,第 79 页。实际上在这里本人不能只主张"违反其明示或可得推知之意思",必须要证明"管理人故意或过失给其造成损害",而推翻此处的无因管理行为。

行否认本身已经认为管理人构成了侵权行为,其证明管理人未按照本人意思或未出于本人利益时,本身就是在证明管理人构成了侵权行为。因此,在这里,我们又可以清楚地看到,在"是否违反本人明示或可得推知之意思"之要件下,同时又产生了上边我们所说的"二次证明责任分配问题"。即"本人应当对侵权行为的形成承担证明责任"。

二是关于"未受委任、并无义务"。

罗森贝克所举之例为"代被告清偿债务包含了无因管理的所有前提条件;因此被告必须证明,原告有义务清偿该债务"。① 实际上在这里,如果单独将"未受委任,并无义务"这一要件拿出来看的话,被告主张"受委任或有义务"实际上便是主张两者之间存在一种法律关系。原告"未受委任并无义务"就是对这种法律关系存在的否认。因此,还是出现了罗森贝克所谓的"法律关系的争议"。因此,在这个地方,实际上被告同样提出了一个新的独立的"诉讼标的法律规定"。而其必须对其权利形成要件承担证明责任。

(4) 不当得利请求权

关于不当得利请求权"有无合法原因"要件的证明责任分配的问题,也是罗森贝克间接反证的一个事例,关于这个事例在大陆法系,尤其是在德国、日本已有学者对其证明责任分配这个问题做出了研究,但并没有依据罗森贝克的规范说。一般说来,就此争论,德日之学说倾向于将"无法律上原因"之举证责任分配依"给付不当得利"与"权益侵害不当得利"之类型加以区分。就"给付不当得利",由原告就"无法律上原因"负举证责任;就"权益侵害不当得利",实质上"系由被告就有法律上原因"负举证责任。② 按照罗森贝克的意思,实际上并不是此种分类差别。"有无合法原因"本身而言,单独来看,仍然是应当有主张有法律上原因,或者取得利益具有合法权利的一方当事人对其权利形成要件承担证明责任。实际上在这个地方,主张"有合法原因"的人同样提出了一条新的独立的"诉讼标的法律规定"。

2. 间接反证之内容

从上边几个事例我们可以得出这么几个结论,那就是在整个诉讼中出现了两个互相独立的"诉讼标的法律规定",这两条独立的诉讼标的法律规定,一条是

---

① [德]罗森贝克:《证明责任论——以德国民法典和民事诉讼法典为基础撰写》(第4版),庄敬华译,中国法制出版社2002年版,第203页。

② 黄国昌:《民事诉讼理论之新开展》,北京大学出版社2008年版,第162页。代表性论文有我国台湾学者吴光陆:《法律关系不存在之举证责任》,载《约旦法学教室》(2)2002年私法学篇。关于不当得利类型的区分参见王泽鉴:《债法原理(二)——不当得利》,中国政法大学出版社2002年版,第161~228页。

原本就存在于诉讼中的规范,而另一条诉讼标的法律规定是对方当事人基于"第一条诉讼标的法律规定中"的一个"要件"展开攻击而提出的。而这个要件正是一个实体法明确进行了证明责任分配的"确定法律概念"或法律关系。根据罗森贝克的学说,"法律概念本身是不能成为证明责任的对象的",而按照实体法的表述方式,一个确定的法律概念必须要成为一个要件事实,因此这里就出现了法律概念成为证明责任分配对象的悖论。为了解决这个悖论,罗森贝克提出了"间接反证",这也就是间接反证"补充性作用之所在"。因此间接反证的本质,本身就是罗森贝克对自己学说的一种"完备化作业"。正是存在着这种悖论,其规范说按照实体法分配证明责任出现了缺陷,才有了间接反证的诞生。因此罗森贝克才会说"间接反证的适用其决定权在于本证的对象"。① 也就是说只有当本证对象中出现了"确定法律概念或法律关系"时,才会运用到间接反证。同时,我们应该看到的是"证明责任并没有发生转移,而是进行了二次重新分配"。就拿"恶意隐瞒"之例来说,首先应当由"主张恶意隐瞒者对其承担证明责任",但是,由于义务人提出了一条新的诉讼标的法律规定,因此在对这条新的诉讼标的法律规定进行证明责任分配时,"告知义务的履行便成了这条新诉讼标的法律规定中的权利消灭事实,因此其也要承担证明责任"。用罗森贝克的话说就是"两个证明责任判决在表面上看是相互矛盾的",② 在这里其认为是两个证明责任分配,并没有使证明责任发生转移。因此也就没有了间接反证转换证明责任的问题,同样也就没有了是否需要积极证明的问题。

通过上述可以看出间接反证的本质,即间接反证的本质为"一方当事人提出的要件事实是一个法律上的概念或者是一个法律关系时,那么其对这个法律关系或对这个法律概念承担证明责任,本身是不符合罗森贝克的理论的,同时,如果让其对这一法律概念或法律关系承担证明责任,那么他实际上既要证明这个法律关系的形成要件,又要证明这个法律关系的消灭、妨碍等要件,这本身也是不符合罗森贝克理论的。因此,此时就要利用间接反证来解决这个矛盾,解决的方法就是,当一个诉讼中出现了两个独立的诉讼标的法律规定时,要进行二次证明责任分配,即本来承担反证的一方当事人在诉讼中要对其承担反证的事实承担证明责任,而只有这样,两次证明责任分配才会符合其规范说的意旨。间接反证正是起了这么一个作用,使得两次证明责任分配都符合罗森贝克自己的规范说"。

---

① [德]罗森贝克:《证明责任论——以德国民法典和民事诉讼法典为基础撰写》(第4版),庄敬华译,中国法制出版社2002年版,第201页。

② [德]罗森贝克:《证明责任论——以德国民法典和民事诉讼法典为基础撰写》(第4版),庄敬华译,中国法制出版社2002年版,第202页。

就上述所举事例有的人认为,这是一种积极否认情形,我国台湾学者骆永家先生谓:"当事人主张与对造主张之事实互不两立之别个事实,以否认对造主张之事实承担证明责任;例如,原告请求被告给付10万元,被告主张该款系受赠或系受领其他债务之清偿,因其系附加上别个事实而间接的或积极的否认,故称为间接否认或积极否认,又因其系附加理由而为否认,故亦称为附理由之否认。此时因被告之间接否认,使原告就借贷之事实,有证明之必要,原告为澄清借贷事实所举者为本证,被告为否认借贷事实所举者为反证。"①可以说上述请求确实是一种积极否认情形。

因此问题也就产生了,在负有本证责任的一方当事人并没有使证明达到本证所应有的心证标准时,法院是通过何种程序,使得"应当提供反证的一方当事人"在没有"提出反证必要时"提出反证,并对自己的反证事实下的某些事实承担证明责任呢?

因此,这里就出现了两个问题:(1)对于上述争执的"确定法律概念或法律关系"本身应当是由主张第一次证明责任分配所适用的诉讼标的法律规定者承担本证责任,而罗森贝克是如何使得"对方当事人提出另一条独立的诉讼标的法律规定"的呢?(2)上述间接反证的本质与推定有何关系呢?

三、间接反证的实现条件——法官讯问

所谓法官讯问,按照罗森贝克的说法就是"如果没有其他的证据手段或者其他证据手段不充分,当事人讯问对于认定事实而言就不可或缺。"②我们可以知道,法官讯问是一种证据调查方法,一般而言,其具有补充证据调查或者辅助性的性质,这主要是由辩论主义所决定,因为在辩论主义下,证据的提供以及证据调查的申请一般是由当事人提出的,法官是不能主动调查证据。③而且法官讯问一般发生于证据手段不足或没有证据手段之时,换句话说,就是事实仍然处于真伪不明之时。根据罗森贝克的论述,在上述所有情形,间接反证要反驳的是"已经被证明的主张"。④可以说在此时承担本证的一方当事人似乎并不具适用法官讯问的前提,即"没有其他的证据手段或证据手段不足",可是此时主张既已被证明,就表明没有法官讯问的适用余地。这确实是一个问题。我们首先来

---

① 骆永家:《民事法研究》(第2册),台湾三民书局1986年版,第3页。
② [德]罗森贝克、施瓦布、戈特瓦尔德:《德国民事诉讼法(下)》(第16版),中国法制出版社2007年版,第926页。
③ 对于法官讯问的辅助性性质已经有所争议,可以说这个通说地位有所动摇,参见[日]高桥宏志:《重点讲义民事诉讼法》,张卫平等译,法律出版社,第86~94页。
④ [德]罗森贝克:《证明责任论——以德国民法典和民事诉讼法典为基础撰写》(第4版),庄敬华译,中国法制出版社2002年版,第201页。

分析一下,罗森贝克在此处所说的"主张已经被证明"是什么意思。根据学者的说明,这里罗森贝克是利用了"事实推定",使得该主张被证明。① 但是根据现行权威观点,事实推定只是影响证明评价或说自由心证,同时并且不恰当地降低了原有的证明标准。② 那么从这个角度来看,事实推定所产生的法官心证本身并没有达到法律所要求的证明标准,也就是说在此时当事人证明要件事实所用的证明手段并不充分,如果这样理解的话,就可以与适用"法官讯问"形成对接。同样应当注意的是,既然事实推定即法官讯问仍然属于自由心证的范畴,那么根据罗森贝克的理论法官讯问或事实推定本身就不可能发生客观证明责任的转换。因为"自由心证用尽"才是客观证明责任的适用条件。③ 因此有的学者认为罗森贝克此处用事实推定或者说法官讯问转换客观证明责任这一观点值得商榷。④

罗森贝克利用"法官讯问"来使得不负担证明责任的一方当事人提出新的事实或者说促使其提出一个新的独立"诉讼标的法律规定",⑤进而重新进行证明责任的分配,就会产生一个问题,那就是法官讯问的产生时点一般处于"待证事实真伪不明时",而在此时,如果要求不负担证明责任的人提供诉讼资料,似乎有违一个理论上的共识,那就是"反证的提出必须是在有反证提出必要时",而这个必要时的时点必须是法官对本证已经形成了心证至少说是"临时心证",总而言之,"心证并不处于真伪不明的状态",因此在此时,不负担证明责任的一方当事人本身"并没有提出反证的必要",或者说如果法官要求其提出,那么其拒绝提出本身就是合法的,但是,法官却可以将这个拒绝法官讯问的间接证据进行自由心证,运用辩论全趣旨认定待证事实为真,⑥那么这就产生矛盾了,反证方的一个合法行为反而导致了一个不利益的心证结果。如何来解决这一问题呢?要让不负担证明责任的人提供诉讼资料必须要阐明一个正当理由,否则就可能催生"职权主义的复活"。而这个正当理由就是"抽象主观证明责任的移转"。

"抽象主观证明责任的移转"即"将待证事实拉离真伪不明状态的责任的转移",根据就是"法官的义务性裁量"。也就是说,将本来有负担证明责任的人承担的抽象主观证明责任,转移至不负担客观证明责任的一方当事人身上。有人可能会提出这么一个问题,即罗森贝克不是坚决反对以利益衡量为标准来进行证明责任的分配吗?我们应该清楚,罗森贝克的证明责任分配分配的是客观证

---

① 林望民等:《间接反证》,载《法学丛刊》2002年第187期。
② [德]普维庭:《现代证明责任问题》,吴越译,法律出版社2006年版,第85页。
③ 陈刚:《证明责任法研究》,中国人民大学出版社2000年版,第79页。
④ 许可:《民事审判方法——要件事实引论》,法律出版社2008年版,第92页。
⑤ 根据罗森贝克的观点,法官讯问应当是向反证者进行。
⑥ [德]奥特玛·尧厄尼希:《民事诉讼法》,周翠译,法律出版社,2003年版,第297页。

明责任,而不是主观证明责任,其分配客观证明责任的依据是实体法的规定,而不是利益衡量,再说得清楚一点就是,其分配的是结果责任,而不是行为责任,主观证明责任无论是具体的还是抽象的,从本质上讲都是行为责任,都属于自由心证的范畴,而不是证明责任分配的范畴。罗森贝克从来没有反对过以利益衡量来分配主观证明责任。其对表见证明的肯定就是一例,其肯定表见证明,表见证明实际上就是运用了利益衡量的法理,而表见证明属于自由心证范畴,因此在自由心证范畴内采用利益衡量,本身就是罗森贝克的应有之义。

普维庭认为,法官讯问在这里转移的是"具体的主观证明责任",而不是抽象的主观证明责任,①我认为这是矛盾的,因为"具体主观证明责任"的目的在于使得法官已经形成心证的事实重新回到真伪不明的状态即已足以。那么现在事实本身就处于真伪不明的状态,不负担证明责任的一方当事人还有什么必要进行"具体主观证明责任的履行呢"?同样如上所述,如果法官在此时转移的是具体主观证明责任,那么如果该当事人拒绝提供,那么法官依据辩论全趣旨进行裁判,就会导致不负担证明责任的一方当事人的一个合法行为导致了一个不利益的结果,这本身就是不公正的。只有在将抽象主观证明责任予以移转之后,让不负担客观证明责任的一方当事人对该待证事实承担一种类似于本证的"阐明义务",这时才能达到转移的目的。实际上日本学说在这里已经运用了"主客观证明责任的分离"来解决诉讼过程中按照罗森贝克的证明责任理论所出现的不公正现象。② 在转移了抽象主观证明责任之后,如果不负有证明责任的一方当事人仍然不提供诉讼资料,那么法官根据辩论全趣旨认定待证事实为真,就有了充分的理由。

综上所述,罗森贝克利用"法官讯问",实际上做出的是一种转移抽象主观证明责任的行为,而这一行为本身而言罗森贝克不但没有反对,而且是支持的,其所坚持的证明责任分配学说只是以"客观证明责任"为对象。因此在出现"第三部分"中事例时,对于确定法律概念进行第二次证明责任分配的前提就是利用"法官讯问"使得不负有证明责任的一方当事人提出诉讼资料以便引出另一条独立的诉讼标的法律规定,从而有了第二次证明责任的分配。

但是应当注意的是,法官讯问条件下的间接反证只是间接反证的一种类型。我们应当注意罗森贝克的间接反证的适用是由本证的对象来支配的,而并不是由法官讯问来决定的。同样,罗森贝克也说明了法官讯问意义上的间接反证只是间接反证的一种,用他自己的话说就是"通过讯问当事人提出了我们的意义上

---

① [德]普维庭:《现代证明责任问题》,吴越译,法律出版社2006年版,第24页。
② [日]高桥宏志:《民事诉讼法——制度与理论的深层分析》,林剑锋译,法律出版社2003年版,第467页。

的间接反证"。①

四、间接反证与事实推定

(一)罗森贝克的推定理论与间接反证

1.法律上的事实推定与间接反证

在《证明责任论》中,罗森贝克对于法律推定花了大的篇幅予以论述,其最终得出的结论是"对于本证方而言,法律推定是减轻其证明负担;对于对方当事人而言,法律推定实际上转换了证明责任"。②那么,我们分析一下间接反证在法律上的事实推定下有没有适用余地。

罗森贝克认为法律上的事实推定本身是转换证明责任的,那么根据日本与台湾地区的学说,间接反证出现于事实推定场合,同时几乎无一例外地认为罗森贝克的间接反证理论转换证明责任,那么这里就出现了一个问题。在法律上事实推定的场合,当一方当事人对于推定的前提事实进行证明,并使法官达到暂时心证时,根据罗森贝克的推定理论,此时对方要对该要件事实不存在承担所谓的"客观证明责任"。也就是说,该客观证明责任的转移,是发生在对方当事人提出间接反证前,那么我们想问的是,既然法律推定已经将证明责任予以转换,那么间接反证再转换所谓的证明责任是否还有必要?如果法律推定转换证明责任发生于间接反证提出之后,那么根据罗森贝克的理论,此时间接反证本身已经转换了要件事实不存在的证明责任,那么请问,法律推定转换证明责任还有什么必要?

同时我们应该看到,罗森贝克《证明责任论》是在间接反证之后论述推定理论的,如果间接反证是推定理论的一部分,那么为什么罗森贝克不在推定理论部分论述间接反证,甚至是在"证明责任分配章节简要地介绍了间接反证之后",在推定章节对间接反证进行详细论述呢?从上面的分析可以得出一个不太确定的结论,那就是,罗森贝克所阐明的间接反证理论与法律上事实推定本身没有关系。

我们排除了间接反证与法律上事实推定的关系,那么问题就回到了原点,那就是,间接反证与事实上的推定到底是一种什么关系呢?

2.间接反证与事实上的推定

作者认为,间接反证与事实上的推定也没有直接关系。我们分以下几个部

---

① [德]罗森贝克:《证明责任论——以德国民法典和民事诉讼法典为基础撰写》(第4版),庄敬华译,中国法制出版社2002年版,第202页。

② [德]罗森贝克:《证明责任论——以德国民法典和民事诉讼法典为基础撰写》(第4版),庄敬华译,中国法制出版社2002年版,第224页。

分来予以分析：

（1）我们先从规范说入手予以分析。"规范说"的依据只有实体法这一个依据，也就是说，只有实体法规定了的要件事实才能成为罗森贝克"规范说"的对象。没有实体法的规定的事实是不可能成为规范说的对象的。事实推定中被推定的事实一般而言就是要件事实，其受规范说的支配，是其分配的对象，但是推定基础事实的前提事实，在事实上推定的场合并没有法律的明确规定，因此"规范说"是不可能对其进行分配证明责任的。如果说，在事实推定场合也会产生间接反证，那无异于说，罗森贝克对法律未规定的间接事实同样在双方当事人之间进行了证明责任分配，这与其自己的理论是相背叛的。只有在法律推定的场合，间接事实被规定进入了实体法的规定。也有只在这时候，间接事实才会成为证明责任分配的对象。

（2）罗森贝克论述事实推定的例子就是"表见证明"，①而表见证明罗森贝克明确将其归属于"自由心证"的领域，而自由心证与证明责任以及间接反证是同时论述的。② 那为什么罗森贝克在论述证明责任与证明评价即自由心证时，要单独论述间接反证呢？最合理的解释就是原本间接反证的对象按照罗森贝克的"规范说"应当属于第一次证明责任分配时的一个要件事实的下位事实，实际上就是确定法律概念的要件事实，其处于与间接事实相同的层面，而间接事实的证明本身应当属于自由心证的范畴，因此单独予以论述的目的就在于将间接反证作为自由心证的例外而纳入证明责任的范畴。这主要就是因为确定法律概念的要件事实本身已经有法律作出了明确规定，因此排除法官的自由心证而在间接反证范围内，将其作为要件事实或主要事实来对待。这是唯一合理的解释。

最终罗森贝克得出结论认为"事实推定并不使得关于推定的事实的主张责任和证明责任有什么区别"。③

（3）在罗森贝克叙述的"法官讯问"意义上的间接反证，我们确实看到了事实推定的运用，但应当注意的是这里的事实推定只是"法官判断案件事实的手段不充分"的代名词，换句话说，对于事实推定这一概念在罗森贝克当时的学界并没有得到承认，④而且其也是与"法官讯问"相配合使用的，更应注意的是，罗森贝

---

① 表见证明是事实推定的表述。参见［德］普维庭：《现代证明责任问题》，吴越译，法律出版社2006年版，第132页。

② ［德］罗森贝克：《证明责任论——以德国民法典和民事诉讼法典为基础撰写》（第4版），庄敬华译，中国法制出版社2002年版，第187页。

③ ［德］罗森贝克：《证明责任论——以德国民法典和民事诉讼法典为基础撰写》（第4版），庄敬华译，中国法制出版社2002年版，第54页。

④ 林望民等：《间接反证》，载《法学丛刊》2002年第187期，沈冠伶发言。

克说"通过讯问当事人提出我们意义上的间接反证"①这句话已经很明显地说明"法官讯问意义上的间接反证"只是间接反证的一种,因为罗森贝克的理论认为"是本证的对象决定了间接反证的适用,而并不是事实推定"。因此运用事实推定时同时运用了间接反证,这是一个事实,但是我们不能反过来说,运用事实推定时,就要适用间接反证,对于此的反驳,我们已经讲过,不再赘言。

通过上述的论述,我们得出的间接反证与事实推定没有关系的结论,似乎并没达到百分之百的"心证"。那么下面的论述就使得我们确信间接反证与推定没有关系了。

(二)日本间接反证理论与推定存在关系的原因

罗森贝克认为:"要件完整性原则的实践价值表现在这样一些法规范中,这些法规范的要件特征全部或部分不能直接加以证明,而是必须从其他情况,尤其是从此方当事人或彼方当事人的行为中推断出来。属于这种情况的主要有这样一些法规范,其效力取决于法官的特定的价值判断。如果一方当事人的请求是以适用这样的法规范为前提条件,当事人必须主张并证明一事实状态,该事实状态适合于构成法官的推论的基础。如果对方作出另一种不可得出此种推论的陈述,对于他的不同主张,他并不承担证明责任,而是对其进行反驳的当事人必须承担证明责任。"进而举例:"如果剥夺特留份是以有责的故意的虐待被继承人或被继承人的配偶的身体为前提条件,且特留份权利人主张被承认的或被证实的虐待行为是基于正当防卫而实施的,那么在此主张剥夺特留份者必须证明不存在正当防卫问题。"同时其得出"凡是法定要件包含有法官推论或价值判断之处,均适用该发展了的证明责任分配原则,即要件的完整性理论"②。通过上述理论我们可以看出对于"故意的虐待被继承人"这一要件事实包含了法官的推论与价值判断,即"虐待行为的存在以及正当防卫的不存在"均是该要件事实被证实存在而需要证明的事实,因此对于"故意虐待被继承人"这一要件事实负有证明责任的人应当对以上两个事实进行证明。同时罗森贝克还认为"因为如果行为人的过错在大多数情况下以违反保护性法律来证明的话,那么会涉及经验规则的适用,也就是说,涉及法官的证明评价规则,这一规则不仅仅适用于此,而且同样适用于对过错加以证明的所有情况,但是并不影响证明责任的分配。从这一句话中可以看出,对于过错利用经验规则进行认定,属于自由心正范畴,并不属于

---

① [德]罗森贝克:《证明责任论——以德国民法典和民事诉讼法典为基础撰写》(第4版),庄敬华译,中国法制出版社2002年版,第202页。

② [德]罗森贝克:《证明责任论——以德国民法典和民事诉讼法典为基础撰写》(第4版),庄敬华译,中国法制出版社2002年版,第166页。

证明责任范畴"。① 因此通过"要件完整性理论与对过错适用证明评价的论述"本身已经证明罗森贝克在这里并没有对像"过错"这样的不确定法律概念适用间接反证理论。

通过上述可以看出对于罗森贝克的间接反证理论与事实推定本身是没有关系的,而日本的理论又源自何处呢?

之所以间接反证理论与推定存在关系,这主要是日本学说发展历程的结果。日本学者运用间接反证主要运用在一些不确定法律概念上,如"过错"、"因果关系"等。这些法律概念本身既是法条规定的要件事实,同时又是法律上的不确定概念,一般而言要通过间接事实来予以证明。而这些间接事实既包括过错形成要件,同样也就包括过错消灭要件等。这是与"确定法律概念"相类比得出的结论。正是存在着这种类比,所以要在对这些"不确定法律概念"进行证明时要适用间接反证理论。在当事人间重新进行证明责任之分配。

作者认为,日本理论中关于过错、因果关系等不确定法律概念,适用间接反证本身而言与其国内民诉理论发展有关系。

诉讼标的理论从旧诉讼标的理论到新诉讼标的理论的变迁在日本引起了巨大的学术争论,而"请求权竞合问题"便成了"新诉讼标的论"者的理论基础。② 而新诉讼标的论的产生,促生了诉讼目的论的变迁,使得"程序保障论"在日本兴起,③虽然大多支持新诉讼标的理论的学者所持的目的论是"纠纷解决说",并且是日本理论界的通说,但是就在这些学者也极力主张适用新诉讼标的理论要完善对当事人的程序保障。④ 而这股程序保障的势头,进而使得辩论主义的本质从"私法自治,自我归责",向"防止法官突然袭击等程序保障理念倾斜"。⑤ 而正是辩论主义本质从"实体走向程序"的理论变迁,导致了对于辩论主义内容的大

---

① [德]罗森贝克:《证明责任论——以德国民法典和民事诉讼法典为基础撰写》(第4版),庄敬华译,中国法制出版社 2002 年版,第 369 页。
② 陈荣宗:《诉讼标的与民事程序法》,台湾大学法学会编辑委员会 1977 年版,第 326 页。
③ 李祖军:《民事诉讼目的论》,法律出版社 2000 年版,第 114 页。
④ 这主要是由于新诉讼标的理论既判力的遮断效过于宽大,而遮断效过大本身就是为了使得纠纷一次性解决而设置的。因此巩固程序保障便是新诉讼标的理论走向合理化的一个辅助手段。
⑤ 矛头之所以对准辩论主义,就是因为辩论主义对法官与当事人权限的划分容易导致法官的事实突袭,因为程序保障的一个重要理念就是加强法官的释明义务,如果由于法官未履行释明义务,而导致当事人主张被遮断,那么就违背了程序保障的初衷。因此导致了释明义务的扩大,而使得辩论主义在法官与当事人之间的边界变得模糊。因此,防止法官突袭便成了辩论主义在程序保障理念下的首要任务。

讨论。主要集中于第一条就是关于主要事实与间接事实的分界,而攻击的重点,便是"不确定法律概念"的证明问题。这种理论的变迁进而引起了在证明责任理论方面的大论战。[①] 即证明责任分配是否还需要以实体法为唯一的判断标准。而这场论战中以"新堂和石田为首的利益说"异军突起,可以说新的证明责任论的创立本身就是建立在对不确定法律概念的证明责任分配以及程序保障理念的基础上。这与新诉讼标的理论同样建立于"请求权竞合"的基础上,有殊途同归之意。因此新说的产生都是基于实体法本身的缺陷所导致。新堂作为新诉讼标的论的主要支持者,其在坚持目的论是纠纷解决说的立场下,同时主张加强对当事人的程序保障,可以说,其是"诉讼程序问题从实体的判断标准走向程序判断标准的"主要推动者之一。

从上边的理论逻辑演变来看,辩论主义的变迁,引起了证明责任理论的大变动。日本间接反证理论建立在对"不确定法律概念"的推定的基础上,本身是其本土化的一种特色。也就是说本来对于这种不确定法律概念应当由立法加以明确而使其变为确定法律概念,从而按照实体法划定当事人和法院作用的边界。而对这一不确定概念的"确定化"本身并不能依据立法本身来解决,而需要通过大量的判例积累并作出类型化分析后才能确定。因此在不确定法律概念的证明问题上"程序标准"或者说诉讼的程序的作用要大过于立法的作用。因此,在这种背景下,立法者便将立法权限予以"下放",而委任由法官"自由裁量"。但同时由于日本国内学者"对于程序保障"的重视,因此法官自由裁量的余地便被限缩,其必须与当事人协力来确定证明这些不确定法律概念时所需证明的事实,因此,"心证公开"便成为最为重要的程序保障之一。同时在"不确定法律概念下"形成下层次要件事实的理论便应运而生。而法官在对这样的要件予以分配证明责任便形成了日本现在的"事实推定中为减轻一方当事人证明责任而适用间接反证理论"的真实写照。这便是日本间接反证理论本土化的过程。

从上述分析可以得出,日本间接反证理论是借鉴了罗森贝克的间接反证概念与理论,但是并没有适用其适用条件,而是对其在"不确定法律概念"上进行了类推。

---

① 日本民诉学界比较大的论战主要有三次,第一次是关于诉讼标的理论的论战,第二次是关于证明责任理论的论战,第三次则是关于争点效理论的论战。

制度探究

实践与制度：民诉法修改前后的环境公益诉讼

■ 陈杭平*

摘　要　新民诉法第55条拉开了环境公益诉讼的序幕。不过,该条有关主体资格、诉讼请求、程序设置、证据制度、救济方式等方面的规定均付之阙如。归纳总结修法前各地就此展开的实践,并揭示其中存在的问题,有助于明确今后环境公益诉讼的发展方向。在此基础之上,从理论上对相关问题予以梳理,建构符合中国国情的环境公益诉讼制度,促进环境与经济的均衡发展。

关键词　环境公益诉讼　主体资格　救济方式

近些年来,中国因环境污染引发的大规模侵权事件日渐增多。其中,影响最大的莫过于2005年的"中石油松花江污染事件"①及2011年的"康菲渤海污染

---

* 陈杭平,对外经济贸易大学法学院副教授,法学博士。

① 2005年11月13日,中国石油天然气集团公司所属中国石油天然气股份有限公司吉林分公司双苯厂的苯胺车间因操作失误,发生剧烈爆炸并引起大火,导致100吨苯类污染物进入松花江水体,导致江水中苯和硝基苯严重超标,造成松花江流域严重污染。2005年12月7日,北京大学法学院三位教授及三位研究生向黑龙江省高级法院提起以自然物(鲟鳇鱼、松花江、太阳岛)作为共同原告的环境公益诉讼,要求法院判决被告赔偿100亿元人民币用于设立松花江流域污染治理资金,以恢复松花江流域的生态平衡。黑龙江高院立案庭随即口头答复不予受理,并拒绝依民诉法出具不予受理裁定书。2011年6月,时任国家环境保护部部长周生贤透露,5年来中国为治理松花江水域污染累计投入治污资金78.4亿元。

事件"。① 令人遗憾的是,这两起重大污染事件最终未能通过司法途径解决。但与此同时,一些区域性的、影响较小的环境公益案件由行政机关或检察院起诉,并被各地法院陆续受理。② 这两种截然相反的现象,折射的是长期以来中国环境公益诉讼实践的混乱与尴尬。

经过反复争论,2012年8月31日中国第十一届全国人民代表大会常务委员会第二十八次会议通过的新民诉法第55条规定:"对污染环境、侵害众多消费者合法权益等损害社会公共利益的行为,法律规定的机关和有关组织可以向人民法院提起诉讼。"这被认为是立法首次明确规定公益诉讼制度,在中国立法史上具有标志性意义。根据该条的文义,中国语境下的"公益诉讼"指的是与诉讼请求没有法律上直接利害关系的机关或组织,基于法律的授权,为维护社会公共利益而向责任人提起的民事诉讼。

但是,民诉法仅对"公益诉讼"的原告规定了一个条文。究竟哪些机关或组织有资格提起公益诉讼?个人能否提起?这些问题并未得到实际解决。自民诉法通过以后,学者、律师和公共媒体均对此提出了诸多批评。不仅如此,公益诉讼与一般诉讼在请求、程序、证据、救济等方面有何区别?从立法中也得不到明确答案。而从中国法律制定到实施的一般流程来看,接下来最高法院将制定具体的司法解释,各地各级法院也将根据本地的实际情况作相应调整。换言之,公益诉讼制度的全貌即将渐次拉开帷幕。如果这些问题不能得到确定,既很难避免公益诉讼的立法目的被歪曲,也很难阻止"公司化"了的地方政府为保护本地

---

① 2011年6月4日和17日,蓬莱19-3油田(由中国海洋石油总公司与康菲石油中国有限公司合作勘探开发,中海油拥有51%的权益,康菲公司拥有49%的权益)先后发生2起溢油事故,造成海域污染。事后临海山东、河北、天津等省市的渔民先后向当地法院起诉康菲公司、中石油公司索赔,均未被受理。天津市海事法院曾在2011年12月30日受理河北乐亭29名养殖户的起诉,但随后动员原告撤诉。根据《中华人民共和国海洋环境保护法》第90条第2款的规定:"对破坏海洋生态、海洋水产资源、海洋保护区,给国家造成重大损失的,由依照本法规定行使海洋环境监督管理权的部门代表国家对责任者提出损害赔偿要求。"但迄今为止,中国国家海洋局未对肇事者提起诉讼。

② 如贵阳市"两湖一库"管理局诉贵州天峰化工有限责任公司污染红枫湖案,参见罗华山:《我省环境污染公益诉讼第一案开审》,载《贵州日报》2007年12月28日第1版;广州市番禺区人民检察院诉某皮革厂污染水源案、佛山市南海区丹灶镇政府诉中山市东凤镇天乙集团有限公司污染水源案(南海区检察院支持、督促起诉),参见屈遐、邓慧玲:《检察院支持起诉 镇政府成为原告 佛山首例环境公益诉讼判赔百万》,载《中国环境报》2009年8月21日第3版。

企业干扰公益诉讼的运作。① 毕竟,在中国的语境下,环境公益诉讼往往意味着牺牲地方利益(税收、就业等)而实现更大范围内的公共利益。

有鉴于此,本文先概述了新民诉法出台之前各地关于环境公益诉讼的政策及司法规定。自20世纪七十年代末经济体制改革以来,中国社会从无序的"人治"向"依法治国"转变。在此过程中,各地方人大、政府、司法机关在事实上得到授权,可以根据本地具体情况制定地方性规定,而无需承担"违法"的政治、法律风险。由于环境污染事件具有突发性、地区性、激烈性等特征,加之中国环境破坏对经济发展产生的负面影响越来越明显,②因而引起了广泛关注。2005年12月国务院就发布了《国务院关于落实科学发展观加强环境保护的决定》,提出:"研究建立环境民事和行政公诉制度……发挥社会团体的作用,鼓励检举和揭发各种环境违法行为,推动环境公益诉讼。"在此之后,地方政府及司法机关出台了诸多规定。对此进行概述整理,有助于理清民诉法立法之前的公益诉讼实践状况。其次,本文分析了民诉法出台前公益诉讼实践中存在的问题,指出今后应予解决和规范的对象。最后,新民诉法自2013年1月1日起正式实施,公益诉讼的未来走向在相当程度上取决于目前所做的理论与实践准备。因此本文探讨了公益诉讼制度的应然内涵,提出在中国具有可行性的公益诉讼操作,从而实现立法目的,推进环境的保护和经济的可持续发展。

一、民诉法修改前的环境公益诉讼实践

在全国人大制定"公益诉讼"的立法之前,各地已经有了较为丰富的实践尝试。其中有的对环境公益诉讼的适格原告、审判组织、审理程序等作了较为详细全面的规定。下面利用笔者所能搜集到的资料进行尽可能全面的归纳与整理。

(一)诉讼主体

在环境污染公益诉讼规定中,贵州、云南、江苏、福建等地走在全国前列。这些省份的地方立法机关及司法机关通过制定规范文件的方式,对提起公益诉讼的主体(原告)的资格作出规定。主要有以下这些规定。(见下表)

---

① Andrew Wlader, Local Governments As Industrial Firms, *American Journal of Sociology* 101(2). 1995. Jena Oi, Local State Corporatism, in Jena C. Oi (eds), Rural China Takes off: Institutional Foundations of Economic Reform. Berkeley University of California Press. 1999.

② 如世界银行在1995年的一项有所夸大的估计中,认为因空气污染造成的健康损失占中国国民收入的7.1%。World Bank, China: Regional Disparities. Washington, DC: World Bank, 1995.另可参见Loren Brandt、Thomas G. Rawski, eds. China's Great Economic Transformation, Cambridge University Press, 2008.

各地关于环境公益诉讼原告资格的规定①

序号	名 称	发布机关	适格原告	发布时间
①	《指定管辖决定书》	贵州省贵阳市中级人民法院	各级检察机关、两湖一库管理局、各级环保局、林业局	2007年12月
②	《关于办理环境民事公益诉讼案件的试行规定》	江苏省无锡市中级人民法院、市人民检察院联合发布	检察院、环保部门、环保社会团体及社区物业管理部门	2008年9月
③	《关于建立环境保护执法协调机制的实施意见》	云南省昆明市环境保护局、市公安局、市人民检察院、市中级人民法院联合发布	检察机关、环保部门、有关社会团体	2008年11月
④	《贵阳市促进生态文明建设条例》	贵州省贵阳市第十二届人民代表大会常务委员会	检察机关、环境保护管理机构、环保公益组织	2009年10月
⑤	《全省法院环境保护审判建设及环境保护案件审理工作座谈会纪要》	云南省高级人民法院	检察机关、依法设立登记的公益性社会团体	2009年5月
⑥	《关于办理环境民事公益诉讼案件若干问题的意见(试行)》	云南省昆明市中级人民法院、市人民检察院联合发布	检察院、环保机构、环保社团组织	2010年10月
⑦	《关于办理环境资源民事公益诉讼案件若干问题的意见(试行)》	云南省玉溪市中级人民法院、市人民检察院联合发布	检察院、环境资源保护行政职能部门、环境资源保护社团组织	2011年2月
⑧	《关于办理生态环境民事公益诉讼案件若干问题的意见》	福建省泰宁县人民法院、人民检察院联合发布	检察院、生态环境机构、生态环保社团组织	2011年3月

---

① 除上述文件之外,浙江省嘉兴市检察院与市环境保护局在2010年5月联合发布《关于环境保护公益诉讼的若干意见》,规定检察院具有支持起诉、督促起诉和提起环境公益诉讼的职权。

从上表可知,各地无一例外将检察机关、环保社团(公益)组织纳入公益诉讼原告资格范围,并且除文件⑤(云南省高院的"座谈纪要")外也将环保行政机关列入其中,但均将个人、法人或非公益性的其他组织排除在外。如文件⑤明确规定:"法院暂不受理公民个人提起的环保公益案件。"文件⑥第9条、文件⑦第12条则规定,公民、法人或其他组织有权向行政机关、检察机关"检举、控告"或者"申请"环保社团(公益)组织向法院起诉。

(二)审判组织

中国法院沿用了按审判业务划分庭室的组织结构。在1979年以前仅设民事审判庭、刑事审判庭,自1979年以后,逐渐增加经济审判庭、行政审判庭、知识产权审判庭、少年法庭、执行局等。各地法院还会根据本地实际情况,按照收案量集中的案件类型设置审判庭,如金融审判庭、网事审判庭、房地产审判庭、劳动审判庭等等。① 基于这种组织设置的路径依赖,在爆发严重环境污染事件后,有些地方法院即与时俱进地创设"环境保护法庭"。中国第一个"环保法庭"于2007年11月20日在贵阳市中级人民法院成立。2010年7月,最高人民法院在下发的《关于为加快经济发展方式转变提供司法保障和服务的若干意见》中明确规定,在环境保护纠纷案件数量较多的法院可以设立环保法庭,实行环境保护案件专业化审判,提高环境保护司法水平。迄今为止,全国共有15省(直辖市)共设77个环保法庭,包括海南省高院、海口中院、无锡中院、昆明中院和江西、山东等地基层人民法院,以环保审判庭、环保巡回法庭、独立建制的环保法庭和环保合议庭四种模式存在。② 但从全国范围来看,通常仍由民事审判庭负责审理环境公益诉讼。

(三)诉讼程序

从理论上说,环境公益诉讼与普通私人间诉讼在起诉受理、证据制度、诉讼费用、审理程序、救济方式等方面有所区别。对此各地法院有详略不等的规定。如文件②规定,检察机关提起的公益诉讼不适用简易程序、不适用调解、不得提起反诉、不得申请对检察院的财产进行诉讼保全等。无锡市中院、检察院还与市政府法制办联合制定了《关于在环境民事公益诉讼中具有环保行政职能的部门向检察机关提供证据的意见》,要求环保行政机关为检察机关搜集证据、提起公益诉讼提供支持。从笔者搜集到的资料来看,文件⑥和文件⑦内容最为详细完整,故逐一展开分析。

1.起诉受理

由于公益诉讼原告是与案件没有直接利害关系的机关或组织,两个文件均

---

① 刘忠:《论中国法院的分庭管理制度》,载《法制与社会发展》2009年第5期。
② 高原:《77个环保法庭的尴尬》,载《法治周末》2012年6月13日。

删除了民诉法关于"原告是与本案有直接利害关系的公民、法人和其他组织"的规定。① 与此同时,增加了"诉讼利益归属于社会"的规定,以别于诉讼利益归于原告的私益诉讼。

2. 证据制度

文件⑥和文件⑦均按照《关于民事诉讼证据的若干规定》第5条第(3)项②及《侵权责任法》第66条③的规定,将法定免责事由、责任减轻事由④及因果关系两项事实的举证责任"倒置"给被告,并对鉴定、专家辅助人等作出相应规定。其中,为了避免鉴定结论"打架"问题,还规定鉴定机构的优先顺序。如文件⑥第14条规定:"对于损害后果的评估、因果关系的鉴定,有法定评估、鉴定机构的,由法定机构评估、鉴定;无法定机构的,可以由司法鉴定机构评估、鉴定;司法鉴定机构无法进行评估、鉴定的,可以由依法成立的科研机构、专门技术人员评估、鉴定。"

3. 诉讼费用

为了减轻公益诉讼原告的诉讼费用负担,文件⑥第25条规定:"公益诉讼人提起环境民事公益诉讼可以缓缴诉讼费,公益诉讼人败诉的,免交诉讼费;被告败诉的,由被告缴纳诉讼费。"如在号称云南省首例环境公益诉讼案的"嵩明县七里湾大龙潭水质污染环境公益诉讼案"中,二审法院判决一、二审案件受理费40176.80元全部由被告承担。第26条规定:"公益诉讼人因提起诉讼产生的差旅费、调查取证费、评估鉴定费、律师代理费等诉讼费用,由败诉的被告承担。上述费用由'昆明市环境民事公益诉讼救济资金专户'垫支,人民法院判决向'昆明市环境民事公益诉讼救济资金专户'支付。"但如果原告败诉,相关费用自行承担。文件⑦的规定大同小异,唯一的区别在于玉溪市没有设立公益诉讼救济资金专户,故在需要时有关费用由行政职能部门垫付,并在胜诉时偿还。

4. 审理程序

两个文件均规定公益诉讼适用一审普通程序,禁止适用简易程序。有关程

---

① 民诉法第119条规定:"起诉必须符合下列条件:(1)原告是与本案有直接利害关系的公民、法人和其他组织;(2)有明确的被告;(3)有具体的诉讼请求和事实、理由;(4)属于人民法院受理民事诉讼的范围和受诉人民法院管辖。"法院立案庭在立案时主要审查这些条件是否满足,并将不符合条件的案件排斥在外。这被视为造成"起诉难"现象的制度原因之一。

② "因环境污染引起的损害赔偿诉讼,由加害人就法律规定的免责事由及其行为与损害结果之间不存在因果关系承担举证责任"。

③ "因污染环境发生纠纷,污染者应当就法律规定的不承担责任或者减轻责任的情形及其行为与损害之间不存在因果关系承担举证责任。"

④ 如《环境保护法》第41条第3款规定:"完全由于不可抗拒的自然灾害,并经及时采取合理措施,仍然不能避免造成环境污染损害的,免于承担责任。"

序的流程与民诉法关于普通程序的规定无实质区别。与文件②不同,这两个文件均规定公益诉讼在当事人自愿、合法和维护社会环境公共利益的基础上可以进行调解。但为了防止双方共谋损害公共利益及降低作为原告的机关或组织被被告收买的风险,两个文件也规定对双方在庭外达成的、可能损害社会环境公共利益的和解协议不予确认。

5. 救济方式

为了提高救济的有效性,避免环境损害的扩大,文件⑥还创设了诉讼内的"禁止令"制度,其第 21 条规定:"因情况紧急,有下列情形之一的,公益诉讼人可以申请禁止令:(1)被告的行为可能严重危及环境安全的;(2)被告的行为可能造成环境难以恢复的;(3)被告的行为加重对环境破坏的。"第 22 条规定,禁止令由公安机关协助执行。不过这在民事诉讼法中被规定为"先予执行"的内容。故文件⑦规定,对于这三种情形,需要立即停止侵害、排除妨碍或者制止某项行为的,原告可以向法院申请裁定先予执行。由于原告非实际受害人,因此被告败诉后,法院判决的赔偿金向相关环境资源保护行政职能部门支付,由该部门负责管理使用(文件⑦)或者向"环境民事公益诉讼救济资金专户"(文件⑥)支付。如"大龙潭水质污染案"中,法院判决将赔偿金 430 多万元支付给昆明市环境公益诉讼救济专项资金。

二、民诉法修改前环境公益诉讼存在的问题

(一)社会组织提起公益诉讼受抑制

从环境公益诉讼的实践来看,检察院作为原告的比例最高,且胜诉率极高,行政机关作为原告的比例较低,但胜诉率也较高。而社会组织及个人虽有大量起诉的尝试,但被法院立案受理的极少,也很难赢得的诉讼。如有学者统计了 1994—2009 年的 20 件环境保护类公益诉讼,其中检察院起诉的占 55%,全部胜诉;行政机关起诉的占 15%,全部胜诉;个人起诉的占 25%,全部败诉;公益律师起诉的仅占 5%,最终以双方达成和解、原告撤诉结案。① 直到 2010 年以后,才有社会组织提起的少量公益诉讼被法院受理并胜诉。② 而其中,由环保部主管、具有官方色彩的"中华环保联合会"较为活跃,纯民间性质的社团组织、NGO 则很难获得成功。检察院、行政机关动用公共资源维护公共利益固然合理,但如果

---

① 张丰芹:《我国环境公益诉讼原告资格制度的现状及出路》,2009 年中国法学会环境资源法学研究会年会论文(http://www.riel.whu.edu.cn/article.asp?id=30231,2012-11-28 最后浏览)。

② 刘晓星、袁德霞:《社团公益诉讼第一案破冰意义何在?》,载《中国环境报》2010 年 1 月 29 日。

因为种种原因不愿起诉,如何来维护公共环境利益?而被寄予厚望的社会组织未能发挥应有作用,更令人遗憾。

(二)公益诉讼"立案难"

根据修改前的民诉法第119条的规定,起诉必须满足四个要件才被受理。法院往往利用审查要件是否成立的时机,对"直接利害关系"、"明确"、"具体"、"主管范围"等抽象立法用语作弹性化的解释,将一些疑难、复杂、影响广泛、牵涉面大的案件拒之门外。由于不予受理常常以口头方式作出而不出具裁定书,当事人缺乏提起上诉的依据。由此造成较为普遍的"立案难"问题。①

作为污染者的被告是否是当地大型企业或具有政治身份的个人(如人大代表、政协委员),会对法院是否受理产生实质影响。正如有媒体报道的,被受理的公益诉讼的被告均为小型甚至濒临停产的私营企业或小经营业主,而针对大型国有企业的公益诉讼很难得到法院的积极回应。这被律师形象地比喻为"环保法庭只打苍蝇,不打老虎"。本文开篇引用的"中石油松花江污染事件"及"康菲渤海污染事件"也表明,对于影响广泛、被告强势的污染事件,仍存在较为突出的"立案难"问题。

(三)环境公益诉讼案源匮乏

多数环保法庭面临无案可审的尴尬状况。从设立环保法庭的地区来看,涉及环境污染的案件有了明显增加。如贵州省清镇市法院2006年受理的环境相关案件仅7件,但环保法庭成立后1年内收案110件,增长了1471%。江苏省无锡市两级法院设立环保法庭后1年内的收案量相当于2005—2007年3年的环境污染案件收案数。② 但是,与其他业务庭横向比较来看,案件总量仍不多,且其中严格意义上的环境公益诉讼少之又少。有一些案件虽冠以"环境诉讼"之名,实为代替行政机关执行对污染企业作出的行政处罚。典型的如云南省昆明市中级人民法院环境保护审判庭自成立后2年内仅受理了1件环境公益诉讼,因案件量少而被迫改审刑事案件。③

(四)公益诉讼审理程序不完善

在环境公益诉讼的审理过程中,同样存在诸多问题。比如,据权威学者称,目前中国还没有一家专业的环境损害及因果关系鉴定机构。而"鉴定机构多头,缺乏资质认定;鉴定机构官气太重,不愿接受委托;鉴定人员缺乏训练,鉴定结论以偏概全;鉴定评估滞后,难以反映真实情况;鉴定费用太高,受害者难以承担;

---

① 张卫平:《起诉难:一个中国问题的思索》,载《法学研究》2009年第6期。
② 高洁:《环境公益诉讼与环保法庭的生命力——中国环保法庭的发展与未来》,载《人民法院报》2010年1月29日第5版。
③ 高原:《77个环保法庭的尴尬》,载《法治周末》2012年6月13日。

缺乏鉴定立法,鉴定程序不规范;弄虚作假严重,无法追究责任"等问题都比较突出。① 如在"嵩明县七里湾大龙潭水质污染环境公益诉讼案"中,原、被告出示了两份截然不同的水质检测报告。原告称被告委托的检测机构根本没有检测资质,被告则主张昆明市环境监测中心是市环保局下属的部门,检测结果不具公正性。② 不仅如此,环境公益诉讼与侵权赔偿诉讼之间的关系仍不明确。例如"康菲渤海污染事件"中渔民提起的诉讼并非严格意义上的公益诉讼,而是为维护自身权益的人数较多的代表人诉讼。目前的处理办法是由行政机关出面与康菲、中海油协商解决,并拒绝受害人的起诉,即采用"行政替代司法"的思路。但假设国家海洋局提起公益诉讼,并与被告达成赔偿协议,而对赔偿标准、分配方案不服的受损害渔民能否自行起诉索赔?这一问题还找不到现成答案。

(五)公益诉讼地区差异大

中国是一个单一制国家,理论上立法及司法应该统一。虽然在社会转型和体制改革时期,中央政府允许地方政府根据本地实际情况制定、适用较为灵活的政策,但司法毕竟以"法律面前人人平等"、"同案同判"为基本价值目标。目前各地有关环境公益诉讼的规定五花八门,作为地方性的探索未为不可,但既然立法已作出统一规定,那么如何消除差异、实施全国一致的诉讼制度就成为紧迫的课题。例如,公益诉讼诉讼费用的司法救济(减、免、缓)、损害赔偿款项的分配管理(是否设立专项资金账户或信托基金,由谁负责划拨支取)等,应作出统一的规定。

综上所述,在民诉法出台之前,各地公益诉讼实践仍存在较多问题。这些问题能否得到解决,将决定法定公益诉讼制度的效果和前景。

三、民诉法下的环境公益诉讼的制度内涵

自 2013 年 1 月 1 日起新民诉正式实施后,公益诉讼将步入一个崭新的时期。但究竟何去何从,能否承载起社会公众的期待,能否通过法律制度的制定引起经济发展模式的转变,一切都还是未知数。由于新民诉法第 55 条的规定过于简略,存在诸多制度空白,因此有必要从理论上进行反思和整理,以便这项法律

---

① 闫海超:《北京倾倒有害污泥案解析:污染损害谁说了算?》,载《中国环境报》2010 年 11 月 18 日第 3 版。

② 原告昆明市环保局向二被告起诉,请求立即停止对环境的污染,赔偿为治理大龙潭水污染所发生的全部费用,计 417.21 万元;赔偿为处理水污染事故所产生的专项应急环境监测费和污染治理成本评估费,计 15.5293 万元。原告提交的昆明环科院称大龙潭水质污染严重,但被告委托的云南省产品质量监督检验研究所却称经过治理的大龙潭水质优于周边未受污染水源的水质,甚至比以前未受污染前的水质还要好。参见田成有:《云南法院推动环境公益诉讼勇闯"十关"》,载《人民法院报》2011 年 6 月 29 日第 5 版。

制度不会因"水土不服"而夭折。

(一)原告资格

1. 机关

从民诉法修改前的实践来看,检察院可以支持起诉(在证据收集等方面为原告提供帮助,类似美国的"法院之友")、督促有关行政职能部门或社会组织起诉及直接提起公益诉讼,已取得了基本共识。从法律依据上看,中国《宪法》第129条、《人民检察院组织法》第4条、第6条都明确规定检察院是国家的法律监督机关,负有监督法律的实施和遵守的职责。损害公共利益,等于扰乱社会秩序,对此提起诉讼应属于检察院职责范围。与此同时,虽然行政主管机关拥有行政处罚权,对于违反公共利益的经营主体可以进行处罚,但当行政处罚无效时,也不妨碍其通过提起公益诉讼请求被告停止侵害、恢复原状等。如"大龙潭水质污染案"就是如此。无论检察院还是行政主管机关或行政职能部门,都属于法定的诉讼担当,即根据法律的授权而为了维护受害人的利益提起诉讼。

2. 组织

根据全国人大常委会法制工作委员会副主任王胜明的介绍,直至法律委员会向全国人大常委会提交的三审稿中,公益诉讼的适格主体仍为"法律规定的机关和有关社会团体",正式通过的"修改决定"才将其改为现在的样子。目前在民政部登记的"社会团体"25万多个,此外还有20万个左右的"民办非企业单位"("民非")及2千多个基金会,三类统称为"社会组织"。以民间环保组织为例,多数登记为"民非"而非"社会团体"。因此立法使用"有关组织"替代"有关社会团体",等于极大地扩张了诉讼主体的可选择范围。

当然,并非全部社会组织都适合提起公益诉讼。例如由书法协会、武术协会作为原告提起环境污染公益诉讼,就未必能有效地维护公共利益。在比较法的视野下,如日本2006年修订的《消费者合同法》引入消费者团体诉讼制度,作为维护不特定多数消费者的制度架构。该法第13条规定,有资格提起此类诉讼的团体必须满足下列条件:(1)特定非营利活动法人或公益法人;(2)以维护非特定多数消费者利益为主要目的;(3)长时间(原则上2年)持续运营;(4)组织体制(理事会等)和业务规程完善;(5)拥有消费生活、法律方面的专家。此外,作为消极条件,如果有违反消费者权益保护法律的行为,3年内不得提起消费者团体诉讼。中国正在修订中的《环境保护法》不妨予以借鉴,对有资格提起公益诉讼的社会组织进行限定,从而更好地维护公共利益。在目前社会组织登记制度下,有很多从事公益维护的NGO并未通过注册。因此,也有必要放宽登记条件,简化登记程序,取消社会组织业务主管部门前置审批,让更多的公益慈善类组织通过登记。

如果社会组织与检察机关、行政机关对是否提起公益诉讼、由谁作为原告提起诉讼产生争议,原则上应以优先保护公共利益为准。即当出现相关机关或社会组织推卸责任,不愿提起诉讼时,主张起诉的社会组织或机关可以提起诉讼;当多个主体均提起诉讼时,具有相关资质的社会组织优先,检察机关、行政机关则在证据收集、法律检索等方面支持起诉。凡符合法律规定的机关或社会组织提起诉讼,法院须一视同仁,不得对某些主体起诉的受理设置障碍。

3.个人

新民诉法未将个人列入公益诉讼的适格主体范围,基本是合理的。理由有以下几方面:其一,从现行民诉法规范体系来看,公益诉讼是法定机关及组织为公共利益而向侵害人提起的诉讼,与受害人个人或集体提起的侵权赔偿诉讼并行不悖。换言之,即使法定机关或组织提起了公益诉讼,仍不排斥受害人单独起诉或提起代表人诉讼。其二,个人为自己的利益而提起的损害赔偿诉讼,经过媒体的报道宣传,同样能对侵权人停止侵害进而维护公共利益产生积极影响。其三,不容否认的是个人与公益侵害人(通常是企事业单位)之间往往存在诉讼能力及资源的结构性不对等。允许个人提起公益诉讼,一方面,很难避免轻率诉讼或滥诉的发生,另一方面,从既判力主观范围、防止出现矛盾裁判、防止企事业单位承受过大应诉负担等方面出发,公益诉讼原则上具有禁止后诉的程序效力,一旦个人不慎败诉,相当于剥夺了其他机关、组织或个人的诉讼资格,反而不利于公益的保护。由此引申出的问题是,应慎重选择公益诉讼的适格主体,并从资格审查、运作管理、行为监督、事后惩戒等方面督促其履行职责。

当然,为了避免公益诉讼与个人损害赔偿诉讼(含代表人诉讼)发生冲突,不妨在现阶段限定公益诉讼的诉讼请求内容,将二者区别开来。公益诉讼以请求行为禁令为主旨,包括请求被告采取必要措施制止或预防已经发生或将要发生的损害公益的行为。例如,请求企业停止排放污染物、建设污染物处理设备、恢复所破坏的自然环境。至于仅涉及"私益"的损害赔偿,则仍由实际受害人提起。至于涉及共同的事实认定,二者的证据是通用的。

(二)法院管辖

由于前引文件均为地方性规定,通常只规定本地法院的公益案件受理范围,没有涉及此类案件的管辖冲突及解决问题。环境公益诉讼针对的是侵害环境公共利益的案件,根据民诉法第28条的规定,因侵权行为提起的诉讼,由"侵权行为地"或者"被告住所地"法院管辖。其中"侵权行为地"既包括侵权行为发生地和侵权结果发生地。由于水源、空气、土壤等环境污染案件往往具有跨地域性,数个甚至数十个法院据此均具有管辖权。如不同的机关或社会组织分别向有管辖权的法院起诉的,根据民诉法第35条及最高人民法院《关于适用民诉法若干问题的意见》第33条的规定,应由先立案的法院管辖。后诉法院在立案前发现已在其他法院立案的,不得重复立案;立案后才发现的,裁定将案件移送给已立案的法院。这样可以避免被告多重应诉,也防止法院之间的裁判发生冲突。当然,无论案件是否合并审理,具有法定资格的机关或组织均可以"法庭之友"或辅助第三人的身份参加、支持原告的诉讼。为了防止涉及大型污染企业的"立案难"问题,可以考虑对此类案件由高级法院受理审判,或者组成跨地区的临时特别审判庭。

有法官针对水源污染的"非点源"(non-point source)污染特性、减少"司法地方保护主义"的干扰(造成大规模污染或侵害消费者权益的企业很多是当地政府的主要财政来源及重点扶持企业),提出应按"流域/水系"作为管辖联结点,指定特定法院实施专属管辖。例如,由广州海事法院负责"珠江流域/珠江水系"公益诉讼的管辖、上海海事法院负责"长江下游流域/长江下游水系"公益诉讼的管辖,等等。① 这也不失为一种解决管辖冲突的思路。

(三)诉讼程序

公益诉讼的立案审查重在确认机关或社会组织是否具有相应资质、是否获得法律授权,所提诉讼请求是否为了公共利益。相关主体是否与案件有"直接利害关系",则无需审查。为了保障机关或社会组织起诉的动力,不妨规定凡公益诉讼均暂缓案件受理费的交纳,待诉讼终结后再由败诉方承担。如果被告败诉,还应承担原告因提起诉讼产生的差旅费、调查取证费、评估鉴定费、律师代理费等必要且合理的费用。但如果确有证据证明原告存在轻率诉讼(frivolous litigation)行为,违反诚实信用原则的,也应赔偿被告因此支付的相关费用。

环境公益诉讼的举证责任分配按照现行环境污染案件处理即可。基于中国环境损害、因果关系权威评估鉴定机构的缺失,政府有必要加大财政支出,设置相关机构,配备仪器设备,并加大评估鉴定专业人员的培训。此外,如果公益诉讼严格限定以行为禁令请求主旨,则并不存在通过调解、和解进行讨价还价的余地,应规定禁止诉讼和解或法院调解。法院如认定被告应负责防止损害扩大、消除对环境的不利影响、恢复环境状况,通常会判决被告承担相应的费用,但数额的计算应以评估鉴定为基础,也不允许双方当事人协商确定。相关费用应直接向公益基金或专项账户支付,由法定机关、社会组织组成特别委员会共同管理,并向社会公众公开账簿接受监督。

四、结 论

公益诉讼制度有助于克服受害人与作为大公司、大企业的侵权人之间诉讼资源、信息的不对称,促使侵权人对其破坏自然环境的行为负责。从中国经济发

---

① 俞建林:《民事公益诉讼之地域管辖考——以流域水环境民法保护为视角》,http://www.xmhsfy.gov.cn/hs003/ShowInfo.asp? InfoID=531,下载日期:2012 年 11 月 27 日。

展宏观政策来看,通过数十年的高速发展,中国政府已经从片面强调经济增长向经济发展的质量、可持续性转变。对环境的保护、降低环境破坏对经济社会的负面影响,已构成接下来政府工作的重点之一。民诉法关于公益诉讼制度的规定可谓恰逢其时。因此可以预见,今后中国的环境公益诉讼将日渐增多,甚至可能引发一场有利于公众的社会利益再分配的"静悄悄的革命"。当然,目前公益诉讼仍遭遇多重阻碍,在迎来光明前景之前,仍有相当漫长的黑夜之路要走。

我国督促程序的再完善
——以新《民事诉讼法》第133条第1款与第217条为主线的分析

■ 赵 蕾*

摘 要 在很长一段时间内,债务人滥用旧《民事诉讼法》第194条规定的异议权,我国督促程序长期处于司法闲置状态。新《民事诉讼法》通过第133条第1款和第217条完善了督促程序规定,然而新法实施1年后督促程序现状并没有实质改善。笔者通过对国外督促程序的立法发展进行简单介绍,提出应该从内部与外部两种途径完善我国督促程序:内部完善是对督促程序法律条文的再细化;外部完善是督促程序与诉讼程序、非讼程序衔接的再顺滑,其中引入非讼事件程序法及其相关理论对完善督促程序更加急迫与必要。

关键词 督促程序 非讼事件 非讼程序 完善

一、问题的提出:督促程序在中国遭遇的困境

1911年元月,随着沈家本、俞廉三向宣统皇帝奏请《大清民事诉讼律(草案)》,督促程序首次登上中国历史舞台。① 不过直到1991年督促程序被正式写入《民事诉讼法》,才算真正开启中国督促程序的现代发展篇章。然而之后20年,督促程序在立法上长期处于封印状态,在司法实践中也鲜有运用。直至2012年我国进行大规模的民事诉讼法修法之际,才对督促程序动了"大手术"。这次修法不仅完善了督促程序的规定,而且在其中增加了一个很关键的条文,即第133条,该条规定:"人民法院对受理的案件,分别情形,予以处理:(1)当事人

---

* 赵蕾,华南农业大学人文与法学学院讲师,法学博士。
① 在《大清民事诉讼律(草案)》第4编"特别诉讼程序"第1章是有关督促程序的内容,当时用共计20个条文比较细致地规定了从声请支付令到执行再到救济的全部程序。具体内容可以参见陈刚主编:《中国民事诉讼法制百年进程(清末时期·第2卷)》,中国法制出版社2004年版,第303~312页;有关清末民事诉讼修法也可参考拙文:《中国民事诉讼法的历史谱系的开端——从中日比较的视角考量清末民事诉讼改制及其启示》,中国政法大学2005年硕士论文。

没有争议,符合督促程序规定条件的,可以转入督促程序;(2)开庭前可以调解的,采取调解方式及时解决纠纷;(3)根据案件情况,确定适用简易程序或者普通程序;(4)需要开庭审理的,通过要求当事人交换证据等方式,明确争议焦点。"本条是关于开庭前准备阶段对案件处理情况的规定,法院可以根据案件的具体情形进行繁简分流,对于适宜通过特别程序或者非讼机制解决的纠纷,法院根据案件性质,选择适宜的审理程序,指示当事人交换证据、明确争议焦点,为下一阶段的集中开庭审理做好准备。其中,对于当事人之间没有争议并且符合督促程序适用条件的案件,转入督促程序。① 笔者认为,这条规定从根本上改变了非讼程序,特别是督促程序在我国民事诉讼中的地位,将其作为与调解程序、简易程序、普通程序并行的、解决当事人没有争议的一种基本审理程序。② 从这一条的立法意图来看是完善开庭前准备程序与案件繁简分流的某种程度上的完美结合。

过去我们炮轰督促程序的主要焦点都集中在旧《民事诉讼法》第 194 条的规定之上,人民法院收到债务人提出的书面异议后,应当裁定终结督促程序,支付令自行失效的规定不合理,债务人滥用异议权,债权人申请中途流产,最后导致督促程序形同虚设,半数以上的法院数年竟然没出现一起按照督促程序处理的案件。因此,除了上文提到的 133 条规定以外,新《民事诉讼法》针对债务人滥用异议权而导致督促程序的终结进行了规范,该法第 217 条规定,人民法院收到债务人提出的书面异议后,经审查,异议成立的,应当裁定终结督促程序。而且规定支付令如果失效,即自动转入诉讼程序,除非有一方当事人不同意提起诉讼。按照第 217 条的规定,通过法官的审查方式将滥用异议权的债务人排除在外,并且通过督促程序终结即转入诉讼程序的规定,加强了两种程序之间的自动转换。可以说,新《民事诉讼法》主要通过第 133 条和第 217 条改革和完善了我国的督促程序,就民事诉讼立法而言,笔者认为有关督促程序的改革是相当成功的。

可是新《民事诉讼法》实施快满 1 年之后,笔者在广东省基层法院进行了非正式的走访调查,惊愕地发现督促程序束之高阁的窘况也没得到实质性改变——法官并不会因为新《民事诉讼法》有了第 133 条的规定就会在立案之后主动将案件进行程序分流——我们只能说,徒法不足以自行再次得到应验。此外,如果法官没有主动进行案件分流工作,督促程序也就没有了常规化的案件来源,新民诉法的 217 条以及其他相应对督促程序的专项规定也就丧失了运用的机会。

从 2002 年章武生先生撰写《督促程序的改革与完善》一文,大力呼吁我国民

---

① 全国人大常委会法制工作委员会编:《中华人民共和国民事诉讼法释义:最新修正版》,法律出版社 2012 年版,第 319～321 页。

② 参见拙著:《非讼程序论》,中国政法大学出版社 2013 年版,第 192～193 页。

事诉讼理论与实务界应当加强对督促程序的研究,到现在已经过去了10年有余。10余年如弹指一挥间,本以为中国督促程序能借上这次民事诉讼法修改的东风,真正发挥督促程序本身应有的作用,可是没想到希望越大失望也就越大,到后来发现督促程序又陷入了泥沼之中。怎样才能找到完善督促程序的关节,从而迎来督促程序在我国发展的拐点,是值得我们再思考的问题,也是本文写作的出发点以及所期望达到的目的。

二、督促程序在外国的发展简述

督促程序在民事程序中算是一项比较"年轻"的制度,其发展只有100多年的历史。虽然有学者追溯,有关督促程序的雏形(praeceptum－Mandatum)最早出现在14世纪意大利北部某些城市的司法实践中,并对奥地利、法国以及德国的萨克森地区产生了影响。① 一般认为,现代意义的督促程序源于德国1877年民事诉讼法。继德国之后,法国、奥地利、日本等大陆法系国家也相继在民诉法中规定了督促程序。所谓督促程序是指支付命令之核发与异议程序,亦即系关于以给付金钱或其他代替物或有价证券之一定数量为标的之债权人请求,法院仅以债权人之声请,径以债权人主张为基础,对债务人发支付命令。此一支付命令若经合法送达,而未有异议者,乃与确定判决同一效力,债权人得据此声请对债务人财产强制执行者。②

在德国,由于社会经济繁荣,诉讼事件不断增加,法院工作人力不足,促使立法者在督促程序中引进利用自动化程序,替代人工处理。所谓自动化督促程序,乃原则上无需司法辅助官作成裁判,而完全经由电脑审查当事人的申请书状,并作成支付令命令。此套电脑审查程序系与时并进,近20年来不断因应新的立法动态与裁判先例而为修正。③在司法减负和司法现代化的背景下,欧洲各国在"债权人尽快实现债权和快速获得执行名义"方面主要对简易小额程序(Bagatellverfahren)、临时救济程序(interim remedies/einstweiliger Rechtsschutz)、督促程序(Mahnverfahren)和调解(Vermittlung)等制度进行了改革。其中,德国是最先开始督促程序自动化改革的国家。1982年10月德国的巴登符腾堡州作为试点最先开始了电子督促程序的试点工作;1990年通过的《司法简化法(RpflVereinfG)》对督促程序进行了重要改革,改革的目的是简化与加快程序并防

---

① 关于督促程序在欧洲的历史发展参见 Pérez－Ragnoe,Europ？isches Mahnverfahren,Carl Heymanns Verlag,2005,S. 13ff. 转引自周翠:《电子督促程序:价值取向与制度设计》,载《华东政法大学学报》2011年第2期。
② 姜世明:《督促程序与公示催告程序》,载《月旦法学教室》第67期。
③ 章武生:《督促程序的改革与完善》,载《法学研究》2002年第2期。

止程序被滥用。2007年5月起，德国16个联邦州均已实现督促程序的电子现代化。①

日本仿效德国，于1890年在其民事诉讼法中对督促程序作出了相应规定。由于日本一贯奉行"拿来主义"，因此，日本的督促程序与1877年德国在民诉法规定的督促程序非常接近。在日本，督促程序的利用率也是比较高的。根据1987年日本的统计，这一年全国受理的适用督促程序的案件为620960件，其中债务人提出异议而转入通常诉讼的只占8.1%；同年全国受理的一审通常诉讼的民事案件为319326件。② 日本在预料到城市的督促程序案件可能大量增长，而为了顺畅且迅速地解决这些案件，1989年通过修正民事诉讼法之际，日本也创设了通过使用计算机予以处理的督促程序（以下称为"特别督促程序"），以供申请人利用。但是这种方式只不过意味着，采用可通过电子信息处理系统进行阅读的方式（所谓的OCR方式）。特别督促程序的受理法院是东京简易裁判所与大阪简易裁判所。③

督促程序的目的主要是基于关于金钱或代替物之给付请求权，若其数量明确，且当事人间依一般情形较少争执者，即无强要债权人为取得执行名义而须经繁杂诉讼程序之理。为此，乃设立此一制度，其系具有快速、简易及便宜性质者，供债权人选择及使用。④ 也就是通过督促程序也创造出一个更节省费用和更迅捷的替代民事诉讼通常方式的可代替式的选择，特别是在请求权无争议的情况下应当选择这种方式。⑤ 此外，督促程序的目的不仅在于使债权人（督促申请人）无需通过起诉、言词辩论以及判决这一完整的诉讼程序，就可以取得执行名义，而且，从对债务人（督促申请相对人）保护的角度而言，其有两次机会促使督促程序过渡到普通程序，从而能够提出自己的抗辩，从这个角度来看，也可以将督促程序视为普通程序的一个前奏，⑥或者称之为"一种特殊的诉讼启动形式"。⑦ 电子督促程序之所以在欧洲受到债权人的青睐，主要在于它具有省时、

---

① 周翠：《电子督促程序：价值取向与制度设计》，载《华东政法大学学报》2011年第2期。
② 白绿铉：《督促程序比较研究》，载《中国法学》1995年第4期。
③ [日]新堂幸司：《新民事诉讼法》，林剑锋译，法律出版社2008年版，第690页。
④ 姜世明：《督促程序与公示催告程序》，载《月旦法学教室》第67期。
⑤ [德]汉斯—约阿希姆·穆泽拉克：《德国民事诉讼法基础教程》，周翠译，中国政法大学出版社2005年版，第345页。
⑥ 邵建东主编：《德国司法制度》，厦门大学出版社2010年版，第190页。
⑦ 因为在督促程序中，如果被申请人对督促申请提出异议的，该程序依申请就进入了普通程序。此时，督促程序就只是一种特殊的诉讼启动方式。参见[德]罗森贝克、施瓦布、戈特瓦尔德：《德国民事诉讼法》，李大雪译，中国法制出版社2007年版，第1242页。

高效和低费的优点；同时，它也有助于优化司法资源配置和减轻法院负担（Entlastungswirkung），从而实现司法近民（bürgernahe Justiz）、诉讼效率与诉讼经济等目标。

此外，出于欧洲各国在近现代以来形成的政治、经济合作关系，特别是欧洲联盟的成立，为了协调欧洲各国互相判决承认和执行的规则，为当事人提供迅速便捷的法律救济，欧洲议会和理事会于2004年4月21日通过了2004年805号规则，这个规则针对的是那些"无争议的债权（uncontested claims）"，目的是让这些债权获得更迅速和简便的承认和执行。该规则设计了一种欧洲执行令，其基本流程为：在欧共体范围内，如果一个成员国相关机关作出的裁判符合该规则中的条件，债权人就可以在裁判作出机关申请一个证明，证明该裁判为一个"欧洲执行令"，债权人可以持有该证明到执行地所在国法院直接要求强制执行，而不再需要其他任何程序。各成员国将基于互相的司法信任而免除对该执行令的审查。①

整体来说，督促程序在德日等国家和地区进入了稳步发展的阶段，主要通过微调方式使督促程序更加快捷、简便。其中督促程序的自动化或者说电子督促程序大行其道，而在欧洲联盟成员各国正在谋求更加快捷、通行的支付令制度，以期实现督促程序的区际与国际合作——督促程序正在或即将成为各国司法协助的重要组成部分。这也意味着支付令的效力将会得到更加广泛的支持和认可，督促程序的未来发展一片光明。督促程序在国外的发展一直是比较顺利的，这些都为完善我国督促程序提供了丰富的立法样本及司法经验。

三、内部完善：督促程序法律规定的再细化

新民事诉讼法修改之后督促程序在具体运行中遭遇问题等还缺乏深入分析，例如，法官对于支付令异议审查的标准不甚清楚；对于执行错误引发的错案追究深怀恐惧；对于当事人利用督促程序进行虚假诉讼唯恐避之不及。这两个方面从根本上说是从域外经验与本土治疗重新思量督促程序的现在与未来。

（一）改善法条规定不够明确、具体，缺乏可操作性的弊病

案例1：2011年9月12日，申请人与被申请人经友好协商，双方自愿签订了广州市清足阁休闲娱乐有限公司的《股权转让协议书》。协议规定申请人将其占

---

① Regulation (EC) No805/2004 of theEuropean Parliamentand of theCouncilof21 April2004 creating aEuropeanEnforcementOrder forun-contested claims, Official JournalL 143, 30/04/2004 P. 0015-0039. http：//europa. eu. int/eur-lex/lex/LexUriServ/LexUriServ. do? uri=CELEX：32004R0805：EN：HTML. 王葆蒔：《欧共体"无争议债权支付令"介评》，载《时代法学》2008年第6期。

公司100%股权以人民币78万元整转让给被申请人,并约定78万元价款分三期清偿,还有如"逾期5日不清偿第三期股权转让款可按拖欠款的双倍追偿"等规定,最终被申请人拖欠了第三期股权转让款(18万元)中的3万元,经过申请人的多次催促,被申请人于2012年4月4日当面亲笔写了一张"借款条"给申请人,并在"借款条"内写明仍欠申请人3万元整,于2012年5月15日前归还1万元,2012年6月15日前再归还1万元,2012年7月15日前再归还1万元。截至2012年8月26日,被申请人只在5月份还欠款5000元,仍有25000元拖欠申请人,申请人多次向被申请人催要欠款,但被申请人或者四处躲藏,或者声称出差,不接电话、不回短信,至今未按约定还款。最后申请人附上2份证据证明申请事项:①被申请人亲笔书写的欠条1份。②股权转让协议书1份。①

  这是一个非常简单的案件,主要问题有三:其一,申请人如何证明债权债务关系的存在以及债务人未履行的事实?第二,申请人如何写文书来提出督促程序的申请?第三,法官对支付令的审查究竟是形式审查还是实体审查?

  根据法律规定,支付令申请书应当写明请求给付金钱或有价证券的数量和所根据的事实和证据。其中,"事实"是指债权债务关系存在及债务人没有履行债务的事实。对于提出的事实要有相应的证据加以证明。② 从这个案件来看,股权转让协议书和欠条只是证明了申请人与被申请人之间的债权债务关系,对于债务人未履行的事实只是在申请书中用"……申请人多次向被申请人催要欠款,但被申请人或者四处躲藏,或者声称出差,不接电话、不回短信,至今未按约定还款。"进行表述性说明。而且根据法律要件分类说,申请人不需要证明不存在其他债务关系。这个问题在司法实践中法官只能凭借某种意义上的"经验法则"③对当事人的陈述进行一种初步的判断,而这个判断是否能够建立在事实依据之上,如果判断一旦失误,法官是否应当错案追究,这些问题都是导致司法实践中法官不敢签发支付令的原因。

  对于第二个问题,在笔者走访调查中也有法官抱怨申请人将督促程序的申请与起诉书混为一谈,甚至于在申请书上并没有按照要求写出基本事实和证据。

---

① 本案是我的学生咨询我的一个真实的案例,学生作为申请人的委托代理人于2012年8月向广州市天河区人民法院提出支付令申请,现该案已结案。

② 全国人大常委会法制工作委员会编:《中华人民共和国民事诉讼法释义:最新修正版》,法律出版社2012年版,第512页。

③ 这里姑且称之为"经验法则",因为笔者也不是很确定。日本学者新堂幸司认为,所谓经验法则,是指人们从生活经验中归纳获得的关于事物因果关系或属性状态的法则或知识。经验法则既包括一般人日常生活所归纳的常识,也包括某些专门性的知识,如科学、技术、艺术、商贸等方面的知识等。有关经验法则的论述可以参见张卫平:《认识经验法则》,载《清华法学》2008年第6期。

对于这个问题,新民事诉讼法上也没有明确规定。不过这个是相对来说是个比较容易解决的小问题,笔者认为可以借鉴德国的做法,用申请表格代替申请书,这样简便易行,从某种程度上也算是践行了司法为民的理念与精神。根据《德国民事诉讼法》的规定,债权人提起督促程序可以填写申请表格(第 703c 条第 2款),也可向法院书记处提起口头督促申请由其填写表格(第 702 条第 1 款)。如果申请存在错误,法院应当通知债权人对申请进行补充和更正。至迟至执行决定发生既判力时为止,申请人都可以单方撤回督促申请。①

对于第三个问题,新《民事诉讼法》第 217 条规定:"人民法院收到债务人提出的书面异议后,经审查,异议成立的,应当裁定终结督促程序,支付令自行失效。"但是对于支付令异议的审查究竟是一种实体审查抑或是形式审查,审查的方式以及审查的程度等问题,都没有明确的规定。

适用督促程序审理的案件,实行独任制,由审判员一人进行书面审理。其审理方式通常分为两个阶段:第一,对申请的合法性进行审查。具体来说包括对申请是否符合一般诉讼成立的要件进行审查以及对申请是否具备督促程序的特殊要件进行审查。如果满足以上两个条件,则受理,否则不予受理。第二,对申请是否有理由的审查。在对申请合法性要件进行审查后,还需要根据申请书上的记载审查其请求在法律上是否有理由。对于如何把握"经审查,异议成立的",笔者认为为了限制被申请人滥用异议权,提高督促程序实用价值,揣摩立法者的本意是想通过有限的实质审查,让法官分析被申请人异议理由是否合法合理,证据是否足以支撑其异议理由。然而把法官对支付令异议的审查定性为有限的实质审查还是会有这样或那样的问题,法官审查的具体手段以及审查达到什么样的程度就可以终结督促程序还是缺乏可操作性。笔者建议还是通过具体规定审查程序的方法来解决这一问题,其中的道理还是正当程序理论,凡是按照正当程序进行审查就应当推断其结果的合法性,同样按照程序规定作出决定的法官也不应当再承担错案追究责任。

此外,除上述两点审查以外,还有一些国家规定了其他需要审查的事项。例如,德国在消费者信贷法律关系中规定如果贷款年利率超过了信贷合同签订时法定标准利率的 12%,则贷方不得针对作为消费者的借方提出督促程序的申请。因为在督促程序这一简易程序中,对申请理由是否可以推导出申请所提出的要求并不进行审查,这就使得"疑似违反公序良俗的借贷关系"可能规避对其法律上无效性的审查。出于类似的原因,当事人在提交支付令申请时,必须将主

---

① 参见 Rosenberg/Schwab/Gottwald, Zivil-prozessrecht, 17. Auflage, 2010, § 164, Rn. 21。转引自周翠:《电子督促程序:价值取向与制度设计》,载《华东政法大学学报》2011年第 2 期。

要请求和附属请求分别明确列出,法院也应当对此分别进行审查。① 德国规定这些具体审查规则也可以作为我国支付令异议审查制度的一个参考。

(二)对虚假支付令引发的虚假诉讼进行有效制裁

案例2:申请人甲公司于2005年向法院申请支付令,要求被申请人乙公司支付所欠款项6000万元。法院依法向乙公司发出支付令,乙公司在规定的期间内未提出异议。之后,甲公司向法院申请执行,法院依法向乙公司送达执行通知书,乙公司逾期未履行生效法律文书确定的义务。2007年,法院依法查封了乙公司通过北京市国有土地使用权出让合同受让的国有土地使用权。在法院采取强制措施后,乙公司法定代表人和其股东丙某向法院提出中止执行申请,同时向公安局报案,称当初甲公司与乙公司的案件为合同诈骗。法院经审查认为,甲乙两个公司存在关联关系,乙公司法定代表人王某在甲公司申请支付令前曾是甲公司的法定代表人,并且甲公司又未向法院提供有效的证据,证明实际将6000万元交付给乙公司。依照法律规定,支付令的发出应以申请人与被申请人之间存在真实的债权债务关系为基础,虽然甲公司提供了其与乙公司之间签订的债权债务确认书,但对于该笔债权债务发生的基础关系未提供有效证据加以证明,故无法确认甲公司与乙公司存在明确、合法的债权债务关系。该案经法院院长提交审判委员会讨论决定后,撤销了支付令。②

案例2可以说是案例1在某种程度上的引申,涉及的问题仍旧是支付令的审查方式。法官需要按照法定程序进行审查,对于某些典型案件应当着重审查一些条件与证据,但是在司法实践当中不可避免地会出现通过申请支付令达到虚假诉讼的目的,特别是案例2中甲公司与乙公司这样存在"隐形"的关联关系——乙公司法定代表人王某在甲公司申请支付令前曾是甲公司的法定代表人——这样的关联关系若不是有利害关系人提出异议和说明,法院是很难知晓其公司内部运行和管理情况的。这就提出了一个问题:对于虚假支付令我们应当设置什么样的救济措施呢?

虚假支付令与虚假诉讼有一定的关联性。虚假诉讼,是指双方当事人为了牟取非法的利益,恶意串通,虚构民事法律关系和案件事实,提供虚假证据,骗取

---

① 邵建东主编:《德国司法制度》,厦门大学出版社2010年版,第190～191页。
② 吴献雅:《虚假支付令案件的司法规制》,载《中国石油大学学报》(社会科学版)2007年第1期。

法院的判决书、裁定书、调解书的行为。① 虚假诉讼与督促程序的关联性在于，债权人以申请支付令的方式获得对债务人的执行名义，从而获得非法利益，侵害不知情的第三人的合法权益。有学者提出，支付令与确定判决有同一的效力，其既判力、执行力均与判决相同，督促程序也有可能被用来恶意串通。因此，虚假支付令可以参照关于恶意诉讼的立法规制进行应对。② 因此对于案例2，如果发生时间是在新《民事诉讼法》生效之后，可以根据该法第112条进行处理：人民法院应当驳回其请求，并根据情节轻重予以罚款、拘留；构成犯罪的，依法追究刑事责任。不过根据德国、日本的判例，受到侵害的第三人可以通过提起损害赔偿之诉直接向虚假支付令申请人提起诉讼。例如，日本最高法院判例认为，诈骗取得的判决有既判力，但被害人可以不通过再审诉讼，而提起侵权损害赔偿之诉。诈骗人在判决成立过程中意图损害对方当事人的权利，以其行为妨害对方当事人参与诉讼，或主张虚假事实等不正当行为诈骗法院，取得不该有的确定判决时，被害人可直接提起损害赔偿诉讼。③ 其实除了对受到侵害的第三人规定法律救济以外，在中国目前的司法管理制度之下，必须对法官进行一定程度上的免责保障方可解督促程序之困。因为督促程序从其诞生之日起就属于略式诉讼的范畴，法官独任制进行书面审理，不经过双方当事人的庭审辩论，法官的审查方式比较单一，审查的内容也比较简单，加之目前社会风气江河日下，人心不古，大量利用虚假支付令骗取执行名义的案件层出不穷，让法官防不胜防。特别是当下法官的错案追究制度④如同达摩克利斯之剑高悬于法官项上，特别是我国错案认定标准的模糊性，好像出了事就应该追究法官的责任，而事实上法官在面对支付令申请之时很难通过书面材料的审查，不论是形式审查抑或是实质审查都难以窥探事实真相。这些诸多因素都导致法官宁可选择开庭进行一审、二审程序，遇到疑难、复杂案件报审委会或者上一级法院审批也不愿意通过快速而简便的督促程序来解决当事人之间简单、确定的纠纷。这些现实的问题还需要从司法管理体制上下手进行解决，因为法官的责任追究制度涉及司法错误、司法责任乃

---

① 李浩：《虚假诉讼中恶意调解问题研究》，载《江海学刊》2012年第1期。也有学者将其称之为恶意诉讼，是指当事人故意提起一个在事实和法律上无根据之诉，使受害人陷于不利司法境地、受到不利益甚至不公正判决，从而为自己谋取不正当利益的诉讼行为。当然也有学者认为虚假诉讼与恶意诉讼都有主观上的"恶意"，但侧重点不同。有关详细论述可以参见肖建华：《论恶意诉讼及其法律规制》，载《中国人民大学学报》2012年第4期。

② 肖建华：《论恶意诉讼及其法律规制》，载《中国人民大学学报》2012年第4期。

③ ［日］高桥宏志：《民事诉讼法——制度与理论的深层分析》，法律出版社2003年版，第585～586页。

④ 有关错案追究制度的追问与思考可以参考魏胜强：《错案追究何去何从？——关于我国法官责任追究制度的思考》，载《法学》2012年第9期。

至法院体制的改革等宏大问题,本文也就无力展开论述了,只是希望在促使法院规范支付令的审查的同时让法官免受错案追究之苦。

四、外部完善:督促程序与外围程序衔接的再顺滑

挽救我国的督促程序,除了需要完善督促程序自身的法律规定以外,还需要加强督促程序与诉讼程序以及非讼程序的衔接。因为督促程序不是孤立存在的,在适用的过程中不免要发生督促程序与诉讼程序的转化以及督促程序与非讼程序的衔接,只有调整好督促程序与其他相关程序的关系,才能真正保障督促程序在整个民事程序中平滑、顺畅地进行,从而发挥其应有的快速解决纠纷的作用。不过需要说明的是,督促程序与诉讼程序的衔接主要表现为两种程序之间的相互转换问题,而督促程序与非讼程序的衔接主要意义是根据督促程序的非讼性对其进行进一步的改造问题上。

(一)督促程序与诉讼程序的相互转换

从目前督促程序制度本身的规定来看,与德国、日本等国制度上的主要差异在于督促程序和通常诉讼程序的衔接。在德国、日本等国,督促程序终结后自动转入诉讼程序,诉讼程序溯及督促程序开始之时,并视支付令的申请为起诉。新《民事诉讼法》已经考虑到诉讼程序与督促程序的双向转换问题。如该法第217条增加了第2款,规定支付令失效的,自动转入诉讼程序,作为督促程序与诉讼程序相互衔接的一个初步规定;这条规定还设定了一个例外规定,申请支付令的一方当事人不同意提起诉讼的除外,可以说考虑到当事人诉权对审判权的制约以及当事人的处分权等权利,规定得还比较全面。

新《民事诉讼法》第133条第1款规定当事人没有争议,符合督促程序规定条件的,可以转入督促程序,该条即为由诉讼程序转为督促程序的法条依据。但是仔细分析该法条,我国对于诉讼程序转为督促程序的规定则存在一些问题。首先,由诉讼程序转为督促程序设置了三个条件,第一,当事人之间对本案没有事实上或者法律上的争议;第二,符合督促程序规定;第三,法院根据案件情况可以转为督促程序也可以继续按照诉讼程序进行审理。这三个条件必须全部具备方可实现诉讼程序向督促程序的转换,这样的规定看似合情合理,其实是相当严格的条件,如果按照上文所述中国法官"多一事不如少一事"的心理状态,这样的规定在中国是难以实行的。其次,这三个条件除了第二个,都存在问题。第一个条件,立法者还是抱着诉讼就是有争议的双方当事人,而非讼则是没有争议的双方当事人过时的观点来规范和定义督促程序的。用"是否有争议"来区分诉讼与非讼的观点是罗马法上的观点。[①] 这种观点早在19世纪中后叶已经被奥地利、

---

① 周枏:《罗马法原论(下)》,商务印书馆2001年版,第928~929页。

德国等国家发展了,不再强调是否有争议;特别是近二三十年以来,从欧洲到东亚等国家和地区诉讼的非讼化浪潮,是否有争议的标准已经完全被弃之不用了。① 第三个条件,法官的操作空间大,责任也比较大。由诉讼程序转为督促程序如何启动,立案庭的法官应该如何审查,如果当事人不同意按照督促程序立案审理怎么办?这些具体的规定还要看民事诉讼法的司法解释如何规范,假如没有具体操作规范,直接的后果就是在法院审理过程中诉讼程序很难转换为督促程序。

(二)督促程序与非讼程序的衔接

督促程序与非讼程序的衔接在德国、日本以及我国台湾地区是个"假命题"——或者说不成为问题——因为在他们看来督促程序本质上就是非讼性质,因此,也就无所谓督促与非讼如何衔接了。但是在我国,这样的"假命题"却又变成了还比较重要的真问题了,或者说在笔者看来,加强督促程序与非讼程序的衔接主要是指根据督促程序的非讼性质将其进行改造,这个问题在当下还是具有一定的意义和重要性的。

不过需要注意的是,督促程序具有特殊性——督促程序可以比较明显地区分为程序前阶段与程序后阶段,而且两个阶段所表现出来的特性大不相同——前阶段具有明显的非讼性质,后阶段则与普通的民事诉讼没有区别。在督促程序的前阶段,当事人未必自始即就实质事项有争执,因此在程序前阶段未必立刻显现当事人间之对立性。在前阶段讼争性较轻微且强烈需求简速裁判,因此法院之审理适用书面、简易主义等非讼法理。但在督促程序后阶段,因当事人争执实体私权之存否,使双方讼争性显现时,自此时起应在同一程序上适用确定权利义务所需之诉讼法理。② 笔者认为,督促程序前阶段表现出的非讼性已经足以将其划分为非讼事件。至于后阶段表现出的诉讼性,主要涉及的是督促程序与诉讼程序的转化问题,并不能改变督促程序的性质。

对于督促程序究竟在民事诉讼法中规定还是非讼事件法中规定这个问题,主要是出于立法体例、习惯等各种因素的考虑,例如,过去日本将公示催告程序规定于民事诉讼法中,现在则将其规定于非讼事件法中,立法体例的变化并不能改变公示催告程序的性质。对于督促程序而言亦是如此。如果将督促事件的性质定义为一种非讼事件,督促程序作为一种非讼程序,很多问题都会迎刃而解。在督促程序中强调法官的职权调查与探知,便于向债务人发布支付命令;非讼程

---

① 有关论述可以参见拙著:《非讼程序论》,第一章历史沿革中的第三节"非讼发展的现代时期",中国政法大学出版社2013年版,第30~36页。

② 邱宇、林俐编著:《民事诉讼法》,台湾高点文化事业出版公司2006年版,第13~15页。

序弹性而且灵活，便于快速解决支付令等问题；对于债务人的异议进行职权审查，可以在一定程度上避免债务人滥用异议权等问题。如果在督促程序中遇到争议性较强的其他问题，可以赋予当事人程序选择权，终结督促程序，直接转入普通程序，这也是上文涉及的督促程序与普通程序的转化问题。

五、结语

  通过上文的分析，从法条规定的细化、司法实践的程序化，到督促程序与外围程序的接洽，打通督促程序与诉讼程序之间的双向自由的转换，从而将督促程序的灵活性发挥到极致，才能最终挽救督促程序在我国的窘况。其中比较棘手的问题不是督促程序自身的优化，而是应该引入督促程序的上位法——非讼事件程序法。因为督促程序不是孤立存在的，如果我国对非讼事件与非讼程序鲜有研究，那么作为下位概念的督促程序在立法中很难得到科学的、符合国际标准的规定，自然也就无法发挥其在德国、日本等国家能够发挥的作用。我们应该尝试引入非讼事件与非讼程序的理论，借鉴德国、日本以及我国台湾地区对非讼事件程序的理论及立法方面的成果，加强我国对非讼的理论研究和司法实践，只有这样，才能为督促程序等非讼性质的程序提供理论基础与立法保障。

  不过，对于中国督促程序走向何方，笔者持观望态度。因为中国在清末变法自强学习西方的时候重视诉讼而忽视非讼，导致近现代民事诉讼法历史上我们缺少了非讼程序，而补上100多年欠下的非讼这一课并非一朝一夕就能完成，也许需要10年，也许需要20年才能完成。此外，追溯法学的具体问题研究，最后都落脚在社会环境之改善与司法体制之改革等根本问题之上，而这些问题我们又似乎无从回答。不过随着你内心的思索与追问，也许明天，一位拯救者在你们心目中诞生了。然而，当他来到这个世界之时，世界仍然是黑夜，黑夜不得不延续下去，而白昼就包孕在这黑夜之中，拯救者恰好在此时而生……①

---

  ① ［丹麦］索伦·克尔凯郭尔：《宗教的激情》。转引自刘小枫：《拯救与逍遥——东西方诗人对世界的不同态度》，上海人民出版社1988年版，第530页。

我国商事正式程序论纲*

■ 曹志勋**

摘 要 商事审判对应民事司法中最为正式的诉讼程序并体现司法分工的深化,我国有必要设计专门的商事程序规则。考虑到以英德为代表的国际趋势,法官诉讼指挥权与当事人的程序自我责任的结合、程序繁简安排中的比例原则以及替代纠纷解决机制的应用,都是我国建构商事审判程序时应予考虑的维度。具体而言,我国应当进一步强化诉答程序的对抗性和准备程序的功能特点,把握裁判与调解间的平衡。商事正式中不宜强调非对抗性因素,应当以当事人个案中的选择为前提。

关键词 商事正式程序 诉讼指挥 自我责任 比例原则 替代纠纷解决

一、引 言

为了巩固程序法保障商事实体权利的功能、适应商事当事人对于专业司法的迫切需求以及越来越细化分工的商业律师职业,商事审判应当有别于普通民事审判制度。特别是商事审判很可能涉及数量显著的书面证据及不同类型的争点,当事人间的诉答攻防和法官诉讼推进都面临着复杂案情的挑战,律师代理的广泛存在也使诉讼在形式上具备对抗的前提条件。从一般意义上看,即使在不同背景下对案件复杂性有不同的理解,[①]复杂案件通常都对应最为正式的审判程序,相对复杂的商事审判也对应着未来我国程序分类、繁简分流体系中最为专业

---

* 本文为2010年教育部人文社会科学研究规划基金项目"民事司法权优化配置研究"(课题批准号10YJA820020)的阶段性成果,并得到中国国家留学基金资助。

** 曹志勋,北京大学法学院博士研究生。

① 比如在事实问题、法律问题或者两者都较难处理的案件(亦参见王亚新:《民事诉讼法修改中的程序分化》,载《中国法学》2011年第3期),涉及复杂案件管理的案件,或者具体类型化的案件,Cranston, Complex Litigation: the Commercial Court, [2007] C.J.Q. 190, 191-192. 此外,由于标的额越大的案件通常越可能包含复杂性因素,商事案件的标的额也是值得考虑的非排他性标准:Stempel, A More Complete Look at Complexity, 40 *Ariz. L. Rev.* 781, 796-797 (1998)(根据美国的情况讨论了19种可能的标准)。

的部门,体现民事纠纷解决中最高的程序保障,同时促进民事司法程序分类的实现。① 由此,如何设立商事程序并借此完善民事普通程序的改造,正是本文讨论的重点。

虽然在早期部分学者否认商事程序的必要性,②但是近年来学界的多数观点都关注到了商事纠纷及商事审判的特殊性,并倾向于在现有民事诉讼的基础上建立专门商事法庭和商事特别程序。③ 目前也不乏针对相关具体制度的讨论,比如在民商事审判中引入合意选择法官制度、④建立独立的票据诉讼程序⑤或公司诉讼特别程序。⑥ 在整体思路上,笔者同样主张在既有的简易程序、普通程序之外,针对前述商事程序的特点并参考西方正式程序的要素设置单独的商事程序,率先解决我国普通程序目前展现出的问题;不是所有的商事纠纷都适合采用复杂的正式程序,本文所讨论的商事审判制度应当适用于繁简分流后较复杂的商事案件和普通程序;我国未来普通程序的改革也应当参考本文讨论的商事程序,但在具体程度和个别制度的差异上则应当首先实证考察商事程序的运行状况,再行相应调整。此外,由于实体法学者就民事和商事法律关系区分的讨论仍热火朝天,笔者试图在诉讼法上定义商事审判仍略显尴尬。为行文方便,本文暂将商事审判的范围大致等同于商法处理的争讼程序领域⑦以及与商业交往

---

① 傅郁林:《小额诉讼与程序分类》,载《清华法学》2011 年第 3 期。

② 基于我国没有独立的商人阶层和实体法上的民商分立的分析,参见王强义:《民事诉讼特别程序研究》,中国政法大学出版社 1993 年版,第 67~71 页。

③ 蒋大兴:《审判何须对抗——商事审判"柔性"的一面》,载《中国法学》2007 年第 4 期;赵万一:《商法的独立性与商事审判的独立化》,载《法律科学》2012 年第 1 期;樊涛:《我国商事诉讼制度的解析与重构》,载《当代法学》2008 年第 6 期;赵吟:《商法独立地位呼唤设立商事审判庭》,载《中国社会科学报》2012 年 4 月 11 日。

④ 吴劲松:《我国民商事审判中合意选择法官制度之理性分析》,载《法律适用》2006 年第 3 期。

⑤ 叶永禄:《理由与建议:关于设立票据诉讼特别程序的思考》,载《法学评论》2007 年第 3 期。由于票据的无因性和文义性,其程序与其他商事领域纠纷的处理差异较大。同上注,第 97 页;Rosenberg/Schwab/*Gottwald*, Zivilprozessrecht, 17. Aufl., 2010, § 163 Rn. 35 ff.

⑥ 赵蕾:《司法介入公司自治的第二条道路——公司特别诉讼的基本程序》,载《法学论坛》2011 年第 1 期;李颖:《论公司类型案件特殊诉讼机制的构建》,载《人民司法》2003 年第 9 期。

⑦ 囿于文章篇幅及各程序的特殊性,票据诉讼、商事非讼程序和企业破产程序,不在本文讨论范围。

有关的商事合同和侵权案件。① 最后,考虑到我国目前尚没有具体的商事程序以及比较法对于我国制度建设必要的参照作用,本文在结构上将从比较法上正式程序的基本考察维度出发,针对我国的实际问题提出相应的解决思路,并对学界有代表性的不同论点加以回应。

二、建构正式程序的三重维度

考虑到我国与其他法治国家的相对位置以及各国司法改革在整体方向上的差异,②特别是相较西方国家,我国民事司法整体上的速度已经较快甚至已经导致了一些负面问题,③我国的商事程序应当主要体现法治先进国家针对普通或者复杂诉讼的制度安排。④ 易言之,商事程序应当更为侧重通过正式程序加强对审判质量的控制。作为比较法的代表,英国的商事法庭在历史上自成一体,10余年前的整体民事司法改革虽然减少了商事程序的独特之处,却同时将案件管理等有益经验吸纳进普通程序;德国的商事法庭除了设有商事非职业法官之外,在程序上与普通民事案件的审判也没有显著差别。因此,下文将主要以英国的商事程序和德国的普通程序为参考,讨论我国商事正式程序的具体设计。

这里值得就比较法对象的选取加以说明。在普通法系中,虽然美国特拉华州法院或其他州的商事法庭也取得了较大成功,但是本文并不试图讨论其诉讼制度。因为,一方面,美国各州社会状况与制度区别较大,难以在有限的篇幅内提供较为统一的经验,另一方面,就历史传统而言,英国商事法院100余年的长

---

① 目前实践中区分合同和侵权纠纷是否属于商事案件的标准是主体双方是否都不是自然人,这种形式化标准虽然缺乏细致的甄别,但是在相关研究未臻成熟的状况下,至少有助于规则的明确和可操作性。但是对于公司诉讼而言(比如股东诉讼),提起诉讼的可能是自然人股东,但一般也都被理解为商事诉讼。这里也许需要实体法上进一步类型化的支持,本文不再细论。

② 傅郁林:《迈向现代化的中国民事诉讼法》,载《当代法学》2011年第1期;Minzner, China's Turn Against Law, 59 *Am. J. Comp. L.* 935 (2011)(主张中国近年来对非司法机制的强调与他国的类似实践有明显差别)。

③ 李浩:《宁可慢些,但要好些——中国民事司法改革的宏观思考》,载《中外法学》2010年第6期。

④ 比较民事诉讼法学界近年来的共识也是商事诉讼更普遍地认同和分享共通的诉讼原理及规则,参见 ALI/UNIDROIT, *Principles of Transnational Civil Procedure*, NY: Cambridge University Press, 2006, xlvii (drafter's reflections by Prof. Hazard); Stürner, The Principles of Transnational Civil Procedure: An Introduction to Their Basic Conceptions, *RabelsZ*, 2005, 201, 209 f.;从反面对在欧盟各国内设置统一小额程序难度的论证,参见 Kern, Das europ？ische Verfahren für geringfügige Forderungen und die gemeineurop？ischen Verfahrensgrunds？tze, JZ, 2012, 389, 391 f.

期实践、持续的改进努力以及与普通民事程序的衔接也为其经验增加了参考价值。在大陆法系中,借鉴德国制度也较容易把握德日一脉制度大的脉络,同时与法国相比又更贴近我国的移植传统。在法律移植中,一般而言我国也应当以大陆法系相关制度为框架,并参考普通法系佐证的普适经验或者其间能够融入既有体系的有效机制。

(一)诉讼指挥与自我责任

商事程序加强诉讼效率的关键在于加强法官的诉讼指挥权/审判管理权,[①]这种法官职权应当与当事人高标准的自我责任相结合。在普通民事诉讼中,当事人承担自我责任就是题中应有之意;[②]相比之下,商事企业更有能力参与诉讼,当事人双方可以被假定拥有"平等武装"(equality of arms)。在实体法上也多采取类似的态度,比如商人不可能取得类似消费者专属权利的法律地位[③]或

[①] Andrews, *The Modern Civil Process*, Tübingen: Mohr Siebeck, 2008, p. 52; Stürner, Parteiherrschaft versus Richtermacht-Materielle Prozessleitung und Sachverhaltsaufkl? rung im Spannungsfeld zwischen Verhandlungsmaxime und Effizienz, ZZP, 2010, 147, 151.

[②] 李浩:《民事诉讼当事人的自我责任》,载《法学研究》2010年第3期。英国由法官、律师、商人代表组织的商事法庭改革工作组也认为改善诉讼状况是参与者共同的责任,这需要法官和当事人切实执行既有的诉讼规则。Judiciary of England and Wales, *Report and Recommendations of the Commercial Court Long Trials Working Party*, 2007, p. 17. 这里值得注意的是,一方面,律师与当事人利益的可能冲突,比如英国降低诉讼费用的改革之所以进展缓慢,一个最主要的原因就是法律职业群体对既得利益的维护(Zuckerman, The Jackson Final Report on Costs: Plastering the Cracks to Shore Up A Dysfunctional System, [2010] C. J. Q. 263, 277),另一方面,如果法官难以实现案件管理的功能,有的国家就可能选择在部分商事案件中加强对当事人自我责任的要求,比如意大利就授权当事人自行通过几乎不受限制的书面材料交换准备诉讼。Chase, Hershkoff, Silberman, Taniguchi, Varano and Zuckerman, *Civil Litigation in Comparative Context*, St. Paul, MN: Thomas/West, 2007, pp. 257~258.

[③] 如德国法上的一般交易条件规定(§§ 305-310 BGB)和《不作为之诉法》(UKlaG)中的团体诉讼救济。K?hler, BGB, Allgemeiner Teil, 35. Aufl., 2011, § 16 Rn. 1 ff.; Rosenberg/Schwab/*Gottwald*, a. a. O., § 47 Rn. 2 ff.

者适用违约金的削减和保证的书面要求的保护性规范(§§ 348,350 HGB)。①

就此而言在商事诉讼中最为重要的是,法官和当事人应当共同推进诉讼程序(CPR 1.3, § 282 I ZPO)。② 在英国,商事诉讼当事人除了应当通过诉答文书③简要地明确争点外,也应当准备并跟进案情备忘录和争点列表(PD 58 10.9,Guide D5, D6),④提交案件管理信息表回答并补充法官需处理的申请(PD 58 10.8),并在案件管理会议中与法官⑤讨论案件争点、证据的使用、审理时间表和与替代性纠纷解决(CPR 3.1,58.13(4),The Admiralty & Commercial Courts Guide (2011) [以下简称 Guide] D8.7)。在交换证据后,当事人应当反馈案件准备的进展(Guide D12.2)和审前清单,参加法官很可能组织的审前讨论(pre-trial review)并安排开庭日程(PD 58 11.3, Guide D18.4)以及提出关于审理时间长度的预测建议(Guide D17)。⑥ 甚至当事人原则上要为法官准备案件中所有裁判的草稿(CPR 58.15(1), Guide D19.1)。⑦ 在英国法律人看来,只有通过法官与当事人分担案件工作并逐步推进诉讼,才能保证审判效率与质量之间的平衡。

---

① *Lettl*, Handelsrecht, 2. Aufl., 2011, § 10 Rn. 64 ff.; *Canaris*, Handelsrecht, 24. Aufl., 2006, § 24 Rn. 1 ff. 当然,商人仍然可以主张适用其他民法规范请求司法介入,比如就违约金削减问题,当事人可以主张法律行为无效(§ 138 BGB)、基于一般交易条件法的无效、交易基础丧失(§ 313 BGB)、违约金约定失权(§ 339 BGB)以及诚实信用条款(§ 242 BGB)等规定。Vgl. MüKoBGB/*Gottwald*, 6. Aufl., 2012, § 343 Rn. 4; MüKo HGB/*Karsten Schmidt*, 2. Aufl., 2009, § 348 Rn. 10 ff. 批评我国未能区别对待民事和商事违约金条款调整的观点,参见王建文:《中国商事司法实践中的法律适用:困境与出路》,载《现代法学》2010 年第 5 期。

② *Zuckerman*, A. A. S., *Zuckerman on Civil Procedure*: *Principles of Practice*, London: Sweet & Maxwell, 2006, pp. 40~41; Rosenberg/Schwab/*Gottwald*, a. a. O., § 81 Rn. 3, 5 ff.

③ 包括起诉状、独立提出的诉讼理由(particulars of claim)、答辩(defence)、反诉和针对第三人诉讼在内的附加诉讼、对答辩的辩论意见以及法官书面要求当事人提供的附加说明(further information)(CPR r. 2.3(1))。

④ 类似的案情摘要(case summary)在普通的多轨程序中也十分常见(PD 29 5.6-5.7)。Zuckerman, supra note 17, pp. 747~748.

⑤ 不同于普通程序中由主事官(Master)负责审前准备程序,在商事诉讼中直接由审判法官承担(58 PD 1.2, 1.3)。A. Colman, *The Practice and Procedure of the Commercial Court*, London: LLP, 2000, p. 91.

⑥ Colman, id, pp. 76~77. 在普通的多轨程序中法官也有权使用总体上相似的机制(CPR 29.6, 29.7)。Zuckerman, supra note 17, pp. 498~500.

⑦ 这与普通诉讼中只有在法官命令且当事人同意时才由当事人草拟判决的规定正好相反(CPR 40.3(1))。Zuckerman, id, pp. 791~792.

相比之下,德国法官强大的诉讼指挥权一直是其代表性特色,虽不如英国明显强调当事人及其律师在程序推进中的作用,但是整体倾向仍然十分类似。长期以来,法官在形式意义上依职权推动诉讼进程,履行比如传唤(§ 214 ZPO)或者确定开庭期日(§ 216 ZPO)的职能,在实质意义上则行使作为辩论主义补充的释明权(§§ 139,273 ZPO);①当事人同时也承担促进诉讼的一般性义务(§ 282 ZPO),应当真实且全面地主张事实(§ 138 I ZPO)。② 在具体制度层面,德国比较突出的是通过交换书状准备一次性开庭的书面准备程序(§ 272 II ZPO)。如果被告未在法定2周不变期间内做出书面的防御表示,原告将有权申请不经口头辩论的裁判(§§ 276 I S. 1,331 III ZPO)。此外法官还将同时设置不少于2周的书面答辩期间(§ 276 I S. 2 ZPO)并配合使用其他的诉讼指挥手段,被告也应当尽早答辩(§ 277 I ZPO)。如果被告迟延提出,法官应尽早指定辩论期日(§ 272 III ZPO),同时适用延迟陈述的失权规则(§ 296 I ZPO)。③虽然关于法官在信息不足时如何选择准备程序的问题有一定争议,但是一般而言在有律师协助的正式程序中,书面准备程序被认为更有利于通过一次开庭解决争议,④并能够加强广泛应用非法律专业资料和书证的民商事审判的争点整理。⑤

(二)程序繁简与比例原则

程序繁简与比例原则的关系长久以来也是各国讨论的重点。总体而言,英国的商事诉讼坚持了传统的对抗制原则和诉讼进程的基本结构,⑥只是进一步

---

① Rosenberg/Schwab/*Gottwald*, a. a. O., §§ 77 Rn. 15 ff., 78 Rn. 1 ff.;参见张卫平:《民事诉讼"释明"概念的展开》,载《中外法学》2006年第2期。

② Rosenberg/Schwab/*Gottwald*, a. a. O., §§ 65 Rn. 55 ff., 81 Rn. 15 ff.

③ Thomas/Putzo/*Reichold*, ZPO, 33. Aufl., 2012, §§ 276 Rn. 3 ff., 277 Rn. 5 ff.; Stein/Jonas/*Leipold*, ZPO, 22. Aufl., 2008, § 276 Rn. 10 ff.; MüKoZPO/*Prütting*, 3. Aufl., 2008, § 276 Rn. 19 ff.

④ Rosenberg/Schwab/*Gottwald*, a. a. O., § 104 Rn. 3; Stein/Jonas/*Leipold*, a. a. O., § 272 Rn. 13 ff. 这种选择属于法官裁量权,不能被事后审查。BGHZ 86, 31 = NJW 1983, 575, 576.

⑤ Thomas/Putzo/*Reichold*, a. a. O., § 272 Rn. 2, 7;邱联恭:《争点整理方法论》,台湾三民书局2001年版,第36页。英美对具有类似功能制度的讨论:Chase et al., supra note 14, pp. 184~195.

⑥ Judiciary of England and Wales, supra note 14, p. 14.

调整或简化了制度细节,以符合比例原则的要求[CPR 1.1(2)(c)]。[1] 诉答程序在整体上追求简化的同时,在复杂商事案件中仍然强调诉答文书明确争点的功能,以便限缩日后的证据开示以及避免不必要的争议及成本。当事人的诉答文书应当既简明又充分[Guide C1.1(a)],被告既要对原告主张的事实明确表示反驳、[2]不知或者自认[CPR 16.5(1)],说明可能突袭对方的事项,又只能陈述事实主张而非证据,在必要时使用表格并限制字数等[Guide C1.1(b)(c),Appendix 4]。[3] 法官也享有适用诉前行为准则(pre-action protocol)的裁量权,并据此对比如故意拖延或者增加费用的一方施以费用或其他制裁(PD Pre-action Conduct Sections 1,3,4,Guide B3)。[4] 为了进一步明确或补充诉答文书的内容,在当事人之间直接沟通无效时,法官也可以书面要求一方当事人提供简要且限定的附加说明(CPR Part 18,Guide D15)。[5]

在证据收集方面,为了寻求信息取得、诉讼效率与促进和解等不同目标的平衡,法官有权决定证据开示的必要性、范围以及是否分阶段进行[如 CPR 31.3(2),31.5(1)(2),31.6,31.12,31.13],并控制审前交换证人证言的方式和范围(CPR 32.4,32.9)和专家证人的使用[CPR 35.3,35.4(1)]。[6] 不过在对抗制传统下,英国法院拒绝初审法官过多干涉证据收集与事实发现的实质形成过程,选择和准备事实证人和专家证人的权利仍属于当事人,在复杂商事案件中也可能继续由各方分别指定专家证人,以保证案件结果的准确性[PD 35 7(a)]。[7] 与此相对,法官主导的事项则主要限定在程序推进方面和对证明力的评价。[8] 在庭审进行过程中,英国仍然保留了在庭审中的当事人进行主义,保障律师反询

---

[1] Zuckerman, supra note 17, pp. 8~10; Andrews, *The Three Paths of Justice: Court Proceedings, Arbitration, and Mediation in England*, London: Springer, 2012, p. 9; Jackson L. J., *Review of Civil Litigation Costs: Final Report*, London: The Stationery Office, 2010, pp. 27~52.

[2] 反驳的同时应当说理并在需要时提出自己相反的案情陈述[CPR 16.5(2)]。

[3] Colman, supra note 20, p. 49.

[4] Zuckerman, supra note 17, at 42-44. 不过有力观点认为在商事案件中应当适用最低限度的诉前行为规则,参见 Judiciary of England and Wales, supra note 14, at 18-20; Jackson L. J., supra note 29, pp. 345~347.

[5] Colman, supra note 20, pp. 56~57.

[6] Zuckerman, supra note 17, pp. 543~544, 549~554, 699~704, 722~726.

[7] Andrews, supra note 29, pp. 85~86; Zuckerman, id, pp. 731~734; Colman, supra note 20, pp. 197~198. 为了加强专家意见的中立性并降低其引发的诉讼成本,在小额或者快速审判程序中原则上应使用共同指定的专家证人[CPR 35.4(3A)]。

[8] Andrews, id, pp. 5~6, 23, 83~84.

问对方证人的权利。① 特别是，法官的职能仍然主要是倾听而不能在开庭时过多直接询问证人，否则会被认为有违对抗制传统，甚至导致案件重新审判。②

相比英国大刀阔斧的民事司法改革，德国目前并不需要结构性改革就已经满足上述需要。在100余年内民事司法改革的多次尝试下，当下德国法通过立案审查阶段、诉讼准备阶段和处理证据收集与辩论的集中期日的三层诉讼进程，已经较好地贯彻了比例原则。③ 在诉答阶段，起诉状应当使所主张的请求权与其他请求权相区分（个别化），并且随着被告的参与在口头辩论终结时能够具体地满足请求权要件（具体化）。④ 在准备阶段，即使法官在先期首次期日的准备程序中有不设置书面答辩期的裁量权（§ 275 I S. 1 ZPO），但是如果此时开庭效果不佳，就必须安排书面答辩期（§ 275 III ZPO）。准备答辩状的期限不少于2周（§ 277 III ZPO）并且也应当符合个案情况和比例原则，否则可能因为侵害法定听审权不能适用失权规则。⑤ 与英国类似，当事人在尽快答辩的同时还承担所谓事案解明义务（§ 138 II ZPO），一般而言只能对对方所主张的事实选择自认或争辩（§ 138 III IV ZPO），⑥尽可能简明扼要地起草答辩状也在实务中得到推崇。⑦

虽然辩论主义下当事人承担提供事实资料的责任，但是只有法院才有权判断哪些事实主张需要通过证据证明。法官在开庭准备阶段可以命令或者通过更为正式的证据裁定要求调查证据（§§ 273，358a ZPO），在开庭时可以通过不拘形式或者正式裁定要求调查证据（§§ 358，450 I S. 1 ZPO）。⑧ 法官可以依

---

① Zuckerman, id, at 706. 虽然法官有权限制律师的交叉询问（CPR 32.1(3)），但是这可能导致相对方的部分证据没有经过足够的检验，并使被限制方在上诉时无法有效寻求救济。Colman, supra note 20, at 218-219. 主询问原则上通过阅读证人证言而不再口头进行〔CPR 32.5(2)，Guide H1.6〕。

② *Southwark LBC v Kofi-Adu*〔2006〕EWCA Civ 281, at〔142〕-〔148〕; *Jones v National Coal Board*〔1957〕2 Q.B. 55 at〔63〕（Lord Denning M. R. 的意见）。

③ *Stürner*, a. a. O. （Fn. 13），S. 151 f.; *Stürner*, supra note 12, pp. 223~224.

④ Rosenberg/Schwab/*Gottwald*, a. a. O., § 95 Rn. 19 ff.; Thomas/Putzo/*Reichold*, a. a. O., Vor § 273 Rn. 38; Stein/Jonas/*Roth*, a. a. O., § 253 Rn. 52 ff.

⑤ BGHZ 124, 71 = NJW 1994, 736, 737; Thomas/Putzo/*Reichold*, a. a. O., § 275 Rn. 4 ff.; Stein/Jonas/*Leipold*, a. a. O., §§ 275 Rn. 7, 277 Rn. 24 f., 296 Rn. 38.

⑥ Rosenberg/Schwab/*Gottwald*, a. a. O., §§ 109 Rn. 7, 112 Rn. 21 ff.; Stein/Jonas/*Leipold*, ZPO, 22. Aufl., 2005, § 138 Rn. 24 ff.

⑦ *Oberheim*, Erfolgreiche Taktik im Zivilprozess, 5. Aufl., 2011, Rn. 803 ff., 1044 ff.; *Schneider*, Die Klage im Zivilprozess, 3. Aufl., 2007, Rn. 2401 ff.

⑧ Thomas/Putzo/*Reichold*, a. a. O., §§ 273 Rn. 2, 6 ff., 358 Rn. 1 ff., 358a Rn. 1 ff.

职权要求调查包括勘验、鉴定人、当事人讯问以及部分书证在内的证据手段（§§ 142，143，144 I，448 ZPO），只有证人必须由当事人提出（§ 373 ZPO）。① 同时，鉴定人属于在法官指引下的中立法官辅助人（§ 404a I ZPO），原则上由法院选任，除非当事人合意共同指定（§ 404 I IV ZPO）。在法庭庭审方面，诉讼进程始终由审判长引导（§ 136 ZPO），发问和控制庭审走向是法官的当然职责。即使是作为我国举证时限制度原型的攻击防御方法失权制度（§ 296 ZPO）也并未采取一刀切的做法，除了有严格的构成要件并要求法官尽可能采取各种手段避免适用失权外，在德国实践中也存在一些缓冲或者规避的律师策略。②

（三）替代解决方式的求变

最后需要关注的是，近年来各国普遍强调妥善利用替代性纠纷解决机制。在坚持基本原则的基础上，各国在这一领域中做出不少革新尝试。英国的商事法官虽然不会推荐调解人（Guide G1.9b），但是有义务协助双方和解或者鼓励双方利用相关机制解决全部或部分纠纷[CPR 1.4(2)(e)(f)，Guide G1.3]，比如中止诉讼程序[Guide D8.9(a)，G1.7]、③指定和解会谈期日（Guide G1.12）等。比较有特色的是，法官还可以利用早期中立评估（early neutral evaluation）促成和解，即在全体当事人的同意下，商事法庭指定商事法官为当事人提供中立及无约束力的裁判预测，随后在没有当事人另外约定时，评估法官将不再参加本案审理（Guide G2.1，G2.3，G2.5）。④ 对于部分更适于替代解决方式的案件（比如诉讼费用可能与标的额不相当或者双方仍可能维持合作关系），商事法官还可以发布替代性纠纷解决命令（ADR Order），要求当事人尝试替代解决并在未能奏效时向法院报告所采取的措施及失败的原因[Guide，D8.7(iv)，G1.8，Appendix 7]。实践中，大多数案件都能通过此种方式解决。⑤ 与普通诉讼相

---

① Rosenberg/Schwab/*Gottwald*，a. a. O.，§ 110 Rn. 29 ff.

② Rosenberg/Schwab/*Gottwald*，a. a. O.，§§ 68 Rn. 27 ff.，105 Rn. 62 f.；Thomas/Putzo/*Reichold*，a. a. O.，§ 296 Rn. 12 ff.；Stein/Jonas/*Leipold*，a. a. O.，§ 296 Rn. 18 ff.；MüKoZPO/*Prütting*，a. a. O.，§ 296 Rn. 15 ff.；*Stackmann*，Selten folgenschwer: versp？tetes Vorbringen，JuS，2011，133 ff.

③ 在普通诉讼中，法官也有权中止诉讼以为双方当事人协商提供机会[CPR 26.4(1)(2)(3)]。

④ Colman，supra note 20，at 74；Andrews，supra note 13，p. 209.

⑤ Colman，id，pp. 21～22，73～74；Andrews，supra note 29，pp. 204～205. 不过，即使拒绝参与和解可能遭到费用制裁，该命令在本质上仍然被认为属于最强烈的建议（encourage）而非强制（compel）。*Halsey v. Milton Keynes General NHS Trust* [2004] EWCA Civ 576，at [30]-[31]。

同,在一方提出和解方案而另一方拒绝时,如果拒绝方最终未能获得较和解方案更有利的结果,法官将根据其诉讼角色施以标准不同、程度相似的费用惩罚(CPR 36.14)。① 但是就其限度而言,通说仍然坚持法院必须保障当事人寻求司法判决的权利,既不能在结果上强迫和解,又不能在程序上强制当事人参加和解或调解。②

与英国类似,德国近年来也引入了不少新颖的调解或和解制度。无论是各州自行细化的强制诉前法院外调停(§ 15a EGZPO)、口头辩论期日前的强制和解辩论(§ 278 II ZPO)、由法官建议在法院外进行的和解辩论(§ 278 V S. 2 ZPO)、由受命法官、受托法官主持的法院内和解辩论(278 V S. 1 ZPO)或者由其他法官组织的和解辩论试验模式(类推§§ 251, 278 V S. 1 ZPO),虽然在实践中的重要性各不相同,但都至少引起了学界和实务界极大的兴趣和关注。③ 在《欧盟调解指令》(EuMedRL)的要求下,即使国内分歧较为严重且立法过程波折,一部专门的《调解促进法》已成为 2012 年修法的一个重要成果。此外,虽然德国在调解的启动方面采取了较英国更进一步的程序强制机制,但是在结果意义上拒绝强迫仍然是被普遍接受的共识。④

三、我国商事程序的建构思路

关注到上述趋势,结合自身问题特别是《民事诉讼法》修改中的讨论,笔者认为我国商事程序应该在诉答程序、审前程序和非诉讼纠纷解决方式三方面明确、调整和补充现有机制。首先,在商事程序中应当建立有对抗的诉答程序,分别解

---

① Andrews, id, pp. 206~211; Jackson L. J., supra note 29, pp. 420~427; Zuckerman, supra note 17, pp. 956~998.

② Jackson L. J., id, pp. 361~362; Zuckerman, id, pp. 46~47. 批评意见,参见 Ahmed, Implied Compulsory Mediation, [2012] C. J. Q. 151(从司法实际态度、政府政策、实证研究和民事诉讼规则的结构出发挑战通说); Lightman, Mediation: an approximation to justice, [2007] Arbitration 400, 401-402(认为强制调解不妨碍接受审判权利的实现).

③ Rosenberg/Schwab/*Gottwald*, a. a. O., §§ 94 Rn. 2 ff., 104 Rn. 30 f., 108 Rn. 11 ff.; v. *Bargen*, Gerichtsinterne Mediation, 2008; *Hess*, Perspektiven der gerichtsinternen Mediation in Deutschland, ZZP, 2011, 137 ff.; *Prütting*, Ein Pl? doyer gegen Gerichtsmediation, ZZP, 2011, 163 ff. 国内详细讨论,参见周翠:《调解在德国的兴起与发展——兼评我国的人民调解与委托调解》,载《北大法律评论》第 13 卷第 1 辑。

④ Stein/Jonas/*Leipold*, a. a. O., § 278 Rn. 4; MüKoZPO/*Prütting*, a. a. O., § 278 Rn. 5. 而且不同于一般诉讼要件在最后口头辩论期日前得到满足即可,通说认为只有尝试此种调解后才能立案:*BGHZ* 161, 145 = NJW 2005, 437. 但是实践中,原告也会采取各种办法规避上述规定,比如诉的变更或者移送管辖。从整体来看,这项立案前强制调解的尝试并未取得满意的效果,也成为德国继续深化调解制度改革的原因之一。

决原告立案和被告答辩的问题,并重新审视商事管辖规则。从比例原则的角度看,我国诉答阶段对原告主张的审查过于严格,我国学界普遍认为现有立案实质审查制带来的种种问题应当及时解决。① 同时从当事人的参与角度看,被告的答辩在实践中也难以发挥应有作用。从客观上看,法院常常向被告同时送达起诉状和开庭通知书,实践中开庭也常常被法院指定在答辩期届满后的第2天,被告准备详细的答辩文书有较大难度;②从主观上看,被告答辩没有时间限制,逾期答辩也不会引发消极后果(《民事诉讼法》第12条、第125条第2款和《证据规定》第32条),被告也不太可能积极答辩。在复杂的商事诉讼中,信息交流充分的诉答程序有助于尽早厘清争点并尝试和解,从而减少司法与当事人多方的诉讼成本。因此,可以考虑赋予法官延长答辩期的职权,规定答辩期届满到开庭的最短期间,并在被告逾期不答辩时采取较为系统的答辩失权规则。同时在管辖制度上,在商人之间加强协议管辖的适用(《民事诉讼法》第34条)并无疑问,但是考虑到我国格式条款的设计,在消费者和商人之间则应当倾向于不允许协议管辖;③新增加的应诉管辖(《民事诉讼法》第127条第2款)符合当事人利益及诉讼效益,对于应当由律师自行审查诉讼要件的商事程序而言,也没必要要求法官必须就没有管辖权向被告释明。④ 此外,从尽可能一次性解决纠纷及正视纠纷复杂性的角度出发,适于商事正式程序的还有合并管辖的规则,⑤更没有理由拒绝当事人提起反诉的权利。⑥

其次,在商事程序中应当强化功能意义上的审前程序。如前所述,如果说西方的重点在于简化程序中坚持比例原则,我们的工作则需要落实在程序的进一步正式化,同时促使当事人积极协助诉讼进程的推进。除了已经得到较为广泛

---

① 张卫平:《起诉难:一个中国问题的思索》,载《法学研究》2009年第6期;傅郁林:《中国民事诉讼立案程序的功能与结构》,载《法学家》2011年第1期。
② 李浩:《宁可慢些,但要好些——中国民事司法改革的宏观思考》,载《中外法学》2010年第6期。
③ 比如德国即基于对商人以外群体的特殊保护,作此规定(§ 38 I ZPO);亦参见李浩:《民事诉讼管辖制度的新发展——对管辖修订的评析与研究》,载《法学家》2012年第4期;王福华:《协议管辖制度的进步与局限》,载《法律科学》2012年第6期。
④ 德国也作此规定(§§ 39 S. 2, 504 ZPO);就一般情况的相反观点,参见王福华:《协议管辖制度的进步与局限》,载《法律科学》2012年第6期。
⑤ 张晋红:《民事诉讼合并管辖立法研究》,载《中国法学》2012年第2期。
⑥ 德国在商事诉讼中没有限制反诉的可能性,英美商事诉讼中被告也有权提起反诉并可能适用特殊规则(如 PD 58 section 12, Guide D10)。Colman, supra note 20, at 75; Anne T. Nees, Making a Case for Business Courts: a Survey of and Proposed Framework to Evaluate Business Courts, 24 Ga. St. U. L. Rev. 477, 498 (2007). 国内相反观点参见樊涛:《我国商事诉讼制度的解析与重构》,载《当代法学》2008年第6期。

讨论的辩论主义议题,这主要体现在争点整理和证据收集两个领域中。在前者,为了达到程序加速和促成和解的目标,法官在审前阶段应当尽可能限缩争点的范围。但是,我国现有的审理前准备程序与两大法系审前程序区别较大,因此功能上的审前程序一直延续到开庭审理阶段,[1]正式开庭也不得不承担部分争点整理的功能。因此,除了在整体上强化对法官释明权的细化解释外,在制度上应当督促当事人配合,强化分阶段的书面准备方法。在立法或司法解释授权的种类和范围内,法官应当享有适用何种准备程序的裁量权,并根据复杂商事个案的不同情况,为当事人提供自行协商的指南或设定提交准备文书的期限。在当事人无法按时完成协助任务时,可以考虑在费用分担上加以体现。[2] 在证据收集方面,现有法官依职权或依申请收集证据的制度并不能有效保障当事人搜集证据的能力。就书证而言,有必要在现有立法和司法解释的既有脉络下,明确书证搜集的类型,通过裁判的形式控制法官的自由裁量权,并进一步加强以《证据规定》第75条为中心的证明妨碍规则。[3] 就证人而言,由于民事诉讼中证人出庭的地位有限、[4]商事诉讼中书证相对更为重要以及我国基于"法的制度性功能与社会固有的条件"的保障机制很难进一步提升"当事人的证人"的出庭率,[5]以证人证言为主(如果有的话)的状况暂时不会也不太需要有太大变动。[6] 就专业事实问题的鉴定而言,商事程序中主要涉及诉讼参与权和专属裁判权的问题,[7]应当由法官决定是否在鉴定人外补充其他证人证言,鼓励当事人自行聘用专家辅

---

[1] 刘哲玮:《审前程序研究》,北京大学2010年博士论文。

[2] 一般而言,我国民事诉讼中并不适用费用转移(cost-shifting)规则,诉讼费用的分担也大致与实体胜诉比例相当。考虑到前述商事诉讼的特殊性,借鉴普通法系的经验,适当调整费用的分担规则也许有助于整体目标的实现。目前已有学者主张针对其他领域(比如新证据)采取费用制裁,参见李浩:《民事诉讼法典修改后的"新证据"——〈审监解释〉对"新证据"界定的可能意义》,载《中国法学》2009年第3期。

[3] 曹志勋:《书证搜集裁判:模式比较与本土改造》,载《现代法学》2011年第5期。

[4] 民事诉讼中的证人出庭问题与刑事诉讼中涉及定罪与否、此罪彼罪、罪轻罪重以及被告人对质权的问题差异较大,后者参见易延友:《证人出庭与刑事被告人对质权的保障》,载《中国社会科学》2010年第2期。

[5] 王亚新:《民事诉讼中的证人出庭作证》,载《中外法学》2005年第2期。

[6] 本次民诉法修改虽然没有加入证人强制出庭的内容,但是在其替代出庭以及经济补偿的问题上做出了更充分的规定,是否有助于出庭难问题的解决仍有待观察。相关分析及批评,参见李浩:《民事证据制度的再修订》,载《中外法学》2013年第1期。

[7] 以刑事诉讼为载体的相关论述,参见汪建成:《司法鉴定基础理论研究》,载《法学家》2009年第4期。

助人加强对抗能力,并确保法官通过自由心证对于事实问题的最终裁判权。①最后,商事诉讼中的举证时限(第65条第2款)应当以证据失权为首选,并增加以诉讼迟延为主的例外规则,以弥合新法中似无限制的裁量空间。②

再次,在商事程序中应当保证裁判与其他纠纷解决方式的平衡。由于与西方在社会和司法政策上的差异,我们可能面对的问题并不在如何从制度上推陈出新,而在于如何守住现代司法的基本底线,并就此发挥其本来功能。每一种纠纷解决方式都应当寻求解决相适应的纠纷,③片面追求某种方式使用频率的畸高都将限制司法功能的最大化。④ 目前实践中主流的"调解优先"政策既应当受到"调判结合"的限制,⑤也只能在当事人的同意下发挥实际功效,⑥否则仍难以达到实质化解纠纷的目的。⑦ 特别值得注意的是,在以英国和德国为代表的西方各国中,对调解等机制的强调一方面,建立在普通程序发展业已完备甚至过于繁琐、耗时和昂贵的基础上,另一方面,也侧重于专业化调解机制的深化。近期以人民调解、诉调对接为关键词的发展,由于动机和关注点的不同,⑧既无法简

---

① 英国对于共同指定的专家证人或意见冲突的专家证人都坚持类似的态度:Armstrong v First York Ltd [2005] EWCA Civ 277, at [27]-[28]; Andrews, supra note 29, pp. 86~87; Zuckerman, supra note 17, pp. 716~717. 我国实践中的问题,参见孟勤国:《司法鉴定规则应重在规范法官行为——最高法院(2011)民一终字第41号判决书研读》,载《法学评论》2013年第1期(强调在司法鉴定程序和鉴定结论采信两方面规范法官行为)。

② 傅郁林:《民事诉讼法修改的价值取向论评》,载《华东政法大学学报》2012年第4期;张卫平:《民事诉讼中举证迟延的对策分析》,载《法学家》2012年第5期。

③ 潘剑锋:《论民事纠纷解决方式与民事纠纷的适应性》,载《现代法学》2000年第6期。

④ 纵观新中国成立以来审判与调解关系的变迁,最经常发生的恰恰是对某一种方式的不当强调,导致实务中法院在纠纷解决的规律与司法政策的导向间无所适从。参见潘剑锋、刘哲玮:《论法院调解与纠纷解决之关系——从构建和谐社会的角度展开》,载《比较法研究》2010年第4期。

⑤ 李浩:《调解归调解,审判归审判:民事审判中的调审分离》,载《中国法学》2013年第3期。

⑥ 吴英姿:《"调解优先":改革范式与法律解读》,载《中外法学》2013年第3期;范愉:《"当判则判"与"调判结合"——基于实务和操作层面的分析》,载《法制与社会发展》2011年第6期;李浩:《理性地对待调解优先——以法院调解为对象的分析》,载《国家检察官学院学报》2012年第1期;章武生、肖国玉:《法院调解与判决的关系》,载《政法论坛》2012年第6期。

⑦ 在我国语境下对上述调解与裁判关系的深入分析,参见吴英姿:《"调解优先":改革范式与法律解读》,载《中外法学》2013年第3期。

⑧ 对于诉调对接机制下本土基础和具体运行的细致讨论,参见潘剑锋:《民诉法修订背景下对"诉调对接"机制的思考》,载《当代法学》2013年第3期。

单借用西方的趋势加以证成,也难以改善司法的正当性困境。① 至少在总体上,我国的民事司法仍然需要在细节上强化条件控制和过程控制,过分强调调解替代判决不利于制度建设的完善,调解强制前置更可能妨碍本已不顺畅的司法救济途径(《民事诉讼法》第 122 条但书)。②

四、正式程序与柔性审判之辩

与前述强调商事程序正式化的设想相对应,目前学界较有影响力的观点是将商事审判打造为柔性审判的主张。从商人在诉讼内外提出截然相反的纠纷解决主张出发,蒋大兴研究员的代表性观点认为,考虑到商事审判方式的民主传统和商人的特殊品性,商事审判应当区别于以程序正式化为指向的民事诉讼改革,因此应当减少诉讼中的对抗性。③

基于以下理由,笔者对此持保留态度。首先,需要关注的是我国的现状与历史。如前所述,西方普遍意义上减少对抗性建立在其原有过多强调对抗的司法系统上,这些作为参照系的因素都是我们没有的。其次,应当看到司法作为纠纷解决阴影的作用。当事人"反诉讼过程的行为",④恰恰是建立在诉讼结果的基础上。易言之,正是由于正式司法给出了法解释学上最为妥当的纠纷解决方案或者当事人可以合理期待的结果,才为当事人的庭下博弈(比如对过去纠纷的和解和对未来交易关系的安排)设定了标准。至于商人在审判后做出与判决相反的行为,可能基于不同的事实上的原因(比如在日后交易中的让利、对于执行困难的担忧或者商业声誉的考虑)和针对不同的实体利益范围(针对特定过去事实的诉讼标的与针对一揽子事项的谈判内容),本身并不能成为在商事程序中削弱以"对抗与判定"为基本结构的现代民事司法程序的论据。⑤ 相反,以最高法院

---

① 陈杭平:《论中国法院的"合一制"——历史、实践和理论》,载《法制与社会发展》2011 年第 6 期。此外,以调解为主的研究主题还加剧了研究者与实务界之间的分离趋势,并引发学者对于本学科学术自主性的反思。参见王亚新:《民事诉讼法二十年》,载《当代法学》2011 年第 1 期;张卫平:《民事诉讼法学:滞后与进步》,载《法学研究》2011 年第 6 期。

② 李浩:《先行调解性质的理解与认识》,载《人民法院报》2012 年 10 月 17 日第 7 版。相反观点,参见汤维建、齐天宇:《漂移的中国民事调解制度》,载《比较法研究》2012 年第 5 期;唐力:《在"强制"与"合意"之间:我国诉讼调解制度的困境与出路》,载《现代法学》2012 年第 3 期。

③ 蒋大兴:《审判何须对抗——商事审判"柔性"的一面》,载《中国法学》2007 年第 4 期。

④ 蒋大兴:《审判何须对抗——商事审判"柔性"的一面》,载《中国法学》2007 年第 4 期。

⑤ 关于两种不同诉讼结构的比较,参见王亚新:《对抗与判定——日本民事诉讼的基本结构》,清华大学出版社 2010 年版,第 50~53 和 56~59 页;王亚新:《论民事、经济审判方式的改革》,载《中国社会科学》1994 年第 1 期。

第 2 号指导性案例("吴梅诉四川省眉山西城纸业有限公司"案)为代表的司法实践恰恰表明,正式司法不仅提供纠纷解决的基准,更在当事人事后和解又反悔时提供权利实现的保障。① 同时更具体而言,柔性审判试图解决的问题,或者没有突破现有民事诉讼制度(圆桌审判似乎只是对法院组织调解场景的重述),或者实际上属于民事诉讼共通的问题(立案实质审查制、"调解型审判"、诉讼标的理论和民行交叉的诉讼的处理),②特殊性并不明显。也许柔性审判更适合司法应当谦抑介入的公司诉讼,但是这个结论可能难以简单推广到整个商事诉讼领域。③

真正能够决定适用正式司法还是柔性审判的,应当是个案中当事人对于纠纷解决的选择,因案而异而没有整齐划一的标准。诉讼程序的选择应当体现程序法上当事人的意思自治,取决于双方在个案中就程序保障达成的合意。如果双方当事人都希望法官担当主持人而不是裁判者,商事纠纷的解决过程只不过是一出"舞台剧"或者另一个"谈判的过程",④那么采取不那么正式的程序就顺理成章;相反在无法明确双方适用柔性规则的意愿时,既然司法被视为正义的最后一道屏障,当事人放弃了其他纠纷解决机制(无论是仲裁还是商人自行安排的内部执行机制)而选择法院,就应推定他们更倾向相对严格的正式司法程序和作为传统裁判者的法官形象,寻求正当程序的保障。易言之,柔性审判和正式程序分别代表了以调解为目的和以判定为目的的两种行为模式,在民事司法中后者为原则,前者为例外。在程序合意性与正式性构成的坐标系中,柔性审判代表其中的"非正式/合意"模式,而正式司法则涵盖了"正式合意"和"正式/不合意"两种可能。至于"非正式/不合意"不应出现在商事裁判中,因为民事司法公力救济

---

① 囿于主题,本文不再讨论该案的其他方面的问题。相关讨论,参见贺剑:《诉讼外和解的实体法基础——评最高人民法院指导案例 2 号》,载《法学》2013 年第 3 期;吴俊:《指导案例 2 号的程序法理》,载《法学》2013 年第 1 期;王亚新:《一审判决效力与二审中的诉讼外和解协议——最高人民法院公布的 2 号指导案例评析》,载《法学研究》2012 年第 4 期;严仁群:《二审和解后的法理逻辑:评第一批指导案例之"吴梅案"》,载《中国法学》2012 年第 4 期。

② 关于此外宽松证据制度的主张,蒋大兴并没有明确其具体主张,据笔者猜测可能涉及证据手段和证据收集程序的宽松(自由证明)或者证明标准的宽松(如释明)。一般而言,为了准确确定事实并保障当事人诉讼权利(如参与权),自由证明或者释明制度都应限定在实体法律关系判定之外的个别次要问题(Rosenberg/Schwab/Gottwald, a. a. O., § 110 Rn. 3 ff.;参见占善刚:《论民事诉讼中之自由证明》,载《法学评论》2007 年第 4 期)。因而,并不宜一般性地适用于商事诉讼。

③ 美国公司诉讼相对商事诉讼也有一定特殊性(比如救济方式),参见 Dreyfuss, Forums of the Future: The Role of Specialized Courts in Resolving Business Disputes, 61 *Brook. L. Rev.* 1, 4, 7 (1995).

④ 蒋大兴:《审判何须对抗——商事审判"柔性"的一面》,载《中国法学》2007 年第4 期。

的属性和正当程序要件,使得商事裁判在程序上必须通过对抗求得判定,除非双方合意放弃了部分程序保障的权利,比如当事人同意在个案中适用自由证明规则(§ 284 S. 2 ZPO)、选择进一步限制证据开示的范围[CPR 31.5(3)]或者放弃主张诉答文书没有可采性的法定权利(r. 410, Federal Rules of Evidence)。①确实,商事裁判可以采取类似商事仲裁的做法,②但仍不能突破现代司法权行使的底线或放弃其裁判权的基本要素,③更不能忘记商事仲裁正代表基于合意启动的纠纷解决方式:如果需要使司法程序在某些事项和一定程度上"仲裁化",比如前述放弃程序权利或简化证明程序,也同样依赖于当事人的合意。④

五、结 论

建构商事正式程序是商事审判实践与程序分类理念的当然诉求,也是我国普通程序加强正式性改革的试金石。在本次《民事诉讼法》修改后总体上应采取法解释学路径的同时,也需要探讨立法论上改进的可能。以英国和德国为主的比较经验为依托,本文有以下结论。

第一,在设计相对独立的商事程序中,应当强调法官的诉讼指挥权与当事人的程序自我责任,合理分配法官与当事人在正式程序中的角色;坚持程序繁简安排中的比例原则,在原则规定下根据实际回应例外情形;应用各种形式的替代纠纷解决机制,但以当事人自愿为中心。

第二,加强诉答程序的对抗性、强化准备程序的准备功能以及寻求裁判与其他纠纷解决方式的平衡,应当是我国近期商事程序改革的主要目标。

第三,适用降低对抗性的程序不应成为商事程序中的原则性规定,而应以当事人个案中的选择为前提。

---

① 如果当事人明知且自愿地放弃排除可采性的权利,即使在刑事司法中美国最高法院也会基于事实发现的考虑认定其有效性。*United States v. Mezzanatto*, 513 U. S. 196, 204-205, 210 (1995).

② Drahozal, Business Courts and the Future of Arbitration, 10 *Cardozo J. Conflict Resol*. 491, 497-501 (2009); Landes and Posner, Adjudication as a Private Good, 8 *J. Legal Stud*. 235, 249 (1979)(认为基于市场选择的仲裁机制可以作为评估商法领域司法效率的参考标准).

③ 关于司法权的基本要素,参见陈瑞华:《司法权的性质——以刑事司法为范例的分析》,载《法学研究》2000 年第 5 期。笔者认为,这项研究成果也适用于民事司法。

④ Noyes, If you (Re)Build it, They Will Come: Contracts to Remake the Rules of Litigation in Arbitration's Image, 30 *Harv. J. L. & Pub. Pol'y* 579, pp. 595~613, 618~647 (2007)(讨论在美国以仲裁程序为参照,当事人通过事先约定调整司法程序的权利及其边界); *Wagner*, Prozessverträge: Privatautonomie im Verfahrensrecht, 1998.

论合同继续履行判决的强制执行
——以建设用地使用权转让纠纷为例

■ 刘金瑞[*]

摘　要　实践中对合同继续履行判决是否具有强制执行力,如具有强制执行力但涉及多个民事请求权应如何执行等问题存在诸多争议。本文以建设用地使用权转让纠纷中的继续履行判决为例,结合大陆法系强制执行理论对实践中的争议问题进行了分析,认为合同继续履行判决可以作为强制执行的依据;如果继续履行判决涉及多个民事请求权的强制执行,要按照合同约定的顺序执行;若顺序在先的民事请求权的实现与行政机关的行政审批权力有关,执行法院应尊重行政机关的审批结果,根据具体情况可裁定"执行中止"、"恢复执行"或"执行终结"。

关键词　继续履行　强制执行　强制执行的方法　执行权与行政权的协调

一、继续履行判决强制执行中存在的主要问题

(一)建设用地使用权转让纠纷中的继续履行

合同继续履行判决的强制执行是实践中所面临的难题,本文以涉及建设用地使用权转让的三个真实案例予以说明。为尊重涉案当事人和论述的便利,本文隐去了当事人的名称,并简化了部分案件事实。

案例1:A公司转让某地块给B公司,A公司的义务为完成拆迁、土地平整,达到法定条件后办理产权过户。后A公司违约,B公司诉请法院判令A公司继续履行合同,转移讼争土地。审理期间,该地建设局具函称:系争地块未按出让合同约定开发,也未达到成片开发的法定转让条件,不予准许变更土地手续。一审法院据此认为,双方转让合同违反了法律的强制性规定,应认定为无效。

B公司上诉。二审法院认为,建设局的复函不能作为认定事实的依据,双方依约继续履行合同,大部分土地都能达到法定转让条件,双方的合同能够履行;

---

[*] 刘金瑞,清华大学法学院2011级民法专业博士研究生。本文的写作得到了清华大学法学院崔建远教授的建议和帮助。

讼争地块暂时是否具备转让条件属合同履行问题,与合同效力无关。因此,改判合同有效,继续履行。B公司向一审法院申请执行,一审法院裁定认为:相关土地不具备立项、规划、动拆迁和转让条件,职能部门亦认为涉案地块的转让违反了法律规定,合同实际无法继续履行,裁定终结执行程序。B公司不服,向二审法院提起请求提级执行或指定法院执行的申请。

案例2:C公司、D公司与E公司签订合同,约定:(1)C公司转让某块土地给E公司;(2)由C公司负责与D公司、甲工厂(三方土地相毗邻,甲工厂是案外人)共同向政府申请提高三方毗邻土地的拟建容积率;(3)E公司负责委托设计三方毗邻土地的规划方案,经C公司、D公司及甲工厂认可后报有关部门批准。之后的各种报建工作(不含甲工厂部分)由C公司与E公司共同办理。后双方发生纠纷,E公司诉至法院。二审法院终审判决:合同有效,继续履行。E公司向一审法院申请执行,一审法院作出查封涉案土地的裁定,C公司、D公司向二审法院提出异议,二审法院裁定驳回其异议。C公司、D公司仍不服而申请复议。

案例3:F公司与G公司签订《项目经营权转让协议》,约定:F公司支付G公司129万元,G公司将涉案土地经营权转让给F公司。具体方案是,双方共同成立新公司,G公司以涉案土地经营权入股,然后将全部股份转让给F公司。F公司支付款项后,G公司未履行新公司注册、土地使用权变更、股权变更等义务,遂引发纠纷。二审法院终审判决:转让协议合法有效,继续履行。F公司向一审法院申请执行,某地国土局依据一审法院的协助执行通知书,将争议土地过户到F公司名下。G公司不服而申诉。

(二)继续履行的强制执行所存在的主要问题

上述案例在执行过程中,法院内部产生了如下的困惑和争议[①]:

1.继续履行合同判决是否具有强制执行力?如案例2中约定涉案土地规划方案由E公司委托设计,但需C公司、D公司及案外人甲工厂予以认可,这一"认可行为"可否强制执行?应如何执行?案例3中F公司和G公司约定共同成立公司的行为能否执行?

2.继续履行判决如应予强制执行,其具体执行方式存在如下问题:

(1)要严格按照合同约定的步骤执行,还是只要实现合同的最终目的即可?如案例1中要求A公司将合同交行政机关备案、拆迁并平整土地使其达到法定的转让条件;案例2中要求C公司申请变更涉案建设项目的容积率,之后再转

---

① 上述三个案例最后都进入了最高人民法院的执行程序,作为该院咨询专家的崔建远教授向笔者介绍了法院内部对这三个案件判决应如何执行上存在的不同意见,笔者对这些不同意见进行了整理和归纳。

让建设工程；案例3中要求双方设立新公司，一方以土地使用权投资入股新公司，之后将公司股权全部转移给另一方。转让土地使用权的合同目的有一些前置义务，那么执行中这些前置义务是否可以省略？法院是否可以采取措施直接按照合同的目的，强制办理产权过户？

（2）在继续履行的强制执行中，如何认定可代替执行的替代行为？当某行为涉及行政许可时，是否属于替代行为？如何协调法院执行权和行政机关行政权的关系？如案例1中，A公司需要完成拆迁工作，必须向行政机关申请发放拆迁许可证，此时能否直接发放协助执行通知书，让行政机关发放拆迁许可证？能否视申请拆迁许可证为可替代履行的行为，指定其他人代替A公司申请拆迁许可证？

这些实践中亟待解决的、法院内部存在的困惑和争议，一方面，反映了继续履行强制执行确实存在现实困难，例如如何确定继续履行判决的具体内容；另一方面，也一定程度上反映了某些法官对强制执行理论缺乏基本的了解，例如对行为请求权强制执行方式认识不清等，究其深层原因在于我国对强制执行的理论研究和立法规范存在不足。基于此，本文首先对大陆法系民事请求权和民事强制执行做一简单的考察和梳理，对我国民事诉讼法的相关规定做一介绍，在此基础上对实践中发生的问题根据基本理论予以分类讨论逐一解析。本文直面实践中亟待解决的问题，侧重尝试在我国现行法律规范框架内对上述问题做一妥当分析，因论述重点和研究能力所限，对大陆法系民事强制执行理论分析的深度可能有限，但还是希望本文的观点能对上述问题的解决有所裨益。

二、大陆法系民事请求权强制执行的理论体系

（一）民事请求权强制执行的分类及方法

大陆法系民事强制执行的分类和方法依民法上请求权的规定展开，总体上分为金钱请求权的执行和非金钱请求权的执行。前者以实现金钱债权为目的，原则上采直接强制执行的方法，即执行机关以其执行行为直接实现私权内容，包括对债务人的动产或不动产实施查封、变价，以其价金清偿债权人的债权。后者包括物之交付请求权的执行和行为及不行为请求权的执行，物之交付请求权的执行是指为实现债权人请求债务人交付一定的动产或不动产请求权，而移转物的占有之执行，不论该交付请求权是基于物权还是债权而生；行为及不行为请求权的执行是指由债务人本身为一定的行为或不为一定的行为而实现债权内容之执行。这两种执行都是以满足非金钱债权为目的，根据实现的请求权内容的不

同而采直接强制、代替执行或间接执行的方法,并没有共同的查封、变价等程序。①

间接执行是指执行机关予债务人一定的不利益,以迫使债务人自行履行债务的执行,如罚款、拘留等,此种执行处分乃对人而非直接以强制力对物实施,故对人执行为间接执行,金钱请求权的执行有时也采此种方法;代替执行,是指执行机关可命第三人代债务人履行债务,而该第三人的履行费用由债务人负担的执行。② 需要说明的是,因物之交付请求权的执行,以移转物的占有而非以物的交付行为本身为执行标的,所以一般认为物之交付请求权的执行是行为请求权的执行之特别规定。③ 对于"行为及不行为请求权的执行",根据我国大陆的用语习惯,行为包括作为或不作为,因此可将其称为"行为请求权的执行"④。

大陆法系中,在行为及不行为请求权的执行之外,还规定了意思表示请求权的执行,是指作为执行根据的债权人的请求权,以债务人为一定意思表示为标的,而使其实现的执行⑤。对于意思表示请求权的执行,因为只要有债务人为意思表示时的法律效果,即可达到执行的目的,无需债务人为具体的行为,因此大陆法系立法例均不采取间接强制的执行方法,而采取法律拟制的立法技术,视为在判决确定或其他执行根据成立时债务人已为其意思表示,以实现债权人的请求,这省略了繁复的执行程序⑥。此种执行"应无开始强制执行程序之必要,但实务上仍有债权人请求强制执行者,尤在意思表示有待于债权人有对待给付者,多请执行法院给予已为对待给付之证明书者,更有必要性"⑦。

(二)我国民事诉讼法的相关规定及简析

前述建设用地使用权转让的案例主要涉及非金钱债权的执行问题。在非金钱债权的执行中,物之交付请求权的执行,采用直接强制的方法剥夺债务人对物的占有,将物交给债权人,我国《民事诉讼法》第 249 条针对"动产"规定了"对指定交付的财务或票证的执行",第 250 条针对"不动产"规定了"强制迁出房屋或强制退出土地",第 251 条规定了针对"动产"和"不动产"的"财产权证照的移

---

① 杨与龄:《强制执行法论》,中国政法大学出版社 2002 年版,第 548 页;郭兵主编:《强制执行论》,人民法院出版社 2010 年版,第 220 页。

② 杨与龄:《强制执行法论》,中国政法大学出版社 2002 年版,第 10 页;郭兵主编:《强制执行论》,人民法院出版社 2010 年版,第 220~221 页。

③ 杨与龄:《强制执行法论》,中国政法大学出版社 2002 年版,第 549 页。

④ 杨荣馨主编:《〈中华人民共和国强制执行法(专家建议稿)〉立法理由、立法例参考与立法意义》,厦门大学出版社 2011 年版,第 520 页。

⑤ 杨与龄:《强制执行法论》,中国政法大学出版社 2002 年版,第 573 页。

⑥ 杨与龄:《强制执行法论》,中国政法大学出版社 2002 年版,第 574 页。

⑦ 赖来焜:《强制执行法各论》,台湾元照出版有限公司 2008 年版,第 726 页。

转"。而行为请求权的执行,由于不涉及具体的标的物的移转,所以,一般只能采用代替执行或者间接执行的方法。① 可以采用代替执行方法执行的行为请求权,称为可代替行为请求权,否则称为不可代替行为请求权,债务人应为行为是否具有替代性,由执行法院就具体情事而为判断②,不可替代行为的特点是:行为具有很强的人身属性,和可替代行为相比,更为注重行为人本人的知识、技能、身份及资格等③,如执行根据命令某一画家按照合同作画,或者命令某一歌唱家根据合同演出等。

对于代替执行,我国《民事诉讼法》第252条和最高人民法院《关于人民法院执行工作若干问题的规定(试行)》第60条第2款予以规定。对于间接执行,《民事诉讼法》第252条规定:"对判决、裁定和其他法律文书指定的行为,被执行人未按执行通知履行的,人民法院可以强制执行或者委托有关单位或者其他人完成,费用由被执行人承担",其中的"可以强制执行"意思并未明确,学者多结合《民诉意见》第283条关于"依照《民事诉讼法》第228条规定,当事人不履行法律文书确定的行为义务,如果该项行为义务只能由被执行人完成的,人民法院可以依照《民事诉讼法》第102条第1款第6项的规定处理",即可以处以罚款、拘留甚至追究刑事责任的规定,认为我国"实际上是将义务人拒不履行不可替代行为看作是妨害民事诉讼行为"④。

笔者还是倾向将这一规定解释为我国民事诉讼法对"间接执行"制度作出了规定,理由在于:一是该规定的用词"看作"从语义上还是承认不履行行为与妨害民事诉讼行为有所区别,这为进一步探讨对不履行不可替代行为进行处罚的定性留有余地;二是大陆法系强制执行理论通说区分直接执行和间接执行,我国作为法律继受国家,在立法已经基本认可大陆法系强制执行理论框架的情况下,承认"直接执行"与"间接执行"的区分,有利于我国强制执行立法的进一步完善和体系化,也便于和其他各国进行交流。

对于意思表示请求权的执行,当前我国民事诉讼法并未予以规定。意思表示请求权的执行,是以义务人应做出一定的意思表示为执行标的,应当属于不可

---

① 杨荣馨主编:《〈中华人民共和国强制执行法(专家建议稿)〉立法理由、立法例参考与立法意义》,厦门大学出版社2011年版,第509页。
② 杨与龄:《强制执行法论》,中国政法大学出版社2002年版,第562页。
③ 杨荣馨主编:《〈中华人民共和国强制执行法(专家建议稿)〉立法理由、立法例参考与立法意义》,厦门大学出版社2011年版,第525页。
④ 杨荣馨主编:《〈中华人民共和国强制执行法(专家建议稿)〉立法理由、立法例参考与立法意义》,厦门大学出版社2011年版,第525页。2012年民事诉讼法修正之后,该条意见中的民事诉讼法第228条现为第252条,第102条现为第111条,只是序号调整,内容没有更改。

替代行为的执行,法院不能采用直接强制的执行方法;其实际上与不可替代行为又有所不同,从性质上看,意思表示行为的执行,其目的是达到义务人做出意思表示的法律效果,而不在于义务人是否做出了该种意思表示行为,因此如前述各国在立法上规定了一种特殊的立法技术——法律拟制,例如我国台湾地区"强制执行法"第130条第1款规定:"命债务人为一定之意思表示之判决确定或其他与确定判决有同一效力之执行名义成立者,视为自其确定或成立时,债务人已为意思表示。"

（三）多个民事请求权强制执行的顺序

由上,大陆法系民事请求权强制执行的体系及我国立法的对应可如下表所示:

基本分类		具体分类	执行方法
民事强制执行	金钱债权之执行	略	直接强制
	非金钱债权之执行	物之交付请求权之执行	直接强制:交付财物票证、强制迁出房屋、强制退出土地(《民事诉讼法》第249条～251条)
		行为请求权之执行	代替执行(可替代行为):"民诉"252 "执规"60(2)
			间接执行(不可替代行为):罚款、拘留、刑事责任 "民诉"252、111(6) "民诉意见"283
		意思表示请求权之执行	法律拟制 "民诉"未规定

在实际案例中,可能会涉及多个民事请求权的强制执行。例如生效判决命债务人交出房屋,并命其移转房屋所有权与债权人时,交出房屋属于"物之交付请求权之执行",而移转房屋所有权是通过债权人持该判决请求登记机关办理登记而实现,在这一过程中根据法律规定不需要考虑债务人是否同意,实际上就暗含判决生效时,视为债务人已做出请求登记的意思表示,这种法律拟制就属于"意思表示请求权之执行"。当然,"至于该意思表示尚须经一定之程序始能发生之效果,债权人仍须依法践行始可实现"[①],对于上例,债务人移转房屋所有权的意思表示虽然在判决生效时已经视为做出,但要实现房屋所有权移转的法律效

---

① 杨与龄:《强制执行法论》,中国政法大学出版社2002年版,第575页。

果还是需要经办登记程序。这种我国法律没有明确规定、实践中并不少见的"意思表示请求权的执行",实际上并未也无必要开启强制执行程序,但实务上在意思表示有待于债权人有对待给付时,多请执行法院给予已为对待给付的证明书(台湾地区"强制执行法"第 130 条第 2 款)。当然,意思表示请求权的执行中"意思表示"的范围并不限于上例中债务人"公法上的意思表示",还包括"发生法律效果的意思表示"、"对第三人的意思表示"、"无行为能力的意思表示"等内容①。上述内容在我国将来强制执行立法精细化进程中可资借鉴。

上例中"物之交付请求权之执行"和"意思表示请求权之执行"在执行顺序上的区分似乎意义不大。但多个民事请求权的强制执行,因请求权的自身性质和相互关系往往需要遵循一定的执行顺序。(1)在金钱债权执行与非金钱债权执行并存时,一般遵循的是物权优先原则②,例如最高人民法院在《关于人民法院执行工作若干问题的规定(试行)》第 88 条第 2 款规定:"多个债权人的债权种类不同的,基于所有权和担保物权而享有的债权,优先于金钱债权受偿。"(2)"物之交付请求权之执行"与"行为请求权之执行"并存时,若前者以后者为前提,则必须先执行后者。例如在我国台湾地区,拆屋还地或绘图交付的执行根据,拆屋或绘图部分,是命债务人为一定的行为,乃行为请求权之执行,还地或交图部分则属物之交付请求权之执行,前者未实现前,后者无法执行,此时,"法院应先命债务人履行一定行为之义务,不能仅就物之交付行为实施执行"③。

三、合同继续履行判决可以作为强制执行依据

(一)明确继续履行区别于直接强制

《合同法》第 107 条等所规定的"继续履行",学说上又称为强制履行、强制实际履行或特定履行,是指"在违约方不履行合同时,由法院强制违约方继续履行合同,使守约方尽可能地取得约定的标的的违约责任方式"④。继续履行包括《合同法》第 108 条规定的"金钱债务的继续履行"和第 109 条规定的"非金钱债务的继续履行",因为非金钱债务有时会构成履行不能,因此《合同法》第 110 条将下列情形不适用"继续履行"的违约责任方式:(1)法律上或者事实上不能履行;(2)债务的标的不适于强制履行或者履行费用过高;(3)债权人在合理期限内未要求履行。

---

① 杨与龄:《强制执行法论》,中国政法大学出版社 2002 年版,第 574 页。
② 杨荣馨主编:《〈中华人民共和国强制执行法(专家建议稿)〉立法理由、立法例参考与立法意义》,厦门大学出版社 2011 年版,第 517 页。
③ 杨与龄:《强制执行法论》,中国政法大学出版社 2002 年版,第 549 页。
④ 崔建远主编:《合同法》,法律出版社 2010 第 5 版,第 313 页。

韩世远教授认为,虽然从比较法上看,除"直接强制"之外尚包括"代替执行"和"间接强制",但《合同法》的继续履行(强制履行),指的就是所谓"直接强制"①,并进而认为类似前述某画家按照合同作画、某歌唱家根据合同演出等不可代替行为请求权之标的具有人身专属性,不适于继续履行,否则"使违约责任恢复其原始的人身责任性质,与现代社会使人格尊严、人身自由受到保护的基本价值显有违背"②。这种观点将"继续履行"等同于"直接强制",使继续履行的强制执行仅涉及前表中的"金钱债权执行"与"非金钱债权执行"中的"物之交付请求权之执行",笔者认为此种理解并不妥当,理由在于:

首先,《合同法》第110条明确规定了"当事人一方不履行非金钱债务或者履行非金钱债务不符合约定的,对方可以要求履行",该条虽然将部分会构成履行不能的"非金钱债务的履行"排除在"继续履行"的适用范围之外,但并没有排除全部的"非金钱债务的履行"。其中非履行不能的"非金钱"的、"行为"义务的继续履行的强制执行即"行为请求权之执行"完全有可能涉及"代替执行"和"间接执行"的执行方法,而将"继续履行"等同于"直接强制",将"行为请求权之执行"排除在继续履行的强制执行范围之外,没有缘由地人为限缩了"继续履行"的适用范围,与该条规定文意不符。其次,在具体案件中,"继续履行"如果成为生效判决的主文,应该属于执行依据,而"直接强制"只是有可能成为"继续履行"这一执行根据的一种执行方法,将"继续履行"等同于"直接强制"在逻辑上存在明显的错误。再次,该观点将"继续履行"等同于"直接强制",就会得出要求画家继续履行合同作画等正当要求是对"人身"的直接强制而不合现代法治精神的错误结论。实际上对要求画家作画这种不可替代请求权的强制执行方法是"间接执行",例如罚款以迫使画家自行履行债务,并非对"人身"的直接强制。当然,在一定条件下如歌者已哑、画家已盲,符合《合同法》第110条第(1)项"事实上不能履行"的规定而不再适用"继续履行"。

基于认识上的误区和由此产生的困惑,笔者认为,应该在概念上明确区分继续履行(强制履行)与强制执行、直接强制。首先,继续履行与强制执行所处的程序阶段不同。继续履行发生在法院判决阶段,其作为一种违约责任承担方式,有可能被写入生效判决的主文,而成为强制执行的依据;强制执行属于法院强制执行阶段,而在判决发生后强制执行前,若债务人主动履行,此时仍可称之为"继续履行"。其次,继续履行与强制执行的产生原因不同。继续履行产生于违约方的违约行为,王利明教授指出"当法院通过判决与裁定确定违约方应当承担实际履

---

① 崔建远、韩世远、于敏:《债法》,清华大学出版社2010年版,第327页,本部分由韩世远教授执笔。
② 崔建远、韩世远、于敏:《债法》,清华大学出版社2010年版,第329页。

行责任时,违约方承担的是一种违约责任,此种责任具有强制性,换句话说,违约方仍然履行的是原合同的义务,但由于是在法院的强制下作出履行,此种继续履行已转化为强制的履行"①;而强制执行产生于违约方对法院"继续履行"判决的拒不履行。再次,继续履行与直接强制不同。直接强制是强制执行中的一种执行方法,由上两点可知,继续履行不同于强制执行,当然也不同于强制执行中直接强制这种执行方法。但强制执行继续履行所涉及的某些请求权完全有可能会使用直接强制这种执行方法。

(二)继续履行作为执行依据的理由

强制执行的执行依据(大陆法系多称之为"执行名义"),须为生效的给付判决,执行标的就是该生效判决所确定的债务人的给付义务。确认判决,其私权因判决生效而确定;形成判决,其法律关系因判决确定而变更,均无执行的必要,除关于诉讼费用的裁判部分外,不能作为执行的依据。生效判决的执行,应该以判决的主文的表示为准,其主文不明了而所附理由已记载明晰,与主文不相抵触的,可以参照该判决的理由为执行;给付判决的内容不适于执行的,仍不得为执行依据,例如命夫妻同居之判决。②

笔者认为,继续履行可以作为执行的依据,理由如下:

第一,继续履行是《合同法》规定的法定违约责任方式之一,内涵就是让违约方继续实际履行原合同的义务。继续履行多是守约方根据合同履行状况、基于自身经济活动安排和目的而选择请求法院判决违约方继续履行原合同义务,这有利于维护守约方的利益,实现原合同最初之目的。法院作出的此种维护当事人合同利益和秩序的判决,当然需要强制执行制度的保障予以落实,如此也才能真正实现程序法对实体法权益的保障。

第二,虽然判决主文往往表述为"合同有效、继续履行",但结合裁判理由和合同条款可以确定"继续履行"的具体给付内容。"继续履行"在任何具体的合同中都不是空洞的,都是指向根据合同规定违约方所应履行的义务、守约方所享有的民事请求权,从而符合执行依据"明确具体"的要求;"继续履行"的判决指向违约方应履行的义务,应该都是给付判决,不可能出现确认判决和形成判决的情形,将表述为"合同有效、继续履行"的判决主文仅理解是对合同效力的确认是片面的。

第三,《合同法》第110条从民事实体法上规定了在合同不能或不适于继续履行时,不适用继续履行这一违约责任方式,此时法院当然不能判决继续履行。法院对不能或不适于继续履行案件的审理和"过滤",基本上可以避免大部分此

---

① 王利明:《合同法研究(第2卷)》,人民大学出版社2003年版,第561~562页。
② 杨与龄:《强制执行法论》,中国政法大学出版社2002年版,第55页。

类案件进入执行程序,这很大程度上降低了继续履行强制执行的难度。即使对于某些继续履行的疑难案件,执行法院根据《民事诉讼法》的规定,仍有权根据具体情事对可否强制执行作进一步判断,对实在不能强制执行的案件,可通过"执行中止"和"执行终结"的制度结案。

第四,继续履行的强制执行会涉及许多疑难问题,例如行为请求权的具体执行、法院执行权与行政机关行政权的协调等,有些法官和学者因为对这些基本问题认识不清,就得出继续履行判决不能作为强制执行依据的结论,既是对问题本质认识不清,也是对问题的回避,对于亟待解决的司法实践无济于事。这些难题的存在仅仅可以说明我们需要对继续履行强制执行这一问题深化认识和加强研究,而不能作为否认继续履行判决可以作为执行根据的论据。

笔者试对前述问题做一解析:案例2中约定涉案土地规划方案由E公司委托设计,但须C公司、D公司及案外人甲工厂予以认可,这一"认可行为"可否强制执行?由第二部分可知,民事强制执行是针对和实现民事请求权,该案例中继续履行强制执行的具体内容应为违约方的给付义务,对规划方案是否认可并不属于给付义务,而是被执行人及案外人的权利,但因为对"认可行为"是合同其他事项得以履行的前提,如果在询问当事人之间意见仍不能达成一致时,便无法继续执行约定的其他事项,此时应裁定"执行中止"或"执行终结"结案。案例3中双方约定共同成立公司的行为能否执行?根据现有案情,似乎难以做出准确判断,仍需要结合具体情事:如果守约方已经为新公司的成立履行所有必要义务,就可以通过间接执行的方法强制违约方履行注册新公司等义务,以尊重当事人的约定,维护守约方的合法权益,进而实现合同订立之目的,维护社会正常有序的交易秩序和资源配置;如果能证明违约方实际没有资本成立新公司,确实不能履行时,此时裁定"执行中止"或"执行终结"较为妥当。

四、合同继续履行判决执行中的顺序和权力冲突

(一)根据合同约定确定多个请求权执行顺序

一个继续履行的判决可能涉及多个不同的民事请求权的强制执行,不同民事请求权强制执行要根据性质依前表所示不同的执行方法进行,对此点的判断实践中疑问较小。最主要的问题在于多个民事请求权的强制执行是否要按照顺序(主要是合同约定)执行,可否直接实现合同的最终目的?如果应该按照顺序执行,顺序具体应如何判断?

笔者赞同应按照合同约定顺序执行的观点,理由如下:

第一,相关判决的主文为"继续履行"合同,合同中不同义务的履行往往有一定的顺序,有些义务的履行需要以某些义务的履行为前提,只有按步骤履行相关义务,才能实现当事人最终的合同目的。例如在案例1中,A公司在履行涉案土

地使用权的过户转让之前,要先完成拆迁并平整土地使其达到《城市房地产管理法》第39条规定的转让条件①,法院此时也无法直接判决移转土地使用权,而只能判决继续履行,要求双方按合同约定先履行涉案土地至法定程度的义务,再予以移转过户。否则,若直接判决移转土地使用权,就可能会出现法院无视行政管理法规,公开支持违约方违反《城市房地产管理法》的后果,还会造成法院审判权力和行政权力的直接对立。

第二,"继续履行"的判决主文并非意指可省略约定的义务履行的步骤和顺序,直接实现所谓的"合同目的"。暂不论对"合同目的"的认识是否准确,执行中省略某些履行义务的做法本身就是对判决主文的背离,这可能逾越了执行机关的执行权限,违反了审执分立的原则。例如案例3中双方约定设立新公司,一方以土地使用权投资入股新公司,之后将公司股权全部转移给另一方,但一审法院在执行中省略了成立新公司并转让股权的步骤,直接裁定将被执行人的土地使用权过户给申请人,认为如此可实现转移土地使用权的"最终目的"。笔者不赞成此种观点,如此执行的结果仅剩"移转土地使用权",而按判决主文应按合同约定的本意履行,则结果不论股权转让,至少还应有"新公司"的存在,这违背了当事人约定的本意和法院判决主文的意旨,不足为取。

上述观点同样适于案例2的分析。至于具体顺序的确定,根据前述,一是根据合同约定的义务履行的步骤和顺序,二是在金钱债权执行与非金钱债权执行并存时,根据第二部分的介绍,一般遵循的是物权优先原则,基于所有权和担保物权而享有的债权,优先于金钱债权受偿。

(二)法院执行权和行政机关权力冲突的协调

在继续履行涉及多个不同的民事请求权的强制执行中,顺序在先的民事请求权的实现可能与行政机关的行政审批权力有关,如果债务人的申请不能通过行政机关的审批,其履行不了在先的合同义务,则顺序在先的民事请求权无法实现,有依存关系的顺序在后的民事请求权当然也无法实现。有观点认为,此时应根据《民事诉讼法》第251条和《民诉意见》第292条直接向相关行政机关发放协助执行通知书,让行政机关作出审批手续。笔者并不认可此种观点,以案例1为例说明如下:

---

① 《城市房地产管理法》第39条:以出让方式取得土地使用权的,转让房地产时,应当符合下列条件:(1)按照出让合同约定已经支付全部土地使用权出让金,并取得土地使用权证书;(2)按照出让合同约定进行投资开发,属于房屋建设工程的,应完成开发投资总额的25%以上;属于成片开发土地的,依照规划对土地进行开发建设,完成供排水、供电、供热、道路交通、通信等市政基础设施、公用设施的建设,达到场地平整,形成工业用地或者其他建设用地条件。转让房地产时房屋已经建成的,还应当持有房屋所有权证书。

在案例1中,上述问题可以表述为:A公司需要完成拆迁工作,必须向行政机关申请发放拆迁许可证,此时能否直接发放协助执行通知书,让行政机关发放拆迁许可证?与此相关的是,能否视申请拆迁许可证为可替代履行的行为,指定其他人代替A公司申请拆迁许可证?笔者对上述问题的回答都是否定的,理由如下:

第一,发放拆迁许可证,根据当时本案所适用《城市房屋拆迁管理条例》的规定,属于行政机关的依法应该享有的权力,向行政机关申请该证书应具备一系列条件①。因此,为避免侵犯行政机关的行政审批权,也避免直接违反相关行政法规,此时法院无权直接要求行政机关发放拆迁许可证,故不能由法院直接向行政机关发出协助执行通知书,要求其发放拆迁许可证。当然,如果当事人对行政机关不予发放拆迁许可证的具体行政行为不服,可以另案向有管辖权的法院提起行政诉讼,此时法院系统仍有可能对申请人是否具备申请拆迁许可证的条件进行审查。

第二,申请拆迁许可证等行为属于不可替代履行的行为,强制执行方法只能是间接执行。大陆法系理论上关于认定可代替履行行为的标准,存在"限定说"与"非限定说"之分。非限定说认为,行为由他人为之或债务人亲自为之,结果对债权人而言在法律上及经济上之价值并无不同,即为可代替履行行为;限定说认为,除上述标准之外,必须该项行为性质允许他人依自己之地位为之者,否则该项行为为不可代替行为,例如签名行为或债务人不承受票据债务之行为,均非他人得以自己地位取代债务人资格,故为不可代替行为。②

笔者赞成限定说的观点,如此则有申请拆迁许可证等行为属于不可替代履行的行为,理由在于:第一,当事人申请拆迁许可证需要提供一系列与主体自身相关的文件和证明,这些资质和申请的要求具有主体专属性,不可替代;第二,法院若判令拆迁许可证的申领是一种可代替行为,让其认为具有资质的非当事人主体申请便会侵犯本属于行政机关的行政审批权,人为制造法院执行权和行政机关行政权的冲突,也可能会让法院陷入违反行政管理法规的不利境地;第三,让第三人替债务人履行相关义务后,债权人的利益要求得到满足,该第三人在执行中尤其是拆迁补偿中花费可能不菲,在债务人履行能力不足的情况下,第三人

---

① 2001年《城市房屋拆迁管理条例》第7条:申请领取房屋拆迁许可证的,应当向房屋所在地的市、县人民政府房屋拆迁管理部门提交下列资料:(1)建设项目批准文件;(2)建设用地规划许可证;(3)国有土地使用权批准文件;(4)拆迁计划和拆迁方案;(5)办理存款业务的金融机构出具的拆迁补偿安置资金证明。市、县人民政府房屋拆迁管理部门应当自收到申请之日起30日内,对申请事项进行审查;经审查,对符合条件的,颁发房屋拆迁许可证。

② 赖来焜:《强制执行法各论》,台湾元照出版有限公司2008年版,第690页。

执行费用的偿付则不无疑问,如果此种压力转移到第三人或法院身上,则产生新的矛盾和风险,得不偿失。

综上,在继续履行涉及多个不同的民事请求权的强制执行中,若顺序在先的民事请求权的实现与行政机关的行政审批权力有关,则执行法院应等待行政机关的审批结果,如果审批时间过长,则可以根据情况裁定"执行中止";如果法院因符合前述情形而裁定"执行中止",这之后只要在行政诉讼起诉时限内,而且符合行政行为可诉性的要求,当事人就可以向有管辖权的法院另案提起行政诉讼,如果当事人胜诉,则持行政诉讼判决书便可以向原执行法院申请"恢复执行";如果行政机关对当事人的申请不予审批,则该顺序在先的民事请求权及以其为前提的顺序在后的民事请求权均无法实现,此时执行法院应裁定"执行终结",此执行终结应在超过当事人行政诉讼起诉时限(一般为当事人知道该具体行政行为之日起3个月内,法律另有规定除外)之后作出。

实务探微

新民事诉讼法小额诉讼程序规定对民事司法的影响

■ 段思明　胡立峰*

摘　要　小额诉讼程序的立法创制和实践推行,将深刻影响民事司法的整体格局,对人民法院民事审判工作带来新的挑战。该程序回应了社会公众对司法大众化的期待,在减轻当事人讼累、提高诉讼效率、科学配置司法资源、实现案件分流等方面具有积极的意义。同时,小额诉讼程序的实施将导致基层法院及其人民法庭面临申请再审案件增加的局面,当事人因权利保障不足和救济渠道不畅,也可能产生对法院的抵触情绪。这种状况意味着基层法院面临的压力在短期内将有所增加。为此,基层法院和上级法院特别是高级法院应当通过各种途径做好应对的工作。

关键词　新民事诉讼法　小额诉讼程序　诉讼效率　一审终审　指导性意见

　　随着我国经济社会的快速发展、社会各方面的深刻变革,大量社会矛盾纠纷以诉讼的形式进入法院,引发民事案件数量持续增加,新类型案件层出不穷,法院审判压力与日俱增。民事案件的审理关系到广大人民群众的切身利益,关系到经济社会的健康发展。为了妥善解决民事审判实践中案件类型繁多、数量庞大、诉讼效率低迷等问题,立法机关及时修订了民事诉讼法,首次创设了小额诉

---

* 段思明,福建省高级人民法院民一庭庭长,中国民事诉讼法学研究会理事,法律硕士;胡立峰,福建省高级人民法院民一庭助理审判员,法学博士。

讼程序制度。小额诉讼程序是基层法院及其派出法庭专门审理小额纠纷案件所适用的诉讼程序,该程序的适用对象是事实清楚、权利义务关系明确、争议不大的小额案件。随着民事诉讼法的修订,小额诉讼程序制度得以最终确立并随着新民事诉讼法的正式实施进入基层法院民事司法过程。小额诉讼程序的立法创制和实践推行,将深刻影响民事司法的整体格局,对人民法院民事审判工作带来新的挑战。目前,随着小额诉讼程序在各地基层法院及其派出人民法庭得到逐步适用,全国范围内3000多个基层人民法院及近10000个人民法庭的民事审判工作面临巨大挑战。据最高人民法院的初步估计,全国法院小额诉讼案件总量将占到全部民事案件的30%左右,总数将超过120万件,对人民法院的民事审判工作格局将产生重大影响。[①]

一、正面影响

新民事诉讼法首次规定了小额诉讼程序,回应了社会公众对司法大众化的期待,在减轻当事人讼累、提高诉讼效率、科学配置司法资源、实现案件分流等方面具有积极的意义。

(一)减轻当事人讼累

长期以来,在我国民事司法过程中,较高的诉讼成本与冗长的诉讼周期成为当事人寻求司法救济的重大障碍,民事司法制度已经不能有效满足日益增多的诉讼需求。小额诉讼制度对于及时化解小额纠纷、减轻当事人诉累有重要意义。基于立法目的考虑,小额诉讼制度的本质就在于方便当事人"接近正义",获得司法救济。从本质上看,小额诉讼程序是立足于制度利用者(当事人)而不是制度运行者(法院)的角度设计的,其目的旨在弥补正式司法程序在便民诉讼方面的缺陷。[②] 通过在立案、庭审、文书制作等环节进行必要的步骤和内容简化,严格按照1个月审限的要求,可以在很大程度上减轻当事人参与诉讼的讼累。

(二)提高诉讼效率

追求效率,保证当事人获得有效的司法救济和帮助,是小额诉讼程序的重要价值目标。小额诉讼程序所追求的理想是不需要法律技巧的简易和效率,为实现效率、效益优先的原则,小额诉讼程序设计了诸如时限缩短、限制诉的变更、判决书格式化、一审终审等模式,其高度简化的程序使其体现出在适用方面充分的灵活性。[③] 小额诉讼程序采取常识化的运行方式,程序的简便体现在诉讼的各

---

① 谢勇:《杜万华在宁夏调研时强调要认真做好小额诉讼实施准备工作》,载《人民法院报》2012年10月9日第1版。
② 傅郁林:《小额诉讼与程序分类》,载《清华法学》2011年第3期。
③ 李江蓉:《论小额诉讼程序的司法困境与制度构建》,载《法律适用》2012年第8期。

个环节。在价值上追求低成本和高效率,诉讼中强调法官的主导地位,采取调解与审判一体化。这些都为积极推进程序进程、提高诉讼效率提供了有力的保障。以福建省漳州市为例,2013 年上半年,漳州市两级法院共受理小额诉讼案件 2736 件,结案 2663 件,结案率 97.3%,其中调解撤诉 2593 件,调撤率 97.4%。所有案件均服判息诉。表现出了结案率高、调撤率高、服判息诉率高、平均审限短的良好趋势。

(三)科学配置司法资源

任何国家在一定时期内司法资源总是有限的。囿于我国目前司法资源供给不足的现状,必须用有限的资源,实现司法制度收益的最大化——即最大限度地解决纠纷。如果仍以程序复杂、制度严密的普通程序及一般简易程序应对日益增多的小额诉讼案件,必然会造成大量的积案,不可避免地造成司法资源的浪费,使得司法资源无法更多地投向更为复杂的民事纠纷,从而最终导致司法资源的配置失衡,进而影响司法权威与公信。小额诉讼程序作为一种廉价高效的司法救济制度,基于其一审终审、庭审简化、庭审时间自由、审限压缩等独特制度设计,服务于"快收、快审、快结"这一主题,可以有效节省司法成本,使法院能够腾出时间和精力集中审理重大、复杂的民事案件,实现程序效益最大化和司法资源的优化配置。

(四)实现案件分流

小额诉讼制度处理针对诉讼的高成本、迟延等痼疾,除了具有提高效益和效率方面的价值功能之外,其作为第一审程序分化的有机环节,有利于在程序法定原则和程序操作的融通性、灵活性之间形成平衡,通过对简易程序的进一步分化,作为构建多元化的民事诉讼程序的一个突破口。① 在审判实践中,大量小额纠纷因为诉讼程序的限制通常得不到有效解决,小额诉讼程序在一定程度上弥补了传统诉讼模式在解决小额纠纷方面的不足,丰富了新形势下诉讼机制的内涵。通过小额诉讼程序的设置和运行,那些符合小额程序受案范围的案件可以从常规的适用简易程序和普通程序的案件中剥离出来。由于这类案件数量较为可观,可以减轻原先适用简易程序、普通程序审理案件的司法压力,实现案件在导入新类型程序基础上的分流。通过针对案件的不同特性导入相对应的诉讼程序,将可以实现纠纷处理的超常化与常规化的分离,实现纠纷处理的科学化。

二、负面影响

小额诉讼程序的实施对基层法院及其派出人民法庭的民事审判工作将带来较大影响,导致基层法院面临申请再审案件增加的局面,当事人因权利保障不足

---

① 李江蓉:《论小额诉讼程序的司法困境与制度构建》,载《法律适用》2012 年第 8 期。

和救济渠道不畅,也将引发对法院的抵触情绪。这种状况意味着基层法院面临的压力在短期内将有所增加。

(一)可能导致申请再审案件增加

对于适用小额诉讼程序案件的救济,各国有不同的做法,大多数国家对适用小额诉讼程序审理的案件实行一审终审并严格限制上诉,如日本和我国台湾地区。但同时也规定了相应的救济制度。一个案件无论经过几个审级的制度保障都有可能出现错误的情况,更何况一个以低成本、高效率为追求目标的程序设计,判决会发生错误也是难以避免的,因而如何选择救济方式就成为了关键性的问题。一般而言,小额诉讼案件涉及标的金额较小,案件法律关系相对简单,裁判错误的几率较小。但从审判实务来看,小额纠纷案件涉及面广,案件数量较多。"小额诉讼过程中裁判者同样受到主、客观诸多因素的影响,因而出现程序违法以及适用法律错误的现象与情况不仅不可避免,事实上也是客观存在的。"[①]

新《民事诉讼法》对当事人申请再审的法院作出了调整,在第199条规定:"当事人对已经发生法律效力的判决、裁定,认为有错误的,可以向上一级人民法院申请再审;当事人一方人数众多或者当事人双方为公民的案件,也可以向原审人民法院申请再审。当事人申请再审的,不停止判决、裁定的执行。"鉴于小额诉讼案件的特殊性,法律规定符合再审条件的小额诉讼案件,当事人可以向原审法院申请再审,符合设立小额诉讼程序经济、便捷、效率解决纠纷的初衷。这一方面,解决了当事人申请再审难的问题,另一方面,可能导致基层法院面临再审申请案件数量增加的局面。

基层法院再审申请案件增加,可能基于以下几个方面的原因:第一,小额诉讼案件多发生于双方当事人均为公民的情形下,当事人一方人数众多的情形也不鲜见。对于这类案件,如果当事人选择向原审人民法院申请再审,法院将应当立案受理并作出是否准许再审的民事裁定。第二,从地域接近的角度看,基层法院及其派出人民法庭与小额案件当事人在地理位置上的接近,降低乃至免除了他们向上一级人民法院申请再审的诸多成本,具有引导当事人就地申请再审的良好导向。第三,小额诉讼案件具有一审终审的特点,由于受阻于无法通过上诉审解决纠纷,那些对判决结果不满的当事人要求基层法院对案件进行再审的可能性将大为增加。

(二)法官职权扩大与当事人诉讼权利保障的矛盾凸显

适用小额诉讼程序的案件实行法官独任制审理,如此将可能加强事实认定

---

① 廖中洪:《小额诉讼救济机制比较研究——兼评新修改的〈民事诉讼法〉有关小额诉讼一审终审制的规定》,载《现代法学》2012年第5期。

和程序推进上的法官职权主义。在实践中可以看到,当效率被突出到优先的地位,法官的职权将超越当事人权利成为程序运行的关键考量因素。可以说,"小额诉讼是通过限制当事人的一部分诉讼权利来获得效率的,该制度的实施将进一步强化法官的职权并缺少相应的制约机制。"①

第一,依据立法规定,符合小额诉讼受案范围的案件,法院得依职权将该案件纳入小额诉讼程序审理,从而排除前些年小额速裁试点过程中允许当事人对小额程序进行选择以及在选择小额程序审理后对程序适用提出异议、复议的权利。程序的简化消减了可能在当事人之间以及当事人与法官之间引发的导致程序推进迟滞的对抗性因素,为程序的快速推进扫清了障碍。但与此同时,对当事人而言最重要的公平却处于令人尴尬的地位,当事人的权利在以效率为目标的小额诉讼程序推进过程中不得不普遍受制于法官的司法干预权。如此,可能导致当事人潜在的不满,这种不满可能随着累积程度的加深在一定时点爆发,②形成对受案法院的较大压力。

第二,在司法实践中,小额诉讼制度偏重效率的价值目标必然导致法官职权主义的加重和自由裁量权的强化,如职权探知主义的部分采用、直接言词原则和公开原则的限制甚至限制或取消了司法监督机制和纠错功能,而上述做法的前提是需要高度的司法权威。在法官受到高度信赖的条件下,其自由裁量、灵活运作和积极行使职权都可以得到社会和当事人的认同,即使无上诉程序也不致导致重大的不公正。而在我国当前司法公信不彰和民众信访倾向较强的情况下,如何在制度设计层面和司法操作层面防止小额诉讼程序中的判决因救济渠道的不足而将司法问题变为涉法信访问题,是实施小额诉讼制度时不可忽略的问题。

(三)一审终审将导致当事人对法院的误解

我国虽已设置了简易程序,但现行的简易程序依然是两审终审,对于数额较小的民事争议,从人们的认知心理而言,两审终审仍然较大地影响了小额纠纷解决的效率。③ 新民事诉讼法在简易程序中增加了小额诉讼程序,从而在民事诉讼中第一次突破了二审终审制度,建立了小额民事诉讼一审终审制度,是我国民事诉讼制度发展史上的一次重大突破,具有里程碑式的意义。④ 小额诉讼一审终审,有利于实现中央提出的把矛盾纠纷化解在基层的要求,有利于人民法院及

---

① 范愉:《司法资源供求失衡的悖论与对策——以小额诉讼为切入点》,载《法律适用》2011年第3期。

② 可能有人会认为,小额诉讼程序审理时间较短,当事人的不满可能不至于累积到足以爆发的程度,但是这种潜在的不满对司法的公信力的损害却不可以熟视无睹。

③ 张卫平:《民事司法制度的新发展》,载《检察日报》2012年9月7日第3版。

④ 盛勇强、陈雪明、王茜:《关于开展小额诉讼审判工作问题》,载《人民司法·应用》2013年第13期。

时快速化解社会矛盾,也是社会管理创新的一个方面。但是,随着小额诉讼的实施,广大的基层法院也可能因此面临着前所未有的压力。

一审终审禁止上诉等程序设计对于当事人来说,一方面,能够早日解除讼累、减少时间、精力、金钱等支出;另一方面,又意味着案件通过上诉得到更慎重处理等诉讼权利的"限缩"。对于法院来说,小额程序在提高案件处理效率、节约司法资源的同时,也可能带来没有充分吸收当事人不满而引起上访"缠讼"等潜在的风险。① 由于小额诉讼程序实行一审终审,法院的裁判结果对当事人而言具有较高的既判力,当事人在司法体制内寻求救济的空间较小。这表明,如果一审法院适用小额程序作出的判决不能为当事人所接受,其就要面临较大的来自当事人方面的压力。在实践中,部分当事人对小额诉讼实行一审终审并不了解,如其不服裁判,可能会采取事后极端的救济方式。这成为不少基层法院及其派出人民法庭尽量不适用小额诉讼程序的重要原因。

同时,有学者指出,小额诉讼程序实行一审终审,可能导致"强制调解"的泛滥。在小额诉讼案件中,一审终审很可能成为法院在强制调解不成时的最后一根"大棒",迫使双方当事人要么接受调解,要么接受法院一审终审的判决。如果不明确小额诉讼案件的相应救济途径,其结果可能是,法院的结案率会上升,上诉率会降低,但是很可能会对再审制度构成冲击。②

三、负面影响的应对

(一)基层法院需要加大对小额诉讼程序的释明

在确定适用小额诉讼程序审理案件后,一般可以在开庭前以书面《小额诉讼须知》等方式向当事人告知小额诉讼程序的适用条件、审判组织、审理方式、一审终审、申请再审权利等重大事项,并要求当事人对上述书面《小额诉讼须知》进行签收。

在立案阶段或者庭审前,法院应着重对小额诉讼程序实行一审终审予以释明。由于大部分当事人对于小额诉讼一审终审缺乏了解,法官如果接触这类当事人,应当对他们进行诉讼权利义务的告知,特别是在立案阶段对小额诉讼适用的强制性特点应当重点加以释明,以弱化和排除当事人的抵触和抗拒心理。在立法上,我国小额程序实行强制适用模式,法律并没有赋予双方当事人适用小额

---

① 王亚新:《民事司法实务中适用小额程序的若干问题》,载《法律适用》2013年第5期。
② 刘炜:《民诉新制度诞生记》,载《民主与法制时报》2012年9月10日第A01版。

诉讼程序的程序选择权,也未规定双方当事人有权合意排除小额诉讼程序的适用。① 在适用小额诉讼程序审理过程中,如果当事人在不符合程序转换条件的前提下申请将案件转为按普通程序审理,法院应不予准许。总体上看,由于小额诉讼实行一审终审,法院应尽可能地加大对小额诉讼程序的释明,防止当事人盲目选择信访或者检察建议等从而给法院造成更大压力。

(二)设立前置性调解机制实行先行调解

由于小额诉讼案件牵涉的利益有限,而且法律关系一般较为简单,当事人的对抗性较弱,其程序设计的简便灵活性也适合更加积极地促进当事人之间的和解,比较容易调解成功。在我国司法实践中,从我国在基层法院进行的小额速裁试点工作来看,也有大量的案件以调解结案,真正进入审判程序进行判决的案件数量其实很少。因此,在小额诉讼程序中导入法定性前置调解也可以起到将纠纷向诉前或诉讼外解决机制分流的作用。以作为小额速裁工作试点单位的厦门市思明区法院为例,小额诉讼案件在审理过程中普遍实行调解前置。在调解前置程序中,设定了专门的庭前调解意愿征询程序。加强与立案环节的衔接,启用"立案调查表",调查原告的调解意愿;在送达起诉材料时,征求被告一方当事人的调解意向;开庭前设定一定时间,由当事人自行和解或由法官组织当事人调解;开庭审理过程中,发现当事人存在调解意向的,及时转入调解程序进行调解;对当事人没有明确表示拒绝调解的案件,给予当事人一定时间的自行协商期,期限届满再组织当事人调解或作出判决。通过在小额诉讼程序中导入法定性前置调解程序,既可以充分减缓诉讼压力,避免诉讼程序本身诸多的弊端,又能够积极平衡双方利益,实现当事人双赢的社会效果。

(三)建立科学的考评机制,平衡对法官的制约与快速机制的矛盾

小额诉讼程序的案件实行法官独任制审理,由一名法官完成案件审理的整个过程,实际上赋予了法官个人相当大的职权。从某种角度上说,小额诉讼效率的提高是一定程度上以强化法官职权、限制当事人的程序权利为前提的,如何实现防止法官权力的恣意和程序简化之间的平衡,是小额诉讼程序运行的难题之一。实践中,有的法院的做法是由相关领导对案件立案、移送、送达、调解、开庭、程序退出、文书制作、文书送达、异议审查等流程节点密切监控。其实,对小额诉

---

① 基于司法实践中小额案件的债务人拒绝出庭的经常发生,如果赋予原被告双方当事人小额诉讼程序的选择权,不仅操作起来比较困难,而且势必导致小额诉讼程序的闲置,无法发挥该制度设计的应有作用。同时,由于程序成本的考量不仅是当事人的私事,也关系到国家司法资源的优化配置。因此,法院在立案阶段,即可根据小额诉讼的标准选择强制适用。强制适用有利于强化小额诉讼制度的刚性,防止出现因当事人选择适用而导致小额诉讼制度被架空局面的出现。

讼法官的制约更多的应当体现在事后监督方面。事前的过度制约将会大大影响小额诉讼程序效率优先的价值目标。因事前过度制约预设了法官行使职权的各种前提条件，很大程度上人为滞阻诉讼程序的快速进行，将重新导致诉讼效率和效益陷入低下的困境，这就失去了小额诉讼程序的本意。因此，应当建立科学的评估机制，通过异议审查、事后考评、当事人的信息反馈等方式予以监督。

（四）适当畅通和扩大当事人权利救济渠道

依照新民事诉讼法的规定，虽然小额诉讼程序实行一审终审，但这并不意味着当事人在任何情况下都不能通过一审之外的救济渠道获得程序方面的救济。

第一，涉及小额诉讼程序的事项也适用民事诉讼法关于第一审程序的一般性规定。一审法院在适用小额诉讼程序审理案件的过程中，可能根据案件情况作出不予受理、驳回起诉、管辖权异议的裁定。由于此时小额案件尚未进入实质性审理阶段，当事人的实体权利义务尚未得到生效裁判的确认，实体权利义务争议仍然存在，仍有待于法院通过实质性审理方式予以解决。根据民事诉讼法规定，对于上述程序性的裁定，应当赋予当事人通过提出上诉的方式获得救济的权利。

第二，对于按照审判监督程序再审的小额诉讼案件，如果属于原审适用小额诉讼程序本身确有错误的，即不应适用小额诉讼程序的案件适用了小额诉讼程序的，经再审后作出的裁判应当允许当事人提出上诉。为了慎重处理案件，防止因法官独任审理导致的偏见等负面影响，再审应当采用合议庭这种审判组织形式，通过合议庭成员不同意见的交锋，形成处理小额案件的最终方案。同时，在因在原审时适用的程序发生了错误，在审判监督程序中应予以纠正，与适用简易程序一般性规定的案件及普通程序案件的程序原则一致，应当按照一审程序审理，所作裁判可以上诉。

（五）各地制定专门指导性意见规范小额诉讼程序的适用

由于新民事诉讼法关于小额诉讼制度的规定在受理标准、庭审规则、执行程序设置等方面并未涉及，许多具体的适用问题仍需要专门的司法解释加以明确。在目前制定司法解释的实践经验基础尚未累积到比较成熟阶段的局面下，推进小额诉讼程序实施的地方性实践正在持续展开。一些地区纷纷出台地方性指导意见确立该程序的实施规则，以期暂时解决从民事诉讼立法完成到司法解释出台这段过渡时期小额诉讼的具体实施的问题，确保小额诉讼案件的立案、审理、调解、执行等工作环节都能有章可循。

从2012年年底至2013年上半年以来，全国各地多家高级人民法院在总结小额速裁试点法院试点工作的基础上起草出台适用小额诉讼程序的指导性意见，形成了多份具有地方民事审判特色的指导性文件。迄今为止，先后有北京、上海、重庆、广东、浙江等地多家高级人民法院相继出台了相关指导性文件。①这些指导性文件在小额诉讼程序的受案范围、立案程序、庭审操作、文书制作、程序转换、权利救济等方面都作出了较为明确和具有相当可操作性的规定,有助于解决小额诉讼程序实施过程中遭遇的各种具体问题,为基层法院及其派出法庭解决小额纠纷提供了较为明确的指引。

(六)稳妥推进小额诉讼程序制度的实施

从长远看,对于广大基层法官而言,小额诉讼程序是一个崭新的诉讼制度。在这一诉讼制度刚开始推行的阶段应先确保起步稳妥,待经验丰富后再不断地总结和完善。需要注意的是,在新民事诉讼法的实施刚刚起步与法院积累起丰富的实务经验这两个阶段,推进小额诉讼程序适用的方式应当有所区别。同时,就通过适用这种程序而追求的效果而言,在情况各异的法院也应允许其着力的重点不同。在新民诉法开始实施不久的目前阶段,对小额程序适用采取相对比较慎重稳妥的态度显然更加合理,今后则可随经验的积累并视情势的推移,逐步加大适用这一程序的力度。由于地区间种种条件的差异,各地法院的案件负担轻重、信访压力强弱等具体情况千差万别,因此也会带来究竟是着眼于"解除讼累并减少信访",还是"减轻当事人负担并快速消化大批案件"等重点的不同。一般而言,案件负担轻而信访压力较大的法院在适用小额程序上应当更加慎重。与此相对,在每年都受理大量案件但位于人际关系相对单纯淡薄的大都市城区等情况下,法院往往也就有条件及动机去更强有力地推进小额程序的适用。②

---

① 北京高级人民法院出台《关于适用小额诉讼程序审理民事案件若干问题的意见(试行)》,上海高级人民法院出台《上海法院开展小额诉讼审判工作实施细则(试行)》,重庆高级人民法院出台《关于小额诉讼程序若干问题的解答》,广东高级人民法院出台《关于适用小额诉讼程序审理民事案件的操作指引》,浙江高级人民法院出台《关于适用小额诉讼程序审理民事案件相关问题的意见》,结合各地法院工作特点,就民事审判实践中小额诉讼程序的适用问题进行了明确的规范。目前,福建高级人民法院制定的《关于小额诉讼程序审理民事案件若干问题的意见》也正在征求意见中。

② 王亚新:《民事司法实务中适用小额程序的若干问题》,载《法律适用》2013年第5期。

修改后民诉法实施以来民行检察工作面临的新情况新问题及对策建议[*]

——以民事诉讼法修改后基层院民行检察工作的职能定位为视角

■姜远斌 曲晓棠 张 晶[**]

摘 要 民事诉讼法的修改强化了检察机关民行检察监督力度,助推民行检察制度的新发展。民诉法修改后检察机关民行检察工作仍面临着诸多新情况、新问题。恪守法律监督的职能定位,在多元化的法律监督格局中积极发挥基础作用,有效化解社会矛盾,乃民诉法修改后基层民行检察工作发展的科学路径。

关键词 民诉法修改 基层民行检察工作 职能定位

引 言

2012年8月31日,第十一届全国人大常委会第二十八次会议通过了《关于修改〈中华人民共和国民事诉讼法〉的决定》。本次民事诉讼法修改涉及面相当广泛,涵盖了从基本原则到全部诉讼程序以及执行程序的方方面面,其亮点之一就是强化了检察监督力度,有力助推了我国民事检察制度的发展完善,然而民诉法修改后检察机关民行检察工作仍面临着诸多困难与挑战。本文拟从分析民诉法修改后检察机关面临的新情况、新问题入手,以民诉法修改后基层院民行检察工作的职能定位为视角,探析基层民行检察工作的科学发展路径,以更好地贯彻落实修改后的民诉法,推动我国民行检察制度的发展完善。

---

[*] 本文系2013年烟台市人民检察院检察理论研究重点课题。
[**] 姜远斌,烟台市芝罘区人民检察院副检察长;曲晓棠,烟台市芝罘区人民检察院民行科科长;张晶,烟台市芝罘区人民检察院民行科检察员。

一、修改后民诉法实施以来民行检察工作面临的新情况新问题

虽然此次民诉法修改在很大程度上吸收了检察机关民事检察实践的成功经验与做法,拓宽了民事检察监督范围,丰富了民事检察监督的方式,强化了民事检察监督的手段,增强了民事检察监督职能,对我国民事检察工作的可持续发展具有积极的深远影响,但法律的修改并不是万能的,也不是一蹴而就的,不能解决与扫清检察机关民事检察工作面临的所有困惑与障碍。民诉法修改后检察机关民行检察工作仍面临如下新情况、新问题:

(一)民行检察案源短期内的匮乏

民诉法修改前,当事人不服人民法院生效民事裁判的,既可以到人民法院申请再审,也可以到检察机关申请抗诉。修改后的《民事诉讼法》第209条[①]将当事人向检察机关申请权利救济设置了前置程序,即其对人民法院的生效民事裁判不服,须先到人民法院申请再审,如果人民法院驳回其再审申请或逾期未对再审申请作出裁定,或者人民法院的再审裁判有明显错误的,当事人方可向检察机关申请检察建议或者抗诉。由于当事人到人民法院申请权利救济需要一定期限[②],并且部分申诉案件通过人民法院的内部纠错机制可能得以救济,这势必导致民诉法修改后的一段时期内检察机关的民行申诉案源出现下降乃至萎缩局面,对检察机关民事抗诉案件的办理无疑是个巨大的挑战。

(二)民行抗诉案件结构面临重大调整

2011年3月10日,最高人民法院、最高人民检察院会签了《关于对民事审判活动与行政诉讼实行法律监督的若干意见(试行)》[以下简称两高《若干意见(试行)》],其中第4条规定:当事人在一审判决、裁定生效前向人民检察院申请抗诉的,人民检察院应当告知其依照法律规定提出上诉。当事人对可以上诉的一审判决、裁定在发生法律效力后提出申诉的,应当说明未提出上诉的理由;没有正当理由的,不予受理。该条规定严格限制了检察机关对一审民事申诉案件的受理。修改后的民事诉讼法虽未禁止对一审民事案件的检察监督,但审慎受

[①] 修改后的《民事诉讼法》第209条第1款规定:有下列情形之一的,当事人可以向人民检察院申请检察建议或者抗诉:(1)人民法院驳回再审申请的;(2)人民法院逾期未对再审申请作出裁定的;(3)再审判决、裁定有明显错误的。

[②] 修改后的《民事诉讼法》第205条规定:当事人申请再审,应当在判决、裁定发生法律效力后6个月内提出;有本法第200条第1项、第3项、第12项、第13项规定情形的,自知道或者应当知道之日起6个月内提出。第204条规定:人民法院应当自收到再审申请书之日起3个月内审查,符合本法规定的,裁定再审;不符合本法规定的,裁定驳回再审。有特殊情况需要延长的,由本院院长批准。

理一审案件、加大对二审案件的监督力度成为民事诉讼检察监督的主流发展趋势。除法律规定一审终审的小额诉讼等案件以外,对一审生效裁判启动抗诉只能是少数案件,重点是据以作出裁判的法律文书被撤销或变更、因人民法院严重违反法定程序导致当事人上诉权被剥夺、审判人员有严重违法行为、当事人行使上诉权由于不可抗力、严重伤病等重大原因客观受阻等特殊情形。① 最高人民检察院于2013年11月施行的《人民检察院民事诉讼监督规则(试行)》[以下简称高检院《规则(试行)》]对检察机关一审民事申诉案件的受理亦作出了严格限制。②

(三)检察机关化解社会矛盾、息诉罢访的压力增大

根据修改后的《民事诉讼法》第209条之规定,当事人对人民法院生效民事裁判不服,向人民法院申请再审未果后方能向检察机关请求权利救济,且只能申请一次,不得重复请求检察监督。这也就意味着检察监督成为当事人不服生效裁判、请求权利救济的最后屏障,承载着当事人的诸多期许与愿望。一旦当事人的诉求得不到检察机关的支持,若不能及时、充分地向当事人释法说理,有效化解矛盾纠纷,则涉检上访事件会屡有发生,极大影响检察机关的司法公信力。因此,民诉法修改后检察机关化解社会矛盾、息诉罢访的压力较之以前会明显增大。

(四)检察机关司法效率面临严峻挑战

修改后的《民事诉讼法》第209条第2款规定:人民检察院对当事人的申请应当在3个月内进行审查,作出提出或者不予提出检察建议或者抗诉的决定。该条将检察机关办理民事申诉案件的期限明确规定为3个月,目的在于保障检察监督的及时与高效,以尽快救济当事人的合法权利。但该条并未对3个月办案期限的起算点予以明确,检察机关应自受案之日抑或立案之日起3个月内审结案件,案件存在上级院交办、转办或由本院其他部门移交等情形时,起算点又如何计算,均法无明文,且无办案期限中止、中断或延长的特殊规定。修改后的民诉法关于办案期限的严格规定使得检察机关在处理维护司法公正与提高司法效率的关系方面面临严峻挑战。

(五)民行检察队伍建设面临严峻考验

修改后的民诉法拓展了检察机关民事检察监督的范围,增强了民事检察监

---

① 参见曹建明检察长2012年11月29日在全国检察机关学习贯彻修改后民事诉讼法座谈会上的讲话。

② 高检院《规则(试行)》第32条规定:对人民法院作出的一审民事判决、裁定,当事人依法可以上诉但未提出上诉,而依照《中华人民共和国民事诉讼法》第209条第1款第1、第2项的规定向人民检察院申请监督的,人民检察院不予受理,但有下列情形之一的除外……

督职能,意味着检察机关今后需承担更多的责任,以更好地履行宪法和法律赋予的职责。然而,由于历史和现实的因素,长期以来检察机关民事检察队伍现状尚不能适应民事检察职能要求,民诉法修改后此种现象会愈加凸显,案多人少的矛盾会更加突出。

首先,民行检察监督的人才队伍尚未形成应有的规模,人才短缺十分严重。民行监督占整个检察监督的2/3,然而检察人才的配备却远远低于这个比重,形成了监督资源内部分配上的不平衡。若与法院的审判力量配置以及其所审判的案件数量分布情况来看,则这种不平衡显得更加突出。以烟台市芝罘区人民检察院为例,要以1/40的人才队伍,去监督法院由7/10、8/10的人才队伍所审判的民行案件,而对刑事检察则是以6/10、7/10的力量,监督法院1/10的人员,其力量失衡是不言而喻的。而在烟台市院所辖基层院民行干警平均2—3人,部分基层检察院甚至出现"一人科"的尴尬局面。薄弱的民行干警力量与庞大的民事行政裁判数量形成强烈的反差,使得民行检察工作的顺利开展缺乏人员保障,难以适应民行检察工作的职能要求。

其次,民行检察监督能力上存在专业瓶颈。民行检察工作是一项专业性较强的工作,需要民行检察人员具有较强的民事行政理论功底与法学素养。由于历史的缘故,基层检察院的人员配置以及招录向来以刑事为主,其刑事专业人士占据绝对多数,民行方面的人才仅占很少部分。以我院为例,自1993年设立民行科以来,民行科人员一直在2~3人,先后有10人从事民行检察工作,而其中具有民商法专业背景的干警仅有1人。这就造成民行监督人才的专业性严重不足,民事诉讼和行政诉讼方面的专业性高层人才极为稀缺,无法适应民行检察工作本身的职能要求。

二、修改后民诉法实施以来基层民行检察工作科学发展的对策建议

法律的生命力在于实践。修改后的民诉法能否顺利贯彻实施,能否对民事检察制度起到预期的助推作用,关键在于检察机关在司法实践中能否准确把握修改后民诉法的基本精神要旨,树立正确的监督理念,通过不断的检察实践把握民诉法修改给检察机关带来的重大发展机遇,应对相关困难与挑战。由于基层检察机关在全国检察机关中处于基础地位,基层检察院民事检察工作的发展状况关乎全国民事检察工作的发展前景,本文拟以民诉法修改后基层检察院民行检察工作的职能定位为视角,探讨基层检察院民行检察工作的科学发展路径,以期对修改后民诉法的贯彻实施以及我国民事检察制度的发展完善有所裨益。

(一)基层检察院民行检察工作的职能定位

基层检察院民行检察工作的职能定位是我国检察机关民行检察工作的重要

课题,关乎基层检察院民行检察工作发展的方向与检察机关民事行政法律监督整体职能的发挥,是检察机关民行检察制度改革、完善的重大突破点。因对基层检察院民行检察工作职能定位的缺失与工作职责的模糊认识等现实困境,基层检察院民行检察工作举步维艰,是检察机关民行检察职能发挥最为薄弱的环节,制约了检察机关民行检察工作的全面、深入、科学发展。民诉法修改后基层检察院仍需进一步探索、厘清自身的职能定位,以实现自身科学发展。

1. 基层检察院民行检察工作职能应定位于法律监督

《中华人民共和国宪法》第129条规定:"中华人民共和国人民检察院是国家的法律监督机关。"该规定从根本大法的层面确认了我国检察机关的法律监督属性。基层检察院民行检察工作作为全国民行检察工作的基础与重要组成部分,其职能仍应定位于法律监督。基层院民行检察工作的创新与发展,均离不开法律监督的本质属性,不能偏离法律监督的根本方向。因此,民诉法修改后,基层检察院在民行检察实践中恪守法律监督的职能定位,是基层民行检察工作健康、有序、规范发展的基础和前提。

2. 基层检察院民行检察工作职能不应限于诉讼监督

新修订的《民事诉讼法》第14条将检察监督原则确定为:"人民检察院有权对民事诉讼实行法律监督。"现行《行政诉讼法》第10条规定:"人民检察院有权对行政诉讼实行法律监督。"从上述两大诉讼法的规定来看,检察机关的职能似乎仅限于诉讼监督。然而,根据我国宪法对检察机关的根本职能定位以及民行检察工作实践,我国检察机关的工作职能决不限于诉讼监督,其外延远远大于诉讼监督。我们认为,诉讼监督是检察机关主要的、传统的工作职能,是检察机关监督效能发挥最为集中的部分,在诉讼监督之外,检察机关仍承载着其他检察监督职能,如提起公益诉讼、开展检调对接、开展督促起诉、支持起诉等。由此我们可以看出,基层检察院的民行检察工作亦不限于诉讼监督,我们应该从法律监督的层面去考虑其职能定位,厘清诉讼监督职能与法律监督职能的关系。

(二)在多元化的法律监督格局中发挥基础作用

我国的民事检察制度从无到有到,从以抗诉为单一监督手段的法律监督格局发展到以执法办案为中心的多元化法律监督格局,经历了长期的艰辛过程。基层检察机关欲摆脱长期薄弱、落后的工作局面,必须恪守法律监督的职能定位,注重多种监督手段的综合运用,在多元化的法律监督格局中积极作为,发挥基础与中心作用,以推动整个民行检察事业的健康持续发展。本文认为,民诉法修改后,基层检察机关应在调解监督、执行监督、诉讼违法调查以及非讼案件监督中体现基层检察院同级监督的独特优势。

1. 大力开展调解监督

随着人民法院大调解格局的逐渐形成,越来越多的民事案件采取调解方式结案,大部分法院以调解形式结案的案件已占全部案件的 80% 左右。对于这部分案件由于没有法律上的明确授权,长期以来处于人民检察院监督的真空地带,形成了绝大多数的民事案件处于检察监督之外的非正常现象。

两高《若干意见(试行)》第 6 条规定:人民检察院发现人民法院已经发生法律效力的民事调解、行政赔偿调解损害国家利益、社会公共利益的,应当提出抗诉。修改后的《民事诉讼法》第 208 条从立法层面确认了检察机关对损害国家利益、社会公共利益的调解案件的监督权限。① 上述规定将调解案件纳入检察机关的监督范围,对加强人民法院调解案件的检察监督力度提供了有力的规范依据与立法依据。然而,上述会签文件与立法规定仅将调解案件的检察监督范围限定在损害国家利益与社会公共利益的案件上,对司法实践中大量发生的违反自愿、合法原则损害当事人利益的调解案件以及虚假、无效调解损害第三人合法权益的案件并未触及,不能不说是一个巨大的遗憾。

修改后民诉法实施以来,民行检察实务关于调解案件的检察监督,主要存在如下几个焦点问题:

(1)如何理解与界定国家利益与社会公共利益

由于国家利益与社会公共利益从本源上属政治、哲学概念,其内涵与外延的不确定性使得理论界对其概念的界定争讼已久,并无定论,在实务中亦产生了如何理解与适用的操作问题。在立法对国家利益与社会公共利益并未进行具体界定或类型化的情形下,对损害国家利益与社会公共利益的调解案件的司法认定标准直接影响修改后《民事诉讼法》第 208 条关于调解监督的适用范围与效果,也影响着检察机关对调解案件的刚性监督力度。最高人民检察院民行厅相关负责人对该条的解读为:法律是国家意志、人民意志的体现,是国家利益、社会公共利益和公民合法权益的体现,违法行为不但侵害了公民的合法权益,也同时损害了这一法律秩序中的国家利益和社会公共利益。因此,在民事检察和行政检察中,只要审判活动涉嫌违法就是"可能损害国家利益、社会公共利益",这一判断标准与检察机关监督纠正违法的法律监督职责相符,也与检察机关维护国家法律统一正确实施、维护法制权威的目的相符。② 该解读实际将调解活动的违法

---

① 新修订的《民事诉讼法》第 208 条规定:最高人民检察院对各级人民法院已经发生法律效力的判决、裁定,上级人民检察院对下级人民法院已经发生法律效力的判决、裁定,发现有本法第 200 条规定的情形之一的,或者发现调解书损害国家利益、社会公共利益的,应当提出抗诉。地方各级人民检察院对同级人民法院已经发生法律效力的判决、裁定,发现有本法第 200 条规定情形之一的,或者发现调解书损害国家利益、社会公共利益的,可以向同级人民法院提出检察建议,并报上级人民检察院备案;也可以提请上级人民检察院向同级人民法院提出抗诉。

② 张伯晋:《找准薄弱环节,强化法律监督》,载《检察日报》2012 年 3 月 5 日第 03 版。

性作为检察机关对调解案件进行监督的标准,拓宽了我们对损害国家利益、社会公共利益行为的认识,但在实务中能否得到人民法院的认同,尚需实践丰富与证成。

我们认为,调解案件具有以下情形之一的,可视为损害国家利益和社会公共利益:①侵害国家财产所有权的;②侵害国家司法机关的正常审判秩序的;③损害国家司法机关生效判决的执行力的;④其他损害国家利益与社会公共利益的情形。如我院办理的2起虚假诉讼调解案件,我们跳出原审调解对申诉人合法权益损害的狭隘框架,以原审无效调解对人民法院生效判决执行力的损害以及对司法资源、司法权威的损害为突破点,阐述原审调解对国家利益的损害,成功对上述案件依法提请抗诉,均获得人民法院的再审改判支持,取得了良好的法律效果与社会效果,其中的栖霞市兴祥源公司、张文喜民间借贷纠纷申诉案被评为"全省检察机关民事行政检察十佳创新案件"。

(2)对违反自愿原则或调解协议内容违反法律的调解案件能否予以检察监督

虽然修改后民诉法将损害国家利益与社会公共利益的调解案件纳入检察监督的范围,但在司法实践中损害国家利益与社会公共利益的调解案件少之又少,而违反自愿原则损害当事人合法权益的或调解协议内容违法的调解案件却屡有发生,对上述两类调解案件能否予以检察监督,成为困扰民行检察理论界与实务界的重要问题。

修改后的《民事诉讼法》第201条规定:当事人对已经发生法律效力的调解书,提出证据证明调解违反自愿原则或者调解协议的内容违反法律的,可以申请再审。经人民法院审查属实的,应当再审。《民事诉讼法》第209条规定:有下列情形之一的,当事人可以向人民检察院申请检察建议或者抗诉:(1)人民法院驳回再审申请的;(2)人民法院逾期未对再审申请作出裁定的;(3)再审判决、裁定有明显错误的。从上述《民事诉讼法》第201条可以看出,当事人对违反自愿原则或调解协议内容违反法律的调解案件可向人民法院申请再审。我们认为,因《民事诉讼法》第209条对当事人申请检察救济的案件并未明确限定为人民法院生效判决、裁定,这就意味着当事人对违反自愿原则或调解协议内容违反法律的调解案件,只要经过人民法院的再审程序,在符合《民事诉讼法》第209条第1款规定的三种情形之一时,即可向检察机关申请抗诉或检察建议。换言之,检察机关可通过受理当事人申请的途径,对违反自愿原则或调解协议内容违反法律的调解案件进行检察监督。

(3)对损害第三人合法权益的调解案件能否予以检察监督

在司法实践中,众多虚假调解、无效调解案件既非损害国家利益、社会公共利益,亦未触及当事人合法权益,而是双方当事人恶意串通,通过人民法院调解的手段恶意损害第三人的合法权益,这在虚假诉讼案件中表现得尤为明显。那么这类案件能否纳入检察监督的范围呢?

民诉法修改之前,对损害第三人合法权益的调解案件,民行检察实践多通过向人民法院发出再审检察建议的方式,对原审调解予以监督,救济第三人的合法权益。而修改后的《民事诉讼法》第56条第3款规定了第三人撤销之诉:前两款规定的第三人,因不能归责于本人的事由未参加诉讼,但有证据证明发生法律效力的判决、裁定、调解书的部分或者全部内容错误,损害其民事权益的,可以自知道或者应当知道其民事权益受到损害之日起6个月内,向作出该判决、裁定、调解书的人民法院提起诉讼。人民法院经审理,诉讼请求成立的,应当改变或者撤销原判决、裁定、调解书;诉讼请求不成立的,驳回诉讼请求。即第三人对损害自己合法权益的民事调解不服,可通过向人民法院提起撤销之诉的方式救济自身权利。因此,我们认为,对有法定救济途径的损害第三人合法权益的民事调解,不宜纳入检察监督的范围。当然第三人对人民法院撤销之诉不服向检察机关申诉的,此时检察机关的监督并非对调解书的监督而系对人民法院生效裁判的监督,不受现行法关于调解书监督范围的限制。

2.大力开展执行监督

近年来,随着社会经济的发展,执行案件逐年增多,"执行难"、"执行乱"的问题也日益成为全社会普遍关注的热点问题。特别是由于人民法院的执行工作缺乏必要的外部监督制约,因此执行活动中执行不当和执行错误等现象多发,有的当事人的胜诉判决迟迟难以执行,有的案外人的财产被不当执行等,群众反映十分强烈。由于法律授权不明确,执行工作也长期处于检察监督之外,"执行难"、"执行乱"成为难解的顽疾。

2011年3月10日,最高人民法院、最高人民检察院会签了《关于在部分地方开展民事执行活动法律监督试点工作的通知》(以下简称两高《通知》),初步规定了检察机关对民事执行活动进行监督的范围与方式,为各级检察机关开展检察监督活动提供了规范依据。新修订的《民事诉讼法》第14条规定:人民检察院有权对民事诉讼实行法律监督。第235条规定:人民检察院有权对民事执行活动实行法律监督。修改后民诉法的上述规定结束了长期以来理论界和实务界关于人民法院的民事执行活动是否属于检察监督范围的争议,为人民检察院监督人民法院的民事执行活动提供了法律依据,有利于民事执行活动的规范运行。因修改后的民诉法仅对执行监督作了原则性、授权性规定,对执行监督的范围、方式、程序等均未细化规定,兹根据执行检察工作实践及相关依据对执行监督的范围与方式作如下探讨。

第一,关于执行监督的范围。两高《通知》第2条规定了检察机关对民事执行活动的监督范围,明确检察机关可对五种民事执行活动实施法律监督。① 而修改后的民事诉讼法对执行监督范围并无明确规定与限制,仅是将执行活动纳入检察监督的范围。我们认为具体的执行监督实践中,不应局限于两高《通知》对执行范围的限定,因为两高《通知》是在当时民诉法对执行监督未作明确规定的历史条件下,作为司法改革的探索,对执行检察监督的范围进行的限制性规定,是司法改革的阶段性成果,其对执行检察监督的"正当理由"限制极大束缚了检察机关执行监督工作的顺利开展。《最高人民检察院关于深入推进民事行政检察工作科学发展的意见》(以下简称高检院《意见》)第13条规定民事执行监督的范围主要是人民法院执行民事判决、裁定、决定、调解书、仲裁裁决以及公证文书等活动,包括执行裁定、执行决定和执行行为。我们认为,既然修改后的民诉法对执行检察监督的范围未作任何限制性规定,只要人民法院的执行活动违反法律规定,检察机关均应依法监督。

第二,关于执行监督的方式。修改后的民事诉讼法对执行监督的方式没有明确规定,两高《通知》、高检院《意见》以及高检院《规则(试行)》只规定了检察建议一种方式,我们认为在实践中,应当多种手段兼用,才能充分发挥执行监督实效。

一是发出检察建议。检察建议是目前各级检察机关在司法实践中运用最为广泛的执行监督手段,可灵活运用于有必要进行执行监督的各种场合。高检院也于2009年专门下发了《人民检察院检察建议工作规定(试行)》,对检察建议工作进行了规范。两高《通知》将发出书面检察建议确定为执行检察监督的唯一方式。② 新修订的《民事诉讼法》亦将检察建议纳入检察监督的方式③,使得检察建议这一在民行检察实践中广为运用的监督方式最终获得了立法认同,弥补了

---

① 两高《通知》第2条规定:人民检察院可以依当事人、利害关系人的申请,对下列民事执行活动实施法律监督:(1)人民法院收到执行案款后超过规定期限未将案款支付给申请执行人的,有正当理由的除外;(2)当事人、利害关系人依据《中华人民共和国民事诉讼法》第202条之规定向人民法院提出书面异议或者复议申请,人民法院在收到书面异议、复议申请后,无正当理由未在法定期限内作出裁定的;(3)人民法院自立案之日起超过两年未采取适当执行措施,且无正当理由的;(4)被执行人提供了足以保障执行的款物,并经申请执行人认可后,人民法院无正当理由仍然执行被执行人其他财产,严重损害当事人合法权益的;(5)人民法院的执行行为严重损害国家利益、社会公共利益的。

② 最高人民法院、最高人民检察院于2011年3月10日会签的《关于在部分地方开展民事执行活动法律监督试点工作的通知》第3条规定:人民检察院对符合本通知第2条规定情形的民事执行活动,应当经检察委员会决定并通过提出书面检察建议的方式对同级或下级人民法院的民事执行活动实施法律监督。

③ 2012年新修订的《民事诉讼法》第208条第3款规定:各级人民检察院对审判监督程序以外的其他审判程序中审判人员的违法行为,有权向同级人民法院提出检察建议。

此种监督方式长期处于立法空白的缺憾。检察建议的优势在于高效、直接,当事人的合法权利易在短时间内得到救济,有利于提高司法效率。但因现行法并未对检察建议的效力予以明确的立法规定,导致司法实践中人民法院对检察建议的重视程度不高,对其采纳率偏低,与抗诉的监督效果相比相去甚远,极大制约了检察建议效能的发挥,也挫伤了基层检察机关使用此种监督方式的积极性,希望此种局面能够随着民行检察实践的丰富与立法机关的积极作为而有所改观。

二是发出纠正违法通知书。这是指检察机关发现人民法院的执行活动存在滥用执行权等违法情形时,向人民法院发出纠正违法通知书,督促其改正违法执行行为。与检察建议相比,此种监督方式具有一定的强制性与威慑力,容易得到法院的较快反馈,但通常适用于个案监督。根据我院的执行监督实践,向人民法院发出纠正违法通知书重点针对人民法院在执行活动中违法采取查封、扣押、冻结等强制措施的,违反自愿原则迫使当事人达成执行和解协议的以及违反法定程序评估、拍卖、鉴定等执行行为,以维护当事人的合法权益,促进人民法院依法履行执行职责。

三是发出暂缓执行意见函。此种监督方式是指检察机关对于已进入执行程序的民事申诉案件,经审查后发现执行所依据的法律文书确有错误,如果强制执行将造成日后执行回转困难,或者执行会对执行当事人、案外第三人的合法权益或国家利益、社会公共利益造成重大损害的,在依法对原审裁判予以检察监督时,向人民法院及时下发暂缓执行意见函,要求人民法院暂缓执行行为,以避免执行风险。由于暂缓执行意见函在一定程度上具有中止原审裁判文书执行的效力,故检察机关在司法实践中须审慎适用,仅能将其作为辅助性的监督措施,以配合对原审裁判的检察监督。

四是开展检察和解工作。执行过程中的检察和解是指对于进入执行程序的民事申诉案件,经检察机关查证发现执行所依据的原审裁判确有错误,或执行行为本身违反法律规定,双方当事人经平等自愿协商,在检察机关的主持下,自愿达成执行和解协议,以变更人民法院原生效裁判或违法执行行为确定的权利义务。检察和解避免了抗诉等监督手段的烦冗,直接针对执行结果,减轻了当事人的诉累,有助于化解社会矛盾,且以一种温和的方式取得了对人民法院执行活动的实质监督效果,我们认为在司法实践中值得进一步推广与丰富。

3. 审慎开展诉讼违法调查

2010年7月,最高人民法院、最高人民检察院、公安部、国家安全部、司法部联合下发了《关于对司法工作人员在诉讼活动中的渎职行为加强法律监督的若干规定(试行)》[以下简称两高三部《若干规定(试行)》],赋予了检察机关对司法工作人员的渎职行为通过依法审查案卷材料、调查核实违法事实、提出纠正违法意见或者建议更换办案人、立案侦查职务犯罪等措施进行法律监督的权力,从而赋予了民行检察部门对民事、行政诉讼违法行为进行调查的权力。

民行检察的诉讼违法调查，是指民行检察部门在办案中，为准确认定和依法纠正司法工作人员在相关诉讼活动中的渎职行为，对该司法工作人员违反法律的事实是否存在及其性质、情节、后果等进行核实、查证的活动。诉讼违法调查将民行检察的监督范围从诉讼结果拓展到诉讼过程的全程，实现从受理、管辖、送达、一审、二审到执行，从实体到程序的全面动态监督。随着司法体制和工作机制改革的不断深入以及修改后民诉法的全面贯彻实施，基层检察院民行检察工作的任务与重点面临调整和转型，诉讼违法调查为基层民行检察工作提供了广阔的平台，有利于发挥基层检察院同级监督优势，促进基层民行检察工作科学发展。

第一，关于诉讼违法调查的性质。诉讼违法调查是检察机关开展诉讼监督的手段，目的是确认违法行为是否存在以及违法的性质和情节，以便及时、准确地纠正违法，保障诉讼活动公正进行，在调查时机上往往是与诉讼活动同步进行，在范围上仅限于司法工作人员在诉讼活动中的渎职违法行为。应当注意的是，民事、行政诉讼违法行为调查，不同于初查、侦查，民行检察部门也没有被赋予自侦权，而只是在审查案件过程中，对于发现审判人员在审理该案时可能存有违法行为或者程序违法的，而进行必要的调查活动①，若发现其涉嫌犯罪，则应当移送至自侦部门查处②。

第二，关于诉讼违法调查的范围。修改后的《民事诉讼法》第208条第3款规定：各级人民检察院对审判监督程序以外的其他审判程序中审判人员的违法行为，有权向同级人民法院提出检察建议。该条款中的"审判人员的违法行为"，主要指审判人员在审判程序中的程序违法行为。根据高检院《规则（试行）》第99条之规定，审判人员的程序违法行为主要包括如下几种情形：(1)判决、裁定确有错误，但不适用再审程序纠正的；(2)调解违反自愿原则或者调解协议的内容违反法律的；(3)符合法律规定的起诉和受理条件，应当立案而不立案的；(4)审理案件适用审判程序错误的；(5)保全和先予执行违反法律规定的；(6)支付令违反法律规定的；(7)诉讼中止或者诉讼终结违反法律规定的；(8)违反法定审理

---

① 最高人民检察院《检察机关执法工作基本规范（2010年版）》第7.14条规定："有下列情况之一的，人民检察院可以依职权调查：(1)原判决、裁定可能损害国家利益、社会公共利益的；(2)审判人员在审理该项案时可能有贪污受贿、徇私舞弊或者枉法裁判等违法行为的；(三)审判组织的组成不合法或者依法应当回避的审判人员及其他人员没有回避等程序违法的。"

② 最高人民检察院《检察机关执法工作基本规范（2010年版）》第7.26条规定："民事行政检察部门不承办职务犯罪侦查工作。在办案过程中发现职务犯罪线索的，应当对案件线索逐件登记、审查，经检察长批准，及时移送职务犯罪侦查部门办理，并向举报中心通报。"

期限的;(9)对当事人采取罚款、拘留等妨害民事诉讼的强制措施违反法律规定的;(10)违反法律规定送达的;(11)审判人员接受当事人及其委托代理人请客送礼或者违反规定会见当事人及其委托代理人的;(12)审判人员实施或者指使、支持、授意他人实施妨害民事诉讼行为,尚未构成犯罪的;(13)其他违反法律规定的情形。高检院《意见》第17条亦对诉讼违法调查的范围作了列举性规定。①

此外,还需注意的是,《民事诉讼法》第208条第3款规定检察机关有权对审判监督程序以外的其他审判程序中审判人员的违法行为进行监督,那么对于审判监督程序中审判人员的违法行为,检察机关是否有权监督呢? 对于这个问题,理论界与实务界观点不一,尤其是法检两家分歧较大。我们认为,审判监督程序作为一种特殊的纠错性程序,接受检察机关的法律监督是应有之义。立法强调"审判监督程序以外的其他审判程序",只不过是要强调其他审判程序(包括诉讼程序和非诉讼程序)也要接受检察机关的法律监督。高检院《规则(试行)》对这一问题亦持肯定观点。②

第三,关于诉讼违法调查的方式。根据两高三部《若干规定(试行)》、高检院《意见》、高检院《规则(试行)》等规定,基层民行检察部门对发现的民事、行政诉讼过程中存在程序瑕疵等违法事项,视情况采取发检察建议书、纠正违法通知书、更换办案人建议书等方式予以纠正;对发现的隐藏在司法不公背后的职务犯罪线索,移送并配合侦查部门依法查处,与侦查部门建立双向线索移送的联动机制,充分发挥检察机关整体监督的优势与合力。

4. 强化对非讼案件的检察监督

修改后的《民事诉讼法》第14条规定:人民检察院有权对民事诉讼实行法律监督。从分则对非讼程序的立法规制来看,民诉法中的民事诉讼既包括传统的诉讼案件,也包括非讼案件。检察监督原则被置于民事诉讼法的总则部分,其效

---

① 高检院《意见》第17条规定:对下列影响公正司法的诉讼违法行为,尚未构成犯罪的,检察机关可以依照两高三部《关于对司法工作人员在诉讼活动中的渎职行为加强法律监督的若干规定(试行)》,以纠正违法通知书的形式进行监督:在审判活动中故意违背事实和法律作枉法裁判,在执行判决、裁定活动中严重不负责任或者滥用职权,不依法采取保全措施、不履行法定执行职责,或者违法采取保全措施、强制执行措施等,致使当事人或者其他人合法权益遭受损害的;收受或者索取当事人及其近亲属或者其委托的人贿赂的;其他严重违反民事诉讼法、行政诉讼法规定,不依法履行职责,损害当事人合法权益的行为。

② 高检院《规则(试行)》第97条规定:《中华人民共和国民事诉讼法》第208条第3款规定的审判程序包括:(1)第一审普通程序;(2)简易程序;(3)第二审程序;(4)特别程序;(5)审判监督程序;(6)督促程序;(7)公示催告程序;(8)海事诉讼特别程序;(9)破产程序。

力当然及于分则的全部。① 因此,检察机关对非讼案件予以法律监督乃立法应有之义。本次民事诉讼法修改扩大了非讼程序的范围,除包括原有的宣告失踪、宣告死亡案件;认定公民无民事行为能力和限制民事行为能力案件;认定财产无主案件;督促程序案件;公示催告程序案件;破产程序案件等外,还增设了确认调解协议案件和实现担保物权案件等非讼程序。对上述非讼案件实施法律监督是基层院实现对人民法院的同级监督、在多元化的监督格局中发挥基础作用的重要举措。

(三)坚持抗诉与息诉并重,促进社会矛盾化解。

当前,我国社会处于经济发展转型期,社会矛盾凸显,并且体现出多元化、复杂化的特征,在民行检察领域的突出体现为民行申诉案件呈逐年递增状态。以我院为例,2009 年受理的民行申诉案件为 32 件,2010 年为 78 件,2011 年为 123 件,2012 年为 167 件。根据我院的工作实际,对当事人自行申诉的民行案件,最终提请抗诉或采取其他监督方式的最多占至受案总数的 40%。修改后《民事诉讼法》第 209 条第 2 款关于当事人向检察机关"一次申请"的限制使得检察机关成为当事人寻求权利救济的最后屏障,检察机关办案、息诉和维稳压力明显增大。在原审裁判并无违反法定情形的情况下,如何对当事人释法说理、化解社会矛盾、维护审判权的稳定成为修改后民诉法实施以来基层院检察民行检察工作的重要工作职责。

1. 严把民行案件受理标准,控制"申诉闸门"

《最高人民检察院关于贯彻执行〈中华人民共和国民事诉讼法〉若干问题的通知》(以下简称高检院《通知》)第 4 条规定:当事人向人民检察院申请监督,由作出生效判决、裁定、调解书或者正在审理、执行案件的人民法院的同级人民检察院控告检察部门受理。人民检察院受理监督申请时,应当要求当事人提交申请书、相关法律文书、身份证明和相关证据材料。因此,检察机关控告检察部门在接访民行申诉案件时,应严把案件受理关,对当事人未经人民法院再审申请,直接向人民检察院申请监督的,人民检察院应当依照修改后《民事诉讼法》第 209 条第 1 款的规定不予受理;对经过人民法院再审申请的,应严格依照高检院《通知》要求,查看当事人提供的材料是否齐备,对申请监督材料不齐备的,应要求当事人限期补正,从案件受理层面控制"申诉闸门"。

2. 强化释法说理等多种机制,引导当事人服判息诉

一是完善息诉工作规范。把息诉和抗诉置于同等重要的位置,建立息诉档案,实施首接责任、专人专办和电话回访等制度,逐案跟踪落实,使息诉案件逐步

---

① 汤维建:《民事诉讼法律监督基本原则的新发展》,载《检察日报》2012 年 9 月 18 日第 3 版。

规范化。

二是建立风险告知制度。在首次接触申诉人时,明确告知申诉人诉讼风险,给申诉人做好心理铺垫,为服判息诉工作奠定基础。

三是建立申诉线索评估制度。对申诉人提交的案件材料从证据、时效等方面进行综合分析评估,对不符合法定受案条件的,按照受案条件一一进行说明答复,防止申诉人事后缠诉。

四是强化释法说理制度。基层检察院民行干警对民行申诉案件,应恪守客观公正的立场,对在客观事实和证据认定方面均无法达到抗诉标准的案件,以情、理、法感化和劝说申诉人,促使其息诉罢访。尤其对不立案、不提请抗诉、终结审查的案件,应采取书面答复与口头答疑相结合的方式,对当事人释法说理,消除其疑惑和误解,积极引导其服判息诉。

五是建立部门配合联动制度,联合息访息诉。基层检察院民行检察部门应拓宽视角,注重与有关部门配合联动进行疏导息诉。第一是加强与检察机关内设机构之间的配合联动,对疑难、复杂、有缠访隐患的民行申诉案件实施部门联合接访息诉。如我院民行部分加强与控申部门配合,制订了《民行控申联动六项便民服务措施》,互通信息情况,对一些情绪激烈、矛盾突出、可能会引发涉检上访的当事人或者群体申诉案件,共同分析研究,有效息诉罢访。第二是加强与人民法院的配合联动。对当事人对审判过程、判决结果等误解较深的案件,及时与法院审判人员沟通,共同做好释法说理工作,使当事人对相关程序及判决理由有透彻明了的理解,尽快消除误解。第三是加强与申诉人所在单位、社区、村委的联系,争取社会层面的配合支持,通过耐心细致地劝说和关心帮助申诉人达到息诉目标。

3.积极构建检调对接机制,引导和促进当事人和解

检调对接系近几年检察机关深入推进三项重点工作,促进社会矛盾化解的重要创新实践,丰富了民行检察职能,赢得了当事人的信任与支持。所谓检调对接,是指人民检察院在民事行政检察工作中,对有关社会矛盾纠纷,可邀请人民调解员以及相关律师参加,利用各自的工作优势和资源,共同通过调解方式化解矛盾纠纷,使遭受破坏的社会关系得以恢复的工作机制。换言之,检调对接系一种依托于"大调解"工作体系,侧重检察工作与人民调解配合联系的纠纷解决机制。

第一,关于检调对接的范围。根据民行检察工作实践,我们认为下列案件可纳入检调对接的范围:婚姻家庭、损害赔偿、相邻关系等纠纷及争议标的额不大的案件;当事人双方有和解意愿,且不损害国家、集体和他人利益的案件;符合法律规定的其他情形。

第二,关于检调对接的程序。对可以适用检调对接的民事行政申诉案件,民

行部门案件承办人应当及时向当事人征求是否同意调解的意见,同时告知其相关的权利义务和法律后果。对当事人同意调解且经检调对接调处的案件,调解员应当制作调解笔录。达成调解协议的,应当制作调解协议书,调解组织参与人员应当在调解协议书上签字,由人民检察院和调解组织共同督促当事人履行;当事人一方或双方反悔或调解不成功的,调解员应当制作《调解程序终止意见书》,并及时告知人民检察院,将调解笔录和相关案件材料移送人民检察院,由人民检察院民行部门按照正常办案程序办理。

结　语

此次民诉法的修改强化了检察机关民行检察监督力度,对推动民行检察工作的发展与我国民行检察制度的完善起到了积极的促进作用。作为基层的民行检察部门和民行检察人员,应当以贯彻执行修改后民诉法为契机,充分了解、认识和厘清自己的职能所在,顺应时势发展,在法律规定的范围内,积极探索,充分履职,勇于面对民诉法修改给民行检察工作带来的困难和挑战,用积极作为来发挥更大的作用,赢得尊重和地位,为推动我国民行检察工作的科学发展做出更大贡献。

论对民事裁定的执行

■ 胡思博*

摘　要　民事裁定的执行是受该裁定效力约束的主体的义务之所在，其既是当事人和相关诉讼参与人履行民事裁定的过程，也是法院保障法律实施的实现阶段，是民事裁定运行过程中的必须环节和最后环节，是法律威严的体现阶段，是当事人尊重法律的表现阶段。民事裁定只有在其法律效力实现后，才能充分体现其在诉讼中的价值，才能达到调整诉讼和保护当事人诉讼权利的目的。

关键词　民事裁定　程序性裁定　实体性裁定　执行

民事裁定的执行是指依照民事裁定的内容发生某项法律上的效果，依裁定的效力使得诉讼法律关系发生相关变化。此时应不居于文字意思而对其做扩大解释，"执行"不是狭义的仅指对含有给付内容裁定的强制执行，而是广义的指对民事裁定内容的实现，包括对诉讼行为的强制执行。"当事人或诉讼关系人如应按裁定内容为一定之行为，或依裁定内容当然生某法律上之效果者，亦为广义之执行力。"[①]

一、民事裁定的执行主体

"自由的历史基本上是奉行程序保障的历史。"[②] 鉴于民事裁定的效力及于当事人、法院、检察院及其他诉讼参与人等诉讼参加人，因此其都将成为民事裁定的执行约束对象。执行资格和执行能力是民事裁定执行主体资格的重要衡量标准，义务人是否具有履行特定义务的能力应当依据其是否具有履行该特定义务所必备的条件和技能来判断。

(一) 当事人

当事人作为部分民事裁定效力的制约者，其应遵循民事裁定为其设定的义

---

* 胡思博，国家检察官学院和中国人民大学法学院联合培养博士后，中国政法大学诉讼法学博士，专业方向为民事程序法。

① 杨建华：《问题研析——民事诉讼法（一）》，台湾三民书局 1999 年版，第 415 页。
② 章武生：《程序保障：司法公正实现的关键》，载《中国法学》2003 年第 1 期。

务支配,当事人对民事裁定的执行是其基本诉讼义务之所在。当事人对民事裁定的执行有时具有独立性,有时需要裁定生成机关的配合,有时还需要对方当事人的协作。尽管当事人和其诉讼代理人在诉讼立场和诉讼地位上具有一致性,但鉴于某些民事裁定具有人身依附性,对该类裁定的执行只能由当事人本人进行。此外,对某些民事裁定的执行还要求进行执行的当事人事先具备一定的能力和条件。譬如,在对先予执行裁定的执行中,行为人的财产给付能力势必源于其拥有一定的现实财产或预期财产。

(二)法院

法院对民事裁定进行执行的本质是以强制力干涉或改变当事人之间的诉讼法律关系状态,其作为民事裁定的执行主体,既有独立执行的一面,也有与当事人共同执行的一面,在共同执行中既有同时执行,还有先后执行。在以当事人为执行主体的某些民事裁定的执行过程中,若当事人拒不执行,法院可依职权或对方当事人的申请代为强制执行,此时该裁定的执行主体从当事人转换为法院。

1. 法院对程序性裁定的执行

由法院予以执行的程序性裁定包括指令管辖裁定、移送管辖裁定、中止诉裁定、终结诉讼裁定、证据保全裁定、行为保全裁定、财产保全裁定、先予执行裁定、二审维持原判裁定、指令再审裁定、中止执行裁定、终结执行裁定、执行回转裁定、确认外国法院裁决效力的裁定等。

2. 法院对实体性裁定的执行

法院对实体性裁定的强制执行存在内部部门分工问题。鉴于法院内部多部门之间的职能分工,目前我国将实体性裁定的执行主体设置为审判庭,采用传统的审执合一的执行方式,其目的无疑在于简化财产保全的执行过程,提高执行效率,从而满足财产保全时效性的要求。《最高人民法院执行工作若干问题的规定(试行)》第3条规定,人民法院在审理民事、行政案件中作出的财产保全和先予执行裁定,由审理案件的审判庭负责执行。将实体性裁定的执行权交由审理案件审判庭尽管简化了执行过程,但也存在一些弊端。首先,审判工作和执行工作的性质不同,前者要求法官遵循具有消极性和被动性,执行居中裁判,而后者要求法官具有一定的主动性。其次,将执行权赋予审判庭会在一定程度上加重审判法官的工作负担,进而影响其对其他案件的审理。再次,审判人员自身缺乏执行经验。笔者认为,审执分立是世界的发展趋势,我国各级法院的执行庭专门负责执行工作,审执分立的格局在我国基本形成。将实质性程序问题的裁决权赋予审判庭,将执行权赋予执行机构行使的做法体现着法院内部分工的专业性,这也是与移送执行的启动方式相吻合的。对于审执分离后法院不同工作部门间工作脱节、相互推诿的问题,可以通过加强法院内部管理,明确职能分工的方法予以解决。

实体性裁定的申请执行启动流程为：立案庭或审判庭将实体性裁定书送达当事人—当事人接收实体性裁定书—当事人向执行庭提出执行申请—当事人缴纳费用—执行程序启动。

(三)其他诉讼参与人

对于以证人、鉴定人、专家辅助人、勘验人、翻译人甚至是案外人为主体的裁定，尽管其数量较少，但相关诉讼参与人在其中的主体性执行地位不容置疑。"诉讼代理人、证人等诉讼协助人根据不同的法律规定和理由进入民事诉讼，诉讼协助人与当事人、法官之间形成诉讼协助法律关系，其要遵从民事诉讼法和相关法律规范，承担相应的义务"，[①]其他诉讼参与人对相关民事裁定的执行所发挥的作用更多的是协助和配合，是辅助性执行。譬如，对书记员、翻译人员、鉴定人、勘验人的回避裁定，准允证人不出庭裁定，鉴定人出庭裁定，专家辅助人出庭裁定，案外人协助调解裁定，案外人协助勘验裁定，案外人协助调查裁定，案外人协助执行裁定等。

二、民事裁定的执行对象

(一)程序性裁定的执行对象

世界各国的强制执行法均将行为作为执行的客体，诉讼行为亦是执行民事裁定的对象，当被民事裁定效力波及人不履行该裁定时，相关利害关系人有权申请法院强制履行或要求法院自行履行。民事诉讼行为乃是民事诉讼法律关系主体基于其特定诉讼目的和诉讼利益而有意识进行地具有民事诉讼法律意义或能够引起民事诉讼法律效果即民事诉讼法律关系产生、变更或消灭的活动。《民事诉讼法》第252条规定，对判决、裁定和其他法律文书指定的行为，被执行人未按执行通知履行的，人民法院可以强制执行或者委托有关单位或者其他人完成，费用由被执行人承担。《最高人民法院关于人民法院执行工作若干问题的规定(试行)》第60条规定，被执行人拒不履行生效法律文书中指定的行为的，人民法院可以强制执行。"行为本身是可以执行的，因为作为人的主观意识的外在表现的行为，必然要受到外界因素的制约，这就决定了它可以成为强制执行的客体。"[②] "行为请求权是指请求义务人为积极的行为；不作为请求权是指请求义务人不进行特定的行为，包括不作为及容忍。"[③]

[①] 宋朝武主编：《民事诉讼法学》，厦门大学出版社2012年版。
[②] 常怡主编：《强制执行的理论与实务》，重庆出版社1992年版，第85页。
[③] 杨与龄编著：《强制执行法论》，台湾三民书局1998年版，第735页。

(二)实体性裁定的执行对象(见表1)

表1 审判程序性中实体性裁定的执行对象

执行对象	民事侵权行为 (包括作为和不作为)	财产	民事侵权行为和财产
诉讼之前	诉前行为保全裁定	诉前财产保全裁定	
诉讼之中	诉中行为保全裁定	诉中财产保全裁定	先予执行裁定

三、民事裁定执行的启动

(一)当事人启动

当事人启动对某一民事裁定的执行包括作为裁定执行方即义务主体时的自行启动和作为裁定效力约束相对方即权利主体的申请启动两种情形。"对于实现行为请求权的执行,义务人拒绝履行行为,或者执行禁止的行为,经权利人申请,应当发出执行命令,责令义务人履行行为或者停止执行禁止的行为"[①]

(二)法院启动

法院启动对某一民事裁定的执行包括作为裁定执行方即义务主体时的自行启动、作为裁定效力约束相对方即权利主体时的职权启动和作为非裁定效力约束主体时的依权利人的申请启动。(见表2)

表2 民事裁定的执行主体与执行启动主体的对应

执行启动主体 执行主体	当事人启动执行		法院启动执行		
	义务人 自行启动	权利人 申请启动	自行启动	职权启动	依权利人申请 予以启动
义务人执行	正常状态	义务人不执行的情况下,权利人申请启动	禁止	义务人不执行的情况下	义务人不执行的情况下,权利人提出启动申请
法院执行	不存在	法院不主动执行之下	正常状态	不存在	权利人提出启动申请

---

① 杨荣馨主编:《〈中华人民共和国强制执行法〉立法理由、立法例参考与立法意义》,厦门大学出版社2011年版,第520页。

四、民事裁定的执行措施

执行措施即为执行方法和执行手段,是民事裁定效力的实现办法。民事裁定种类和特点的多样性决定了其执行措施的丰富性。诉讼行为是诉讼活动的指向和工具,民事裁定对程序性事项的支配最终是以对当事人、法院、检察院及其他诉讼参与人等诉讼参加人的行为控制为基本方法的。

(一)程序性裁定的效力实现措施

程序性裁定以行为为执行对象和标的,在效力上会对受约束主体的某种行为进行限制,但不能达到限制其人身自由的程度,因此其难以形成明确、直接的执行措施,对其执行具有抽象性,执行的结果也难以用具体的标准加以衡量,仅是以效力的实现为目标的。行为与人身有密切联系,程序性裁定的效力实现措施是以受约束主体的身体举动为基本特征,程序性裁定的强制性、及时性、无选择性、无替代性要求受约束主体对其的服从和履行更多的是一种行动上的作为或不作为,即行为义务。因此,对程序性裁定的自觉性执行要求受约束主体积极主动履行裁定所赋予的诉讼义务。

1.当事人以单方面作为或不作为的方式履行民事裁定

当事人以作为的方式履行民事裁定,譬如,法院依法作出开庭审理裁定后,当事人就应准时到庭参加庭审。当事人以不作为的方式履行民事裁定,既包括从始不作为,也包括立即停止正在进行的相关行为。譬如,不予受理裁定依法作出后,当事人若不服可以通过上诉予以救济,若二审维持了原裁定,则当事人的再次重复起诉、缠诉甚至是上访就是对该裁定的违反和破坏。

2.法院以单方面作为或不作为的方式履行民事裁定

譬如,对保全裁定的解除,《民事诉讼法》第104条规定,财产纠纷案件,被申请人提供担保的,人民法院应当裁定解除保全。

3.各方主体多种诉讼行为的结合执行

结合类执行方式在种类上包括法院的作为与当事人的作为相结合、法院的不作为与当事人的不作为相结合、法院的作为与当事人的不作为相结合、法院的不作为与当事人的作为相结合等。(见表3)

表3 程序性裁定的效力实现措施中的多方结合

	法院作为	法院不作为
当事人作为	裁定一审受理、裁定二审受理 裁定准予再审、裁定启动非讼程序 裁定准予执行、裁定恢复诉讼中止 恢复执行中止	裁定不予撤诉

续表

	法院作为	法院不作为
当事人不作为	裁定管辖权异议、裁定补正笔误 裁定缺席判决、裁定公告送达	裁定一审不予受理、裁定一审驳回起诉 裁定二审不予受理、裁定驳回再审申请 裁定驳回执行申请、裁定驳回保全申请 裁定驳回先予执行申请、裁定准予撤诉 裁定诉讼中止、裁定诉讼终结

(二) 实体性裁定的效力实现措施

法院对实体性裁定执行包括申请执行和移送执行两种方式。申请执行是指当事人在判决或者裁定作出后向法院提出执行申请,法院根据当事人的申请启动执行程序,其源于当事人对处分权的行使。移送执行是指法院根据案件的具体情况直接依职权将案件从审判庭移送到执行庭,进而启动执行程序。笔者认为,在实体性裁定的执行程序中,没有必要规定当事人的申请执行,应该将实体性裁定的申请程序和执行程序紧密地衔接起来,法院无需当事人的申请即可依职权裁定启动程序。以财产保全裁定为例,申请人申请财产保全的目的在于防止被申请人对财产的转移和隐匿,避免正在发生或即将发生的侵害,其希望得到的是保护自己期权益免受损害的切实行动,而非仅仅对其请求的承认,特别是诉前财产保全。针对这种紧急情况,申请人放弃权利或被申请人主动履行的情况是基本不可能存在的,且对财产保全裁定迅速有效地执行是基本要求。因此,强调法院依据职权启动财产保全的执行程序是较为合理的,没有必要规定当事人申请执行。《最高人民法院执行工作若干问题的规定(试行)》第19条对移送执行的规定并未将财产保全裁定包含其中。

五、对拒不执行民事裁定的强制

"当事人和法院必须遵从民事诉讼法规定的程序和要件或者必须依据其所享有的诉讼权利和所承担的诉讼义务而执行相应的诉讼行为。"[①]

(一) 拒不执行民事裁定的违法行为

拒不执行民事裁定的行为是对法律规定和诚实信用原则的违背,对其的判

---

① 邵明:《民事诉讼行为要论》,载《中国人民大学学报》2002年第2期。

断应以法院裁定发生效力的时间为标准。"诉讼行为不论法院(广义)之行为,或当事人之行为,倘违反诉讼程序之规定者,均不生该行为应有之效力。此因诉讼程序之规定,除训示规定外,均为维持诉讼秩序而设,且为强行法之性质,如违反规定,仍赋予完全效力,则规定即无意义。"①

1. 对民事裁定的公然不执行

根据主体类型,对民事裁定的公然不执行可分为当事人对民事裁定的直接不执行和法院对民事裁定的直接不执行。"各国诉讼立法所规制和救济的对象大多限于法院作为形态的违法行为,即滥用职权、超越职权的显性违法行为,对诉讼中不作为形态的违法行为,即失职行为或隐性违法行为规制较少,且往往缺少相应的救济机制。"②

根据行为方式,对民事裁定的公然不执行可分为作为之拒和不作为之拒,分别对应着不作为要求之裁定和作为要求之裁定。以作为的方式拒不执行民事裁定是指行为人故意违反民事裁定所确定的内容,执行民事裁定所禁止的行为或将直接导致执行不能的行为;以不作为的方式拒不执行民事裁定是指行为人拒绝履行民事裁定所确定的特定作为义务。作为与不作为区分的关键在于是否与负有特定法律义务相联系,而不能绝对以积极与消极、动与静来区分作为与不作为,积极的身体动作不一定是作为,消极的身体动作不一定是不作为。如果行为人违反规定的是命令性规范,尽管其有积极的身体动作,但仍属于不作为。

2. 对民事裁定的隐蔽不执行

对民事裁定的隐蔽不执行表现为相关主体尽管对民事裁定进行了执行,但该执行行为若存在不当,此后未及时进行纠正,进而该民事裁定所设定的义务仍未得到实现,该裁定仍处于效力未予施展的状态。

(1)执行民事裁定的诉讼行为存在瑕疵后的怠于治愈

"诉讼行为瑕疵,是指没有按照程序法的规定执行的诉讼行为。因此可以说,诉讼行为瑕疵是与程序法固定相关的形式意义上的概念。所以,对诉讼行为是否存在瑕疵人们考察的重点并不是审查行为的内容是否合乎法律规定,而是审查行为的方式是否与法律的规定相符合。"③ 诉讼行为瑕疵产生的原因可能是主观的,也可能是客观的,包括对主体的错误认识、当事人对程序事项的无知、当事人的代理人与当事人意思沟通不畅造成代理人执行的行为与当事人表示不一致等。

诉讼行为存在瑕疵后的治愈方式包括:第一,在法定期间内撤回有瑕疵的诉

---

① 王甲乙、杨建华、郑健才:《民事诉讼法新论》,台湾三民书局1998年版,第111页。
② 廖永安:《法院诉讼行为要论》,载《法学家》2003年第2期。
③ 刘荣军:《民事诉讼行为瑕疵及其处理》,载《中国法学》1999年第3期。

讼行为，消除其存在，继而执行新的无瑕疵的同种类诉讼行为。第二，通过执行新的诉讼行为以补正该瑕疵，此时原诉讼行为继续存在。譬如，增补起诉状中缺乏的法定内容，进而使得起诉行为成立。第三，进行追认，譬如，当事人以事后追认方式确认其代理人的代理权，进而使得之前的有瑕疵代理行为变为有效。"诉讼行为中存有欠缺必要能力或代理权的瑕疵时，可通过追认使之消失，溯及并有效。并且追认无时间限制，判决后也可进行。"[1]

(2) 执行民事裁定的诉讼行为无效后的怠于治愈

与诉讼行为存在瑕疵相比，诉讼行为的无效重在强调其内容对法律规定的违反。"诉讼程序系由多阶段有连续的诉讼行为所构成，故诉讼行为之内容与形成，不宜任由当事人自由决定，而应由诉讼法予以规定。"[2] 诉讼行为一旦被认定无效，将无法产生预期的法律效果，不能实现预期的诉讼目标，在诉讼价值的冲突中造成弊大于利。因此，将不能赋予该行为预期的诉讼效力，本应受其控制诉讼程序将恢复原状，返回到该行为没有执行前的状态。诉讼行为的无效包括绝对无效和相对无效，不可补正之无效和可补正之无效，原始的无效和事后的无效。

诉讼行为无效后的治愈方式包括：第一，重新执行，即有效期间内重新执行同种类的无瑕疵诉讼行为而获得期待的法律效果。第二，补正，即后诉讼行为通过弥补先无效诉讼行为在构成要件上的瑕疵，使得先诉讼行为取得预期的法律效力。第三，追补，即若后诉讼行为以先诉讼行为为条件的，当先无效诉讼行为导致后诉讼行为无效时，通过弥补先诉讼行为的效力继而使得后诉讼行为获得法律效力。第四，该无效诉讼行为因对方当事人放弃责问权或者不予异议而获得其原有效果。法国新《民事诉讼法典》第112条规定，诉讼行为之无效，得随其完成，随时提出之；但是，如援引诉讼行为无效的人，在受到攻击的诉讼行为之后进行实体上的辩护或提出不受理请求，而不提出无效事由，此种无效不予追究。[3] 日本《新民事诉讼法》第90条规定，当事人在知道或应该知道违反有关诉讼程序规定的情况下，如果不立即申述其异议，则丧失对此申述异议的权利。但是，对于不能放弃的权利，不在此限。[4] 譬如，在事前存在仲裁协议的纠纷中，一方当事人向人民法院起诉，该行为按照"或裁或审"原则本应归于无效，但对方当事人明知"仲裁排除管辖"，却未提出异议而直接应诉答辩的，则法院依法取得了

---

[1] 廖永安、彭熙海：《当事人诉讼行为理论初探》，载《南京大学法律评论》2004年第2期。
[2] 陈计男：《民事诉讼法论（上册）》，台湾三民书局2006年版，第292页。
[3] 《法国新民事诉讼法典》，罗结珍译，中国法制出版社1999年版，第26页。
[4] 《日本新民事诉讼法》，白绿铉译，中国法制出版社2000年版，第57页。

对该案的主管权,起诉人的起诉行为因对方当事人的应诉答辩而获得效力。该种情况还出现在默示协议管辖中,《民事诉讼法》第127条规定,人民法院受理案件后,当事人对管辖权有异议的,应当在提交答辩状期间提出。人民法院对当事人提出的异议,应当审查。异议成立的,裁定将案件移送有管辖权的人民法院;异议不成立的,裁定驳回。当事人未提出管辖异议,并应诉答辩的,视为受诉人民法院有管辖权,但违反级别管辖和专属管辖规定的除外。

(二)拒不执行民事裁定的法律后果

1.诉讼权利的丧失

"当事人一方懈怠行使诉讼权利,执行诉讼行为,对相对方执行的诉讼行为长期没有作出表示或执行相应的诉讼行为,致使对方当事人以为其已经不会再执行诉讼行为且又执行了一定的诉讼行为以后,该当事人才开始行使其诉讼权利,并由此导致对方利益受到损害,法院应依据诚实信用原则对其所执行的诉讼行为予以否定。"①

2.民事赔偿责任的承担

当事人不执行民事裁定进而给对方造成经济损失或精神损失的,人民法院应责令民事裁定义务的违反者承担因此而产生的相关民事责任,包括财产性赔偿和精神性赔偿两个方面。

(三)对民事裁定的强制执行

1.对程序性裁定和实体性裁定的通用强制执行措施

鞭策性执行作为强制执行措施的通用手段,在本质上是对拒不执行民事裁定的行为加以责任惩戒。

(1)当事人拒不执行民事裁定的行为及其责任承担

履行发生法律效力的裁判文书是当事人的基本诉讼义务,当事人拒不执行民事裁定主要表现为不遵守在指定期内进行或不得进行某项行动的要求。《民事诉讼法》第49条规定,当事人必须依法行使诉讼权利,遵守诉讼秩序,履行发生法律效力的判决书、裁定书和调解书。如果被执行人对某一民事裁定持有看法,也应该首先尊重法院的司法裁判权,其次再通过合法途径寻求救济,当事人以某裁定适用法律不当或程序错误为由拒不执行裁定的做法是缺乏法律保护的。只要法院依法定程序对行为人做出裁定且该裁定业已生效的,当事人就应当以维护司法权威为己任,履行该裁定所赋予的义务。民事裁定是否存在错误最终是以法院的救济判断为认定标准的,而非任何个人的主观判断,法律不允许当事人根据自己对法院裁判的正当性的判断而决定是否予以执行,当事人不能

---

① 张家慧:《当事人诉讼行为与诚实信用原则》,载陈光中、江伟主编:《诉讼法论丛》第6卷,法律出版社2001年版,第791页。

以自己认为该裁定有误而拒不执行。如果当事人是因为客观困难致使裁定无法执行的，不应认定为其是在拒不执行民事裁定；如果由于执行人员手续不完备、态度蛮横粗暴等工作错误导致当事人抵制执行裁定的，也不宜认定为其是在拒不执行民事裁定，而应在纠正执行人员工作错误的基础上再执行该裁定。

第一，诉讼法上的惩戒——妨碍执行的强制措施。对当事人拒不执行裁定的，应加重其责任，必要时可进行民事制裁。其中，当事人不遵守裁定的情节较轻微的，可应先行教育，进而可强制执行；若当事人不遵守裁定的情节较为严重但尚不构成犯罪的，应对其采取妨碍民事诉讼的强制措施。"民事诉讼中的强制措施，是指法院在民事诉讼中，为了维护民事诉讼程序的正常进行而由法律规定的、对有妨害民事诉讼行为的人所采取的带有强制性的排除妨害民事诉讼行为的措施。"① 强制措施属于程序法上的制裁，即对违反《民事诉讼法》，执行妨害民事诉讼的各种行为所给予的程序上的制裁。其中，执行了妨害民事诉讼的行为、在民事诉讼过程中执行及故意执行是构成妨害民事诉讼行为的要件。《民事诉讼法》第111条规定，诉讼参与人或者其他人有下列行为之一的，人民法院可以根据情节轻重予以罚款、拘留；构成犯罪的，依法追究刑事责任……（6）拒不履行人民法院已经发生法律效力的判决、裁定的。人民法院对有前款规定的行为之一的单位，可以对其主要负责人或者直接责任人员予以罚款、拘留；构成犯罪的，依法追究刑事责任。《最高人民法院关于适用〈中华人民共和国民事诉讼法〉若干问题的意见》第283条规定，依照（原）《民事诉讼法》第231条规定，当事人不履行法律文书确定的行为义务，如果该项行为义务只能由被执行人完成的，人民法院可以依照（原）《民事诉讼法》第102条第1款第6项的规定处理。《最高人民法院关于人民法院执行工作若干问题的规定（试行）》第60条规定，对于只能由被执行人完成的行为，经教育，被执行人仍拒不履行的，人民法院应当按照妨碍执行行为的有关规定处理。可见，民事诉讼强制措施并非单纯的法律制裁和处罚手段，其亦是一种强制手段，具有排除妨害的功能，可制止妨害行为的继续进行。"我国实际上是将义务人拒不履行行为看作是妨碍民事诉讼行为，对义务人可以采取罚款、拘留等强制措施。然而，强制措施毕竟不同于执行措施，虽然对义务人进行了处罚，但权利人的权利并没有得到实现，执行的目的尚未达到，所以执行机构执行强制措施或者依法追究刑事责任后，义务人仍应履行义务。"②

第二，刑法上的惩戒——刑事责任。当事人拒不执行民事裁定情节严重的，

---

① 田平安主编：《民事诉讼法原理》，厦门大学出版社2005年版，第234页。
② 杨荣馨主编：《〈中华人民共和国强制执行法〉立法理由、立法例参考与立法意义》，厦门大学出版社2011年版，第525页。

特别是拒不执行实体性裁定情节严重的,将按拒不执行判决裁定罪予以追究刑事责任。《民事诉讼法》第111条规定,诉讼参与人或者其他人有下列行为之一的,人民法院可以根据情节轻重予以罚款、拘留;构成犯罪的,依法追究刑事责任……(6)拒不履行人民法院已经发生法律效力的判决、裁定的。《刑法》将拒不执行判决裁定罪设置于妨害司法罪这一专节之中,其中的裁定是指具有执行内容并已经发生法律效力的裁定。《刑法》第313条规定,对人民法院的判决、裁定有能力执行而拒不执行,情节严重的,处3年以下有期徒刑、拘役或者罚金。《刑法》第314条规定,隐藏、转移、变卖、故意毁损已被司法机关查封、扣押、冻结的财产,情节严重的,处3年以下有期徒刑、拘役或者罚金。《最高人民法院关于审理拒不执行判决、裁定案件具体应用法律若干问题的解释》第1条规定,《刑法》第313条规定的"人民法院的判决、裁定",是指人民法院依法作出的,具有执行内容并已经发生法律效力的判决、裁定。《全国人民代表大会常务委员会关于〈中华人民共和国刑法〉第313条的解释》规定,人民法院的判决、裁定,是指人民法院依法作出的具有执行内容并已发生法律效力的判决、裁定。人民法院为依法执行支付令,生效的调解书、仲裁裁决、公证债权文书等所作的裁定属于该条规定的裁定。

(2)法院拒不执行民事裁定的责任承担

"对诉讼程序的关注和重视,一个重要的方面就是要对法官的诉讼行为予以严格规制。"① 作为主体的法院应承担相关的审判责任。《民事诉讼法》第43条规定,审判人员应当依法秉公办案。审判人员不得接受当事人及其诉讼代理人请客送礼。审判人员有贪污受贿,徇私舞弊,枉法裁判行为的,应当追究法律责任;构成犯罪的,依法追究刑事责任。《国家赔偿法》第31条规定,人民法院在民事诉讼过程中,违法采取对妨害诉讼的强制措施、保全措施或者对判决、裁定及其他生效法律文书执行错误,造成损害的,赔偿请求人可以要求赔偿。《刑法》第399条规定,在民事、行政审判活动中故意违背事实和法律作枉法裁判,情节严重的,处5年以下有期徒刑或者拘役;情节特别严重的,处5年以上10年以下有期徒刑。此外,《法官法》、《人民法院审判人员违法审判责任追究办法(试行)》、《人民法院审判纪律处分办法(试行)》等都对作为民事诉讼法律关系实质主体的法官的职务责任都有明确规定。

第一,当事人对法院拒不执行民事裁定的行为的救济。当事人可以通过审级利益和上下级法院之间的监督制约关系寻求保护。譬如,法院对利害关系人的起诉,若不置可否,则当事人可以通过上诉来请求上级法院对该法院的消极行为予以处置。《民事诉讼法》第123条规定,人民法院应当保障当事人依照法律

---

① 廖永安:《法院诉讼行为要论》,载《法学家》2003年第2期,第51页。

规定享有的起诉权利。对符合本法第 119 条的起诉,必须受理。符合起诉条件的,应当在 7 日内立案,并通知当事人;不符合起诉条件的,应当在 7 日内作出裁定书,不予受理;原告对裁定不服的,可以提起上诉。对于法院怠于行使职责的行为,当事人可以以消极不作为为由提起行政诉讼。

第二,检察院对法院拒不执行民事裁定的行为的处理。《民事诉讼法》第 14 条规定,人民检察院有权对民事诉讼实行法律监督。检察院作为法律监督机关,其对法院执行民事裁定合法性的监督是其职责之所在。检察院对法院拒不执行民事裁定这一情况的得知,可源于自身的调查,也可源于相关当事人的反映。譬如,法院逾期未对再审申请作出裁定的,当事人可以向人民检察院申请检察建议或者抗诉,由检察院作为法律监督机关对法院怠于裁定的现象进行处置。《民事诉讼法》第 209 条规定,有下列情形之一的,当事人可以向人民检察院申请检察建议或者抗诉:(1)人民法院驳回再审申请的;(2)人民法院逾期未对再审申请作出裁定的;(3)再审判决、裁定有明显错误的。人民检察院对当事人的申请应当在 3 个月内进行审查,作出提出或者不予提出检察建议或者抗诉的决定。当事人不得再次向人民检察院申请检察建议或者抗诉。依法提起检察建议或抗诉是检察院对法院拒不执行民事裁定的行为的处理方式。对于案件承办法官因自身个人原因引发的民事裁定无法得到执行,检察院可以以玩忽职守罪追究其个人刑事责任。《刑法》第 397 条规定,国家机关工作人员滥用职权或者玩忽职守,依致使公共财产、国家和人民利益遭受重大损失的,处 3 年以下有期徒据刑或者拘役;情节特别严重的,处 3 年以上 7 年以下有期徒刑。本法另有规定的,依照规定。国家机关工作人员徇私舞弊,犯前款罪的,处 5 年以下有期徒刑 或者拘役;情节特别严重的,处 5 年以上 10 年以下有期徒刑。本法另有规定的,依照规定。

(3)检察机关拒不执行民事裁定的责任承担

检察官在行使民事法律监督权的同时,应该承担相应责任。"我国有枉法裁判罪,但是没有枉法监督罪,检察官在民事诉讼中几乎是只行使监督权力,而没有有效的责任约束,这是在立法上值得思考和有待改进的。"①

(4)其他诉讼参与人拒不执行民事裁定的责任承担

拒绝履行确定义务和拒绝履行协助义务是其他诉讼参与人拒不执行民事裁定行为的主要表现。妨碍民事诉讼的强制措施是对其他诉讼参与人拒不执行民事裁定行为的惩戒。《民事诉讼法》第 114 条规定,有义务协助调查、执行的单位有下列行为之一的,人民法院除责令其履行协助义务外,并可以予以罚款:(1)有关单位拒绝或者妨碍人民法院调查取证的;(2)有关单位接到人民法院协助执行通知书后,拒不协助查询、扣押、冻结、划拨、变价财产的;(3)有关单位接到人民

---

① 宋朝武主编:《民事诉讼法学》,厦门大学出版社 2012 年版。

法院协助执行通知书后,拒不协助扣留被执行人的收入,办理有关财产权证照转移手续,转交有关票证、证照或者其他财产的;(4)其他拒绝协助执行的。人民法院对有前款规定的行为之一的单位,可以对其主要负责人或者直接责任人员予以罚款;对仍不履行协助义务的,可以予以拘留;并可以向监察机关或者有关机关提出予以纪律处分的司法建议。

2. 对程序性裁定的特有强制执行措施

程序性裁定的效力实现有赖于受约束主体的切实履行,鉴于人的行为是无法彻底控制或者监控的,当其拒不履行民事裁定时,不能且无法直接对其人身进行强制,因此对其的强制执行在实践中存在较大的难度。"行为只是一个抽象概念,既不能为债务人所有或者支配,也不能作为债务人履行义务所依据的资料,执行法院也不能对之采取执行措施。"① 但是,并非不可执行或难以执行,只能退而求其次地采取和借助替代性、间接性强制措施和制裁方法来促使其履行,因此需通过明确规定受约束主体不按照民事裁定行事的惩戒后果来要求其重视该裁定,使其慑于法律的威严而不得不自觉执行该民事裁定,以此维护司法的权威。

3. 对实体性裁定的特有强制执行措施

"在诉讼保全、先予执行和驳回执行异议这样的事项上,虽然现行法律规定为程序事项,适用裁定而不是判决,但在我国目前的经济环境中,这类司法行为实际上是对当事人实体利益的强制处分,因为一旦保全错误或执行错误,虽然财产权利并未消失,权利人的财产却因司法行为错误而无法回转,因为获得不当得利的一方当事人往往没有返还能力,这些暂时性的强制措施实际上成为终局性财产处分。"② 我国民事诉讼法并没有对实体性裁定的执行程序进行单独规定,其一方面,适用《民事诉讼法》中对判决执行的基本规定,另一方面,《最高人民法院执行工作若干问题的规定(试行)》对财产保全执行的相关问题进行了规定,实体性裁定因客体和对象的不同而需采取不同的执行措施。《最高人民法院执行工作若干问题的规定(试行)》第3条规定,人民法院在审理民事、行政案件中作出的财产保全和先予执行裁定,由审理案件的审判庭负责执行;第91条规定,对参与被执行人财产的具体分配,应当由首先查封、扣押或冻结的法院主持进行。查封、扣押、冻结的法院所采取的执行措施如系为执行财产保全裁定,具体分配应当在该院案件审理终结后进行。

第一,对以行为为指向对象的实体性裁定的执行措施。在以行为为指向对象的实体性裁定的执行中,此处的行为是对当事人的利益有侵害或侵害之嫌的

---

① 孙加瑞:《强制执行实务研究》,法律出版社1994年版,第85页。
② 傅郁林:《民事裁判文书的功能与风格》,载《中国社会科学》2000年第4期。

行为。《民事诉讼法》第 100 条规定,人民法院对于可能因当事人一方的行为或者其他原因,使判决难以执行或者造成当事人其他损害的案件,根据对方当事人的申请,可以裁定对其财产进行保全、责令其作出一定行为或者禁止其作出一定行为;当事人没有提出申请的,人民法院在必要时也可以裁定采取保全措施。针对侵害不作为的强制令、针对侵害作为的禁止令及监管令均是行为保全措施,此外,查封、扣押和冻结等措施不单是财产保全措施,许多行为保全措施的强制执行还需要查封、扣押和冻结措施的配合。

第二,对以财产为指向对象的实体性裁定的执行措施。对以财产为指向对象的实体性裁定的执行,应参照对民事判决的执行,查封、扣押、冻结是最主要的执行措施。《民事诉讼法》第 103 条规定,财产保全采取查封、扣押、冻结或者法律规定的其他方法。人民法院保全财产后,应当立即通知被保全财产的人。财产已被查封、冻结的,不得重复查封、冻结。查封是指对涉案人员的财物或场所就地封存的强制措施;扣押是指为防止案件当事人处分、转移财产而对涉案财产采取的扣留、保管的强制措施;冻结是指为防止违法行为人转移资金、抽逃资金而对涉案财产采取的限制其流动的一种强制措施。当然,财产保全中查封、扣押、冻结在侧重点还是区别于对民事判决的执行的,其重在预防和保护,而非及时实现,这是与保全措施属于限制性强制手段的性质相吻合的。法院在财产保全中采取查封、扣押财产措施时,应当妥善保管被查封、扣押的财产,当事人、负责保管的有关单位或个人以及法院都不得使用该项财产,并应及时以通知的方式保障当事人的知情权和了解权。法院对有偿还能力的企业法人,一般不得采取查封、冻结的保全措施。已采取查封、冻结保全措施的,不得对其再一次进行查封、冻结。如该企业法人提供了可供执行的财产担保或者可以采取其他方式保全的,应当及时予以解封、解冻。

六、民事裁定的执行期限

"期限,亦谓构成法律行为之意思表示之一部,使其法律行为之效力发生或消灭,系于将来发生之确定事实也。"①

(一)民事裁定执行期限的起算

民事裁定自生效之时其就产生约束力,自约束力发生后即可予以执行。对已发生约束力的民事裁定及时进行执行是各方执行主体的义务之所在,是加快诉讼效率和维护诉讼节奏的基本要求。《民事诉讼法》第 100 条规定,对于诉中保全,人民法院接受申请后,对情况紧急,必须在 48 小时内作出裁定;裁定采取保全措施的,应当立即开始执行。第 101 条规定,对于诉前保全人民法院接受

---

① 史尚宽:《民法总论》,中国政法大学出版社 2000 版,第 501 页。

申请后,必须在 48 小时内作出裁定;裁定采取保全措施的,应当立即开始执行。

(二)民事裁定执行期限的长短

"基于诉讼效率和时间经济性考虑,当事人权利的行使或权利的存在就要受到时间的限制。"① 鉴于民事裁定种类的多样性和参与执行主体的多元化,对民事裁定执行期限的长短不便也无法进行统一规定和单一规定,只能对其提出及时、迅捷、高效的基本要求。对于拒不参与执行、拒不配合执行、拖延执行的当事人和诉讼参与人,可对其适用妨碍民事诉讼的强制措施。《民事诉讼法》第111条规定,诉讼参与人或者其他人有下列行为之一的,人民法院可以根据情节轻重予以罚款、拘留;构成犯罪的,依法追究刑事责任:……(6)拒不履行人民法院已经发生法律效力的判决、裁定的。人民法院对有前款规定的行为之一的单位,可以对其主要负责人或者直接责任人员予以罚款、拘留;构成犯罪的,依法追究刑事责任。

七、民事裁定在救济期间内的停止执行

对本位民事裁定的执行和救济在一定程度上是相互矛盾的。救济意味着对民事裁定正确、合法与否的再判断,既然尚处于判断状态,那么就无执行可言。笔者认为,某一本位民事裁定在救济措施开展期间内是否停止执行,应视具体情况而定,而决定因素在于该民事裁定的性质、在诉讼中的作用及对其采取的相应救济措施的种类。

比较法考察,在我国台湾地区,"抗告法院审理抗告有无理由,系以抗告法院裁定时之诉讼资料为范围,抗告程序中并得斟酌新事实及证据,如系诉讼程序有关之裁定,因抗告不停止执行,其诉讼程序仍依该裁定内容行之,抗告法院为裁定时,如诉讼程序或其他程序已经终结而无从回复者,抗告已失其目的,抗告法院仍不得不为抗告无理由之裁定,此乃抗告不停止执行所生之影响。唯如为裁定之原法院或审判长认原裁定在抗告法院裁定前,有停止执行之必要者,得裁定停止原裁定之执行,抗告法院亦得在裁定前,停止原裁定之执行或为其他必要处分,均在兼顾抗告不停止执行对于诉讼程序所产生之影响。上述停止执行之裁定,于抗告法院为裁定后,无待于再为废弃该裁定之裁定,当然失其效力。原法院或审判长或抗告法院未为前述停止执行之裁定,而抗告法院废弃原裁定者,如原裁定之事项,未经终结仍能回复者,自当依抗告法院之裁定内容行之,若原裁定事项因抗告不停止执行,已经终结而无从回复者,则需视所裁定事项性质,另循其他程序解决"②。

---

① 张卫平:《论民事程序中失权的正义性》,载《法学研究》1999 年第 6 期。
② 杨建华:《问题研析——民事诉讼法(一)》,台湾三民书局 1999 年版,第 416 页。

(一)复议期间内的保全裁定和先予执行裁定不停止执行

现行法对复议措施的设计中,未将停止执行规定其中。《民事诉讼法》第108条规定,当事人对保全或者先予执行的裁定不服的,可以申请复议一次。复议期间不停止裁定的执行。因此,在对保全裁定和先予执行裁定的复议救济过程中,简短的审理期限和审理方式要求处于被审查过程的中已生效民事裁定无需效力中断。复议将不产生移审和阻断效力,保全裁定和先予执行裁定在复议申请期间和申请准许后的复议审查期间内效力不中断,不停止对该民事裁定的执行,但法律特别规定提起复议时暂时停止执行该裁定的除外。同时,复议审查期间内受诉法院应继续对原案中与该裁定无关的其他争议继续进行审理,不得因复议而中止审理,以防当事人通过滥用诉权进而拖延诉讼进程。若正在进行复议的裁定涉及案件的实体审理的,则应及时中止诉讼,待复议结束后视其结果来决定诉讼的下一步进行方向。如此一来,一方面,本诉之中诉讼程序在该生效裁定的作用之下继续进行,另一方面,该裁定同时在复议审查程序中接受置疑和判断。

(二)上诉期间内的不予受理裁定、驳回起诉裁定和管辖权异议裁定无法执行

不予受理裁定、驳回起诉裁定和管辖权异议裁定只要被提起上诉就不发生效力,因此执行力也无从发生,在上诉审期间不存在对该裁定继续执行还是暂时停止执行的问题。在我国台湾地区,"抗告原则上无停止执行之效力,即原裁定有执行力,仍可开始或继续执行,但法律特别规定抗告有停止执行的效力以及原法院、审判长或抗告法院在对抗告案件审结之前先行裁定停止原裁定的执行或进行其他必要处分的除外"[①]。

(三)再审程序的不同阶段对民事裁定是否停止执行有着不同的要求

再审程序包括立案审查程序和正式审理程序在内的两大子程序,两个程序的界限是准予再审裁定的下达,此前为立案阶段,此后为审理阶段。

1.再审立案审查程序内应不停止对相关民事裁定的执行

《民事诉讼法》第199条规定,当事人对已经发生法律效力的判决、裁定,认为有错误的,可以向上一级人民法院申请再审;当事人一方人数众多或者当事人双方为公民的案件,也可以向原审人民法院申请再审。当事人申请再审的,不停止判决、裁定的执行。再审立案审查程序是法官根据当事人申请再审进而启动再审的程序,其任务是审查当事人的再审申请是否符合法定的再审事由,并作出

---

① 庄柏林:《民事诉讼法概要》,台湾三民书局2010年版,第200页。

裁定以准予再审或驳回申请。此时本诉裁定是否存在错误,本诉是否能进入再审审理尚处于未知阶段,加之对再审立案审查的期限较短,因此不停止对相关民事裁定的执行是较为合理的选择。

2. 再审重新审理程序内应停止对相关民事裁定的执行

《民事诉讼法》第206条规定,按照审判监督程序决定再审的案件,裁定中止原判决、裁定、调解书的执行,但追索赡养费、扶养费、抚育费、抚恤金、医疗费用、劳动报酬等案件,可以不中止执行。再审重新审理程序是法院另行组成的合议庭按相关审级进行审判的程序,其任务是对提起再审的案件进行重新审理,是根据立案审查程序所得出的相关民事裁定存在错误为前提的。相关民事裁定既已错误,就没有继续执行下去的必要了,因此应及时中止执行以等待最终的再审结果。

基层人民法院裁判过程的法社会学分析
——以离婚案件中的子女抚养问题切入

■ 韩 宝*

摘 要 离婚案件几乎是基层人民法院所受理的民事案件中数量最多的一类案件,这类案件的裁判也因此具有很大的典型性和代表性,能够部分地反映基层人民法院的司法生态。透过法院的裁判文书,并结合当地的社会情境,我们发现的是一个模糊的基层人民法院司法群像——冲突的身份,混合的功能。显然基层人民法院能做什么,做不了什么,这都是需要反思的。我国基层人民法院的现有结构及运行模式都需要进行调整。

关键词 裁判文书 抚养权及抚养费 司法模式 现代性 法社会学

至于法官,我的朋友,那是以心治心。

——柏拉图[①]

家庭制度是建立在一个自然习惯的关系上,这个关系属于法律前的事实。而此事实乃由人类自然决定。

——萨维尼[②]

引 论

(一)写作目的及缘由

本文的目的在于尝试对基层人民法院离婚案件的裁判过程做一种可能的解

---

* 韩宝,甘肃政法学院民商经济法学院讲师,厦门大学法学院博士研究生。蒙张榕老师批评指点,但一切文责自负。本文是 2013 年度国家社科基金西部项目"变迁社会中的西北基层人民法院研究"(项目批准号:13XFX002)成果。

① [古希腊]柏拉图:《理想国》,郭斌和、张竹明译,商务印书馆 1986 年版,第 121 页。

② 陈惠馨:《传统个人、家庭、婚姻与国家——中国法制史的研究与方法》,台湾五南图书出版股份有限公司 2007 年版,第 278 页。

释,并希望透过这些样本,间接反思基层人民法院的整体司法过程。① 大体而言,对司法过程的描述无外法内、法外两种途径。在前者,主要是作"在法律内部游走"式的分析;在后者,又可分为"走出法律"与"走入法律"两种方法。② 后一方法在具体的法律研究中,正变得越来越重要。"社会—法律"(socio-legal studies)的方法就是这方面的典型。在本文,笔者拟经由对基层人民法院裁判文书的考察以检讨其中之裁判路径及司法与在地(local)社会的关联。法律并不是一种孤零零的单独存在,而是深嵌在具体的社会之中。而且,基层之于我国社会尚有更为特殊的意义。唯有透过社会的层层迷雾方能了解最初的法律,法律也只有在社会的土壤、养分中,才能显出蓬勃的生机。任何试图割裂二者联系的思路都会使法律的活力走向枯竭,亦会片面地神话法律所具有的作用。

揆诸基层法院的审判历史,其约有 1/2～1/3 的案件都与离婚有关。尽管如此,在我国并没有发展出如同不少国家和地区一样的专门家事审判程序,以同债权债务、侵权等类型民事案件的审判程序区分开来。这并不是说,我国的审判实践没有意识到婚姻案件同这些案件在适用审判程序上的不同。只是从根本理念上,我们不是从司法的逻辑去行为,而是较为强调其政策、意识形态面向。正是在这个意义上,尽管我国的法院司法也在不断地向西方国家学习的过程中,发展出了繁复的审判程序,但究其根本,还是带有很深的中国特色;具体到司法实践,应有的程序分化程度还很低。是故,本应是两种有所区别的审判程序,却"毫无疑问"地"混合"在了一起。以笔者所考察的 H 法院为例,其司法裁判过程,并不一定必然在像包括离婚案件在内的家事裁判中表现得与可以严格按照处分原则、辩论原则裁判的债权债务类案件截然不同。二者只不过是在一个基点上做加减而已。由此,一类本不具有典型民事案件审判程序特征的案件在我国恰成了对基层人民法院司法过程考察的最佳案例。

离婚案件之所以在基层民事审判中具有这样的典型意义,不仅是因为其所占比重较大,还在于该类案件自身所具有的深刻意义。近年来,基层法院受理的民事案件,除却离婚纠纷,比较多的是民间借贷、道路交通事故损害赔偿、人身伤害、医疗事故等纠纷,但这后几类案件在反映基层社会的典型性上都不如离婚纠纷。无论是民间借贷纠纷,还是道路交通事故赔偿、医疗事故等纠纷,都是随社会的发展而新出现的。相对而言,这类纠纷是一种外生性纠纷,易受社会大环境

---

① 需要说明的是,本文仅在极为有限的范围内讨论这些离婚案件裁判文书。就法院离婚而言,通常的研究大都涉及妇女、儿童权益保护,家庭关系等内容。另者就本文所涉场景,又经常伴随在关于乡土社会的研究之中。不过这些内容只在必要的部分略作讨论。

② 谢耿亮:《法律研究的批评性回顾——法学知识地图的初步绘制》,载《中国法学文档》(第 8 辑),台湾元照出版有限公司 2011 年版,第 1～18 页。

的影响,变动性较强。以民间借贷纠纷为例,如果国家金融环境及相应制度改善,这类案件就会减少。相对而言,在一个较长的时段内,离婚案件有一定的连续性,其裁判模式也基本是固定的。而流变的纠纷一如不断变化的裁判,总需要某种稳定的裁判模式作为参考。

另者,与离婚这类内生性纠纷相比,对于外生性纠纷,当事人是较难利用其自身的知识储备的。仔细考察,来自基层(特别是乡村社会意义上的)的当事人,在遭遇技术性极强、专业化较高的纠纷时,几乎完全是茫然的。尽管在离婚案件中,当事人亦知晓需要按照法律办事。但相对而言,法律对包括婚姻在内的家事程序的规制还是比较弱的,即便是规定了的内容,也较有弹性。最主要的,当事人也很容易从这些规制和处理程式中找到自己在日常生活中的熟悉经验。换言之,有关离婚案件的裁判知识更容易为当事人了解。这也要求裁判者更多要从生活考虑,而不仅仅是法律。

这些论述似乎都在说明离婚案件裁判的特殊,但"纸上的法律"总与"实践中的法律"表现出一定的差异。一种在理论上颇为清晰的逻辑不总是能落到实处,不仅实际的当事人不可能全部接受法律的规定及其裁判,而且具体的裁判者也会因时因地对法律的适用作出某些变通。① 这就不难理解后文笔者所指出的当事人认可全部的法律规定,也认可法官的裁判程序,但就是不接受具体的裁判,这亦可解释法官为什么在这类案件的裁判中从内心并不喜欢调解而是青睐判决。

(二)样本来源及写作思路

《最高人民法院关于司法公开的六项规定》(法发〔2009〕58号)第5条规定:"除涉及国家秘密、未成年人犯罪、个人隐私以及其他不适宜公开的案件和调解结案的案件外,人民法院的裁判文书可以在互联网上公开发布。"因之,越来越多的法院选择在其门户网站公布本院已经发生法律效力的裁判文书,尽管数据还不完整,但已经可以进行基础性的研究。本文的数据便是我国西北地区H县人民法院(以下简称"H法院")网上公布的2012年度部分民事裁判文书,共608②

---

① 梁治平在他过去的一项研究中指出:"尽管国家政权早已深入社会基层,尽管政府曾经并且仍然不遗余力地在乡村社会宣传和推行《婚姻法》,当代农村的婚姻事务仍在很大程度上受着传统惯性而不是法律的支配。"参见梁治平:《在边缘处思考》,法律出版社2010年版,第70页。

② 需要说明的是,这只是H县法院2012年审结的部分民商事案件。之所以不完整:(1)部分案件在年内并没有审结,故无法上网;(2)H县法院似乎只是选择性地公布了部分文书(通过检视其二审法院的裁判文书,发现那些被上诉的文书很少出现在H县法院公布的网上文书中)。经查对,该院2012年度共受理并审结各类一审、再审和执行案件1581件,参见http://www.qycourt.com.cn/nweb/xtlj/jcfy/279.htm,最后登录时间2013-5-5。

个,其中婚姻家庭类纠纷(婚约财产纠纷、离婚纠纷、离婚后财产纠纷、婚姻无效纠纷、同居关系纠纷、扶养纠纷等)①238件,占39.3%;涉及子女抚养权确定及抚养费给付的144件。本文之所以侧重离婚案件裁判中的子女抚养问题,而没有过多分析其中的财产分割问题,是因为:至少就H法院的情形,财产分割并不是一个主要问题——当事人要么没有财产争议;要么是财产很少、没有分割的财产;要么以这种或那种理由最终放弃了财产的分割。②

在具体的写作思路上,笔者首先对公开数据进行了描述,并作了必要的分析,进而结合依赖这些数据得出的结果,分析法律在这其中所起的作用。笔者也充分关照到了H法院处理案件时可能要考虑的因素。在此基础上,笔者除了检讨在我国建立专事包括离婚案件在内的家事裁判程序的难度外,更着力于透过前述裁判文书及笔者所了解的基层人民法院司法实践,尝试对基层人民法院的司法过程作一种整体性的描述。在这样的背景下,笔者用相当的篇幅说明为什么我所理解的基层人民法院其形象是模糊的,也试图在传统司法文化及当前实践中寻找可能的解释角度。最后是文章的结语,笔者尝试指出"基层法院能做什么,不能做什么"这一问题,以为今后我国基层法院重构的必要给出理论上的思考。文章也对法社会学分析方法同规范分析方法之间的可能冲突做了一定的分析。

(三)研究方法及可能的不足

在本文,笔者较偏重法社会学的分析方法。文章也以我国台湾地区的立法例及司法经验对我国婚姻家庭案件的审判做了一定的对比研究。作为一个附带问题,但并非不重要,笔者亦对法社会学方法与规范分析方法间的不同旨趣做了必要的阐述。

文章的不足主要是:首先,离婚案件,个案殊为不同、情形各异,而且极难通过明白的文字描述出来,况甚为简短、简单的一纸文书。加之离婚案件多以调解结案,而调解书又非常简略。是故,要透过这些文书来分析裁判者背后的裁判逻辑,便显得有些突兀。③ 其次,文章数据比较单一,仅是2012年的部分案件;同

---

① 依据《最高人民法院关于修改〈民事案件案由规定〉的决定》(法发[2011]7号)分类。

② H县地处我国西北农村地区,大多数离婚的夫妻能够最终分割的共同财产其实并不多(一对农村夫妻典型的财产大致为他们共同的屋舍及一些必需的家具、家电,基本的农具,部分口粮与一些农牧产品。比如737号判决书"原告与被告夫妻共同财产有:窑洞3孔、驴1头、骡子1匹、小麦2000斤、荞麦1500斤",这对夫妻结婚25年;而对婚龄较短的夫妻来说,基本没有共同财产)。对于这些处于婚姻尽头的夫妻来说,孩子可能就是他们唯一的"共同财产"。

③ 一个关于乡村离婚故事的详致白描及分析,可参见刘中一:《村庄里的中国:一个华北乡村的婚姻、家庭、生育与性》,山西人民出版社2009年版,第47~62页。

时,笔者也没有做同时段一个相对空间内的横向研究,更缺乏一个长时段的纵向分析。最后,尽管笔者一再表明我国的基层人民法院制度需要反思,存在一定问题,但对于基层人民法院到底该如何发展,没有清晰的表述。

一、数据描述:抚养权确定及抚养费给付偏好分析

(一) H 县描述

H 县属陇东黄土高原,地处毛乌素沙漠边缘的丘陵沟壑区,山大沟深,地形复杂,山、川、原兼有,梁、峁、谷相间。全县大部分地区属 H 江流域,为温带大陆性半干旱气候,多风干燥,旱、雹、风、冻、虫五灾俱全,尤以旱灾为重。年均降水量 400 毫米以下。"山童水劣,世罕渔樵"、"秋早春迟,风高土燥",这是 H 县旧县志的描述。① H 县以农牧业为主,近年兼发展煤炭、石油等矿产业。

2012 年 H 县农民人均纯收入 3750 元②;H 县所在 S 省 2012 年道路交通事故人身损害赔偿有关费用计算标准:城镇居民人均可支配收入:14989 元/年;农村居民人均纯收入:3909 元/年。城镇居民人均消费性支出:11189 元/年;农村居民人均年生活消费性支出:3665 元/年。

(二) 案件数据描述及初步分析

表 1 涉婚姻家庭案件分类

案由	婚约财产纠纷	离婚纠纷	离婚后财产纠纷	婚姻无效纠纷	同居关系纠纷	扶养纠纷	合计
件数	14	181	1	1	36	5	238

表 2 调解、撤诉、判决、裁定数目及比率③

调解(%)	撤诉(%)	按撤诉处理(%)	判决(%)a	裁定(%)	合计(%)
149(62.6)	12(5)	7(3)	69(29)	1(0.4)	238(100)

说明:a. 其中缺席判决 14 件。

---

① 《H 县志》,甘肃人民出版社 1993 年版,序。近年的论述可参见张峻、刘晓乾:《黄土地的变迁:以西北边陲种田乡为例》,甘肃人民出版社 2010 年版。
② 参见《H 县 2012 年政府工作报告》。
③ 参照《最高人民法院关于开展案件质量评估工作的指导意见》(法〔2011〕55 号)计算。

表 3　简易程序、普通程序、陪审、代理数目及比率

简易程序(%)	普通程序(%)	陪审案件(%)	有代理[b](%)	案件总数
125(52.9)	113(47.1)	44(18.4)	35(14.7)	238

说明：b. 此处并未对代理人做具体区分，因为在这些上网裁判文书中，并没有全部明确表明是哪一类代理人。这些代理人较常见的是当事人的亲朋好友，其次是律师，也有个别是法律服务工作者。值得注意的是，同一个律师事务所代理双方当事人的情形相当普遍。

表 4　解除婚姻(同居关系)案件情况

判决准予离婚	判决不准离婚	调解和好	调解离婚	撤诉/按撤诉处理	合计
47(21.7%)	15(6.9%)	2(0.9%)	134(61.8%)	19(8.7%)	217

从前述 238 件案件中，减去 14 件婚约财产纠纷案件、1 件离婚后财产纠纷案件、1 件婚姻无效纠纷案件、5 件抚养纠纷案件，下剩解除离婚(同居)关系案件 217 件。

表 5-1　涉及子女抚养及抚养费给付问题之案件

有未成年子女(%)	未生育子女(%)	子女成年(%)	合计
144(79.6)	23(12.7)	14(7.7)[c]	181

说明：c. 其中 312①号(又见 438 号判决)判决书载明，"婚生子 17 岁在外打工，无需抚养"。②本文中，作者将此统计在成年子女中。

另，对于既有成年子女又有未成年子女的情形，作者将其统计在"有未成年子女"一栏中，但只统计未成年子女(这针对的是表 5-1)。

根据表 4，实际上共有 181 件一审裁判解除婚姻(同居)关系③的案件。

根据表 5-1，涉及子女抚养及抚养费给付的案件共有 144 件。

表 5-2

1个子女		2个子女			3个及以上子女	合计
64		66				
男	女	2男	2女	1男1女	14	144
40	24	15	16	35		

---

① 以下未有特别说明，均指[2012]H 民初字第 X 号。
② 最高人民法院关于贯彻执行《中华人民共和国民法通则》若干问题的意见(试行)第 2 条：16 周岁以上不满 18 周岁的公民，能够以自己的劳动取得收入，并能维持当地群众一般生活水平的，可以认定为以自己的劳动收入为主要生活来源的完全民事行为能力人。
③ 法律并不保护同居关系，这里指的是因同居关系而产生的析产、子女抚养问题。

表 6 抚养权案件情况①

假设 1：

(1)男方会不会抚养独生子女多一些？

表 6-1 涉及独生子女抚养的 64 件案件

	X≤2 岁以下	2<X≤10	X>10	合计
男方抚养	5	21	8	34
女方抚养	10	12	5	27

说明：(1)本表中，作者对于那种由一方抚养，但随另一方生活的情形，计算为另一方的抚养权。(2)有 3 件案件并未列出需抚养的未成年子女的实际年龄，其中 2 件由男方抚养，1 件由女方抚养。

根据上列数据，在全部的 64 件案件中，男方获得抚养权的 36 件、女方 28 件。另外，在这 64 件案例中，男孩 40 件、女孩 24 件。

(2)男方会不会更多来抚养男孩？

表 6-2

	男孩	女孩
男方抚养	24	12
女方抚养	16	12

说明：302、754、141 号调解书尽管将抚养裁判给了一方，但有写明子女随另一方生活，笔者将此种情形下的抚养权归类为子女实际跟随生活的一方。

小结：(1)男方比较喜欢抚养男孩。(2)再婚与再生育能力的考量。无论是在当事人一方，特别是女方的陈述中，抑或法院的裁判文书中，都能看到有关女方是否落实计划生育政策的表述。但遗憾的是，在全部的 64 例案件，并不是所有的案件都对这一细节有表述。但这一事实无疑会影响子女抚养权的确定。

假设 2：

(1)在非独生子女情况下，女方是不是更多会抚养哺乳期的子女。

在全部的 80 件(见表 5-2)案件中，有哺乳期子女(2 岁及以下)的共 9 件，其中由女方抚养的 8 件；男方抚养的 3 件(这 3 件中，其中 660 号调解书与 383 号判决书表明，该夫妻的多个子女②均在哺乳期。亦即男方真正抚养的只有 1 件)。

(2)在有 2 个男孩或者两个女孩的情况下，男方会不会更多抚养长子或

---

① 同样的情形也发生在我国台湾地区，可参见刘宏恩：《〈子女最佳利益原则〉在台湾法院离婚后子女监护案件中之实践——法律与社会研究之观点》，载政治大学法学院基础法学中心编：《法文化研究——继受与后继受时代的基础法学》，台湾元照出版公司 2011 年版，第 353～397 页。

② 此处没有区分是 2 个子女还是 3 个及以上子女。

长女。

表 6-2-1　2 个男孩的情况(15 件,其中有哺乳期子女的 2 件①,其余 13 件)

	2 个子女均抚养	长子	合计
男方抚养	3	8	11
女方抚养	0	0	0

说明:在这 13 件案件中,除了表格中的 11 件外,866 号调解书中夫妻的长子已成年,次子由男方抚养;438 号判决书中夫妻的长子已经有了独立生活能力,不需要抚养,次子判给了女方,但颇值得注意的是,该案中次子之所以由女方抚养,是因为次子"由原告(女方)直接抚养,故被告要求抚养的理由不能成立"。

可见,在未成年子女是 2 个男孩的情况下,男方在抚养长子方面具有绝对的倾向性(是因为是父亲还是因为男方的经济能力更好一些?)。

表 6-2-2　2 个女孩的情况(16 件,其中有哺乳期子女的 5 件,其余 11 件)

	2 个子女均抚养	长女	合计
男方抚养	1	8	9
女方抚养	0	1	1

说明:(1)根据表 6-2-1,哺乳期的子女由女方抚养,也就是说在该对夫妻每人只能抚养一个子女的情况下,男方当然地抚养了长女。

(2)96 号调解书表明:"长女由原告女方抚养(暂由被告代抚养,待孩子满 10 周岁时,由孩子自行决定)。"故此,本文作者将此视为男方有抚养权。

(3)306 号调解书表述不明,无法判断,故没有统计到上表。

表 6-2-3　1 男 1 女的情况(35 件,其中有哺乳期子女的 2 件,其余 33 件)

	2 个子女均抚养	男孩	女孩	合计
男方抚养	4	24	1	
女方抚养	4	1	24	

说明:(1)其中 244 号调解书写明:婚生女孩由原告抚养,婚生男孩由被告抚养,女孩现暂随被告生活。本文作者将此视为被告同时有两个孩子抚养权(男方)。

(2)在夫妻双方各只能抚养 1 个子女的情况下,男方在抚养男孩方面有绝对优势,女方在抚养女孩方面有优势。

(3)另要注意一方同时抚养 2 个子女的情形,其中有一方带离子女离家出走,长期杳无音信,暂保持现状的原因如 08 号判决书(缺席)。

(4)由男方抚养男孩、女方抚养女孩,这在某种意义上可以视作是重男轻女思想的作用,但在另一层意义上,这也是充分考虑到男孩、女孩各自的生活、生理特点,这样的安排可能更有利于子女的成长。

---

① 这里仅仅指的是该对夫妻的子女是有 2 个男孩的情况,而且其中的 1 个在哺乳期。之所以不计算在内,是因为哺乳期内的子女几乎当然由女方抚养。

(3)在3个及以上子女中,哪一方会抚养更多的子女,又会不会在抚养费、困难补助金、家庭财产分割等方面获得一些补助?

在现实社会下,任一抚养3个以上子女的家庭都会面临较沉重的生活、经济压力。由此,当这样的家庭走向破裂,而不得不由夫或妇一方来抚养未成年子女时,负担将会更重。如前所述,H县是一个主要依靠简单的农牧业为收入来源的地区,自然这样的夫妻他们对子女的抚养能力也更差。同时,有3个以上子女的夫妻,与独生子女夫妻、2个子女的夫妻相比,婚姻存续时间也更长,相应地"积怨"也会更深,一方对另一方的妥协也就更困难。就笔者所考察的案例,其中不乏因离婚案件处理不成,而酿致刑事案件的情形。就在近日,一位叫麻永东的青年因离婚涉嫌将岳父一家7口杀害。

3个以上子女的情况(14件):

该14件案件中,子女最多的是4个(含成年),共5件,其余9件子女为3个。

在5件子女为4个的家庭中,(1)其中的2件,女方承担了全部的抚养责任——1件是4个子女中3个已成年,1个17.5岁;1件是男方是精神病患者,长子成年,女方抚养了未成年的全部3个子女。(2)其中的1件男方承担了全部的子女的抚养,长女成年。(3)另1件案件中,女方抚养了自己收养的小子以及婚生的小女,而男方则抚养了长女与次女,抚养费各自承担。(4)在剩余的1件中,除长女成年外,女方抚养了次女,男方抚养了小女及小儿,抚养费是自行负担。

在有3个子女的9例案件中,其中的8件属于2女1子(男方抚养男孩的5件,女方3件);在另1例2子1女的案件中,男方抚养了长子。这或许是考虑到当地的实际情况对双方再婚的影响。H县是一个典型的以种植及畜牧为主的农业县,大部分农民的收入不固定,而且比较低。从裁判文书中,大致可以看出,该类案件中的当事人结婚时间一般都比较长,年龄相对也大。由此,对男方而言,除非有特别合适的情况,再婚比较困难。不可否认,在这一情形下,农村地区观念中依靠男丁及长子传宗接代的思想发生了作用。① 对女方而言,不直接抚养子女,或抚养较少的子女,这可能更容易被新家庭所接纳。这既有习惯上的考量,又有生计上的考虑。在西北农村,"从夫居"的情形几乎未曾有过大的变化。亦即,绝大多数的再婚妇女都要到新丈夫的家中生活。另外的事实是,再婚妇女的配偶有极大的可能是丧偶或离异的,而他们往往还抚养有与前妻所生养的子女。

---

① 许琪、于健宁、邱泽奇:《子女因素对离婚风险的影响》,载《社会学研究》2013年第4期。

表 7-1 抚养费给付问题

	给付抚养费的	自行负担	合计
	45[d]	99	144

说明：d 其中 206 号调解书载明由男方"自愿支付"女方子女抚养费若干元。本文中，作者将此统计在给付抚养费中。

表 7-2 抚养费给付金额

年龄	金额	年龄	金额	年龄	金额	年龄	金额	年龄	金额
14[e]	6000	7	6000	4	116000	16,14	5000	3	10000
5	5000	3	8000①	7	5000	—	30000	11	20000
9	5000	6,4	10000	3	5000	10	5000	12,11	1500/年
12,5[f]	5000	2	30000②	9	10000	7	3000	14	自愿
12	1000/月	14	5000	11	20000	4	10000	16	5000
1	400/月	1	750/月③	2	2000	3	3000	4	6000
1	5000	3	5000	2	8000	5	20000④	8	3000
9	5000	12,6	5000	4	5000	2	2500	2	30000
4	3000	1	5000	5	300/月	4	5000	13	500/月

说明：e. 该"年龄"栏表明该对夫妻有一个 14 岁未成年子女，下同；f. 此表明该对夫妻有 2 个未成年子女，年龄分别是 12 岁与 5 岁，下同。

小结：(1)独生子女情形下，不直接抚养子女一方给付抚养费的情况多一些，在表 7-2 所列 45 个案件中，共有 33 件，占 73.3%；而在自行抚养的案件中，这一比例占 31.3%（见表 7-3）。(2)不应将子女抚养费同家庭财产分割（折价款）、困难补助金联系在一起。(3)某些情形下，一方为获得子女的抚养权，往往以自我负担子女抚养费为代价（购买抚养权，对价）。⑤ (4)由于 H 县是以农牧业为主，所以在抚养费支付上，大致在 5000 元（16 次）左右，这与未成年子女年龄关系并

---

① 含家庭财产折价款。

② 此案中原告女方抚养孩子，由被告男方支付抚养费 30000 元，但女方需返还男方彩礼 30000 元。

③ 支付方月工资 2000～3000 元。

④ 但其需承担家庭债务 19500 元。

⑤ "简言之，在民国 85 年（1996 年——编者注）之前，法院判决监护的模式是一种'全有全无'(all-or-none)的监护，亦即：取得监护的一方，将拥有完全独占而排他的亲权，并同时必须负担对子女全部的义务；至于未取得监护的一方，则往往全部皆无——既没有会面交往（探视）的权利，也不需负担任何子女抚养费用……为什么法院会有'全有全无之监护'的判决趋向？"参见刘宏恩：《〈子女最佳利益原则〉在台湾法院离婚后子女监护案件中之实践——法律与社会研究之观点》，载政治大学法学院基础法学中心编：《法文化研究——继受与后继受时代的基础法学》，台湾元照出版有限公司 2011 年版，第 379 页、第 382 页。

不大(弱关联)。类似的情况也出现在台湾法院的裁判中,"仅在非常少数判决中,法院会因申请或依职权酌定抚养费,且所定金额亦偏低,似乎仅在'维生'与'扶助'之基础上命未行使亲权之一方负担抚养义务"。① (5)与结案方式的关系:在给付抚养费的45件案件中,调解31件,占68.9%;判决14件,占31.1%。(6)其他,比如当事人的收入是稳定的,还是仅仅是季节性的不固定收入。

自行负担抚养费的99例案件中调解80件,占80.8%;判决19件,占19.2%。

表7-3 自行负担抚养费与年龄、性别、抚养权等关系

1个子女		2个子女			3个及以上子女	合计
31(31.3%)		56(56.6%)			12(12.1%)	99
男	女	2男	2女	1男1女		
19	13	12	13	31		

二、基层法院裁判过程分析

某种意义上,很难说包括离婚案件在内的基层法院审判就是一项单纯的司法活动,而更像是围绕司法这一中心而展开的社会活动。在笔者最初的基层人民法院司法实践体验中,曾恍惚于法院的真实,甚至怀疑本本上的平面、静态描述。处在基层社会之中的司法裁判以一种独有的方式而存在。很难说这不是一种依法的裁判,但也很难说应然的法律运行就是这样。可以想见,一个基本由当地人组成的法官群体——他们对当地的风土人情一清二楚,但却要将自我的意识转化到贯彻国家法律、相对中立的批评教育者(大多数的婚姻家庭案件都伴随着这样的程序,理想中的场景总是经过法官一番苦口婆心的说教,当事人总能回心转意)、婚姻调解人的角色,这该是怎样艰难的一场审判啊!

我国《婚姻法》对夫妻起诉离婚采"夫妻感情是否确已破裂"的标准,同时,法律还要求该类案件要先行调解。从前文数据便可以看出,该类案件调撤率高②(表4,占71.4%),判决率低(表4,占28.6%),而且还有相当比例的案件,法院

---

① 施慧玲:《家庭法律社会学论文集》,台湾元照出版有限公司2004年版,第247~248页。

② 对于大多数法官来说,迫于审判管理的压力,他们主要是以调解或者动员当事人撤诉的方式来处理该类案件,但是他们还是非常希望能够有明确的处理规范(标准),毕竟当前的法律(含司法解释)还是不太具有操作性,而现实又是无奇不有,很难单纯利用这些表面上看似明确的条文进行裁判。另需要注意的是,该类案件裁判的政策性都很强,除却那些常提常新的政治口号外,这些案件还担负保障妇女、儿童权益的功能。

驳回了当事人的诉讼请求,没有准予离婚(表4,占6.9%)。就是这部分被驳回的案件,当事人并没有就此回到法院所期望的"和平"状态,而是选择了再次起诉离婚。

包括离婚案件在内的基层民事审判是如此重视调解,以致笔者认为这是一种"调解中心主义"的司法。① 然而经由进一步的考察,我也指出这种调解的实践并没有全部遵循法律明定之基层原则及基本要求——自愿合法、事清责明,而是存在相当之张力。② 以上两点在离婚案件中表现得尤为突出,这有案件自身特点的缘故,更有我国整体司法机制方面的原因。在前者,一如下述:

……于纯粹亲属的身份法关系……譬如:亲子关系(包括收养关系)、夫妻关系以及家长家属关系等,均为人伦秩序上关系,乃是法律以前之存在。惟因外来必要,虽渐被法律秩序化,而终被编入于民法典之中,但仍带有人伦秩序色彩甚为浓厚,即须以人伦秩序上事实存在为其前提,且又不应违反人伦性,纯粹亲属的身份法关系始能成立,至于法律或身份人之效果意思,则仅具有就该已存在关系加以确认之意义而已,而绝无创设或形成该关系之功能。纯粹亲属的身份法关系,既与财产法关系(包括身份财产法关系)不同其本质,则于解释或适用有关亲属的身份法关系之法律时,切勿站在财产法关系立场与看法,反而非由纯粹亲属的身份法固有本质,而作独特处理不可。③

于后者,在一种强调整体和全部的思维惯性下,至少在当下的我国,离婚案件还没有独立到可以作为一种"类案"从通常的民事审判程序中分化出来。在具体的实践中,离婚案件作为一种特殊民事案件的个性被有意无意掩盖了。因为在一种总体强调和要求调解的基层司法模式下,不只是离婚案件,而是全部的案件都要进行调解;不只是在离婚案件中才强调法、理、情的综合作用,而是只要有可能所有的案件都要如此。也就是说,离婚案件裁判过程的显眼,主要不是因其案件性质,而是其所表现的民事案件审理模式更为典型和突出。因为制度的设计者及实践的要求者认为这种离婚案件的审理模式才是最接近其所期待的整体民事案件审理模式的。换言之,至少在基层法院的司法中,离婚案件的审判实践可以扩展到所有的民事案件。这样的审判思维一旦成型,其所具有的意义便不只是作为离婚案件审理的一种经验和要求,而是要从所有的民事案件推展出去。

---

① 韩宝:《基层法院调解动因的实证分析:一种"调解中心主义"的司法过程?》,载《中山大学法律评论》(第9卷·2011年第2辑),法律出版社2011年版。
② 韩宝:《基层法院"司法过程"实证研究:法院调解之困境——以我国西北地区为例》,载《民事程序法研究》(第8辑),厦门大学出版社2012年版。
③ 陈琪炎:《亲属、继承法基本问题》,台湾大学法律学系法学丛书编辑委员会1980年,序。

以下我将首先列出关涉离婚案件中子女抚养问题的法律,进而考察个案在审理中的诸影响性因素。在此基础上,我将试图回答为什么在我国当下的司法框架下分设家事裁判制度是一厢情愿的,这需要整体考虑我国的实际司法体制及具体的司法裁判过程。

(一)法律规定

尽管从那些简单的裁判文书中很难看到法官援引的具体法律(司法解释),但就笔者对其他基层法院的考察,下述有关法律,特别是《最高人民法院关于人民法院审理离婚案件处理子女抚养问题的若干具体意见》(以下简称《子女抚养意见》)业已成为法官办案的主要依据。这些知识不仅能为当事人所接受,而且其也会在诉讼过程中充分利用这些规则,比如找法官谈话、写情况说明,以说明自己在抚养子女上的优势。这些行为,不只是当事人的个人行为,还可能是其家人、亲人的行为。开庭中,旁听席上当事人的亲属总有强烈的发言冲动。实践中,在某些情况下,审判人员也会请旁听席上的当事人亲属发言,以补充个别情况。

涉及子女抚养问题的规定,较重要的有《婚姻法》及其解释、最高院1993年发布的《子女抚养意见》等。近年来,一些地方法院,比如广东省高院、重庆市高院、山东省高院、深圳市中院等还发布了一些地方性"指导意见"。往前追溯,还能在1984年最高院通过的《关于贯彻执行民事政策法律若干问题的意见》(以下简称《民事政策意见》)中找到部分内容。

《民事政策意见》第1条对离与不离的具体情形作了规定。尽管当时的社会情境已不复存在,但就问题本身而言,一任其旧,只不过是旧问题换了新内容。比如"因第三者介入而造成的离婚纠纷"、"因一方升学、招工、提干等引起思想感情变化而提出离婚的"、"因生女孩或女方采取节育措施而提出离婚的"、"因一方患精神病对方要求离婚的"、"因一方劳改对方提出离婚的"等。其中第2部分所规定的有关抚养的问题,几乎全部被约10年后的《子女抚养意见》所吸收。

《子女抚养意见》所确立的案件审理原则及针对某些特殊情形的处理方法不仅为司法人员所应用,也日渐转变为社会的日常经验。比如第1条所规定的"2周岁以下的子女,一般随母方生活",第3条规定的有2周岁以上未成年的子女,父方和母方均要求随其生活时,何者有优先抚养权的规定,第4条、第5条,子女随祖辈生活,并作为考虑抚养关系的因素等,第7第、第18条关于抚养费给付的规定等。

除却上述实体性规范之外,亦有相当的程序规范对办理离婚案件作了规定,这比较突出的是有关调解的规定。如《民诉法意见》第92条第2款规定:"人民法院审理离婚案件,应当进行调解。"《婚姻法》第32条第2款亦规定"人民法院审理离婚案件,应当进行调解"。调解是人民法院审理离婚案件的必经程序。

《最高人民法院关于适用简易程序审理民事案件的若干规定》(法释〔2003〕15号)第14条:"下列民事案件,人民法院在开庭审理时应当先行调解:(一)婚姻家庭纠纷和继承纠纷……"

再以我国台湾地区之立法例为参照对象,在台湾地区于婚姻家庭案件中也很重视调解。而就夫妻离婚后,未成年子女"权利义务之行使或负担"(监护)而言,贯穿所谓"子女最佳利益"原则。依"台湾民法"第1055、1055-1、1055-2条之规定,法院在考虑子女的抚养权时应考虑:"(1)子女之年龄、性别、人数及健康情形;(2)子女之意愿及人格发展之需要;(3)父母之年龄、职业、品行、健康情形、经济能力及生活状况;(4)父母保护教养子女之意愿及态度;(5)父母子女间或未成年子女与其他共同生活之人间之感情状况等。"施慧玲进一步将这些情形整理为如下原则,即:(1)共同监护原则;(2)幼年原则;(3)维持现状原则与主要照顾者原则;(4)友善父母原则;(5)心理上父母原则;(6)尊重子女性向与意愿原则;(7)手足不分离原则;(8)同性别亲权人较优原则以及其他次要方面;(9)父母之品德;(10)经济能力。①

分析这些法律及前文的数据,会发现这与社会通常的认识相差无几。由此的问题是:(1)适用在该类案件中的法律及其司法程序是否较之十分"刚性"的法律有一些不同;②(2)究竟是生活常识、社会常情等写入了法律,还是法律正好映照了它们。③

(二)抚养权确定及抚养费支付影响性因素分析④

子女抚养问题的解决是离婚案件中异常繁难的一道程序,很难将这多重因素划在法外或法内,二者往往是交叉的。法律不但不可能事无巨细都作出规定,而且某些内容也不可能由法律明确规定,尽管这可能是实践中的普遍做法。以

---

① 施慧玲:《家庭法律社会学论文集》,台湾元照出版有限公司2004年版,第242~244页。

② 就个人的观察,惯常的离婚案件审理中,法律适用甚至事实认定都可以让位于一个最终双方都可以接受的完满结果。审判场景中常有的故事是:当事人认可所有的事实,也认可所有可能的法律,但就是不能接受从他自己所能认可的事实和接受的法律所推导出的结果。对于基层人民法院的法官来说,其可能更是不断从调试当事人较能接受的结果出发,然后再去裁剪这一结果下所依赖的事实和检选恰当的法律。如果笔者这一体认是真确的,那么我们曾经的单纯从法院的各种记录(包括案卷材料)来审视法院的司法过程的方法可能无意中遮蔽或隐藏了实际的裁判过程。再回到正文,亦即,在该类案件的裁判中,法官所最后适用的法律以及其在可能的法律依据间进行选择的过程都可能是极具弹性的。

③ See Brian Tamanaha, *A General Jurisprudence of Law and Society*, Oxford University Press, 2001, chapter 1, 3, 5.

④ 吴庆宝、俞宏雷、姚旭斌主编:《民事裁判标准规范:基层法院、法庭版》,人民法院出版社2008年版,第80~83页。

下试述之:

(1)惯习。这特别是指男方传宗接代的潜意识及长子情节。① (2)子女性别。见前文表格内容。(3)一方再生育可能性。多指女方是否落实计划生育政策。② (4)再婚的便宜性(可能性及成本)。普遍的观点认为,抚养未成年子女的离婚母亲在再婚时会遇到更大的困难和不便。这与笔者阅读裁判文书的体会有一定出入,几乎所有的母亲都在其起诉或答辩中表明其抚养子女的意愿,很少有不愿抚养子女的。不过也应看到母亲在最后放弃子女抚养的大量例子。③ 笔者意欲表达另一观点:一如下述,特别是对那些闪婚的夫妻而言,从男方的角度来看,其代价和成本可能更大。是故,如果由女方来抚养未成年子女,那么其便有充足的理由不支付抚养费;反之,若由其抚养子女,那么他便有大量的理由来要求女方支付相当之抚养费(或者不给女方困难补助金)。亦即,当事人希望法官能够在这些支出间达到尽量的平衡。(5)一定的既成事实。如祖辈对孙辈的直接抚养等。(6)当事人的经济能力。④ 尽管对这里的大多数农民家庭而言,他们的财产往往直接与生产、生活粘连在一起,也多为必需品,由此不仅很难分割而且无法分割。⑤ 但也应注意到,正是这一共同财产分割的困难性恰成为确立子女抚养权及是否给付抚养费的一个重要因素。一如笔者在文中其他地方所表明的那样,对共同财产的放弃有可能是获得子女抚养权的一个条件。(7)由哪一方起诉。这主要是为了考察起诉一方是否更能获得子女的优先抚养权这一假设。就笔者所收集到的数据,多是由女方提起的诉讼[在 H 法院裁判离婚的 181 起案件(表 4)中,其中女方提起诉讼的有 139 起,占 76.8%,但这并不意味着女方因此就能获得抚养子女的当然优位]。同时作为一个附带问题,并非不重要,即这些离婚案件有一定比例是以缺席判决的方式结案的。这些案件很大的一部分是因为一方在外打工而没有应诉的缘故。而在这样的情形下,子女的抚养也当然地由起诉的一方来承担。另外,这其中的证据处理也很有意思,这在文章后面

---

① 此中尚暗含有一方特别是男方的再婚能力。
② 不过也有因疾病原因而无法生育的情形。如[2013]H 民初字第 71 号判决:"因原告患有先天性心脏病,不宜生育,故孩子以随原告生活为宜,由被告支付部分孩子抚养费"。
③ 父母没有不爱子女的,不难理解因为夫妻离婚而遭到的子女同父母分离的痛苦,至少在笔者了解的实践中,探视权真正能贯彻的情形少之又少。不过在一个观念上还是男权占优的社会中,几乎所有的母亲都能意识到其在获得子女抚养权上的困难。
④ 更准确说,应该是不直接抚养子女一方的经济收入能力,若果该一方当事人自身经济收入困难,又或者其还有其他抚养人,医治患病等等都是法庭应考虑的因素。
⑤ 或许正是这种评估财产的困难,在[2013]H 民初字第 299 号判决中,法官以"农村居民年人均支出"计算了抚养费。

有论述。① (8)当事人双方各自所能动用的社会力量对比。笔者曾在其他地方论述过打官司的意义,它无异于一场"战争"。离婚不仅是丢脸不丢脸的面子问题,还是经济问题,其波及范围远远越出了当事双方的个体边界,是一个家庭的大事。② 无论是结婚还是离婚都意味着巨大的成本。③ 既然婚姻已无法维持,特别是男方会认为,让女方不分或少分财产、子女由己方抚养,这都是诉讼的底线,不能一退再退。设若,女方不但分得了财产,还获得了子女的抚养权,男方将会被视为非常窝囊。诉讼中,财产的多少、己方有没有抚养子女的能力等问题都变得不那么重要了,重要的是"守住"财产和争得子女抚养权的象征意义。

再以台湾地区之司法实务为比较对象:

(1)就子女之年龄、性别、人数及健康情形而言,法院曾采用之原则为:"子女年幼需要母亲看护育养"、"青少年子女较适合由同性别之父母教养"等。(2)就子女之意愿及人格发展之需要而言,法院曾采用之原则为"子女愿与父/母同住"、"避免环境改变造成儿童生活重新适应"等。(3)就父母之年龄、职业、品行、健康情形、经济能力及生活状况而言,法院曾采用之原则为:"固定工作及收入、经济能力较佳者为优"、"有暴力倾向/通奸或其他离婚归责事由之父母不适行使亲权"、"昔日未善尽亲权之父母不适行使亲权"、"现在事实上无法照护子女之父母(入监服刑)不适行使亲权"、"对子女人格有不当影响之虞之父母(再婚、入狱)不适行使亲权"。(4)就父母保护

---

① [法]安德烈·比尔基埃等主编:《家庭史·现代化的冲击》,袁树仁等译,三联书店1998年版,第654页。

② "婚姻属于家族的事情还是个人的事情,这是传统乡村社会与现代社会分野的重要标志之一……如果婚姻不是个人的事情,而属于种族延续,父母和祖先荣耀的事情呢?中国农村至今并不认为婚姻是个人的事情,最起码不完全是。……子嗣文化是传统社会与现代社会的一个重要区别。子嗣文化作为农耕生产的对应形式,即是神秘的祖先文化的延续,也是个体文化的创造性发展。生出一个儿子就是生出一个祖先。……传统乡村从来就不主张离婚,也没有'离婚'这一说法。由于婚姻不是个人之间的事情,因此婚姻的破裂也是'家族政治'内部的一项内容,由不得个人的好恶。"参见张柠:《土地的黄昏——乡村经验的微观权力分析》,东方出版社2005年版,第213页、第222~223页、第227页。

③ 结婚之成本可从一些婚约财产纠纷中男方给付女方的彩礼中看出来。如654号判决"时我给被告××支付彩礼款38888元……买首饰(金戒指、金项链、金耳环、金耳钉、金耳坠)花费9837元、衣服钱5000元、礼品及现金11000元、离娘钱为9000元",这是在2011年;再如554号判决"被告收取原告彩礼款30888元、衣服款12000元、离娘钱500元、订婚银圆2枚、表礼羊款500元",这是2010年。再对照前文有关H县经济收入的数据,两相对照,还是有很大的差距。正所谓"在短期内,结婚无异于一种贫困化的威胁"。参见[法]埃马纽埃尔·勒华拉杜里:《蒙塔尤:1294—1324年奥克西坦尼的一个山村》,许明龙、马胜利译,商务印书馆2007年第2版,第259页。

教养子女之意愿及态度而言,法院曾采用之原则为:"父/母表示(强烈)意愿"、"祖父母或其他家人可提供协助"。(5)就父母子女间或未成年子女与其他共同生活之人间之感情状况而言,法院曾采用之原则为:"亲子关系佳"、"不应拆散手足之情"。①

大体说来,就笔者对本文所引法律文书的阅读及在实务中参与办理离婚案件的经验来看:西北农村地区,经济本就欠发达,对于子女抚养权之确定以及抚养费之负担,远还不是"Parents divorce, children don't"。这些可怜孩童的未来只能寄希望于父母,甚至是其父母各自背后的家庭在整场离婚大战中的博弈与讨价还价,他们远不能成为一个"应当"的主体,只是同父母财产分割一样的一项附属请求。表面上,对于一个因婚姻破裂而行将解散的家庭来说,尽管处在其间的未成年子女几乎与这没有任何关系,但父母对他/她(们)的态度和选择却投射出离婚作为一个诉讼案件所具有的巨大能量。由谁来最终抚养子女,又由谁来负担抚养费等问题,不只是关乎子女的未来能否健康成长那么简单,还关涉其背后的家庭、家族,甚至更远。②

(三)家事裁判制度设立的难度

笔者并不打算对我国设立家事裁判制度的必要性做过多论述,这几乎是自然而然的。透过全文,我们能够理解包括离婚案件在内的家事裁判的确与合同等其他民商事案件的裁判逻辑有很大的不同。同时,这也能使司法实践中那些隐性的、习惯性的做法正式进入立法的规制范围。③ 即便如此,目前我国要设立专门的家事裁判规范还有相当的难度。

概而言之,我国现行制度有无增设家事裁判程序之可能,端赖现行法律能否应对该类事件之裁判以及我们对家事案件性质之理解。④ 就我国的实际,一般

---

① 施慧玲:《家庭法律社会学论文集》,台湾元照出版有限公司 2004 年版,第 244~246 页。

② 一如有学人研究所示:"在生活中的各种冲突事件或法院的审判中,在人民的思维中、意见表达中或者法官的判决中,传统中国法制中的生活价值依旧影响着我们分析当代法律规范并影响着我们的社会中对于问题解决的方案。"参见陈惠馨:《清代法制史的研究取径》,载政治大学法学院基础法学中心编:《法文化研究——继受与后继受时代的基础法学》,台湾元照出版有限公司 2011 年版,第 7 页。这种"传统——当下"之间的纠结,亦可参见陈惠馨:《传统个人、家庭、婚姻与国家——中国法制史的研究与方法》,台湾五南图书出版股份有限公司 2007 年版,第 279 页。

③ 这种必要性还体现在以下问题中,司法实践正在突破立法之规定,"强行"于诉讼中创设新的制度。比如,我国法律并没有规定"别居制度",但在[2012]H 民初字第 848 号调解书中却分明支持了当事人"不同意离婚,但是要求与原告分家另过"的意见。

④ 陈琪炎:《亲属、继承法基本问题》,台湾大学法律学系法学丛书编辑委员会 1980 年,第 549~579 页。

实体法较之程序法要先进不少。国家法并未针对家事案件设定专章裁判规范，相关规定散见于《民事诉讼法》及其司法解释之中。我国民事诉讼程序并未严格区分诉讼法理与非讼法理。在审判上，人身关系与财产关系之案件适用的程序基本一致，法律只在个别地方以"但书"形式对涉及身份关系（离婚）的诉讼作了例外规定。①

台湾相关立法之发展，颇值得注意。在"家事事件法"于 2012 年 6 月 1 日施行前，有关裁判规范主要规定在"民事诉讼法"第 9 编"人事诉讼程序"（2013 年 5 月 8 日修法已删除是编）、"非讼事件法"第 4 章"家事非讼事件"（2013 年 5 月 8 日修法已删除是章）中。做这样的修改，是因为：②

> （前述）（此种）多元程序并行之现制，不仅往往导致同一相关家事事件之处理、解决所需劳力、时间或费用倍增，浪费司法资源，亦易造成前、后裁判之分歧或抵触，以致同一事件之多数关系人难获明确一致之依循，实不符程序利益保护、程序经济维持及法安定性等要求。为免致此，有需设法将同一家庭所涉多数家事诉讼及非讼事件，尽可能委由同一法官于同一程序予以处理、解决。再者，家事事件系处理具一定亲属关系之人因共同生活、血缘亲情、继承等所产生之纷争，而当事人间之关系、情感、抚养未成年子女之权利义务，通常不会因司法程序结束而终了，故相较于一般民事财产权纷争事件，家事事件具有不同之特性，非仅需求法律专家就实体法上要件事实存否为判断或为妥当裁量，尚需求从社会上、心理上或感情上为妥适处理。

两岸同宗同源，台湾曾走过的建设之路值得我们借鉴和反思。问题是，我们的制度存在的基点是什么，为什么没有从具体的民事诉讼程序中分化出专门的家事裁判程序。尽管我国立法没有这方面的规定，但可以去考察司法实践中的一些尝试。近几年，一些法院设立了专门的"家事审判合议庭"③，也制定了一定

---

① 如现行《民事诉讼法》第 22 条、第 62 条、第 98 条、第 106 条、第 134 条、第 148 条、第 151 条、第 202 条等，又如《最高人民法院关于适用〈中华人民共和国民事诉讼法〉若干问题的意见》第 11~16 条、第 92~94 条、第 144 条、第 150~152 条、第 157 条、第 185 条、第 209 条等，再如《最高人民法院关于民事诉讼证据的若干证据规定》第 8 条等。

② 参见《家事事件法总说明》，载法源法律网 http://db.lawbank.com.tw/FLAW/LawDesc.aspx?lsid=FL063921&ldate=20120111，最后登录时间 2013 年 5 月 19 日；另见揭爱花：《国家、组织与妇女：中国妇女解放实践的运行机制研究》，学林出版社 2012 年版。

③ 李强、戎明昌、王飙尘：《粤全面推行家事审判改革》，载《南方日报》2013 年 3 月 27 日 A08 版。

的裁判规范。① 这是实践对制度架构的倒逼还是另有他因。很清楚的是,长期的实践中地方法院的各类尝试并不少,但效果到底如何?

事实上,如果将我国有关审理家事案件特别是离婚案件有关法律及司法解释梳理②一番,并不比台湾之"家事事件法"欠缺多少。另者,一如台湾地区之"家事法院",像广东地区推广的"家事审判合议庭",在全国其他地区,不乏种种不同名目,但内容大同小异的类似合议庭。问题的关键不是看"硬件"的配备,而是要视我们的观念。亦即,我们究竟怎样对待离婚案件的审判,是单独作为一类特殊案件,还是仅仅作为民事案件的一种。这也有台湾的研究成果,尽管是针对旧法所作之检讨,但足见任何制度上的规定都会在实践中有所走样。③

(四)对基层人民法院兼及我国司法裁判过程的认识

无疑,仅以 H 法院的部分离婚案件及其可能的背景"材料"为样本要完成对基层人民法院司法样态的分析具有很大的挑战性。但经由前文所述诸因由,有使这成为可能。事实上,不仅基层人民法院,甚至其上级人民法院的各业务部门之间,它们的人员也常处在变动之中,这或是因为个人职务、职称等人事变化的安排,或是调整审判力量、增强法官办案能力的考虑,等等不一而足。换言之,审理婚姻案件的法官也可能是曾经办理其他民事案件,甚至民事案件以外其他类型案件的法官。他们很少终其职业都只从事这一类案件的裁判工作。即便是主要办理婚姻家庭案件的审判庭,其间的法官,也有可能同时在办理其他类型的案件。至少在笔者考察的 H 法院,法官的专业化分工并不是那样明确。申言之,即便是以离婚案件作为考察的样本,也大致能够代表该一层面基层人民法院办案的水平。这也意味着这些基层法院的法官在处理绝大多数民事案件时,共享着与办理离婚案件近似的知识。

何以描述这些案件本身固然重要,但从这些描述中间尝试总结出(西北)基

---

① 参见《家事审判合议庭操作指引》,载广东法院网 http://www.gdcourts.gov.cn/gdcourt/front/front!content.action?lmdm=LM54&gjid=20120308122339680864,最后登录时间 2013-5-19。不过要注意到离婚法实践于我国特殊的政治含义。这往往同妇女解放、妇女权益保护这样的问题联系在一起。最近的如《最高人民法院关于充分发挥民事审判职能依法维护妇女、儿童和老年人合法权益的通知》(法〔2012〕57 号)。

② 值得注意的是,事涉家事裁判,特别是离婚案件裁判之程序法规范,并不限于正文之列举,还应将《婚姻法》及其司法解释与《妇女儿童权益保护法》等包含在内。之所以如此,是因为,我国在立法之初,并不是非常注意实体法规范与程序法规范的区别,是故,相关法律中,前述两种规范往往交错其间。

③ 刘宏恩:《〈子女最佳利益原则〉在台湾法院离婚后子女监护案件中之实践——法律与社会研究之观点》,载政治大学法学院基础法学中心编:《法文化研究——继受与后继受时代的基础法学》,台湾元照出版有限公司 2011 年版,第 353~397 页。

层人民法院司法的一般模型当是最主要的。① 在我国建立专门的家事裁判制度之所以困难,这恐怕不是单纯强调该制度的特殊性所能解决②,有必要反思整体的司法制度及其之下的实际的运作模型。③ 司法模式固然与一定之诉讼模式,比如民事诉讼、刑事诉讼之模式紧密相关,④但并不能等同。尽管其间的制度及理论架构同样需要实定法在预先规定,但更准确地说,它所表现的是极明显的实践面向。亦即,司法模型更像是长期的实践行为与固定制度拉锯的产物。⑤ 这一模型,可以反映法院司法裁判的逻辑及其可能的社会功能偏向。比如我国司法裁判中情、理的运用,又如某法院所宣传的"隐性司法":

> 隐性司法相对于法院以裁判解决纠纷,向社会彰显公平正义的显性司法而言,包括向社会传播个案背后附带的价值观念、司法宣传、司法人员行为模式、法律问题探索及司法建议等内容。法院重视隐性司法工作,使显性司法和隐性司法相互配合,既能让正义以看得见、摸得到的方式得以实现,又能传播法治理念、增强公民法治意识,这对于我国的法治建设将起到极大的促进作用。⑥

---

① 这方面的研究可参见陈瑞华有关"中国刑事诉讼制度的模式化"分析的成果。陈瑞华:《刑事诉讼的中国模式》,北京大学出版社 2010 年第 2 版。See also Keith E. Whittington etc. (ed.), *The Oxford Handbook of Law and Politics*, Oxford University Press, 2008.

② 相对于单纯的财产类案件,家事裁判突出的特征便在于强调其职权主义的一面。但在现有法院机制未有深刻变革前,面对日渐增多的案件和法官不断加重的负担,何以实现法官在家事案件上的弱当事人主义、强职权主义的一面,这是一个挑战。

③ 王亚新在其研究中指出:"就我国诉讼审判制度改革的方向来说,在引入并确立'对抗·判定'结构的同时,也有必要以基层法院处理的民事案件为中心,通过简易程序等现有制度手段的充分运用和引进少额程序等新的制度装置来大量地实现简易、迅速、成本低廉,且因专业化或技术性的程度低而易于为一般人所理解并利用的纠纷处理……尽可能地保持我国原有诉讼审判方式的特点或优点。"参见王亚新:《对抗与判定——日本民事诉讼的基本结构》,清华大学出版社 2010 年第 2 版,第 7 页。

④ 有关民事诉讼模式的细致论述参见齐树洁:《民事上诉制度研究》,法律出版社 2006 年版,第 60~74 页;刑事诉讼方面,参见虞平、郭志媛编译:《争鸣与思辨:刑事诉讼模式经典论文选译》,北京大学出版社 2013 年版。

⑤ 刘星在其研究中这样认为:"在中国的司法方法建设中,'法律职业化的司法方法主张'和'社会适应新的司法方法主张',历来是两种基本的思考路径……但是,在'宋鱼水的经验'中,我们可以发现,'第三条道路'也是存在的……'第三条道路'不是那种缺乏深层学术理论纹路的在两种主张之间的折中表达;相反,是种具有能力将两种主张各自的内在逻辑勾连起来的独特提示。"参见刘星:《走向什么司法模型》,载《法律和社会科学》(第 2 卷),法律出版社 2007 年版,第 91~92、101~102 页。

⑥ 李红辉、刘裕:《发挥宣教功能 传播法治理念——广东东莞第一法院隐性司法实践之路》,载《人民法院报》2013 年 3 月 25 日第 1 版、第 4 版。

我们对法院有着怎样的期许,在事实认定、法律适用之外,是否还应让其承载更多的社会功能?它又能在多大程度上实现这样的理想?我们对法院,特别是基层人民法院的设想是模糊不清、不断变化的。① 实践中,不乏大张旗鼓、轰轰烈烈的实践者。但总不免"人走政息",新闻意义高于实际作为。②

威廉·推宁借用卡尔维诺小说《帕尔马先生》以来表明我们的困惑:"人们试图掌握哪怕一个法律现象,去获得关于他全面的理解,都是不可能的。即使一个规则或概念,也像一个海浪或一束草一样不可确知。③"真实的生活使得结构化的法庭裁判显得单调甚至失真。离婚作为人生一大变故,一如扔到河中央的石子,惊起圈圈涟漪,一直到很远。婚姻的结合/解散都与一定的社会,特别是其中的经济有很大的关联。在 H 县,对年龄较大的一代,他们的婚姻有如《图雅的婚事》中巴特尔的婚姻,夫妻间的精力主要还是在应对日常的劳作耕种,以改善基本的生活条件。而年轻的 80、90 后一代,则不再满足于父母的包办,而是开始自由恋爱。他们的婚姻往往爱情的程度更高一些,而不单单是生活琐细、生儿育女。但这样的婚姻其韧性越来越差,又一轮的离婚大潮因着"情势变更"正在急速展开。④ 尽管本文论述之样本为我国西北地区,但地域差异的减小、交通的发达、人口流动的增强,南北在具体的离婚情形及特点上有一定的趋同性。⑤

在社会与法律的两端,在过去与现在的交界,似乎清晰,但一切又在变化中。何以解释一如 H 法院当下之司法过程?有无可能从传统中国的司法表现及文化逻辑中找到某些依据?Octavio Paz 说:"一个社会每当发现自己处于危机之中,就本能地转眼回顾它的起源并从那里寻找症结。"传统司法是怎样的,季卫东

---

① 苏力:《中国司法的规律》,载《国家检察官学院学报》2009 年第 1 期。
② 刘治斌:《基层法院改革对司法体制变革的可能贡献——以两个基层法院的司法改革为例》,载《法律方法与法律思维》(第 6 辑),法律出版社 2010 年版。
③ William Twining, *Globalisation and Legal Theory*, Northwestern University Press, 2001, pp. 174~175.
④ 陈斯主编:《法官视野中的司法》,厦门大学出版社 2010 年版。另见唐彩红:《浅谈基层法庭受理的婚姻案件的特点及成因》,载银川法院网 http://nxyczy.chinacourt.org/public/detail.php? id=1151,最后登录时间 2013-3-25;《对基层法院离婚案件的调查与思考》,载中顾婚姻家庭网 http://news.9ask.cn/hyjt/tjzs/200904/174751.html,最后登录时间 2013-3-25,等。
⑤ 刘爱华:《当前基层法院审理的离婚纠纷案件的主要特点》,载汉寿法院网 http://hsxfy.chinacourt.org/public/detail.php? id=92,最后登录时间 2013-3-25;车流畅:《固着与流动的背驳:农村民事纠纷案件溯源——以离婚和赡养为例》,载《大连海事大学学报》(社会科学版)2010 年 6 期。

在其研究中有如下表述:①

> 按照过去的通说,中国式司法的特征在于以科层制的逻辑和行政管理的技巧来审判案件,表现为一种官僚支配……这样的观点并没有错,但却不很全面。实际上,由于'情、理、法'的多元结构具有相当的开放性,也为当事人之间的横向交涉提供了充分的余地。再加上嫌讼论以及协和哲学的影响,实际上司法系统并没有呈现出典型的科层制特征,也并不囿于所谓行政管理的范畴……司法的思维方式不以对抗为前提,不以非此即彼的两分法为目标。恰恰相反,审判者的主要作业是把对抗性因素不断分解重组,通过反复的'一分为二'和'合二为一'式的辩证法处理,使对立的逻辑转化为连续的逻辑……在这样的无限分歧的复杂性动态中,当事人和法官可以扩大选择空间和回旋余地,从中找到此时此地各方都接受和满意的均衡点……

笔者也同意季先生上述关于我国法院司法的一般性论述,但是在基层,还要注意其间社会的特殊性。在基层,无论是难以变通且抽象的法律还是来自上面的各种要求,都有可能在此发生一定的变化。这一方面,是由于制度在运行实践中的当然折损,另一方面还在于我国特有的社会机制,决定了任何基层社会都会表现出"外紧内松"的情致。亦即,包括基层人民法院法官在内的基层官僚,在不减所有国家官僚形态的同时,又天然地和在地社会发生着错综复杂的关系,甚至是深嵌其中。由此,这样的司法也很难说是行政的,或者说是应然司法的,而是异常模糊的。但这种模糊总是尝试同一定的社会相恰切。

在进行下一步的论述前,有必要对"法律—社会"研究方法与规范分析方法各自的旨趣差异作一补充。上述季先生的解析以及本文,更偏重于法社会学的方法。尽管法社会学的角度可能会模糊规范分析所能带来的对法律问题本身的

---

① 季卫东:《法治构图》,法律出版社2012年版,第69~70页、第75~76页、第82~83页、第88~89页;另见其于2004年11月4日在中国政法大学所作的"中国司法的思维模式及其文化特征"演讲;亦可参见季卫东:《法治秩序的建构》,中国政法大学出版社1999年版,第128页。

梳理,但无疑这样的方法更能找出我们当下所处的位置。① 论述路径及研究旨趣上的差异,使得二者的指归出现了一定程度的分离。在法社会学,其更关心如何将这些行为放置在特定的社会情境下并说明正是在这一背景下,发生那样的行为才是可能的;而在规范分析,更关心法律本初的应然含义。在前者,法律是社会之下的法律;在后者,法律是相对独立的。二者各有所常,但也应看到它们在旨趣上的鸿沟,愈是摈弃价值判断的彻底法社会学路径,愈是与侧重于价值判断的规范分析越走越远。通过法社会的方法可以让我们观察到法律在现实社会中的运行情况,亦即对宣示的法律作出一个评估(assess,而非评价)。这种评估本身是少价值判断的,是中性的;这也是其所能走到的最远距离。至于下一步的立法或者司法要如何调整,却不是法社会学的功课。但对于急切要为当下基层人民法院司法开出药方的研究者而言,是如何在二者之间架起有益的桥梁,而是不扩大二者的间距。②

一种观点以为:"法律与社会科学的学术努力,从一开始就是一场注定失败的悲剧。③"在笔者看来,这是对"法律—社会"方法的严重误读,作者没有看到这一方法在揭示问题上的阐释力,也忽视、抹杀了这一方法于反思现行法律制度上的重要功用;同时,"法律—社会"的研究路径也绝不仅仅是局限于推导作者片面认为的所谓"民间法(习惯法)"。不可否认,任何一种方法都不可能十全十美,甚

---

① 周静怡:《法律进入社会学时代》,载《二十一世纪》2004 年 4 月号。但我们同样不应忽视的是对法律社会学的批评。"借助于费孝通所奠定的中国法律社会学传统的考察,我们发现中国人最早是通过纠纷解决的视角来理解现代意义的司法与法治的。然而,注重对现代司法与法治进行一种'外在视角'考察的法律社会学,在理解现代法治方面,具有一种内在的方法论局限性,这尤其表现在:中国的法律社会学研究者,往往只关注中国的基层法院,却无法有效地区分现代法学中的初审法院与不存卷法院之间的区别,并且忽略上诉机制对于整个法治体系的构成性意义……基层法院相当一部分以纠纷解决为核心的诉讼和判决,对于中国法治建构不具有一种构成性的意义,并无法作为当代中国法治建设的经验基础……现代意义的司法裁判所具有三个最重要特征分别是'据法裁判'、'法律论证'以及'通过纠纷解决的过程感应社会变迁,形成新的普遍性规则'"。参见泮伟江:《当代中国法治的分析与建构》,中国法制出版社 2012 年版,第 34~35 页。

② Dennis Patterson(ed.), *A Companion to Philosophy of Law and Legal Theory*, Wiley-Blackwell, 2nd edition, 2010, Chapter 14, 24.

③ 陈景辉:《法律与社会科学研究的方法论批判》,载《政法论坛》2013 年第 1 期。值得注意的是,囿于学科分化程度及整体研究水平的局限,在我国,目前有关"法律—社会科学"、"法律—社会"、"社会—法律"、"法社会学"、"法人类学"等方法在表述上区分并不是很严格,有混用及交叉的情形。

至它的所谓长处也深刻地展示着它固有的缺陷。① 孟子云:"不揣其本,而齐其末,方寸之木可使高于岑楼。"如前所述,法律社会学与规范分析的方法在具体的解释路径上存在较大差异,这是由于它们各自所要达致的目标并不一致,但这绝不是以一种方法否定另一种方法的理由。重要的是,何以寻求二者间的对话。②

规范分析的单线进路,有可能遮蔽司法实践的真实状况。事实上,对基层人民法院而言,特别是地处西北的基层人民法院,其工作性质更像是介于行政管理机关和规范的司法机关之间。由此也不难理解,在子女抚养等问题的裁判中,为什么法官有时候会径直抛开当事人的诉讼请求和答辩意见甚至是证据,而是按照自己所理解的"法理"(道理的一种)进行裁判。这些法官不只要进行依法裁判,还要安排当事人今后的生活。因此,对像离婚这样的案件,裁判者可以部分地不依辩论原则,也可以不是非常严格地遵守处分原则,而同时关照当事人的诉求以及自身对法律的想象。也就是说,此一情况下,裁判者也将其本人纳入了诉讼的利害关系中去,他不是以一个消极的中立者的形象而是以一个"身临其境"的"权威"的形象参与了其中。③ 这就不难理解为什么这些地方的法官只要知道最基础的法律就可以办案,也能理解他们为什么是凭"良心"④办案。由此,不禁疑问,法院这还是在"司法"吗?对法官们工作的评价还能以通常的司法标准来进行吗?这从一个更加宏大(grand)的层面来看,涉及对"法"的理解以及如何评

---

① 霍贝尔关于"平原地区印第安人法律研究"的例子便是一个很好的例证。See William Twining, *Globalisation and Legal Theory*, Cambridge University Press, 2000, p.76.

② 丁卫:《法律社会学在当代中国的兴起》,载《法律科学》(西北政法大学学报)2010年第3期。

③ 这可以从《人民法院报》公布的"全国优秀法院全国优秀法官全国法院办案标兵"有关材料中反映出来。一个优秀的法官是不能就事论事的,要能够充分关联"事件"的前因后果。参见《人民法院报》2013年2月28日第2版。

④ 笔者以为,这里的"良心"应该与自由心证中所讲的"良心"(见《民事证据规定》第64条:审判人员应当依照法定程序,全面、客观地审核证据,依据法律的规定,遵循法官职业道德,运用逻辑推理和日常生活经验,对证据有无证明力和证明力大小独立进行判断,并公开判断的理由和结果)有所不同。之所以说他们是以良心办案,除却正文已经指出的他们可以选择是否受"处分原则"、"辩论原则"等正统民事诉讼原则的束缚外,他们的裁判而完全有可能认定事实归认定事实,适用法律归适用法律,但最终的主文却有可能是与前述程序关联不大的另外一种结论,亦即法官的裁判在裁判之外。这与寺田浩明在其研究中所讲的"公论"("众人皆服的唯一正当性")有很大相似性。参见[日]寺田浩明:《试探传统中国法之总体像》,严雅美译、黄源盛校订,载《法制史研究》(2006年第9期),台湾元照出版有限公司2006年版,第225~226页。另见刘成安:《论裁判规则:以法官适用法律的方法为视角》,法律出版社2012年版;陈斯:《我们需要什么样的法官——基层法官的忧思与展望》,载《司法制度讲演录》(第1卷),法律出版社2008年版。

价我们所熟悉的二元论模式——我国传统司法及西方司法。① 有意思的是,刘星在其关于宋鱼水司法经验的研究中直言,这是因为我们"假定了一个'标准司法'——而且这一'标准司法'显然是或多或少想象化的'西方现代司法模型'——并且赋予了其'本质'的意义。这种'标准司法',当然是种'司法模型',但是,'司法模型'本身又是历史建构的,因而这种'标准司法'只是历史中的各类司法方法样本中的一种,并不具有'西方的普遍性',更不具有'世界的普遍性'"。②

基于上述讨论,我们可否假设在现代化尚不彻底,如 H 县一般的区域,它的司法是否更接近于法史学人所阐述的中国传统司法,抑或更应在"乡土社会中的法律与秩序"这样的语境下探讨问题。要将中国传统司法与乡土社会中的法律与秩序这二者串联起来,无疑是假设传统中国即是以"乡土社会"为特质的。③ 而对传统中国司法的讨论,很重要的一个方面便是国法与天理人情的关系。

当然,我们也可以将前述基层法官的类似行为解释进"自由裁量权"④的现代法律话语,但笔者认为这似乎还是有一定的不同。⑤ 这种解释会造成理论上的紧张,因为自由裁量权的行使至少是应该在法律的范围之内,它是一个规范内的所指。但在笔者所描述的情景中,却很难用规范内的标准来评价这些法官及

---

① "值得留意的是,过去 30 年,中国大陆官方的法律论述以至法学界的主流话语并没有从文化保守主义的角度去抗拒来自西方的法治理念……他们对所谓'封建社会'时代的中国的法律、法制、政治体制以至法律文化都持有强烈批判的立场……官方以至学界之所以对于全面接受西方的法治理念有所保留,不是由于他们有中国文化本位的思想,而是由于社会主义意识形态的主导地位。"参见陈弘毅:《中国大陆法制六十年(1949—2009):回顾与反思》,载《转型中的中国大陆法制》,台湾元照出版有限公司 2011 年版,第 117 页。

② 刘星:《走向什么司法模型》,载《法律和社会科学》(第 2 卷),法律出版社 2007 年版,第 88 页。

③ 不过这也有疑问:《历史上的中国农民有没有自己的"乡村社会"?》,参见王家范:《中国历史通论》(增订本),生活·读书·新知三联书店 2012 年版,第 497~507 页。

④ 从规范分析的角度来看,这其实是一种无序的法官自由裁量权运行状态。张榕在其研究中指出:"我国最高人民法院及地方各级法院和法官又享有几乎不受限制的法律解释权和主观判断权……各级法院的法官在个案中如果改变了法律适用的既定规则或司法先例时并不给出充分的论证,当事人的诉权亦不构成对其有效的约束。"参见张榕:《事实认定中的法官自由裁量权——以民事诉讼为中心》,法律出版社 2010 年版,第 44~45 页。

⑤ 黄源盛之研究再为恰切不过,作者以为:"……'自由裁量权'得以运用的根据与近代西方法理不同。传统中国的这种'自由裁量权'所要达到的目的是要定分止争,其考量的重点,是以'亲民官'的职责,尽量调和当事人间的和谐秩序与公平正义,而近代欧陆法系的法官,是从当事人'双方权利'得以平衡的方向考虑。"参见黄源盛:《民初大理院与裁判》,台湾元照出版有限公司 2011 年版,第 270~271 页。

他们的行为。他们事实上并不全是在做规范内的活动。有些不容易解释的是,他们的确又生活在规范(法院)之内,他们活动所应当依凭的规范也应该是法律。但是由于历史及制度的原因,使得现时代社会对他们的这种应然期待又往往与他们实然的社会遭遇发生很大的偏差。由此,似乎应该在法律/司法文化的培育与对基层法院的重新定位之间寻找一个出口。是故,在我国如此广漠的疆域内,依不同的地域对基层人民法院作出合理的区分还是非常有必要。当然也要看到,随着经济及社会发展的加快及各地差距的缩小与趋同,前述问题可能会消解。但在前述问题还没有发生本质的改观之前,理应对各地的基层人民法院根据他们各自所遇到的特殊问题而应有一些切实的做法。

三、形象模糊的基层人民法院

在上一部分,笔者已交代过有关"(基层)法院司法模型/模式/结构"的问题,也大略提及基层司法与纠纷解决以及基层司法与乡村司法等问题。值得注意的是,过分将基层人民法院的司法简化为一种纠纷解决的过程这是存在一定的风险的。① 此处意欲进一步对这些问题做出澄清。

基层人民法院的法官所处理的纠纷,它首先还不是一种法律上的纠纷,而是一种作为社会和文化的存在。其次,要将这种社会、文化的存在解释进国家的法律、司法框架,需要的是一种在地的知识话语体系,尽管其最终的外在表现还是本本上的法律的样式。在整个司法过程中,最核心的便是对证据的运用。笔者有一种体会,即这其中的证据运用同一定的实体法及程序法有某些分离,特别是其中的证明过程远较法律的规定复杂,而且这其中的过程也很难为笨拙的法律语言所抽象。再次,整个司法过程中的修辞运用也是极具特色的。总之,在地的法官要想成功地在日常生活世界与法律的固定世界之间建立起有益的沟通空间,就必须在这二者之间来回奔突。

这其中较为显眼的一个问题是前文曾提及的"情、理、法"的问题,这并不是说今天的司法同传统的司法有着相同的背景,而是说所有的司法裁判者共享了某些相通的裁判逻辑。一如张伟仁先生所言:"中国近代虽然抄袭了许多外国法,在实务上却没有直接引用任何一国之法……"②在这个意义上,尽管本文所描述的离婚案件审判是一个个案,但它代表的是类案,因为大体上所有的民事案

---

① 这主要涉及民事诉讼目的问题。此处的担忧下,囿于种种原因,纠纷之解决可能在多重作用力的挤压下而变形。参见郭光东:《"搞定就是稳定,摆平就是水平,没事就是本事"——利益平衡与司法公正研讨会求解法官社会评价不高困惑》,南方周末 http://www.infzm.com/content/30576,最后登录时间:2013 年 5 月 26 日。

② 张伟仁:《磨镜——法学教育论文集》,清华大学出版社 2012 年版,序(第 8 页)。

件裁判都在适用这样的一套裁判逻辑。亦即,以离婚案件的司法过程来分析整体的民事司法过程,这是由我国司法模型的总体结构与意识所决定的。

(一) 作为社会、文化存在的婚姻

离婚纠纷所涉及的问题是复杂的、多面的,①它首先可能还不是一个法律问题,而是一个社会、文化的存在,这也是我们理解这类问题的一个出发点。《易经》的一些卦辞很好地说明了这一点。② 即便是在最通常的层面,司法的问题也从来不是司法体系"内部"的问题。③

当事人也不是一开始就上法院。透过这些文书可以发现,纠纷在诉至法院之前,部分地已通过其他途径解决过。这既可看作是对纠纷通过诉讼外途径解决的努力,也可看作是对行将破裂的家庭进行挽救的努力。也要注意到,在离婚案件的裁判中,主事之法官大都会在开始的时候尽力向"调好"、"说和"的方向努力。如615号判决书写明:"2012年3月份,被告与原告父亲因生活琐事发生矛盾,原告找来户族等人商量解决分家事宜。"又如1036号判决:"2011年春节过后,双方协议到乡政府办理离婚手续,中途被告离去,原告遂离家出走至今。现要求与被告离婚。"205号判决:"事发后,村支书及家人说和,原告不听,自己离家出走。"④236号判决:"我曾于2009年向法院起诉,后经亲戚说和我撤诉。"

诉诸法律,固然这是当事人没有办法的办法,也是他们期望解决婚姻纠葛的最后办法。但另一方面,透过当事人庭外的调解、和解、撤诉、再起诉等行为,可以看出当事人面临的斗争。毕竟,"牵一发而动全身",婚姻远不只是个人的事那么简单。尽管,近年来,在愈是受现代性冲击的地方,男女更易视婚姻为其个人事务,并有意与其背后的大家庭区别开来。但这实现起来还是很难。在H县,那些闪婚的年轻的夫妻,他们中的不少事实上是严重寄生在其背后的家庭上的。

---

① 参见Janet Halley组稿的《美国比较法杂志》(the American Journal of Comparative law)2010年秋季专号,该期杂志集中讨论有关比较家庭法的问题(Critical Directions in Comparative Family Law)。另见[日]滋贺秀三:《中国家族法原理》,张建国、李力译,商务印书馆2013年版,第57页;[法]安德烈·比尔基埃等主编:《家庭史》,袁树仁等译,三联书店1998年版;Jan Pryor and Liz Trinder, *Children*, *Families*, *and Divorce*, in Jacqueline Scott, Judith Treas, Martin Richards(ed.), *The Blackwell Companion to the Sociology of Families*, Wiley-Blackwell, 2007, pp.322~339.

② 黄寿祺、张善文:《周易译注》,上海古籍出版社2004年版。

③ 苏永钦:《司法改革的再改革——从人民的角度看问题,用社会科学的方法解决问题》,台湾月旦出版社股份有限公司1998年版,第7页。

④ "诉前调解函证实,原、被告经毛井乡人民司法所调解,原、被告未能达成调解协议"。64号判决书也表明当事人事先经过调解委员会调解。这似乎是颇具深意的,司法所的调解不仅未能达到解决纠纷、分流件的作用,反而成了证明当事人感情破裂的证据。

即便他们是精神上的独立个体,但却是物质上的侏儒。

(二)格式化的文书与若隐若现(latent)的证据

就统计数据,大多离婚案件是以调解方式结案的。依法律的规定,调解书是可以简化的,①这对我们透过裁判文书以理解这类案件带来了很大的困难。通常的文书都是在列明当事人的基本情况后,简述原告的诉讼请求及起诉的事实与理由、被告答辩,而后便是在法院主持下达成的调解协议或当事人自动达成的调解协议。从这些近似格式化的表达中,我们很难看到具体的事实是什么,也无从得知法官具体的裁判心证。不仅调解书,判决书中的证据分析、说理过程也比较简略(相对而言,机动车交通事故责任纠纷、人身损害赔偿等案件的文书较为详细)。但真实的情况远较这为复杂,法官要在这些复杂、多变的情形中来回奔突,在剑拔弩张的当事人间寻求平衡。

在离婚案件中,符合民事诉讼法的证据大略有当事人陈述、书证(如《结婚证》)、证人证言(关于当事人感情的基础等)。除此之外,更多存在的是一些"尴尬"的证据,如单位的证明(312号判决书中有:"H县环城镇证明便函②一份,用以证明原、被告婚姻状况。")。又如人民法院的调查/谈话笔录,对于大多数的缺席判决,人民法院一般都有调取被告人父母的谈话笔录。③再如原被告的书面意见(对抚养权确定的意见)。而这些单位证明、笔录并没有列入民事诉讼法的

---

① 除却法律肯认调解书可以简写这一理由外,从寺田浩明的研究中还能看到一种更为实质性的理由:"……反证重点在于被要求解决的问题本身,该在何处妥协的程度问题,所以也就不需要太多的道理吧。"参见[日]寺田浩明:《试探传统中国法之总体像》,严雅美译、黄源盛校订,载《法制史研究》(2006年第9期),台湾元照出版有限公司2006年版,第229页。

② 又如129号判决"H县环城镇漫家塬村于2012年2月10日出具便函一份证明原告于2009年10月22日生育女孩杨婷婷"。再如02号判决书:"2011年11月8日环城镇鸳鸯沟村李塬队出具的证明一份,证明被告唐跃外出多年未与家人和村委会联系。"又如73号判决:"2012年1月11日环城镇高龚塬村委会的证明一份,证明被告家出走的时间。"

③ 又见288号判决书:"法庭依照职权与被告父亲赵某某的谈话笔录,证实原、被告于2006年曾离婚,后经调解和好;2011年4月26日原告离家出走的事实。"又见13号判决:"法庭依照职权与张星星、张正谦的谈话笔录,证实被告外出下落不明的事实。"严格讲来,这与《民事证据规定》第15条人民法院依职权调取证据的情形并不相符。有学者将此形象比喻为"'城市规则'在农村运用之水土不服",可以看见,2012年修正后的民事诉讼法已对此做了一定调整:"人民法院有权向有关单位和个人调查取证,有关单位和个人不得拒绝。人民法院对有关单位和个人提出的证明文书,应当辨别真伪,审查确定其效力。"需要说明的是,法院也不仅仅是在婚姻家庭纠纷中主动(文书中未表明是根据当事人之申请)调取证据。例如334号判决,则是健康权纠纷案件,法官也依职权调取了前述《民事证据规定》第15条之外的证据。

法定证据种类。① 此处的疑问是,证据在这些案件的裁判过程中,是否就是最重要的,其是否也总是必要的。换言之,该类案件的裁判,凭依的是法官的说服过程、法庭的空间设置,抑或其他。②

为什么会这样,一种可能的解释是,我们只是以一种想当然的思维来考虑证据的运用过程,而未真正进入司法的内部。这些证据往往是隐含的,一如尚未冲洗显影的照相底片,尚需要人民法院通过一定的"药水"将其显现出来。原因是,首先,大部分的当事人法律知识是非常欠缺的,也不熟悉具体的证据规则。其次,这些案件也很少有代理人,律师/法律服务工作者的代理更少。做一对比,在机动车交通事故责任纠纷这样的案件中,代理人参与的情况就比较多。这一者在于交通事故的赔偿数额往往比较大;另者,这类案件也完全是朴素的生活常识所无法胜任的。这也是笔者强调外生性纠纷与内在性纠纷区别的缘故,从中可以看出,日渐出现的新类型案件正在对传统的办案方式提出有力的挑战。

(三) 修辞技术在裁判中的运用③

考察一类案件,很有意思的一个方面就是研究法官在这其中的修辞运用。观察基层人民法院的民事司法实践,会发现整个的裁判过程,无论是事实运用还是说理都带有强烈感情色彩。这些带有感情色彩的词汇不只司法人员在运用,更是当事人的惯常表达④。在裁判文书中"酌情"、"互谅互让"、"相互扶持"、"无望"、"彻底"、"可视为"、"建议"、"改善"、"加剧"、"缓和"等词汇是常见的表达。

如178号判决:"被告在原告最困难之时与原告结为夫妻,原告应珍惜与被告的婚姻关系,现被告左小腿骨折,未痊愈,生活有一定的困难,原告理应予以生活上的帮助。"664号判决:"因男孩小于女孩,且原告目前尚无固定的生活来源,

---

① 李阳:《离婚案件中的证据认证》,湖南师范大学硕士学位论文2009年。

② 不可否认,离婚案件的证据、事实,有时候的确难以查清楚;而且某些情形下,该类案件也不宜通过既定的法律逻辑、规则、方法来解决。习语就有"清官难断家务事"的说法。惯常的观点也认为调解"和稀泥"的一面恰暗合了该类案件的处理特点。但事实并不一定是这样,并不是所有的法官都喜欢调解。随着调解难度的增大,其边际效应几欲为零。如1036号判决书:"庭审调解时原告离婚态度坚决,庭后又数次用电话催促要求尽快判决离婚,虽经作和好工作,以至于原告对法院产生了怨望,认为故意拖延。调解和好无望,原、被告夫妻感情确已彻底破裂,故原告要求离婚的诉讼请求应予支持。"

③ 李祥云:《离婚诉讼话语中权力和亲密关系的性别解读》,山东大学博士学位论文2008年。

④ 如406号判决:"原告诉称,双方经他人介绍相识并自由恋爱,婚初关系尚好。2010年6月因原告怀孕,被告不但不能体谅,反而恶语相加说原告肚中孩子非其亲骨肉,强行将原告拉到乡政府要离婚,经乡政府工作人员调解,被告仍未回心转意。后原告在外租房将孩子生下,期间原告娘家人也曾主动找被告及家人商议,但时至今日,被告及其家人从未看望、过问过原告及孩子的生活。现原告对被告已心灰意冷。"

故被告应尽其为人之父的法定义务,承担男孩的部分抚养费。"205号判决:"原告要求抚养孩子,但双方均系农民,收入有限,从有利于孩子健康成长的角度考虑,两个孩子应由双方分别抚养为宜;原、被告结婚时间较长,原告有一定的劳动成果,原告要求依法分割夫妻共同财产的请求应予支持。"297号判决:"本院认为,父母对子女的抚养既是一种义务,也是一种权利,是一种统一而非对立的权利义务关系,这种建立在父母子女身份基础上的权利,除非有不利于子女身心健康的因素存在,父母双方应平等享受权利和承担义务;而一人抚养一个孩子对父母双方的负担相对较轻,也更有利于孩子的健康成长;且杨某某与鲁某某同居期间共生育两个孩子,杨某某已做了绝育手术。故被告要求两个孩子都由自己抚养既不符合法律规定也于情于理不通,其要求两个孩子均由其抚养的理由不能成立。因此两个孩子由原、被告各自抚养一个为宜,次子年龄较小,更需要母亲的细心呵护,由杨某某抚养相对较好,长子由鲁某某抚养为宜,鲁某某应向杨某某酌情支付部分抚养费。"

再如对离婚原因的描述,多概括性语言,如"生活琐事"、"淘气"(方言)、"缺乏了解"、"仓促成婚"、"父母包办,没有感情基础"、"私娶成婚"等。以"父母包办,没有感情基础"为例,这实在为一修辞,现时已经再很少有父母包办婚姻的情形了,只不过为了寻求一种更为符合法律规定的解除婚姻的理由罢了。总之,这些裁判修辞的运用很大程度上都与一组流行的法律概念——"法、理、情"相关。

(四)"法、理、情"再思考

以今天的司法观念看去,传统中国的司法,特别像州县自理的词讼,其典型特点就是"法、理、情"的交错使用。① 自清末变法修律以来,"情"、"理"在司法中的地位便日渐下降。一种观点认为,"情"、"理"的不当运用会导致司法的腐败和恣意,且程度很难把握。于是,新司法也便刻意排除其"情"、"理"的直接适用。及至新中国成立,"人民司法"渐次展开,似乎又走向了另一个极端。

---

① 王斐弘:《敦煌法论·中国传统法文化中的情理法辨析:以敦煌吐鲁番唐代法制文献为例》,法律出版社2008年版,第174~213页。该文中,作者并未就情理法三者及其关系泛泛而谈,而是通过"情为何物、理有何维、法有何大"三个问题进行了详尽的分析和深刻的剖析。另见张伟仁:《中国传统的司法和法学》,载《法制史研究》(台湾)(2006年第九期),台湾元照出版有限公司2006年,第204~209页;张伟仁:《良幕循吏汪辉祖》文,收于氏著:《磨镜——法学教育论文集》,清华大学出版社2012年版,第101~128页。张伟仁先生就认为:"中国自秦汉时起,法律已极繁多,在有明文可以适用或有成案可以比照的情形,司法者都乐于遵循,不会自找麻烦另寻判决的依据。如果没有法律或成案可用,任何法制里的司法者都该先仔细分析案情('就事论事'),然后探索法的精义('天理人情')而作成一个合乎公平正义的判决;中国传统司法者的做法并非例外。"亦见林端:《韦伯论中国传统法律——韦伯比较社会学的批判》,台湾三民书局2005年版。

司法是否真的就能屏蔽"情"、"理"的作用？现实是，司法的过程很难对"情"、"理"绝缘。① 大概是因为我们对"情"、"理"的理解过于狭窄，又因为制度配给的缺欠，进而极端地认为实践中出现的问题便是"情"、"理"干预司法的结果。寺田浩明的研究很好地说明了这些问题：

> 我认为，在情理的名义下实际进行的情形，可以归纳为：从公平的立场考量当事者双方的主张根据，以及使他们不得不如此主张的背景缘由，好在两者之间找到适切的妥协之处，并恢复其互助互让的共存关系。此外，那些主张的根据，固然有其种类上的限制，但主张的背景缘由，却因各个纠纷案件而千差万别，因此其所显示的"合乎情理"的解决方式之具体内容，也必然因个别案件，而有数不清的相异状况。当然，也不可能存在得以导出其解决方式的一贯性原则，故而，针对每次的个案，具体上该如何处理方合乎情理，必须在每个问题被提出的当下，由裁判者一一想出，再行论断。在此意义上，我认为，将这里的判决视为具有"个别主义式"的性质应该是正确的……（但这种"个别主义式"并不等同于"恣意式的"）即使必须按个别案件考量种种状况，再进行综合性的判断，但仍旧应有一种，只要是一本正经的人站在公平的立场努力思考的话，大约都能得出同样结论的标准……这里所显示的，正义所应有的状态，纵然就对象的处理方式而言，是无止境的个别主义；然而就其判断的社会共同面来说，又具有不寻常的普遍主义的设想……并且，这种正义的状态，也和人们日常性的判断构成同心圆式的关系。②

作者在其之后的研究中，进一步指出："实际上，审判的过程就是从社会整体出发找出符合每个案件中个别意义上的情理的内容。如果把在裁决中所实现的内容称之为法的话，这里的法就是作为持有两个极端含义——情理这样一个原理和符合情理的无数的个别的解决事例——的暧昧的整体而存在。"乃师滋贺秀三更是指出："情理不过是一种修辞，并非具有明确定义的术语。法官并非只是根据某种特殊的意图，在某些场合适用这一用语，而在其他场合避免使用。无论口头上说与不说，情理经常萦绕在法官心中……"③作者还提出了一个"非规则

---

① 陈弘毅：《法理学的世界》，中国政法大学出版社 2003 年版，第 178～212 页。
② [日]寺田浩明：《试探传统中国法之总体像》，严雅美译、黄源盛校订，载《法制史研究》(2006 年第 9 期)，台湾元照出版有限公司 2006 年版，第 225～227 页。
③ [日]滋贺秀三：《清代中国の法と裁判》，东京创文社 1984 年版，第 284～285 页；转引自黄源盛：《民初大理院与裁判》，台湾元照出版有限公司 2011 年版，第 271 页。

型的法"的概念,以与"规则型的法"相区别。①

　　寺田的研究是抽象的,不过但凡裁判,无论古今中外,总要遵循其基本的有关"正义"的精义。再回到笔者"以现代法律为主轴,而充分平衡'情、理、法'的方式是否可行"的假设,这涉及法官推理过程的展开,以及其自由裁量权行使的边界问题。② 很明确的是,当下的法官绝非传统中国基层民事司法中由州县兼理司法场景下的裁判者,他们各自裁判的理数也不同。"情、理"的运用不再只是单纯的法官裁判中要不要依法的问题,而是在依法的过程中如何以"情、理"来"润滑"法官的整个裁判。③ 如果当下的司法者能够在他们的司法活动中将"情、理"的因素很好地运用在"法"中,这不仅会增强裁判的合理性,也能增强司法的可接受性。这在一些婚龄较长夫妻的离婚案件上表现较明显,比如719号判决:"原、被告的子女全部到庭做原告的思想工作,盼望原告回家,证明原告的家庭成员殷切盼望家庭和睦,原告应当珍惜亲情。"

　　从官媒的报道来看,这样的司法模式是一种典范,也似是当下所谓"人民司法"的内中之意。但这更多的是一种意识形态的需要同具体的实践摸索的重合。

---

　　① ［日］寺田浩明:《"非规则型法"之概念——以清代中国法为素材》,魏敏译,载《法制史研究》(台湾)(2007年第十二期),台湾元照出版有限公司2007年版,第225～227页。与这种力图将传统中国的法解释进西方法治先发国家的话语系统相对的是,面对当下社会中失灵的法规范,陈惠馨提出了另一组概念,即"法规范"与"法规范典范"。即"'法规范'指的是一个经过有权机关所作的有效命令或规则。'法规范典范'则是指当法规范在社会上为大多数人所遵守或应用时,也就是当'法规范'透过其社会长期被使用,或透过许多人的共同推动并且跟其他社会系统、其他规范融合后,逐渐成为人们所认同的'天经地义'的行为模式及认同的价值时,'法规范典范'的地位才被确立;也就是当法规范具有'实效性'时,就成为'典范'"。参见陈惠馨:《传统个人、家庭、婚姻与国家——中国法制史的研究与方法》,台湾五南图书出版股份有限公司2007年版,第100页。

　　② 张榕在其研究中指出:"法官自由裁量权的行使……是在法律规范所确立的基本原则和规则指引下的自由裁量,它只是使法律规范能够更为周全和更为恰当地实现个案正义。即便在极为特殊的情形下,法官的自由裁量权需要以背离基本原则和规则为条件以实现个案的正义,那也是以不背离立法精神并符合当下社会普遍的价值判断为前提的。"参见张榕:《事实认定中的法官自由裁量权——以民事诉讼为中心》,法律出版社2010年版,第34页。另外,这是否也可以看作是一个法律解释的问题,参见梁治平编:《法律解释问题》,法律出版社1999年版。

　　③ 此时,有关的"情理"不再是自律化的了,而是被法律技术化了,有了他律的性质。然则不可否认的是,这些"情理"即便再被法律化,其内容本身还是抽象不具体的,其具体之运用还得依赖于裁判者的个人判断。这似乎又回到了这些裁判文书中常常表述的"准情酌理"去了。这或许再次说明法律不仅有"归一的、抽象的、普遍的、个别的、逻辑的"一面,还有"调和的、具体的、个别的、实践的"一面。这或许也是缘何设立专门的有关家事裁判的制度是必要的了。

由于这是一种被未从制度本质上被承认的司法模型,所以其充满了不稳定性。换言之,其被肯定与否认的几率是相同的。一种调侃说,世界上的法官分两种,法官与中国法官。可见我国的司法生态。退而言之,即便我国真的能在民事审判中剥离出专门的家事裁判,这样的裁判模式是否一定就能实现?我们需要怎样的司法?这是远没有回答好的问题。实际的司法展现出的是怎样的图景?又因何种原因,使得理想与现实之间表现了差距。如果仅从基层法院的外部来看,肯定会有许多不满;但如果是在内部,却发现基层人民法院自身陷入了发展的困境。① 宏观上,似乎下面的表述都是不言自明的——进入 21 世纪,我们需要一个"独立的、强有力的,公正与效率的,享有社会尊重和社会信任的司法权力"。② 但为什么具体到微观实践③,却难以步入既定轨道。

就基层人民法院的司法而言,在司法建设的向度上,似乎面临更大的挑战。"在国家权力松弱的乡村社会,法治的实践除了贴近老百姓的社会生活之外,别无扎根和成长的途径。这意味着基层法官必须对地方性知识具有深度的把握,恰当选择和适用法律知识和地方性知识,实现法律效果和社会效果的统一。"④ 经由这一实际和逻辑,一种可能的做法便是调整当下的法院体系,将基层人民法院作为一个整体来考虑,特别是对其严格适用法律的面向上同其上级法院区别开来,以赋予其更多的自我变通的权力;进一步通过完善审级制度以规制由于基层人民法院司法之可能带来的法律解释上的疑问。这或许是在形式性法治和实质性正义以及中国特殊实践间较为恰当的一种妥协方式。

(五)基层法院之"法律推理"过程

一如前述,在基层民事案件的审判实践中,婚姻家庭案件的裁判会更为突出地关心有关"情、理"的问题,并需要将这些不宜明确化的内容恰当地体现在最终

---

① "别哭,基层法院!"这是一位学人一篇评论文章的标题,文章说:"当前的司法改革将把基层法院办成一个劳动密集型产业,法院规模不断扩大,利用人海战术,依靠苦口婆心与威逼势压两项技能,开展能动司法,去堵日益严重的中国社会矛盾的枪眼,基层法院将涌现出一批批黄继光和董存瑞"。参见王涌:《别哭,基层法院》,载财新网博客 http://wangyong.blog.caixin.com/archives/5318,最后登录时间 2013-5-26。

② 信春鹰:《中国需要什么样的司法权力?》,载《环球法律评论》2002 年春季号。值得注意的是,无论何种建构总不脱其"社会主义"的特色,特别是处理法律、司法与党的领导的关系。参见陈弘毅:《中国大陆法制六十年(1949—2009):回顾与反思》,载政治大学法学院中国大陆法制中心编:《转型中的中国大陆法制》,台湾元照出版有限公司 2011 年版,第 119 页。

③ 相关的一个研究参见顾培东:《人民法院内部审判运行机制的构建》,载《法学研究》2011 年第 4 期。

④ 张学文:《乡村司法策略的日常运作和现实考量》,载《政法论坛》2012 年第 6 期。

的裁判结果中。由此的问题便是,裁判者究竟是怎样思考的呢?① 或者,借用现代法学的术语,其是如何进行"法律推理"的?②

对这些案件,很难比较准确地去建构法官的裁判模型。每一对走向婚姻尽头的夫妻,情况各不相同,任何一位法官在处理这些案件时都会感到非常棘手。③ 这类案件中,如果说法官没有"自由裁量权"那几乎是不可能的,但是否便可认为此时的裁判就是一种随意的裁判,肯定也不是这样,只是这一推理过程与我们理解的规范法学路径不太一致而已。当"情、理"概括地被吸收进了法律的时候,法官的任务不是要不要"晓之以理,动之以情"的问题,而是如何尽力把法律蕴含的那种"情、理"更为稳妥地运用到裁判中去。亦即,他们在该类案件中能发挥的"法"外作用其实是很有限的。

对大多数此类案件,前因后果往往纠缠不清。因之,首先要确定的就是如何在"某一环节,斩断因果关系的链条,将其他边缘性的事实排除在外"。尽管前文笔者曾指出,这些生活事实经过一定的修辞后,"清晰"地体现在文书中;也能在"法庭"上多次听到这些"套话"。但相对于刑事案件而言,在事实确定上可能更随意一些,甚至文书中出现语汇只有在特定的地域才能知晓的"方言土语"。这一事实的确定,有时候需要很清晰,有时候则"你知我知"即可。事实认定是一回事,最终的裁断又是另一回事,这二者并不总是必然相关。另者,在不涉财产分割,或只是简单的财产分割的案件中,在"从夫居"的基层,事涉子女的抚养,生活经验为基础都显示着强大的规制力。似乎,调整此类社会关系的法律只是对生活的一种确认。尽管《婚姻法》在不少方面都有规定,但在现实面前,又充满了例

---

① e.g. Richard Posner, *How Judges Think*, Universal Law Publishing Co Ltd, 2010; Benjamin N. Cardozo, *The Nature of the Judicial Process*, Quid Pro, LLC, 2011, etc.

② 需要申明的是,这里无法按照现代法学的概念来理解"法律推理"(*legal reasoning*)这一概念。借用王志强的研究,此处的"法律推理"是指在该类案件的司法中,裁判者运用各种理由,论证裁判结果的说理过程。参见王志强:《清代司法中的法律推理》,载《中国史新论》,"中央研究院"联经出版事业股份有限公司2008年版,第305~311页。

③ 无独有偶,就现有的研究成果,笔者在海峡对岸的台湾学者的研究中也发现了类似的表述:"许多法官,尤其是一般民事庭兼办家事案件的法官,特别表达他们不喜欢或觉得自己能力不足于审理家事案件的态度……家事案件它虽然也有请求权基础,可是双方争执的大概都不是那个请求权基础,而是那个事实,而这个事实都很难举证……然后双方到了法庭上,很容易因为情绪……所以很难法庭控制……婚姻案件或是监护权的案件……他们不仅是单纯的法律问题……它衍生一些'以后'的社会问题。"参见刘宏恩:《"子女最佳利益原则"在台湾法院离婚后子女监护案件中之实践——法律与社会研究之观点》,载政治大学法学院基础法学中心编:《法文化研究——继受与后继受时代的基础法学》,台湾元照出版有限公司2011年版,第384~386页。

外。黄宗智在这些方面做了非常有价值的研究,①再以王志强的研究为例:②

> (清代)司法推理中的理性精神,首先,体现在技术方式上,即遵循一定规则框架和最基本的形式逻辑……其次,在一定程度上超越制定法,但并非无所凭借;它往往具有或声称具有对"情理"这一根本目标的终极关怀……理性还表现在,这种裁判的结果具有一定的可预见性……始终以人为主导,以正统意识形态所确立的原则和制定法确立的规则为判断标准。
>
> 在理性主义的基础上,(清代)法律推理中体现了极强的中国特色的实用精神……一方面,官员充分尊重制定法,从不试图在形式上完全否定或背离制定法确定的基本框架。但另一方面,司法中从不执迷于规则,而毋宁是尽最大努力地利用规则……而且,这种理性将司法的着重点置于现实问题的解决,而不是准确规则的发现和适用……这种法律推理重视实用的效果,而相对轻视严密的逻辑性和思辨性。

上述是对清代司法中的法律推理的研究,但似乎也能适用在笔者所描述的H县事关抚养权确定及抚养费给付的案件中。就司法之普遍规律而言,无论是过去之司法,抑或当下正适用之司法,大体上,无外事实认定和法律适用,它们彼此分享共同的裁判规律。我国的特殊情形在于——暂且不论清光绪二十八年以来之变法修律,仅就新中国成立以来之司法经验来看,大约是一个"马鞍形"的模式。无论是师法苏俄,还是近年越来越明显的引鉴欧美诸国之司法,无不是以改造旧传统与"根植"新制度为追求。然而,很明显的是,我们并没有彻底改变自身的司法逻辑,这有意识形态层面的原因,也有深层次文化、制度惯性方面的原因。问题是,在一种"融不进的西方、回不去的中国"的情景下,这种以固有司法逻辑来解释当前司法运作的路数是否适当。一粒种子已经发芽,如何又再能将其变回原来的种子?!如何超越或"情、理、法"的解释模式或"形式主义法治"的逻辑,以来解释"汉堡"(hamburger)一样的中国司法,特别是其间的基层人民法院司法应成为今后我们研究的一个问题。

高度的同质性,几乎可以遮蔽任何存在于基层人民法院及其上级之间的不同。如果说基层人民法院同其上级法院有何不同的话,那么最大的差别就在于基层人民法院处在基层社会之中。③ 这一方面使得基层法院自身的特征变得异

---

① 黄宗智:《离婚法实践——当代中国法庭调解制度的起源、虚构和现实》,载《中国乡村研究》(第4辑),社会科学文献出版社2006年版,第1~53页。
② 王志强:《清代司法中的法律推理》,载《中国史新论》,"中央研究院"联经出版事业股份有限公司2008年版,第305~311页。另见刘昕杰:《实用型司法:近代中国基层民事审判传统》,载《四川大学学报》(哲学社会科学版)2011年第2期。
③ 韩宝:《处在基层社会中的基层法院:西北的视角》,载《东南司法评论》,厦门大学出版社2012年版,第323~334页。

常模糊,另一方面,连同其上级法院一起,基层法院承载了与其本无关联的批评。① 就当下基层法院的实际表现而言,其自身承担了纠纷解决及基层社会管理两方面的功能。从纠纷解决的层面来看,基层法院是要进入一个规范化运作的框架;而基层社会管理,却是要处理因社会转型而带来的传统基层社会自治系统快速消退所导致的秩序缺口,但显然这是当下模式下的基层法院所难以完成的,这些治理缺口是本应由行政加强其供给来完成的。但问题是行政在无法提供合理的供给的前提下,又否定了经由其他途径完成治理的路径。是故,我们所观察到的基层法院其面向是模糊的,其定位是漂移的,如下图所示,这是一种建构性缺陷＋运作冲突的制度模型。

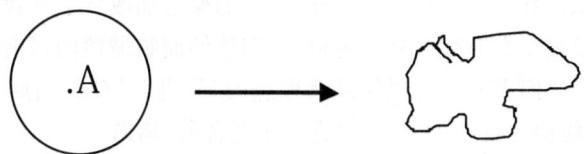

如果正常的司法结构如上图中的左图是一个完整的圆的话,而具体的实践则是不断拉扯圆周,或增添某些内容,或致使某些内容不断缺失,这在任一实行法治的国家都很正常。但如果这种拉扯和挤压不是围绕左图圆形所示圆心 A 而运动,且法院自身有没有足够的能力对抗这些外力,那么司法公信力及权威的减损便是必然了。

余 论

如果说前面的内容是围绕基层法院自身在法律框架内的讨论的话,以下内容主要涉及的是基层法院所处的当下整体社会环境以及司法在这个社会中的现实遭遇。笔者不止在一位基层法院法官处听到类似观点——法律所能提供的救济,好比大夫医病:一般的小病,开个药方也就好了;但如果是不治之症,纵然医术高明也难以妙手回春。换言之,基层人民法院,乃至法律能做什么,做不了什么,这是值得深思的。这似乎是一种悖论,我们对法律及司法抱以极大热情,但却是其不能承受之重。尽管一如有论者所言,我国的法治建设还远未完成,有的只是一个"法"国幻影。但理性地看,除却不断培育法律生长的空间外;还应注意

---

① 这主要是针对当下我国的法院司法是否为政策性司法这一论断而言的。See Randall Peerenboom, *More Law, Less Courts: Legalized Governance, Judicialization and Dejudicialization in China*, in Tom Ginsburg and Albert H. Y. Chen(eds), Administrative Law and Governance in Asia: Comparative Perspectives, London: Routledge, 2009, pp. 175～201.

其自身的局限,而不应完全神话和无限夸大其作用。①

笔者对那些对现代性保持批判热情的作家表达出极大的崇敬。似有必要回应前文提及的家事裁判程序,但这真能药到病除吗?这是两个不同的问题,前者强调在法律的体系内,完善诸要素;后者更多的是将法律放置在社会之下。笔者想表达的是,正是法律、司法自身的被动性,才使其不过分地正面对社会的变动主动出击——其只是在一个相对平稳的社会价值下,依据法律自身的逻辑对发生在社会中的事件作出反应。法律无法脱离其自身的位置悖论地参与到社会的发展中去,只对进入其领地的事件发生作用。无边现代化不仅带来了物质的变化,亦对思想产生了冲击。如果也将思想分门别类的话,不是所有的观念都是容易更改的,一些根深蒂固的意识像扎了根一样,并不会随社会的变迁而改变。在我国,那些虚假现代化了的乡村及被抛在时代之外的乡村人,当他们面临城镇的打击而"从哪儿来回哪儿去"的时候,他们表面上的现代以及思想的"先进"又被打回原形,像极了路遥的《人生》;而那纷纷扰扰的生活,又何尝不是老舍的《离婚》。

这是一个变迁社会,也是一个矛盾纷争簇生的社会。无论是新问题还是旧问题,于解决上,制度总是稀缺资源。而现阶段的中国,又是一个国家试图垄断所有救济途径的弱社会国家。此时,又如何来解决这些问题?是司法的方法吗?② 答案并不一定是肯定的。首先,法院从未在我国的社会生活中占据中心地位,司法也不是解决纠纷最有效的途径。其次,对于普遍积聚的社会问题及矛盾的解决,需要反思的是社会治理的结构:叠床架屋的机构相互掣肘、推诿,且模式法律的权威。一如上述,就司法的功能及性质而言,过分的主动亦非其本性。③ 可能是由于我们太过专注法与司法之间的连续性,甚至有时候都将二者等同了起来。但司法与法之间的距离永远是存在的,因为司法无论如何都无法将法本身完整地、全面地适用在具体的个案中。是故,司法究竟能在现代社会下发挥多大作用?焦虑的人们不断对司法提出新的疑问和赋予新的期望,以求解救困顿中的法律,比如"法的对抗式后现代主义"④等理解。

---

① See David Kairys (ed.), *The Politics Of Law: A Progressive Critique*, Basic Books,1998;另见魏磊杰:《全球化时代的帝国主义与法治话语霸权》,载《环球法律评论》2013年第5期。

② [美]奥斯汀·萨拉特编:《布莱克维尔法律与社会指南》,高鸿钧等译,北京大学出版社2011年版,第534页。

③ 张榕:《事实认定中的法官自由裁量权——以民事诉讼为中心》,法律出版社2010年版,第56页。不过如果换一种思路的话,我们可以在本意上的"司法能动"方面走得更远一些。参见苏力:《关于能动司法和大调解》,载《中国法学》2010年第1期。

④ See Boaventura de Sousa Santos, *Toward a New Legal Common Sense*, 2nd edition, Cambridge University Press, 2002, Chapter 2.

讲座实录

中国公益诉讼发展的障碍与应对[*]

■ 徐 昕[**]

转型中国,法治未立,面临着道德危机,公益受损严重。当今中国的社会公共利益的侵犯是触目惊心的:在北京,空气已经污染到不适合人类生存,许多城市面临着水污染,上海甚至发生地下水海水倒灌,此外还有严峻的食品安全问题,都损害着社会公众利益。近年来发生大量的环境污染案件,如美国康菲公司溢油事故;昆明、成都环保事故,引起昆明大规模游行活动;成都彭州、昆明均将建石化项目,影响严重。民众从身边的权利开始维护。在这些环境案件中,法院大多数回避问题,保持沉默,未能为受害者权利提供有效的司法救济。好的司法制度,民众可以通过司法途径救济权利,甚至可以起诉有关环保部门。这样的渠道的存在可以减缓环保抗争的行动,如果这样民主化的道路被堵死而没有其他的途径来解决,则社会更加不安定。通过公益诉讼来解决,则有利于社会公共利益。

然而公益保护严重缺位,迫切需要建立公益诉讼等公益法律制度,但公益诉讼制度长期缺位。民诉法修订过程中,公益诉讼的开展一直很难,公益法律不受重视。20世纪九十年代以来,公益诉讼逐渐兴起,直至2012年修改民事诉讼法才建立了公益诉讼制度。对于公益诉讼总体评价是:有进展,有困难,有空间。公益诉讼有很大的空间,但是,很难有进展。现在的自媒体所反映的一些现象,

---

[*] 2013年5月10日江西师范大学政法学院演讲的整理稿。
[**] 徐昕,北京理工大学教授、博士生导师、法学博士。

可能能为公益诉讼提供一种新的机制。

一、公益诉讼发展的障碍

（一）法律障碍

1.民事立法方面

2012年《民事诉讼法》修改首次规定了公益诉讼条款。该法第55条规定："对污染环境、侵害众多消费者合法权益等损害社会公共利益的行为，法律规定的机关和有关组织可以向人民法院提起诉讼。"从某种意义上值得肯定，但是这种条款是明显不足的。

首先，该条款中"法律规定的机关和有关组织"的规定模糊，具体哪些国家机关、社会组织能够提起公益诉讼需要相关法律和司法解释进一步加以明确。目前我国"有关组织"众多，约有25万个社会团体、20万个民办非企业单位、200个基金会。这些各种组织，情况复杂，良莠不齐。具体哪些组织、具备什么样的资质才可成为公益诉讼的原告，有必要通过司法解释进行明确。目前只有《海洋环境保护法》第90条第2款规定："对破坏海洋生态、海洋水产资源、海洋保护区，给国家造成重大损失的，由依照本法规定行使海洋环境监督管理权的部门代表国家对责任者提出损害赔偿要求。"所以一些环境保护组织、民间公益团体、消费者协会等相关组织提起的公益诉讼都要暂时被搁置。

其次，没有明确规定检察机关可以提起公益诉讼。多年来检察院一直在争取能够对有关的民事、行政的公益案件提起公益诉讼，也一直以来在全国一些地方开展试点。早在1995年，河南省方城县的一个国土所因低价处分其房产被检察院提起公益诉讼，这被誉为中国检察院公益诉讼第一案。虽然，检察机关为国家法律监督机关，当国家财产、集体财产因被告人的犯罪行为而遭受损失时，人民检察院在提起刑事公诉的同时可以提起附带民事公诉，但检察机关是否可以作为公益诉讼原告仍不明确。

再次，公民被排除在公益诉讼主体之外。《民事诉讼法》第108条严格规定了民事案件的起诉主体为原告是与案件有直接利害关系的人，现实中法院在处理案件的时候会把"直接利害关系的人"放得非常之高。法院驳回起诉的原因往往是由于被告行为没直接侵犯原告私人利益，无主体资格。修改后的民事诉讼法建立了公益诉讼制度，传统的民事诉讼主体资格理论有所修正，但是私人仍然不能作为公益诉讼的原告。

事实上，对于公益诉讼，这种原告主体资格的限定太过苛刻，以致大多数案件中的分散利益无法获得充分保护。典型的为消费者案件中，单个消费者个人利益往往太小不足以鼓励其起诉；即使起诉，威慑力也不足。其他超个人利益的侵权，如种族、宗教和社会歧视，城市发展的泛滥，污染等，更加难于得到遏制。

2.行政诉讼立法方面

在行政诉讼立法方面,受案范围很狭窄,只可以诉具体行政行为,抽象行政行为不属于受案范围,是不可诉的,但是抽象行政行为对权利的侵犯是大规模的,影响其实非常严重,可以剥夺很多人的权利。这样的限制会对公益诉讼提起产生阻碍。抽象行政行为应当是可以诉的。不仅地方政府的抽象行政行为可以诉,而且未来希望宪法中关于法律的合法性合宪性的条款都必须要通过诉讼的方式可以解决。此外,目前允许行政机关提起公益诉讼的,仅有海洋污染法律下海洋局提起行政公益诉讼。

3.实体法方面

实体法方面的规定也面临缺陷。目前立法没有明确规定惩罚性赔偿制度,对赔偿数额的规定也过低。实体法对公共利益保护的程序性规则大量缺位,而且法规规定简单,罚款低。

(二)司法上的障碍

1.法院方面

法院对公益诉讼的经常不受理,即使受理,给予保护也极其有限。虽然昆明、贵阳探索独立环保法庭,但基本流于形式,推出的行动很少。地方政府不处理,法院也不敢处理,法院回避矛盾,同时存在着司法不公。在行政公益诉讼方面的问题,缺陷比民事诉讼明显,表现为法院对行政诉讼通常不受理,或者受理了也要维护行政机关的一方,使行政相对人处于极其不利的地位。这些问题的后面蕴含着体制上更深层的问题。其中最重要的问题是司法地位不高,其主要表现为:"法院自身地位不高,司法权威不足,缺乏足够的独立性;党委政府及政府部门强势,大企业实力和影响力大,而这些经常是损害公益的主体或公益诉讼的被告。"

此外,有助于维护公益的代表人诉讼制度较少得到利用。群体性案件往往被"拆整为零"。集团诉讼制度、示范诉讼制度并没有在我国建立。

2.检察机关方面

检察机关声势很大,行动不够,决心不足,当然面临的很大困难,主要原因是维护公益主要面对大企业、政府部门等强势组织,检察机关的激励不足。倘若真正赋予检察机关以诉讼资格,检察机关未必会使用太多,比较法研究证明了检察机关在参与公益诉讼的过程中存在明显的官僚化、懈怠和反应迟钝的问题。

(三)党政方面的障碍

一些地方党政为了追求GDP,盲目地发展经济,不顾环境,没有真正地坚持科学发展观,造成环境上的破坏几乎是不可修复的。城市大规模的拆迁,特别是老城区拆迁改造,一些重要的名胜古迹也随之拆除。对传统文化的破坏,涉及公共利益。单纯追求GDP的发展模式下,一些地方党政(部门、官员)本身经常损害公共利益,有些地方政府在维稳背景下,压制民众为了公共利益的行动,通过内部处理方式解决问题,防止事情闹大,不允许起诉。这种行为压制了公益诉讼。

大企业通常是侵害公益的主要主体。为了实现利益垄断,会采取一切办法,主要通过花钱来阻碍公益诉讼维权。而有些政府部门却经常跟这种大的企业勾结在一起,因为它们为政府提供税收、就业、政绩。政府或与大企业等利益集团合谋损害或者漠视、背书、设置障碍限制、打压公益,放任公益被侵犯。

(四)社会方面

社会自身对公益的侵犯相当严重,一些不健康的社会理念不利于公益事业的发展。由于中国人缺乏信仰,又没有传统文化的积淀和约束,所以在公益方面的维护方面,社会自身便表现得很脆弱,即使有人愿意为公益去付出,人们也会认为他是故意找茬,公益诉讼面临着严重问题,做公益诉讼的律师往往被人认为是要出名、炒作。整个社会的道德面临很多问题,阻碍公益诉讼的发展。

法律人自身的原因也不利于公益事业的发展。对于法科学生来讲,首先,偏科,人文基础差,司法考试加剧了这种局面,学生只关注司法考试;其次,理论与实践相脱节,法律诊所教育其实是将理论与实践结合起来的好方式,可是我国却很薄弱,发挥的功能很少,在我们的体制中,最好的人不愿意从事法律诊所教学,因为我们的评价标准主要是科研、文章。现在从教育部的政策来讲,开始重视实践的教育,但是,这样的政策也被异化,拨款往往拿去搞硬件建设,无实质效果。在我国香港特别行政区,PCCO的课程相当于实习。在西方发达国家,公益案件往往很多都是由法律诊所的学生来承担。一方面,学生训练了自己的能力,另一方面,它也维护了公益,更为重要的是,通过这样一种行为,正义的理念得到了提升,因此,这样的一些学生就会从事公益活动,或者将公益的理念带到生活中来,这对维护社会公益起到潜在的作用。但是,现在的情况的是,学者都不愿意参与到公益活动,而很多老师反而鼓励学生去追求钱和权。再者,法学界的风气都不利于公益事业的发展,本来法学教师和学生应该是冲在社会公益事业的第一线的,但是他们却不愿意为公益事业而付出。现在的社会制度,非常不利于法律人,法律人是很容易腐败的群体,法官很容易就腐败,经不起诱惑,如果法官能够受到过公益诉讼的正义理念的熏陶,就不容易腐败。

法律援助制度的不发达阻碍了公益制度的发展。法律援助成为一种半官方的组织。民间的法律援助受到压制。法律援助制度不完善,是非持续性的,从长远来讲,应该由国家付费,律师承担一定的社会责任,不能让律师连差旅费都自己垫付。

非政府组织的不发达也一定程度上阻碍公益事业的发展。民间组织在维护公益利益上应该扮演非常重要的角色,但是,民间组织的发展受到很多的限制,去年才开放了四类组织的登记制度,如市区服务、慈善组织等四类组织机构。

(五)当事人方面原因

在现代社会中,个人日渐暴露在集团性侵害之下而无足够的金钱或地位向司法机关起诉,除非法律上专门设定消除集团性侵害的、实现公共利益的手段和方法,否则无法期待通过私人诉讼来监督法律的实施。当前公益诉讼在当事人方面的障碍主要表现在以下两方面。

首先,当事人诉讼能力弱,案件本身的法律基础不牢固,证据不足。例如遭受环境污染侵害的渔民难以取证和保存证据,普通渔民难以证明因果关系。此外,诉讼技巧运用不当,不能灵活运用媒体。民众并不信任律师,委托律师的人中大部分不愿意支付报酬,也不愿意接受风险代理。

其次,个人的公益意识不强,缺乏维权的主动性。当众多人的利益被侵害时,个人可能缺乏维权的主动性,特别是每个人的损害并不是很严重,个别地寻求司法救济往往被认为没有意义。在诉讼成本高于预期收益的情况下,原告可能失去提起诉讼的兴趣,更希望别人做,自己搭便车。

二、应 对

尽管存在困难,但公益诉讼的未来发展空间大。公益面临着大量被侵犯的严峻局面,因此对公益诉讼的需求大。但是公益诉讼面临困难,公益诉讼的供给少。通过沟通消除误解,官方可能将越来越支持公益诉讼,对公益诉讼的限制将会慢慢减少。

(一)公益诉讼的策略

从当事人角度,应依法进行公益诉讼,提升其诉讼能力,综合运用各种手段进行诉讼,为了维护公共利益在法律的前提下"不择手段",具体包括动员媒体,扩大公益诉讼的影响力,从而形成一股压力,使公益诉讼引起足够关注,影响扩大;同时这也能令公益行动为人所效仿、扩散,促进公共利益得到更多保护和体现。学会运用自媒体维护公益,扩大影响。充分利用各种方式来使当事人的能力能够扩大到对公益维护有利的程度。特别应当激励律师在公益维护上扮演更好的角色。律师参与公益法的行动能促进公益法,实现去政治化、品牌化、规模化。推进合作,建立律师业、法学院(学生、学者、研究机构)以及社会各界的共同体。

美国著名法官汉德说过:"自由存在于每个人的心中,心中没有自由,就永远没有自由。"所以,首先,公民得自己去追求自由,追求权利。其次,国家要放开民间组织登记,让他们自由发展。只有如此才能发展成为一个公民社会,进而建立公益社会,这才是根本之道。

第一个策略是提高公民诉讼能力,正确进行维护公益的的策略选择。首先,从事公益诉讼要依法办事,利用法律武器,避开敏感区域,实现自己的目标。比如说政府信息的公开的规定,赋予我们申请政府信息公开的权力,所以我们在法律的限度内,按法律申请信息公开,并不是触及政府的敏感区域。

第二个就是去政治化,这样的行动往往会被人称之为是有政治性的行动,公益诉讼不是使这样一个行动越来越政治化,而是去政治化、去敏感化,用理性与和平的方式进行。

第三个策略就是媒体动员。每一个公益诉讼或者公益法行动都是值得"炒作"的,对于公益法来讲,它需要的是扩散性的效果,通过媒体的动员使别人关注公益法的行动。例如去年华东政法大学的一个研究生申请信息公开,后来中山大学一个研究生也去模仿他申请信息公开,虽然没有什么结果,但是如果申请的人多了,也许就走出一条路了。现在我们三公经费越来越透明,这得益于众人在这个方面不断的推动。豪华军车挂牌的行为也是因大家随手拍的行动而得到较大关注。

第四个策略就是规模化。一件事情往往不太容易引起连锁反应,如果公益法的行动形成规模化,可能引起更大的反应,比如乙肝歧视的系列案件,通过提起诉讼引起了其他人的关注,使得乙肝歧视的问题在中国得到了很好的对待,也得到了很好的解决。与规模化相关的是组织化、专门化或者品牌化,把公益项目形成专门化、品牌化的运作。比如于建嵘发起的随手公益,它的基本理念是人人参与,参与本身就是公益,不要做自己做不到的事情,做自己力所能及的事情,人人参与最终的结果就是使人们公益意识大大提高,因为参与本身就是提高公民素质的一个途径,而参与也要求一种合作,要求实践界理论界等各界的合作。公益行动还有一个效果或说是策略为扩散性,所谓扩散性就是指一个行动产生比行动本身更大的更长远的侧面效果,因此即使败诉,也虽败犹荣,会取得很多效果。很多公益诉讼都败诉了,比如说李刚提起的诉全国牙防组对牙膏认证的诉讼。案件还没有审完,牙防组先撤了,诉讼本身虽然没有胜诉,但是公益的目的达到了。所以,公益诉讼一种特别重要的理念,即是个案推动法治。通过这种个案,推动了公益的扩散,最后达到法治的完善与进步。

（二）法律上解决方案

第一,从立法上来应对,民事诉讼法已有公益诉讼的条款,目前希望民事诉讼法司法解释的尽快出台,明确一些机构、组织可以提起公益诉讼。例如检察院、有关行政机关可以提起公益诉讼。最近的消费者权益保护法的草案中规定了消协是可以作为代表消费者的权益来提起公益诉讼。

公益诉讼制度的构建上,应当扩大原告资格,放松法律上对利害关系的要求,将立案审查制改为立案登记制。法院先登记所有的起诉,登记后再初步审查,发布结果,驳回起诉、不予受理的进行裁定,当事人可以依裁定上诉,这有利于当事人诉权保护。把立案审查改为形式审查,规定条件少。例如印度公益诉讼制度的最典型的特征是放松了对诉讼主体资格的限制,也就是说任何个人和民间团体都有权提起公益诉讼,而不必证明其与案件有直接的利害关系。

实体法应该明确规定哪些行政机关有起诉责任、不起诉后果如何,对社会组织也要明确规定,规定公民有限度的提起诉讼权。立法甚至可以赋予动植物作为诉讼主体资格。放宽诉讼主体资格的最终目的应当是保护公共利益。

行政诉讼公益诉讼上也应当打破"无利益无诉权"的限制,扩张行政诉讼的受案范围。英国行政理论认为:"倘若限制公民只在权利受到侵害时才能起诉,不仅混淆公法关系和私法关系的性质,而且过分束缚法院对公共机构违法行为的监督,不符合现代行政法发展的趋势。"不仅具体行政行为,而且对于涉及环境污染案件、国土资源和国家财产流失、侵犯国家利益的案件、不正当竞争的案件以及其他损害公共利益的抽象行政行为,应当纳入行政公益诉讼的受案范围。

在公益诉讼主体方面,国外的利害关系人资格经历了一个严格到松散的发展过程。这方面,有以下几个方面问题可探讨。

1. 个人诉讼资格

2012年修正的民事诉讼法将个人排除于公益诉讼提起主体之外。我们认为完全让公民个人都具有权利当然不能迅速实现,否则法院和经济发展可能难以承受,但应当有条件地赋予公民提起公益诉讼的权利。例如,规定个人可以申请有关行政部门提起诉讼。如果在一定期间内不起诉,公民有权直接提起民事诉讼。这种附条件规定是可以接受的。实际上,公民通过公益诉讼形式维护公共利益,不仅会大大减少政府的行政管理成本,而且会减少政府的维稳成本。如果真正为了这个国家更美好,政府应该激励公民提起公益诉讼。

2. 私人的联合

首先,对于代表人诉讼制度需要进一步利用,面对代表人诉讼屡屡被拆分的现实,应当在司法解释中指明:不许拆分代表人诉讼,实现诉权让渡。此外,《民事诉讼法》没有集团诉讼制度,单个人要起诉,成本太高,如果能形成集团,起诉成本降低,力量也能增强,从而增加诉讼平等性。集团诉讼是对保护分散的权利的有效做法,应当建立集团诉讼制度。

3. 团体和民间组织

团体、民间组织具有 NGO 的非营利性、非官方性、独立性和自愿性的特征。其在公益诉讼方面优于检察机关和行政机关。① 团体、民间组织作为公益诉讼主体好处主要有:一是可以监督政府的环境违法行为,有利于环境法治建设;二可以弥补检察机关和个人进行环境公益诉讼的不足。

---

① 郭会玲:《环保 NGO 环境公益诉讼的困境与出路》,载《环境保护》2009 年第 10 期。

4. 扩大私人诉权

放松对"直接利害关系"的要求,甚至不要求。将公益诉讼提起资格配置给私人,交给市场解决,更有效率。私人有更强的动力,特别是通过赏金/奖励等激励机制。这方面,可借鉴以下国外经验。①

巴伐利亚,每个人不论是否有直接利害关系,皆有资格向巴伐利亚宪法法院起诉,攻击侵害1946年州宪法宣示的公民权利(不论个人或社会权利)的州立法。该公民诉讼的理念:当一个人的基本权利被侵害时,每个人的自由都间接受侵害。如该法院裁决被提出异议的法律违宪,则其判决便具有对世和溯及既往的效力。

1967年意大利制定一部法律授权每个人有资格就地方当局许可的违法建筑事项起诉。裁决倘若有利于原告,有超越当事人的效力。

德国1909年一部制定法(1965年修订)允许消费者协会(以及商人及其协会)针对不公平竞争行为向法院提出异议,无需证明直接损害个人利益。德国1977年《合同标准条款法》授权消费者协会有资格宣告特定合同条款无效。个人消费者可利用这一裁决,令其他合同中同样的条款无效。

瑞典的消费者保护法,消费者监察专员作为"一位专门化的政府代理人",有权向市场法院提起诉讼,但其并非专属于消费者监察专员的权利,私人消费者协会,检察官也可诉。在瑞典,一个专门的行政机构、私人,甚至那些只受到"间接"损害的人可向法院起诉以获取反对损害自然环境行为的禁令之资格。

法国1973年的《罗耶法》就"直接或间接损害消费者集体利益的事实",授予消费者团体起诉资格,检察官也有权。保护少数族裔团体免遭种族主义违法的侵害起诉资格授予团体和检察官。

美国1970《清洁空气法》不仅允许环境保护机构的管理人,且许可任何私人公民(即便并非直接受害)针对污染者提起诉讼,这是典型的公民诉讼(引自《公益诉讼在中国》)。

5. 赋予政府和检察官原告资格

我国法律应当将检察机关确立为公益诉讼的起诉主体。检察机关作为国家法律监督者代表国家公共利益行使诉权,可以弥补现行法律中所规定的只有公民个人诉讼的种种不足。更为重要的是,我国检察机关较一般公民个体、组织具有较高地位和人财物等方面的优势,其提起公益诉讼具有更高的法律权威和制度保障,能够更好地维护公共利益,保证司法公正的实现。② 检察机关应当重视

---

① [意]卡佩莱蒂:《比较法视野中的司法程序》,徐昕、王奕译,清华大学出版社2005年版,第7章。

② 田凯、杨柯一:《公益诉讼制度的实然与应然》,载《法制日报》2007年11月11日。

公益诉讼,把公益诉讼作为检察工作的重点之一,并且在行动中不懈怠。

检察机关提起公益诉讼的制度设计的理念:尊重检察规律,公益诉讼无需强调法律监督,检察机关参与公益诉讼不应当定位于法律监督性质。法律监督是检察机关之本,但不要一切都强调法律监督,侦查、公诉、公益诉讼中检察机关的角色不是监督,公诉、公益诉讼中检察机关的角色是当事人,是作为原告。引申到检察理论研究,不必过度深陷于"法律监督"理论,甚至意识形态化,不必过度强调中国特色。这些"过度"的自我拘束正是检察理论研究相当长时期以来未能实现突破、做出较大学术贡献的重要原因。长远而言,检察理论应当回到马克思,而非坚守列宁。

检察机关维护公共利益的方式包括:提起诉讼或提出申请;参与诉讼;督促起诉;支持起诉,提出检察建议。检察建议作为一种柔性合作的机制,短期内适用,长远而言会逐步减少。

6. 专门性政府代理人

一些国家设置专性政府代理人。如美国设消费者监察专员、公平交易专员、种族关系委员会、环境保护委员会、美国联邦药物管理局、证券与交易委员会和联邦贸易委员会等。国会还创设环境保护局、法律服务公司,并一直努力筹建消费者保护机构。

瑞典于1970年设立消费者监察专员,专门设办公室,配有25位成员:监察专员、副监察专员,包括律师、经济学家、市场专家在内的专家组。职能之一是在损害消费者的不当市场和广告行为案件中向新设的市场法院起诉。

1973年英国设公平交易主任。其职能之一是针对违背公共利益的垄断行为向限制贸易法院起诉。1968年以来,英国种族关系委员会有职责就各种"违法的"但非刑事性的种族歧视行为提起民诉。

1969《印度垄断以及限制竞争法》,限制交易契约司法常务官有权通过针对限制性交易契约及行为进行调查和起诉,充当公益代理人。

1974年加纳特别授权环境保护委员会为环境保护提起民诉。但是专门性机构作为公益诉讼提起主体存在官僚性、行动迟缓、僵化和集权、不思进取、缺乏想象和灵活性等问题。

7. 传统制度的利用

对于群体性诉讼各国创设了许多行之有效的制度。例如美国的集团诉讼制度、日本的选定当事人诉讼制度、德国的示范性诉讼制度、我国的代表人诉讼、法国的民事赔偿诉讼、普通法国家的关系人诉讼等均可能在公益诉讼中有效发挥作用。

8. 书信管辖权制度的借鉴

印度建立以法官为主导的公益诉讼制度。印度通过著名的"帕戈尔布尔致盲案"确立书信管辖权制度,1979 年和 1980 年,33 个被拘禁者被印度比哈州帕戈尔布尔市镇当局强迫供述,被迫害致盲。一位新闻记者为此写了一份严厉的揭露文章,一位律师(以自己名义将这封信作为令状申请书递交法院,她与这些被羁押者没有任何联系,也没有被聘为代理人)将这份报道寄给最高法院。大法官 P. N. Bhagwati 收信后将其当作寄信人提起的令状申请书立卷,后最高法院命令该邦政府对这些被羁押者提供医疗、为其家属提供抚恤金,并对实施情况进行监督。

书信管辖权是印度最高法院在严格的诉讼格式方面取得的一项重大突破,它使司法更接近于广大人民群众。印度公益诉讼制度的特色之一,就是将令状申请书作为发现案件事实的线索和启动诉讼程序的法定理由。①

9. 完善其他具体制度设计,以激励公益诉讼

如诉讼费用免交、举证责任倒置;规定拆散代表人诉讼,必须要有理由;规定自动成为集团诉讼的原告,这时赔偿数额就能增加;规定集团诉讼允许诉讼在最后终审之前,随时都允许其他当事人加入。终结后,判决具有扩张力,权利人经法院审核登记便能适用判决。此外,应当规定惩罚性赔偿制度,赔偿数额不宜过低。如美国的集团诉讼中,通过高额的惩罚性赔偿以及运用政府收缴、降价、主张者分配、消费者信托基金等类似性救济制度迫使被告吐出所有的非法收入,并将其施惠于受害者集团的所有个人,包括没有提出申请的那些人。②

(三) 司法改革

司法的问题在于司法改革。司法改革关键就是司法独立的问题。司法独立是符合党的利益的。司法改革如果能够有所进展,它就能够为我们这个社会提供一种终局性的解决纠纷的机构。现在我们没有这样一个机构,或者说有这样一个机构解决纠纷却不相信它,觉得它是不公正的,没有公信力的,没有权威。所以如果司法具备相当的独立性,可以为这个社会提供纠纷解决的最终解决者的角色,对社会的稳定、和平转型是有很大好处的。

(四) 党政方面

政府提供条件促进司法维护公益,放开市场,扩大诉权/诉讼资格。进行政治体制改革,实现法治、民主、宪政。

(五) 建立一种规则至上的社会

当前社会可怕之处就在于没有规则,一切都是可以讨价还价的,法律纠纷领域也是这样一个特点,大闹大解决,小闹小解决,不闹不解决。法院没有权威,最

---

① 李傲:《法官引领下的印度公益诉讼制度》,载《环球法律评论》2010 年第 4 期。
② 肖建国:《民事公益诉讼的基本模式研究——以中、美、德三国为中心的比较法考察》,载《中国法学》2007 年第 5 期。

后通过信访,通过闹的方式解决问题。没有规则的社会其实不符合所有人的利益,不符合个人的利益,也不符合官员的利益。一个没有规则的时代,任何一个人都没有安全感。我们的体制应当提供一种有安全、有规则的社会,在有规则的基础上再来去促进社会信仰的重建,首先信仰法治,这是前提。

(六)法科学生及法律教育何为

法律人的领域是特别需要倡导公益的领域,因为法律人和普通的人是不一样的。法律人的职业面对他人的生命、自由和财产。法官要裁判别人的生命、自由和财产,如果没有公益或者没有基本底线正义伦理,对这个社会是很糟糕的选择,但是现实往往如此。现实中国普遍缺乏一种正义的伦理底线,几乎是所有的职业可能都面临这样的问题,法律职业也同样,所以法院、法官、检察官中有正义伦理的人可能不是太多。而且可怕的是这种风气也已蔓延到法学院,法科学生追求金钱和权力。老师可能在这个过程中扮演了一种不好的言传身教的角色。

法学未来的一个发展方向应该特别强调实践教学和综合知识的培养,要强调底线的正义伦理的教育。然而现在法科学生偏科现象比较严重,他们除专业书本外,别的书不看,除了司法考试的相关课程之外,别的课程不感兴趣,非常糟糕啊。而在国外很多大学中学生得首先学习其他知识才可以来学习法律知识。法科学生应有一定的知识基础、人文知识。法学教师、法学教育包括法律诊所教育需要反思。

图书在版编目(CIP)数据

民事程序法研究.第11辑/张卫平主编.—厦门:厦门大学出版社,2014.6
ISBN 978-7-5615-5118-9

Ⅰ.①民… Ⅱ.①张… Ⅲ.①民事诉讼法-中国-文集 Ⅳ.①D925.104-53

中国版本图书馆 CIP 数据核字(2014)第 121304 号

厦门大学出版社出版发行

(地址:厦门市软件园二期望海路 39 号 邮编:361008)
http://www.xmupress.com
xmup @ xmupress.com

厦门市明亮彩印有限公司印刷

2014 年 6 月第 1 版 2014 年 6 月第 1 次印刷
开本:787×1092 1/16 印张:20.5 插页:2
字数:390 千字 印数:1~1 200 册
定价:55.00 元

本书如有印装质量问题请直接寄承印厂调换